MARCHAR NÃO É CAMINHAR

Copyright © 2019
Ivanir dos Santos

editoras
Cristina Fernandes Warth
Mariana Warth

coordenação de produção, projeto gráfico e capa
Daniel Viana

preparação de texto e revisão
Eneida D. Gaspar

Foto de capa
Brunno Rodrigues

Este livro segue as novas regras do Acordo Ortográfico da Língua Portuguesa.

Todos os direitos reservados à Pallas Editora e Distribuidora Ltda. É vetada a reprodução por qualquer meio mecânico, eletrônico, xerográfico etc., sem a permissão por escrito da editora, de parte ou totalidade do material escrito.

CIP-BRASIL. CATALOGAÇÃO NA PUBLICAÇÃO
SINDICATO NACIONAL DOS EDITORES DE LIVROS, RJ

S235m

    Santos, Ivanir dos, 1955-
        Marchar não é caminhar : interfaces políticas e sociais das religiões de matriz africana no Rio de Janeiro / Ivanir dos Santos. - 1. ed. - Rio de Janeiro : Pallas, 2019.
        360 p. ; 23 cm.

        Apêndice
        ISBN 978-85-347-0566-0

        1. Diferenciação (Sociologia). 2. Tolerância religiosa. 3. Brasil - Religião - Influência africana. 4. Movimentos sociais - Rio de Janeiro (RJ). I. Título.

19-59173   CDD: 305.6
                            CDU: 316.347

Meri Gleice Rodrigues de Souza - Bibliotecária CRB-7/6439

Pallas Editora e Distribuidora Ltda.
Rua Frederico de Albuquerque, 56 – Higienópolis
CEP 21050-840 – Rio de Janeiro – RJ
Tel./fax: 21 2270-0186
www.pallaseditora.com.br | pallas@pallaseditora.com.br

MARCHAR NÃO É CAMINHAR

interfaces políticas e sociais
das religiões de matriz africana
no Rio de Janeiro

Ivanir dos Santos

Rio de Janeiro || 2019

Para Sônia, minha mãe, em memória. Para minha companheira. Para os meus filhos, minhas filhas, meu neto, minhas netas e bisneta.

Todos os finais de semana, a prostituta Sônia d'Mauriti (nome de uma rua onde se praticava prostituição na cidade do Rio de Janeiro) se arrumava e arrumava o seu filho para ir passear nos arredores das comunidades da Praça Onze, da década de 1950. Sempre animada, ao chegar na comunidade encontrava com sua amiga, que tinha a alcunha de D'Bahia, com quem compartilhava as angústias, as tristezas e as felicidades.

Uma dessas felicidades ela sempre expressou verbalmente à amiga D'Bahia: "Olha o meu bebê, D'Bahia", dizia, "ele é muito esperto. Ele vai ser doutor!" Mas, em um fatídico dia, pelo destino, do qual não nos cabe remontar aqui suas interfaces históricas, o bebê de Sônia foi-lhe retirado violentamente dos braços aos oito anos de idade. Raptado pela polícia carioca e levado para o Serviço de Assistência aos Menores (SAM). Depois, foi retirado do SAM e levado a um colégio interno na cidade de Teresópolis, e mais tarde internado na Escola XV de Novembro, uma escola voltada para corrigir os meninos oriundos das classes populares. Sem um referencial familiar, esse menino cresceu, se tornou adulto e foi em busca de sua mãe, e encontrou-a apenas nos registros de obituários.

Após anos, já casado e com filho, é que aquele menino, que era desenhado pela mãe como futuro doutor, descobriu que ela foi assassinada pela polícia. Essa mulher, prostituta, é a minha mãe.

Dedico essa tese à minha mãe Sônia Regina e à prostituta da Praça Onze; a todos os ex-alunos da FUNABEM; a todos os meninos e meninas de rua, que sobre suas cabeças paire a proteção das estrelas; a todas as populações marginalizadas.

Dedico-a aos movimentos negros, ao Centro de Articulação de Populações Marginalizadas (CEAP), à Comissão de Combate à Intolerância Religiosa.

ODU OGBE-IRETE

Fingir-se de doente, fingir-se de morto para saber quem lamenta nossa morte. Andar nu pela cidade para saber quem teria a generosidade de nos oferecer uma roupa.

Andar nu, como uma pessoa desorientada, tropeçar numa corda, para saber quem nos socorreria. Feito um jogo divinatório para Orunmilá no dia que ele ia conhecer seus inimigos.

Todos os orixás eram amigos de Orunmilá. Orunmilá era adivinho deles e queria saber quem, dentre eles, era de fato um amigo leal.

Ifá orientou Orunmilá: que fosse rápido e fizesse um ebó o quanto antes. Orunmilá chamou os filhos e pediu que tocassem agogô pela cidade, anunciando, falsamente, a sua morte. Os filhos de Orunmilá saíram tocando agogô, conforme orientado pelo pai. Foram primeiro à casa de Oxalá para comunicar-lhe a morte de Orunmilá. Oxalá lhes disse que desejava obter de volta todos os efun que oferecera a Orunmilá. Foram também à casa de Xangô para comunicar a morte de Orunmilá. Xangô lhes disse: "Eu achava que ele nunca morreria e que ficaria sempre na terra. Como morreu, quero de volta todos os edun-ara que lhe dei de presente." Os filhos de Orunmilá foram até a casa de Oxum, cantando o seguinte refrão: "Nosso pai foi embora dessa terra, ele foi. Nós te saudamos, Orunmilá, o divino homem que carrega ebó. Nosso pai foi embora." Oxum, surpresa com a notícia da morte de Orunmilá, referiu-se aos ides que estavam com ele, pedindo aos seus filhos que os trouxessem de volta para ela. Os filhos de Orunmilá haviam tocado agogô perto da casa de todos os orixás e começaram a se perguntar se havia algum cuja casa ainda não tivessem visitado. Lembraram-se, então, que faltava ir à casa de Exu. E foram. Lá chegaram, e avisaram da morte de Orunmilá. Exu ficou triste ao receber a notícia. Essa tristeza fez com que pedisse para rasparem sua cabeça em homenagem ao amigo. Justificou seu ato como motivado pela morte do amigo, dizendo que Orunmilá fora sua fonte de sobrevivência. Exu nunca havia raspado a cabeça. Começaram então a raspagem – rasparam primeiro o lado direito e depois começaram a raspar o lado esquerdo.

Os filhos de Orunmilá, que haviam presenciado tudo isso desde o início, surpreenderam-se com a firme atitude de Exu e voltaram correndo para contar ao pai que Exu havia mandado molhar o seu cabelo e ordenara que o raspassem, e que havia começado a fazer isso. Orunmilá pediu aos filhos que fossem correndo, imediatamente, à casa de Exu para avisá-lo de que ele não morrera e que tudo não passava de uma brincadeira. Pediu-lhes, ainda, que recomendassem a quem estava raspando o cabelo de Exu, para parar de jogar água em sua cabeça e jogar azeite de dendê para acalmá-lo. Ao chegar à casa de Exu, os filhos de Orunmilá viram que só restava um pouco de cabelo em sua nuca. A partir desse dia Orunmilá determinou que não seria mais amigo dos demais orixás por serem eles desleais e que, por outro lado, seria amigo de Exu por ser ele o mais leal de todos os orixás.

(SÀLÁMI, 2011)

AGRADECIMENTOS

Agradecer é o momento em que retiramos da memória e do coração pessoas e instituições que de alguma forma participaram das nossas experiências, construções pessoais, projetos, planos, e sempre se colocaram prontos a escutar e orientar, principalmente nos momentos decisivos de nossas caminhadas no Aiyé. E durante o percurso do mestrado até o doutorado, muitos foram os desafios que encontrei pelo caminho, e bons ombros e ouvidos amigos para compartilhar todas as minhas questões, aprofundamentos nas pesquisas, até chegar à sistematização final.

Desafios esses que não teriam êxito sem o apoio e compreensão de diversas pessoas, amizades sinceras sem as quais jamais poderíamos chegar até o final. Por essa razão, optei por iniciar os agradecimentos citando o Odu Ogbe-Irete que, para os religiosos da tradição de Ifá, da qual faço parte, é uma das maiores descrições de amizade sincera, lealdade sem apego a questões materiais. E voltar para a faculdade, quase trinta anos depois de ter concluído a minha graduação na área de pedagogia, não é uma tarefa muito fácil, primeiro pela disparidade, choque cultural e de gerações que tomou outros contornos desde meados da década de 1970, quando me formei. "Na minha época", como comumente gosto de iniciar a minha narrativa para os ouvidos curiosos, os movimentos estudantis e o movimento negro viviam clandestinamente, realizávamos nossos encontros e reuniões de estudos e trabalhos velados às sombras da ditadura militar brasileira, que a qualquer momento podia alçar um de nós como inimigo do Estado.

Bem diferente do que consegui experimentar ao longo dos três anos contados a partir de 2015, quando me propus a voltar para os "bancos da academia". Uma experiência que nunca vou esquecer e espero que possa dar frutos para além dos espaços acadêmicos. Por essa e outras tantas razões, sei que a lista de agradecimento é bem grande e, provavelmente, posso correr o risco de esquecer alguém, mas mesmo assim gostaria de mencionar algumas pessoas e instituições que fizeram parte dessa intensa jornada.

Primeiramente quero agradecer aos professores Flávio dos Santos Gomes, meu orientador, e André Leonardo Chevitarese, meu co-orientador;

aos professores do programa de Pós-graduação em História Comparada (PPGHC), em especial a Wallace dos Santos de Moraes; à ex-secretária do curso, Márcia Ramos; aos examinadores da banca de qualificação e defesa, professores Marcelo Marc Cord e Daniel Brasil Justi; aos professores José Costa D'Assunção Barros, André Luís dos Santos Barroso e Carlos Eduardo Moreira de Araújo; aos amigos e pesquisadores do Laboratório de História das Experiências Religiosas (LHER), da Coordenadoria de Experiências Religiosas Tradicionais Africanas, Afro-brasileiras, Racismo e Intolerância (ERARIR), aos pesquisadores e pesquisadoras dos grupos de estudos e pesquisas que coordeno, ao Ifá: A Sabedoria Divina e a História Social da Intolerância na Contemporaneidade; aos colaboradores do Instituto de Filosofia e Ciências Sociais e do Instituto de História (IH), agradeço pela acolhida durante os anos do curso de doutorado.

Agradeço carinhosamente aos amigos e companheiros de luta e resistências do Centro de Articulação de Populações Marginalizadas (CEAP) que, desde a década de 1980, estão presentes na minha vida e dão luz e vida a todos os projetos que desenvolvemos ao longo desses anos; aos companheiros de décadas da Associação dos Ex-Alunos da Funabem (ASSEAF), e a todos os ex-alunos e ex-alunas da Funabem que, durante os anos em que estive na instituição, fizeram parte das minhas experiências; aos membros da Comissão de Combate à Intolerância Religiosa (CCIR), do Congregação Espírita Umbandista do Brasil (CEUB), do Coletivo de Entidades Negras (CEN), do Centro de Promoção da Liberdade Religiosa & Direitos Humanos (CEPLIR), da Federação Israelita do Estado do Rio de Janeiro (FIERJ), do Instituto de Estudos da Religião (ISER), da Sociedade Beneficente Mulçumana do Rio de Janeiro (SBMRJ), da Presença Ecumênica e Serviço (KOINONIA), do Movimento Inter-religioso do Rio de Janeiro (MIR), da Pontifícia Universidade Católica do Rio de Janeiro (PUC-Rio), da Universidade Federal Fluminense (UFF), da Secretaria de Políticas de Promoção da Igualdade Racial (SEPPIR), pois sem vocês a nossa Caminhada em Defesa da Liberdade Religiosa não completaria, em 2018, dez anos de ações e de promoção da tolerância religiosa. Aos amigos, companheiros e militantes dos movimentos negros, agradeço pelos longos e duradouros anos de luta contra o racismo, e em prol de políticas antirracistas voltadas para processos de visibilidade do povo negro no país.

A todas e a todos os entrevistados e entrevistadas, responsáveis pela reconstrução dos bastidores da 1ª Caminhada em Defesa da Liberdade Religiosa, agradeço por toda a disponibilidade para as entrevistas e por conservarem em suas memórias suas experiências sobre a organização e mobilização do nosso evento. Aos amigos de trabalho no Arquivo Nacional, agradeço pelos longos anos de companheirismo, trabalhos e pesquisas desenvolvidos.

Agradeço à minha família de santo do Terreiro Ilê Alabaxé, em Maragogipe na Bahia, em especial ao Babalorixá Edinho de Oxóssi, em memória, a quem tenho grande apreço, admiração e respeito. O Orun sempre será alegria e sabedoria com a sua presença. Aos membros do Egbe Adifala, na Nigéria, onde fui iniciado para Ifá, em especial a Awolade Jokotoye Bankole que sempre esteve presente em todos os momentos, nos orientando, por meio de Orunmilá, nos caminhos que poderíamos seguir para a realização da Caminhada em Defesa da Liberdade Religiosa. Nossas lutas e resistências sem suas orientações e conselhos não chegariam até esse momento.

À minha companheira, por todos os momentos de compreensão e de ausências em que você se fez o esteio da nossa família para que eu pudesse continuar. Você se fez "rocha", nos momentos em que nós mais precisávamos e, nunca me abandonou nos momentos das minhas angústias. Aos meus filhos, filhas, netos, netas e bisneta, primeiramente, peço desculpas pelas minhas ausências, e agradeço imensamente por todos os momentos em que compartilhamos as nossas experiências e soubemos escutar uns aos outros. Para vocês, mesmo nas ausências sempre tentarei ser presente!

A todas e a todos os adeptos das religiões de matrizes africanas, que lutam todos os dias contra a intolerância religiosa no Brasil. A todos os Babalorixás e a todas as Yalorixás, em memória, que foram nossos esteios na luta contra a intolerância religiosa contra os adeptos das religiões de matrizes africanas.

SUMÁRIO

Abreviaturas Utilizadas 14
Prefácio 16
Prólogo 19

Introdução 34

Capítulo 1: Religiões afro-brasileiras e intolerância religiosa no Brasil 44

1.1 Recompondo os fatos através de fagulhas históricas 47
1.1.1 Contexto histórico: as congruências religiosas no Brasil ... 48

1.2 O crescer da intolerância e o poder das instituições cristãs 58
1.2.1 O poder da mídia e do Estado na ditadura militar 67
1.2.2 O outro lado da mídia 77
1.2.3 O poder das instituições: a intolerância política e religiosa 80

1.3 Oju Obá: movimentos religiosos de matriz africana contra a intolerância religiosa (1950-2000) 92
1.3.1 A Congregação Espírita Umbandista do Brasil 96
1.3.2 Malungo Pai Tata 110
1.3.3 IPELCY: do curso de Yorubá ao Instituto de Pesquisa 123
1.3.4 O IPELCY e a Caminhada da Paz 125
1.3.5 O IPELCY na virada da década de 1970 para 1980 127

Capítulo 2: Dos caminhos até a Caminhada 136

2.1 Caminhar é preciso 141
2.2 De ASSEAF para CEAP: marginalizados em lutas 156
2.2.1 Marginalizados organizando suas populações 156
2.2.2 ASSEAF: a voz dos marginalizados por eles mesmos 167

**2.3 Negros sacerdotes e as possibilidades
de diálogos inter-religiosos** **176**
2.3.1 Negros sacerdotes 177
2.3.2 Unidos NÓS podemos 202

2.4 Sobre a Comissão de Combate à Intolerância Religiosa **215**

Capítulo 3: Quem Caminha e quem Marcha 220

**3.1 Caminhar sobre Copacabana
e marchar sobre a Avenida Presidente Vargas** **222**
3.1.1 O chão histórico por onde caminham
 os que defendem a liberdade religiosa 225
3.1.2 O chão histórico por onde marcham os evangélicos 233

**3.2 Caminhar até a Caminhada
e marchar até a Marcha: organizações** **240**
3.2.1 CCIR: unidade sem políticos 242
3.2.2 Das ações da CCIR 254

3.3 COMERJ: unidade para a realização da Marcha para Jesus **263**
3.3.1 As estruturas de poder que fazem
 a Caminhada e a Marcha 269

Conclusão 276

Referências 280

Apêndice: Entrevistas 298
Apêndice 1: Entrevista com Jayro Pereira de Jesus 299
Apêndice 2: Entrevista com Oxaguian 315
Apêndice 3: Entrevista com São Benedito 327
Apêndice 4: Entrevista com o Apóstolo Paulo 330

Posfácio 342

ABREVIATURAS UTILIZADAS

ALERJ – Assembleia Legislativa do Estado do Rio de Janeiro
APN – Agentes de Pastoral Negros
ASSEAF – Associação dos Ex-Alunos da Funabem
CCIR – Comissão de Combate à Intolerância Religiosa
CEAP – Centro de Articulação de Populações Marginalizadas
CEBs – Comunidades Eclesiais de Base
CEFEMEA – Centro Feminista de Estudos e Assessoria
CEN – Coletivo de Entidades Negras
CEPLIR – Centro de Promoção da Liberdade Religiosa & Direitos Humanos
CEUB – Congregação Espírita Umbandista do Brasil
CIAFRO – Centro de Integração da Cultura Afro-brasileira
COMERJ – Conselho de Ministros do Estado do Rio de Janeiro
CNBB – Conselho Nacional dos Bispos do Brasil
CONAMAD – Convenção Nacional das Assembleias de Deus no Brasil
CPI – Comissão Parlamentar de Inquérito
FEBEM – Fundação Estadual para o Bem-Estar do Menor
FPE – Frente Parlamentar Evangélica
FIERJ – Federação Israelita do Estado do Rio de Janeiro
FUNABEM – Fundação Nacional do Bem-Estar do Menor
INARAB – Instituto Nacional de Religiões Afro-Brasileiras
IPELCY – Instituto de Pesquisa e Estudo da Língua e Cultura Yorubá
ISER – Instituto de Estudos da Religião
IURD – Igreja Universal do Reino de Deus
KOINONIA – Presença Ecumênica e Serviço
LEHA – Laboratório de Estudos de História Atlântica das Sociedades Coloniais e Pós-coloniais
LHER – Laboratório de Histórias das Experiências Religiosas
MIR – Movimento Inter-religioso do Rio de Janeiro
NUFAC – Núcleo de Formação de Agentes de Cultura da Juventude Negra
PMDB – Partido do Movimento Democrático Brasileiro
PRN – Partido da Revolução Nacional

PRB – Partido Republicano Brasileiro
PSDB – Partido da Social Democracia Brasileira
PUC-Rio – Pontifícia Universidade Católica do Rio de Janeiro
PV – Partido Verde
PSC – Partido Social Cristão
PT – Partido dos Trabalhadores
SAM – Serviço de Assistência ao Menor
SBMRJ – Sociedade Beneficente Mulçumana do Rio de Janeiro
SEPPIR – Secretaria de Políticas de Promoção da Igualdade Racial
UFF – Universidade Federal Fluminense
UFRJ – Universidade Federal do Rio de Janeiro
UNICEF – Fundo das Nações Unidas para a Infância

PREFÁCIO

Laroiê, mo juba, axé!

Não começo com uma frase retórica, mas com a sinceridade e a força jaculatória de quem deve pedir a licença litúrgica a quem de direito e de crença no trato de assuntos relacionados ao povo de rua. Pelo menos é assim que compreendo o alcance geral desta tese de Carlos Alberto Ivanir dos Santos, um trabalho de academia e de militância. Estas duas palavras não costumam se associar. A primeira, de Platão para cá, tem a ver com pensamento elevado e letras; a segunda, desde o latino *militaris*, difratou-se em formas muito diversas, mas sempre à base do significado de comprometer-se com uma causa ou um projeto.

Ivanir reúne ambas as acepções, por ser de fato intelectual e militante. De quê? Para mim, de um aspecto particular do vasto projeto pós-moderno de descentramento das identidades hegemônicas. Identidade, bem o sabemos, é algo implícito em qualquer representação que fazemos de nós mesmos, é aquilo de que nos lembramos sobre nós. Ao falarmos em *identidade humana*, estamos apontando um quadro vinculativo que liga o sujeito a referências contínuas, constituídas pela interseção de sua história individual com a do grupo onde vive. Historicamente, a identidade tem conhecido várias fontes, mas as étnicas e religiosas são as mais enraizadas, logo, as menos "escolhidas". Quando articulada ao domínio social, essa identidade "centrada" pretende-se universal e hegemônica.

Pois bem, entre nós, o aspecto mais visível do descentramento acontece na movimentação litúrgica do que se conhece como "povo de santo". Não tão conhecido assim é o fato de que toda liturgia implica uma forma particular de organização de poder em que o *povo como unidade* (em grego, *to lao*) distingue-se de *povo como diferença* (*to demos*) e assim dando lugar à liturgia (*alleturgués*, obra do povo unitário) em contraposição à democracia (*demokratós*, poder das diferenças). Essa organização costuma receber o batismo etnológico de "comunidade" (litúrgica, no caso), que enfatiza um *ethnos* originário (em que a subjetivação acompanha identificações por etnia, religião, território etc.). O povo de santo pertence tradicionalmente a esse *ethnos*.

O povo definido como "moderno", por outro lado, pauta-se por uma forma de subjetivação que preserva no limite a consistência coletiva de um *ethnos*, mas sem reconhecer ou tornar visível a sua natureza litúrgica. A modernidade ocidental prioriza o povo como *demos*, procurando fazer crer que esta é uma condição inelutável da universalização da consciência racional e que, portanto, os fatos "étnicos" pertencem exclusivamente aos povos que não acederam plenamente à democracia como um universal.

Entretanto, na dinâmica do povo de santo, a identidade (o caráter, o temperamento, a personalidade) é coerente com uma continuidade lembrada – por mensagens, apelos, respostas – e reinterpretada. É o gesto afirmativo de uma "autenticidade contemporânea", em nada incompatível com o que de "moderno" possa ser predicado em outros contextos.

A negação preconceituosa dessa dinâmica equivale à negação da diversidade. Mas o diverso não emerge historicamente apenas sob o beneplácito paternalista do multiculturalismo, e sim em virtude da movimentação de minorias sociais que trafegam no espaço dos direitos civis e humanos. Sob as aparências carcomidas da política tradicional, existe uma dinâmica social em busca de formas novas de expressão. O jogo existencial da diversidade não é conciliatório, mas agonístico (a dinâmica conflitiva entre os grupos e no interior deles) e, não raro, politicamente reivindicativo.

O que esse jogo traz de novo para o pensamento? Para começar, o interesse de agir a partir da dimensão espacial, que tem a ver com a aproximação dos seres e com o sentir. Por que, então, ignoramos ou nos imunizamos socialmente contra uma determinada dimensão da diversidade? Possivelmente porque, armado da razão amplificada pela economia e pela técnica, o sujeito de poder, convertido em "unidade de dominação", autoimuniza-se contra a exterioridade dos lugares e contra o sensível. A imunização sócio-psicológica é uma barreira à empatia e à compreensão: ela conduz à narração de "histórias únicas" sobre o mundo. A intolerância religiosa é fruto dessa narrativa única.

É nesse ponto que intervém a militância ao mesmo tempo acadêmica e social de agentes de mudança como Ivanir dos Santos, figura orgânica da liturgia afro, pesquisador e político. O que faz ele? Pressão intelectual e territorial sobre as posições hegemônicas no capítulo das crenças. Há primeiramente as suas "caminhadas" ecumênicas, há depois a sua atividade política e trabalho historiográfico, como o exemplificado neste seu texto de tese. Ele suspeita (e age conforme) que o olhar hegemônico do clássico "narrador de histórias únicas" pode admitir o reconhecimento da pluralidade, se pressionado social e intelectualmente.

Uma militância dessa natureza tem de estar ciente de que apenas numa ambiência politicamente articulada é que se constituem as ações discursivas responsáveis pela intervenção simbólica do diverso. Em outras palavras, diversidade simbólica pressupõe autogestão política dos espaços ancestralmente marcados e respeito público às diferenças.

Não basta, portanto, a mera "expressão cultural" de um grupo ou de indivíduos singularizados. O sentimento coletivo é a lupa assestada sobre a diversidade: para além do registro intelectual ou da embriaguez emocional está o sentimento que leva à coexistência sensível, ou seja, à aceitação e à aproximação do Outro. Não se trata da pura aceitação intelectual da diferença, pois, como assinala um ficcionista (Caio Fernando Abreu), "é fácil não dizer; difícil é não sentir".

Neste texto de Ivanir dos Santos, o intelectual, o sensível e o religioso dão-se mãos para reeducar a consciência intolerante. É um texto bem articulado e corajoso, com uma dedicatória impactante, inédita em qualquer outra produção acadêmica que já me tenha caído sob os olhos. Algo a ser realmente lido e lembrado.

Muniz Sodré
Professor Emérito da Universidade Federal do Rio de Janeiro

PRÓLOGO

> *As pessoas não experimentam sua própria experiência apenas como ideias, no âmbito do pensamento e de seus procedimentos [...] Elas também experimentam sua experiência como sentimento e lidam com esse sentimento na cultura, como normas, obrigações familiares e de parentesco, e reciprocidades, como valores ou (através de formas mais elaboradas) na arte ou nas convicções religiosas.* **(THOMPSON, 1981)**

Creio que neste exato momento o trecho da citação acima possa ser a melhor maneira de dar início a este trabalho de pesquisa, pois ele consegue transmitir todo o eixo central empreendido para a realização desse trabalho: a experiência. Na epígrafe, o historiador fala sobre como as pessoas lidam com suas experiências e como são necessárias para ajudar a corroborarem a capacidade de homens e mulheres romperem com condições impostas.

E foi pensando justamente na possibilidade de romper com os cerceamentos sociais e religiosos impostos às minorias religiosas, em especial aos adeptos e adeptas das religiões de matrizes africanas, que esse trabalho se desenvolveu. Ressaltando as lutas e resistências políticas e sociais desses grupos religiosos, marginalizados, contra os processos de intolerância e suas ações voltadas para a promoção da liberdade religiosa, da tolerância e da pluralidade. Durante a pesquisa, aprendi a ouvir e fui instigado a refletir sobre as diversas formas de resistências construídas pelos religiosos e religiosas de matrizes africanas ao longo dos últimos cinco séculos no Brasil e que durante um bom tempo foram invisibilizados pela historiografia tradicional.

Com o apoio de amigos e companheiros dos grupos de estudos do Laboratório de História das Experiências Religiosas (LHER-UFRJ) e Laboratório de Estudos de História Atlântica das Sociedades Coloniais e Pós-coloniais (LEHA – UFRJ), escrevi alguns artigos sobre o tema e coordenei e organizei as pesquisas que levaram ao livro *Intolerância religiosa no Brasil: relatório e balanço* (SANTOS, 2016), publicado pela editora Klíne, em parceria com o Centro de Articulação de Populações Marginalizadas (CEAP), livro esse que teve sua segunda edição publicada pela Secretaria de Direitos Humanos, em 2018.

Por diversas vezes, ao longo do processo de estudo do doutorado, desenvolvi novas abordagens, principalmente após as observações feitas pelos professores que estiveram presentes na minha banca de qualificação. Obviamente, reconsiderei conceitos, até repensei aspectos, as propostas em relação à própria escrita da tese, devido aos vários momentos em que minhas experiências, enquanto defensor da liberdade religiosa, militante do movimento negro e defensor das populações marginalizadas, se encontram com as entrevistas, com as fontes documentais e as referências bibliográficas. Talvez, por ter vivido boa parte da minha vida as experiências do cerceamento social, religioso e marginal, que me condicionaram e me constituíram enquanto sujeito histórico. Assim, espero, humildemente, que eu consiga fazer com que as experiências de resistências religiosas possam ser evidenciadas e fomentem outras novas abordagens e temas de pesquisas.

Do ponto de vista das minhas experiências, essa pesquisa se apresenta em caráter muito pessoal e particular, pois está intimamente ligada às minhas construções e trabalhos realizados, desde a década de 1980, à frente do Centro de Articulação de Populações Marginalizadas, e desde 2008 como interlocutor da Comissão de Combate à Intolerância Religiosa (CCIR).

Assim, não posso me furtar, em respeito às minhas experiências enquanto sujeito histórico. Ao escolher pesquisar sobre o tema das experiências e resistências, demarco o posicionamento do autor enquanto pesquisador. Principalmente, por ser esse um tema que é pouco estudado pela história, mas muito mais pela antropologia e pela sociologia, e que diz respeito, diretamente, aos movimentos de resistências e diálogos inter-religiosos que o autor ajudou a construir dentro da CCIR.

Por essa razão, o distanciamento entre o autor e a pesquisa talvez não seja completamente possível, principalmente porque os fatos analisados, desde os primeiros movimentos de reinvindicações sociais contra a intolerância, até os eventos da 1ª Caminhada em Defesa da Liberdade Religiosa, foram promovidos, de formas diretas e indiretas, pelas articulações sociais e inter-religiosas fomentadas pelo autor.

Obviamente, a presente tese não é uma autobiografia ou um trabalho de memória do autor, mas saliento que uma hora ou outra será impossível não lê-lo nas fontes e entrevistas aqui utilizadas. Assim, quero deixar claro que as análises são escolhas teóricas do autor, na medida em que esse autor fala de um lugar, definido sobre pontos vistas social, histórico, político, econômico e religioso.

E o lugar social de onde o autor fala é emblematicamente significativo do ponto de vista das resistências históricas. Por essa razão, quero fazer uma breve narrativa sobre o meu "lugar de fala", por isso, posso correr o risco de fazer de minha narrativa um "vai e vem" da memória. Mas ressalto que tal risco, aqui assumido, é na inteira intenção e desejo de poder demarcar o lugar do autor nas tramas sociais que possibilitaram essa pesquisa de doutorado.

Meu nome é Carlos Alberto Ivanir dos Santos, minhas bandeiras de lutas e as que levantei ao longo dos meus caminhos até aqui, por muitas vezes se entrelaçaram à minha história de vida. Assim, como outras tantas crianças pretas, nasci na Favela do Esqueleto. Essa favela foi um espaço que existiu até o início da década de 1960, no local onde hoje se encontra a Universidade do Estado do Rio de Janeiro, no bairro do Maracanã, Zona Norte da cidade do Rio de Janeiro. A favela foi removida em meados da década de 1960 pela política de higienização da Zona Sul da cidade, por sua proximidade com o estádio do Maracanã, o maior estádio de futebol do mundo, na época. Os moradores da região foram transferidos para a Zona Oeste da capital fluminense, mais precisamente em Bangu, com recursos do projeto "Aliança para o Progresso", doados pelo governo norte-americano que apoiava as ações sociais do governo Carlos Lacerda, um dos mentores e apoiadores da ditadura militar no Brasil. Assim, em homenagem ao ex-presidente dos Estados Unidos, John Fitzgerald Kennedy, o novo conjunto habitacional foi batizado como Vila Kennedy.

A favela começou a surgir antes da construção do Maracanã. Quando o terreno foi invadido, os barracos foram sendo construídos em torno do esqueleto da construção, em poucos anos se tornou uma das maiores favelas do Rio de Janeiro. No Esqueleto fui criado pela dona Sônia, minha saudosa mãe, de quem fui brutalmente tirado aos meus sete anos de idade e entregue ao SAM (Serviço de Assistência ao Menor), ligado ao Ministério da Justiça, que posteriormente, após o golpe militar de 1964, passou a se chamar Fundação Nacional do Bem-Estar do Menor (FUNABEM).

Após 12 anos de internato, o estigma de "ex-interno" de um sistema de reclusão, recaía sobre meu corpo antes mesmo de atravessar os grandes portões de ferro que nos separavam da sociedade e do mundo "civilizado". Temendo uma maior vulnerabilidade social, política e econômica, junto com Guaracy, amigo e irmão de internato, fundei a Associação dos Ex-Alunos da Funabem (ASSEAF), em 1979. A ideia surgiu após observarmos que os alunos que saíam do internato eram discriminados pela sociedade, não conseguiam empregos – por isto, muitos se tornaram criminosos sem nenhum antecedente criminal – e não conseguiam voltar para o seio do núcleo familiar.

Assim, ao constatarmos que não poderíamos contar muito com a compreensão e a ajuda da sociedade, sentimos que seria necessário fundar uma associação, no Rio de Janeiro, com um forte, puro e singelo objetivo de "desenvolver o espírito de fraternidade e ajuda mútua, assistência ética, material e profissional que propiciasse a integração dos ex-alunos da Funabem" (Estatuto da ASSEAF, Art. 19, citado em BONFIM, 1987, p. 114).

À frente da entidade, levantamos nossas vozes contra a marcante diferença que se estabelecera na sociedade brasileira entre a criança e o menor, e a denunciar a ação crescente dos grupos de extermínio, um prenúncio sobre os casos que posteriormente ganharam dimensões alarmantes. Em um momento em que soava absurda a existência de grupos de policiais a soldo de comerciantes com o objetivo de matar crianças negras que cometiam pequenos furtos para fins de sobrevivência. Do mesmo modo, a pedido da *Defense for Children International* (DCI), entidade com sede em Genebra, Suíça, coordenei, em 1988, o primeiro levantamento sobre o extermínio de crianças brasileiras. O documento, inédito, transformou-se numa referência nacional e internacional na luta pelos direitos humanos, provocando, no Congresso Nacional, a instalação de uma Comissão Parlamentar de Inquérito para pautar o extermínio de crianças e de adolescentes. Após o brutal assassinato de sete meninos e um adulto na praça da Candelária, no Rio de Janeiro, este movimento de mobilização cresceu e sensibilizou o país e a opinião pública internacional.

A Chacina da Candelária comoveu todo o mundo, principalmente pela frieza com que os assassinos mataram as crianças e os adolescentes que dormiam ao relento quando os exterminadores dispararam, numa madrugada fria de 23 de agosto de 1993. Quando a sociedade civil começava a se recuperar do horror, mais um massacre aterrorizou a opinião pública: 21 moradores da favela de Vigário Geral foram exterminados. O motivo do massacre fora a represália ao assassinato de quatro soldados numa praça da favela.

Consta na revista *Pixote*, editada pelo CEAP, em exemplar de 1993, que em ambos os casos de massacre, as suspeitas se confirmaram: os assassinos seriam policiais civis e militares que, com a complacência do Estado, matam impunemente pobres, negros e meninos e meninas, que quase não têm ninguém que cuide deles. A revista trazia números alarmantes sobre o crescimento da cultura do extermínio que, em cinco anos, entre 1988 e 1992, vitimou 1.888 crianças, segundo a pesquisa promovida pela *Defense for Children International*, da qual fui o coordenador.

O massacre da Candelária já era anunciado por todos aqueles que trabalham com populações em situações de vulnerabilidade social. Anunciado no seguinte sentido: algum dia, os assassinos perderiam o controle, e matariam menores em locais cujos símbolos de poder e *status* desaconselhariam ações desse tipo, tal seria a repercussão. Não obstante, já na posição de combativo militante da luta contra o racismo e na defesa intransigente dos direitos das crianças e dos adolescentes marginalizados, com especial atenção para as mulheres e a população que vive nas favelas e nos bairros periféricos, abri espaços para a criação do Centro de Articulação de Populações Marginalizadas (CEAP), entidade na qual eu era, no momento em que este estudo foi realizado, o conselheiro estratégico. Ressalto que minha inserção no movimento negro se deu a partir dos incentivos do saudoso e eterno grande amigo Togo Yorubá.

A CEAP é considerada uma das mais importantes organizações não governamentais do país a desenvolver campanhas em benefício dos direitos da população negra, e faz parte da Coordenação Nacional de Entidades Negras que possui fóruns organizados em 16 estados brasileiros. Com suas ações criou jurisprudência sobre a Lei 7.716, comumente conhecida por Lei do Crime Racial, que transformou o racismo em crime inafiançável e imprescritível. Dentre as muitas lutas que travei contra o racismo, destaco a denúncia que fiz da gravadora Sony Music, no Brasil, por meio do CEAP, pôr ter gravado música com conteúdo racista, ofensiva às mulheres negras, e nas varas cíveis e criminais, denúncia ao Ministério Público Federal pelo fato de um Ministro dos Transportes ter ofendido a comunidade negra brasileira.

A campanha *Não Matem Nossas Crianças* levou o Brasil a mudar a legislação e a postura de repressão vigente, de controle e repressão sobre as crianças e adolescentes, onde os mesmos passaram a ser sujeitos de direitos do ponto de vista legal. Entretanto ela, a lei, nunca se transformou numa realidade concreta de direitos à educação, saúde e bem-estar para os filhos dos negros, pobres e marginalizados.

Na campanha pela *Abolição do Trabalho Infantil*, passou-se a ter uma normativa contra o trabalho infantil e sua abolição no país. A campanha *Contra a Esterilização em Massa de Mulheres Negras* foi uma grande campanha que fomentou a consciência social no Brasil. A campanha *Tráfico de Mulheres é Crime* foi uma das grandes bandeiras de luta que, posteriormente, fomentou a emancipação do movimento de mulheres negras no Brasil. Construí e articulei internacionalmente todas estas movimentações com os meus parceiros do CEAP.

Por esse e outros tantos trabalhos, representei o CEAP na Suécia, onde fui recebido por Elizabeth Palm, viúva do ex-primeiro-ministro Olav Palm; na Inglaterra, no parlamento, por Bene Gran, parlamentar negro do Partido Trabalhista Inglês; na França, por Danielle Miterrand, primeira-dama francesa que, em visita ao Brasil, se comprometeu a financiar, através da entidade *France Liberté*, a publicação *Mães de Acari*, livro que relata a dor e a garra de um grupo de mulheres, e o assassinato de uma delas, na luta que travam em busca de 11 crianças pobres, sequestradas e desaparecidas desde 1991, dois anos antes da chacina da Candelária. A publicação sintetiza a saga de todas as mães negras e pobres da América Latina em busca dos filhos desaparecidos.

A mola propulsora dessas ações sociais tomou a mídia após a chacina de Acari, envolvendo o desaparecimento daqueles jovens, oriundos das favelas cariocas. Isso começou com a busca, feita por três mães, dos seus filhos desaparecidos em esquadras policiais dos subúrbios do Rio de Janeiro. Esses jovens, sete deles menores de idade, foram sequestrados, provavelmente mortos, e os seus corpos até 2019 estavam desaparecidos. De imediato, os familiares reagiram, particularmente as mães das vítimas, clamando por "justiça" no sentido de identificar e julgar os assassinos de seus filhos. Entretanto, num primeiro momento, não houve nenhuma mobilização policial para encontrar os jovens. Assim, as "mães" se deram conta de que teriam que agilizar relações pessoais para levar o seu pleito adiante. Diante da luta por justiça, da audácia em enfrentar poderes constituídos, "As mães de Acari" receberam, como resposta, mais um assassinato. Edméia da Silva Eusébio, uma das mães, foi assassinada: o objetivo era fazê-las desistir de encontrar suas filhas e filhos, vivos ou mortos.

Mesmo com todas as ações e CPIs instauradas contra a cultura do extermínio no Brasil, não conseguimos erradicar da nossa nação essa prática travestida de "limpeza social". Nossos corpos negros incomodam toda a sociedade, principalmente nos espaços de poder. E tal prática, o extermínio, deixou marcas profundas nas tramas das construções sociais da história do Brasil. E em pleno século 21 assistimos, através dos meios de comunicação, casos estarrecedores de aniquilamento de vidas negras, seja pelo extermínio, seja por ocultação dos corpos ou encarceramento forçado.

Como reconhecimento das ações e trabalhos em proveito dos direitos humanos para as minorias representativas, tive a honra de fazer parte do comitê de recepção a Nelson Mandela, no Brasil, em sua primeira visita ao país ao sair do cárcere, e recepcionei Coretta King, viúva de Martin Luther King, Alain Derzi do SOS Racismo, da França, e o senador Jesse Jackson, dos Estados Unidos. Em 1987, aconteceu o 1º Encontro dos Negros dos Estados do Sul e Sudeste, que tirou uma posição de contestação dos 100 anos da abolição no Brasil, que seria comemorado pelo governo brasileiro.

Em 13 de maio de 1988, após várias contestações no país, aconteceu, na cidade do Rio de Janeiro, a Marcha Zumbi dos Palmares Contra o Racismo, da qual fui membro da comissão executiva. Ainda na década de 1980, fui apresentado, por meio do professor Jayro Pereira, ao projeto Oju Obá,[1] voltado para o combate à intolerância religiosa contra os religiosos e religiosas de matrizes africanas no país, que vinha crescendo e sendo

---

1 Oju Obá é uma palavra da língua africana yorubá que significa "os olhos do rei" ou "os olhos de Xangô", expressão que foi, e ainda é usada por alguns grupos adeptos das religiões de matrizes africana em alusão ao Rei Xangô, rei da justiça dentro da tradição cultural religiosa dos grupos yorubanos na África. O projeto Oju Obá será descrito na seção 2.2.2 (ASSEAF: a voz dos marginalizados por eles mesmos).

veiculada, principalmente, nos meios de comunicação. E foi a partir desse projeto que o primeiro relatório sobre intolerância religiosa foi construído. Na época, conseguimos mobilizar um grande número de pessoas para que o relatório pudesse circular em várias regiões do país e que pudéssemos chamar a atenção da sociedade brasileira para os casos de violência religiosa que silenciosamente cresciam no país.

Em contato direto e permanente com a população marginalizada, trazendo na bagagem a certeza de que esta é uma luta por mudanças estruturais na sociedade brasileira, que me renderam ameaças de morte e o carro metralhado por policiais, procurei fazer com que minhas ações fossem direcionadas também para o fortalecimento de expressões culturais, como uma forma irreversível de afirmar a cultura negra em projetos nas escolas, nos meios de comunicação, em rádios comunitárias, junto a grupos de rap, blocos afros e funk.

Como um caminho natural, de quem busca fazer reconstruções políticas, econômicas e sociais voltadas para as populações negras e marginalizadas, me inseri nos movimentos políticos e sociais onde se encontram reflexos na organização partidária, levando-me na época a uma ação junto ao Partido dos Trabalhadores (PT). No período de um ano fui indicado candidato para concorrer ao cargo de deputado estadual pelo Rio de Janeiro.

Ao longo de uma década à frente de importantes movimentos populares, integrei os diretórios municipal e regional, o governo paralelo do ex-presidente do Brasil, Luiz Inácio Lula da Silva, e a coordenação das campanhas de Benedita da Silva, em 1992 e 2000, à prefeitura do Rio de Janeiro. Na coordenação de campanhas majoritárias à prefeitura, ao governo do Estado e à presidência da República, fui o responsável pela elaboração da proposta nacional sobre crianças e adolescentes, violências e cidadania, ajudando a organizar o 1º Encontro Nacional de Entidades Negras, onde foi apoiada, em nível nacional, a campanha "Não matem nossas crianças".

Sempre acreditando na potencialidade das minhas ações como subsecretário estadual de direitos humanos e cidadania, pasta que assumi até dezembro de 1999, à frente da subsecretaria, coordenei a equipe que elaborou o Plano Estadual de Direitos Humanos. A convite de entidades como Anistia Internacional, ONU e *Foundation France Liberté*, viajei por inúmeros países, como África do Sul, EUA, Índia, Chipre, França, Suécia, Holanda, Dinamarca, Áustria, Alemanha, Inglaterra, a antiga URSS, Uruguai, Argentina, Chile, Venezuela, Colômbia e Cuba, representando o Brasil e fazendo palestras e exposições sobre a discriminação racial e o extermínio de crianças e jovens negros. Meu nome foi indicado para o Prêmio Internacional pela Liberdade, instituído pelo Centro Internacional pelos Direitos da Pessoa e Desenvolvimento da Democracia, com sede em Toronto, Canadá, concedido aos que se destacam na luta pelos direitos humanos.

Enquanto membro da Coordenação Nacional de Entidades Negras, representei o Brasil no Fórum Internacional das ONGs para a 3ª Conferência Mundial contra o Racismo, Discriminação Racial, Xenofobia e Intolerâncias Correlatas (realizado na África, em 2001), integrando o comitê preparatório desta 3ª Conferência Mundial promovida pela ONU, como um dos fundadores e membro da coordenação política da Aliança Afrolatina, Americana e Caribenha, que teve papel destacado no Encontro Regional das Américas, realizado no Chile, em defesa dos interesses dos afro-latinos, quando, pela primeira vez, a importância deste debate foi reconhecida, já que o Documento das Américas traz um capítulo sobre os afrodescendentes.

Em 2008, ao tomar conhecimento dos episódios de intolerância religiosa que aconteceram no Morro do Dendê, na Ilha do Governador (Rio de Janeiro), em que adeptos das religiões de matrizes africanas foram sumariamente expulsos da comunidade por traficantes que se diziam evangélicos, organizamos, junto com religiosos e religiosas de diversos segmentos, uma manifestação à porta da Assembleia Legislativa do Estado do Rio de Janeiro (ALERJ). Após o ato, nos reunimos e construímos a Comissão de Combate à Intolerância Religiosa (CCIR) e organizamos a 1ª Caminhada em Defesa da Liberdade Religiosa, que no dia 16 de setembro de 2018 chegou à sua 11ª edição, reunindo na orla de Copacabana vários milhares de pessoas de todos os credos e convicções religiosas, que juntas caminharam contra todas as formas de preconceitos, racismos e intolerância.

O evento reúne líderes e praticantes religiosos de diferentes denominações religiosas, a fim de promover um diálogo reflexivo entre esses grupos e pôr fim à onda de violência que determinados segmentos vêm sofrendo nos últimos anos.

Esse diálogo se segue por meio do seminário que ocorre sempre após a Caminhada, onde temos debates que discutem a importância de uma religião não se sobrepor às demais. Chamar a atenção do governo para a importância de se respeitar a laicidade do Estado é também dar as mesmas condições de prática e de respeito a todos os segmentos religiosos. E em 20 de novembro de 2008, a ideia era elaborar e entregar o Plano Nacional de Combate à Intolerância Religiosa, ao então presidente Luiz Inácio Lula da Silva, no Rio de Janeiro.

Dentre as ações inter-religiosas promovidas pela CCIR, destaco aqui o "Cantando a gente se entende", que tem se transformado em uma grande confraternização inter-religiosa, cujo objetivo é a defesa da paz e da diversidade religiosa, e que, igualmente, intenta manter a população mobilizada contra as práticas de intolerância religiosa, ressaltando a diversidade cultural de distintos cultos religiosos, garantindo assim os princípios constitucionais que regem o Estado brasileiro. Ação que se dá através da realização de eventos culturais, debates, oficinas e seminários promovidos pela CCIR conjuntamente com o CEAP, mobilizando durante todo o ano grande parte da sociedade civil organizada.

Mesmo composta, em sua maioria, por adeptos das religiões de matrizes africanas, a comissão levanta a bandeira do pluralismo das diversidades religiosas em prol do diálogo inter-religioso. O pluralismo religioso, diz Montero, "convencionalmente compreendido como tolerância à diversidade de cultos e como respeito à liberdade de consciência, se constituiu às avessas no Brasil: não foi fundamento do Estado moderno, mas seu produto" (MONTERO, 2006, p. 63).

A comissão, assim, desponta no cenário religioso brasileiro como a primeira organização civil, composta por religiosos das mais diversas denominações, que tenta promover e garantir os direitos da liberdade religiosa. Leve-se em conta que a liberdade religiosa é um direto garantido por lei desde a Constituição de 1824 e ratificada na Constituição de 1988. A Constituição Federal, no Artigo 5°, inciso VI, nos diz que "é inviolável a liberdade de consciência e de crença, sendo assegurado o livre exercício dos cultos religiosos e garantida, na forma da lei, a proteção aos locais de culto e a suas liturgias" (BRASIL, 1988a).

Pensando em uma formação voltada para as pluralidades e liberdades religiosas continuada de jovens e professores e, principalmente, na consolidação e disseminação da Lei n° 10.639/03, que torna obrigatório o ensino da história e da cultura africana e afro-brasileira nas escolas públicas e privadas, desenvolvemos o projeto NUFAC (Núcleo de Formação de Agentes da Juventude Negra); curso de formação de professores sobre história da África e das relações étnico-raciais; curso de formação: candomblé: memória e sustentabilidade; projeto Ponto de Cultura JPA Afro Cultural. O CEAP conta ainda com alguns projetos, cuja realização foi bem sucedida por certo período de tempo, mas que precisaram ser suspensos pela escassez de recursos, o que nos levou a deixar de atender à clientela formada em sua maioria por jovens moradores de comunidades periféricas.

Entre os projetos inviabilizados pela falta de recursos encontra-se o projeto Camélia da Liberdade que, com suas ações de fomento, promoção e divulgação de iniciativas de ações afirmativas, pretende sensibilizar a sociedade no sentido da valorização e do respeito à diversidade racial e étnica do Brasil, assim como dar visibilidade à contribuição histórica dos afrosdescendentes na formação e desenvolvimento da sociedade brasileira.

Acredito que as minhas experiências narradas acima não predeterminaram a minha condição enquanto militante, pedagogo e ativista dos direitos humanos, nem muito menos os meus posicionamentos enquanto pesquisador. Mas compreendo que meu posicionamento deve ficar claro através das opções que fiz no decorrer da construção dessa tese e das perspectivas aqui adotadas, pois não podemos correr o risco de achar que não existe uma dimensão política nos trabalhos acadêmicos, pois elas existem mesmo nas entrelinhas ou em uma simples nota de rodapé. E tal posicionamento também se faz presente através dos posicionamentos dos autores que estão presentes nestes trabalhos. Ressalto que, tanto a fala quanto o posicionamento do autor, não são predeterminados pelas suas experiências e opções de leituras ao longo dessa jornada, mas fazem parte de uma escolha, buscando certa neutralidade dentro das possibilidades apresentadas para a realização dessa pesquisa que, até o ano de 2014, não estava nos meus planos, enquanto possibilidade acadêmica. E que ganhou formas e contornos de análises após a realização do congresso História,

Democracia e Experiências Religiosas que foi organizado em uma parceria do LHER e do CEAP. Durante o evento, conheci o professor André Leonardo Chevitarese, e após algumas conversas sobre a trajetória dos trabalhos realizados em defesa da liberdade religiosa, ele me incentivou a transformar essa trajetória em um projeto de pesquisa.

Na época, eu não dei vazão para tal possibilidade, pois os meus anseios estavam diretamente voltados para a militância negra e religiosa em benefício das liberdades. Entretanto, aos pouco fui percebendo a possibilidade de que um trabalho voltado para as resistências religiosas de matrizes africanas poderia ser um contraponto à ideia de "passividade" e de "submissão", características que comumente nos são atribuídas, como se não tivéssemos construído nossas próprias resistências.

Assim, escrevi o meu primeiro projeto de pesquisa acadêmica, cuja primeira versão tinha por objetivo pesquisar, sob a metodologia comparada de Marc Bloch, os processo constitutivos da Caminhada Pela Vida e Liberdade Religiosa, que aconteceu em Salvador, Bahia, em 23 de novembro de 2008, e já estava na sua quarta edição, e com a Caminhada em Defesa da Liberdade Religiosa, que aconteceu na cidade do Rio de Janeiro em 14 de setembro de 2008.

A ideia era comparar suas construções enquanto grupo, tendo em vista que a Caminhada realizada na Bahia é voltada para os adeptos das religiões de matrizes africanas, enquanto que a Caminhada realizada Rio de Janeiro, organizada e orquestrada por diversos segmentos religiosos, tem também as suas plataformas de luta pelo fim da intolerância contra as "religiões de santo", contra a violência moral e física sofrida por seus praticantes e questões relacionadas à conexão entre racismo e manifestações de intransigência religiosa. Deste modo, a investigação buscava divisar as conexões sócio-históricas de seus surgimentos, as diferenças e similaridades entre as caminhadas, cotejadas a partir de uma abordagem comparativa e a influência das mesmas sobre as lutas contra a opressão religiosa e a defesa da liberdade de culto em âmbito nacional, garantidas, constitucionalmente, desde 1988 (BRASIL, 1988a, art. 5, VI). Entretanto, com o desenvolvimento das pesquisas, meus anseios me guiaram para outra possibilidade de comparação com o objeto pesquisado, principalmente diante do crescimento alarmante dos casos de intolerância religiosa no Brasil.

E após os trabalhos realizados, em 2015 e 2016, para a elaboração do Relatório sobre os casos de intolerância religiosa no Brasil, e também conversas e orientações dos professores que conheci ao longo do curso de pós-graduação em História Comparada, busquei voltar as minhas pesquisas para as interfaces políticas e sociais dos grupos religiosos de matrizes africanas contra os processos de intolerância religiosa no Brasil, vislumbrando uma comparação entre a 1ª Caminhada pela Liberdade Religiosa e a Marcha para Jesus, eventos realizados no ano de 2008.

Para a realização de tais propostas, a metodologia escolhida foi a história comparada. Segundo Barros (2014), a história comparada, como prática de pesquisa, era muito comum entre os historiadores; entretanto, foi sistematizada pelo historiador Marc Bloch:

> A contribuição de Marc Bloch (1886-1944) para a História Comparada foi, já o dissemos, primordial – ou mesmo refundadora. Sua História Comparada é antes de tudo uma "História Comparada Problema". Mas, para além disto, Bloch teve grande importância como sistematizador do método comparativo de maneira geral, seja a partir de suas considerações teóricas – expressas em dois textos importantes – seja a partir de suas realizações práticas. (BARROS, 2014, p. 51)

Assim, tal escolha metodológica foi feita não apenas em função de suas características específicas que possam possibilitar uma maior densidade sobre o objeto pesquisado, mas em função das possibilidades, simultâneas e integradoras, que podem ser estabelecidas, e das possibilidades de verificação das influências, cruzamentos e interfaces, semelhanças e disparidades (BARROS, 2014), em busca da "história problema".

Deve-se ter em mente que, enquanto a Caminhada é organizada por vários segmentos religiosos e busca promover o diálogo inter-religioso, a Marcha é organizada apenas pelos segmentos evangélicos e busca promover a fé cristã. Assim, a metodologia escolhida nos permitiu "confrontar duas realidades nacionais diferenciadas" (BARROS, 2014, p. 53).

O processo da metodologia comparativa, entre os dois eventos, nos possibilitou enxergar as discrepâncias sociais e políticas entre os grupos religiosos de matrizes africanas e os grupos religiosos cristãos evangélicos, principalmente no que concerne às questões sociais e políticas ligadas ao desenvolvimento e ao crescimento do racismo e do preconceito. Algo que poderemos ver quando estivermos analisando os processos de formação histórica do Brasil.

As religiões denominadas de "matrizes africanas" estão ligadas às formas de reorganização e organização dos grupos étnicos africanos[2] que aportaram no país sobre a condição de escravos (SANTOS, 2012; CABRAL, 2017). Grupos esses que já tinham constituídas suas formas de crenças e espiritualidades, mas que passaram por fortes processos de assimilações culturais e religiosas. Entretanto, como poderemos observar neste trabalho, o processo de assimilação cultural e religiosa não pode aqui ser entendido como um pressuposto de que esses grupos se desvincularam totalmente de suas "identidades africanas". Ao contrário, o que poderemos perceber é um forte processo de resistência dos grupos africanos em preservação e negociações de suas espiritualidades e religiosidades.

Scott (2013) nos possibilitou enxergar e analisar uma possibilidade de discurso oculto, na medida em que os indivíduos pertencentes a essas culturas e tradições africanas "aceitavam" a conversão à cultura e à religiosidade do colonizador cristão, mas mantinham "secretamente" suas raízes culturais e religiosas. Para o autor, a aparente aceitação dos subordinados é uma das estratégias de sobrevivência e formas de simulação que se destinam a ocultar a sua revolta e a sua resistência.

Resistências essas que problematizam o presente trabalho, na medida em que verificamos que o estudo das resistências religiosas de matrizes africanas ainda não é um tema pesquisado dentro do campo da disciplina História, nem muito menos dentro das disciplinas que compõem os estudos das ciências sociais. As religiões de matrizes africanas ficam relegadas

---

[2] Não é uma atividade muito fácil identificar os grupos africanos que aportaram no Brasil na condição de escravos. Entretanto, por meio do livro de batismo das paróquias urbanas no Rio de Janeiro, o professor Flávio Gomes traz importantes referências demográficas sobre a população africana no Brasil entre 1801 e 1830, que pode dimensionar os grupo étnicos identificados. Sãos eles: Angola, Benguela, Cabinda, Cabundá, Calabar, Caçanje, Congo, Ganguela, Hauçá, Inhambane, Libolo, Mina, Moçambique, Monjolo, Nagô, Quilimane, Quissama, Songo. Tal estudo se faz ainda mais importante, pois é justamente em meados do século 19 que o candomblé começa a ganhar contornos no Brasil, e posteriormente a umbanda (GOMES, 2012).

aos estudos que, não exclusivamente, têm por finalidade estudá-las sob a ótica de suas ritualidades, assimilações, sincretismos e os seus resquícios de semelhança com grupos étnicos africanos, a fim de manter e negociar suas identidades religiosas.

É por essa e outras tantas razões que, ao longo deste trabalho, vamos buscar estabelecer nossas análises por meio de fontes, teses, dissertações, artigos e entrevistas que, de uma certa forma, nos possibilitaram construir nossas reflexões e comparações que possam enfatizar e evidenciar o protagonismo dos grupos religiosos de matrizes africanas como sujeitos históricos. Bem como as diferenças e disparidades entre os eventos Caminhada em Defesa da Liberdade Religiosa, promovida pela CCIR, e a Marcha para Jesus, promovida pelo COMERJ, dentro do cenário social, político e religioso do país. Assim, ao compararmos os dois eventos, também será necessário contrapor as organizações inter-religiosas e religiosas que as gerenciam.

INTRODUÇÃO

As resistências sociais promovidas, principalmente, pelos marginalizados, sempre foram o meu interesse de pesquisa e investimentos de projetos, desde a minha formação em pedagogia pela Faculdade Notre Dame, na cidade do Rio de Janeiro. De certa forma, tal interesse pode ser compreendido a partir da minha história e trajetória como sujeito histórico. Como ex-aluno da FUNABEM, fui diretamente ligado à marginalidade social, uma vez que a política de correção aplicada aos meninos e meninas, oriundos das comunidades populares, era, em si, uma tentativa de higienização social, aqui identificada como extermínio, desaparecimento ou encarceramento de negros e negras, e foi encarada como uma maneira indireta de construir uma identidade branca brasileira e garantir a manutenção da sociedade elitista.

Após a minha formação, e concomitantemente à formação do Centro de Articulação de Populações Marginalizadas (CEAP), na década de 1980, um dos primeiros projetos que construímos, voltados para a análise das desigualdades sociais e da marginalização social, foi o levantamento sobre o extermínio de crianças brasileiras a pedido da *Defense for Children International* (DCI), entidade com sede em Genebra, Suíça. O documento, inédito, que se transformou numa referência nacional e internacional na luta pelos direitos humanos, provocando, no Congresso Nacional, a instalação de uma Comissão Parlamentar de Inquérito (CPI), pautava o extermínio de crianças e adolescentes. Assim, desde a minha formação no CEAP, sempre busquei fomentar projetos e ações que pudessem dar visibilidade às populações marginalizadas.

Em certa medida, as ações que estão envoltas na construção da Caminhada em Defesa da Liberdade Religiosa, esbarram diretamente com os meus interesses e anseios de pesquisas sobre as lutas do "povo de santo" contra a intolerância religiosa. E tomando conhecimento, por meio de leituras, pesquisas e participações nas ações promovidas em prol da liberdade religiosa, desde o ano de 2008, algumas questões instigaram-me para a realização dessa pesquisa: como, no Brasil, e, especificamente no Rio de Janeiro, os adeptos das religiões de matrizes africanas construíram e organizaram as suas lutas contra os processos de intolerância religiosa no país? Quais são os aspectos religiosos, sociais e políticos que envolvem a organização da 1ª Caminhada, e as instituições que estão por trás de sua realização? Como e por que a Caminhada em Defesa da Liberdade Religiosa é considerada um evento inter-religioso, comparativamente, do ponto de vista estrutural, diferente da Marcha para Jesus?

A respeito dessas indagações, busquei compreender essas resistências e como poderiam ser analisadas, entre os anos de 1950 e 2008, para que pudéssemos conjecturar a diferença entre um projeto inter-religioso, que busca promover a liberdade religiosa, e um projeto de poder religioso, que busca consolidar a ideia de "um Brasil para Cristo" (*slogan* da Marcha para Jesus realizada em 2008). Por outro lado, "Liberdade religiosa: eu tenho fé" foi a frase que centenas de pessoas, adeptas das mais diversas religiões, entoaram em 2008, no Rio de Janeiro, durante o percurso da 1ª Caminhada em Defesa da Liberdade Religiosa. A Caminhada foi pensada e organizada como uma resposta à sociedade após o episódio que aconteceu no Morro do Dendê, nessa cidade, em que adeptos das religiões de matrizes africanas foram expulsos da comunidade por traficantes que se denominavam evangélicos, evidenciando os problemas sociais camuflados e minimizados como questões pontuais.

Dentro das interfaces das configurações políticas e sociais no Brasil, a Caminhada pode ser considerada uma erupção contra os vários e suscetíveis casos de intolerância religiosa no país. Uma erupção que traz e mostra para a sociedade brasileira que, assim como não é possível enxergar uma "democracia racial no país", também não é possível acreditar que as desigualdades sociais e raciais construídas dentro dos processos de formação da sociedade brasileira não estejam ligadas aos processos de construção da intolerância religiosa sobre os adeptos das religiões de matrizes africanas.

Uma erupção que, do ponto de vista histórico, nos permite enxergar que, de certa forma, os adeptos das religiões de matrizes africanas sempre resistiram a todos os intensos ataques e ações fomentados pela intolerância. Assim, ao nos debruçarmos sobre as fontes, dentro do campo da história das religiões, podemos perceber que os adeptos das religiões de matrizes africanas sempre promoveram, de forma direta ou indireta, suas ações de resistência contra as violências física, patrimonial e/ou psicológica que lhes eram imputadas. Seja por meio de ações diretas, como a Caminhada em Defesa da Liberdade Religiosa, ou ações indiretas, como articulações sociais e políticas, o que fica evidente é que os adeptos das religiões de matrizes africanas sempre resistiram contra todos os processos de intolerância religiosa.

Ao analisarmos os processos históricos das minorias religiosas na luta contra a intolerância religiosa no Brasil, na contemporaneidade, observamos que a mesma tentativa de cerceamento e silenciamento promovido pelo poder temporal e espiritual (Igreja Católica) no período colonial, imperial e republicano, no início do século 20, vem se reconfigurando no século 21 por meio de novo agente, mas sobre os mesmos instrumentos.

Também é possível perceber a união inter-religiosa entre os diversos grupos religiosos em prol da liberdade religiosa, de culto e de reconhecimento em âmbito nacional – garantidas constitucionalmente desde 1988 –, na formação da Comissão de Combate à Intolerância Religiosa (CCIR), uma organização inter-religiosa, sem fins políticos nem lucrativos, que congrega todas as ações para a realização das caminhadas.

A repercussão positiva da Caminhada, após o episódio no Morro do Dendê, fortaleceu as intenções dos membros religiosos que compõem e articulam a CCIR, pois o órgão passou a intensificar a luta contra a intolerância, tendo como horizonte expor criticamente o problema da imposição de determinadas religiões sobre outras, a falta de igualitarismo no tratamento das religiões presentes na sociedade brasileira, em um espectro geral, e a necessidade de se formatar vias de interlocução entre diferentes estratos sociais sobre questões relacionadas à pluralidade religiosa e política no Brasil. As movimentações de grupos ligados a estas experiências fizeram com que uma demanda notória, tornada subterrânea na memória nacional, viesse à tona para fixar-se como uma questão de importância ímpar.

Deste modo, o encontro frutífero com as historiografias propostas a partir das abordagens teóricas e metodológicas que possibilitam ecoar as vozes dos grupos subalternos, via a linha thompsoniana, nos possibilita um aprofundamento mais contundente sobre a possibilidade de reescrita da história da luta dos adeptos religiosos de matrizes africanas em prol da liberdade religiosa no Brasil. Entretanto, chamamos a atenção para que nosso desejo, na presente pesquisa, é fazer um diálogo entre as fontes e os materiais de análise, e não uma separação direta entre a apresentação teórica e a análise das fontes e dos objetos da pesquisa.

Em grande medida, o contato com as leituras propostas dentro das disciplinas do doutorado, assim como os trabalhos de campo realizados sobre a cidade do Rio de Janeiro, possibilitaram uma releitura das fontes, colocando os adeptos das religiões tradicionais africanas como agentes históricos de suas próprias histórias políticas e sociais, via CEUB ou IPELCY, mesmo em épocas distintas.

É possível perceber que, diferente do que muito se veiculou sobre a história das resistências culturais e religiosas dos afro-brasileiros, como um processo agressivo e violento sem margens de existência e subsistência, a ação dos grupos religiosos, em grande medida o candomblé e a umbanda, sempre foi de enfrentamento direto através de vias legais contra o sistema político social de um Estado laico, mas simpático aos cristianismos.

Foi possível perceber que esses grupos religiosos afro-brasileiros se valeram do próprio sistema legal, ora questionando o descumprimento constitucional, no que tange à liberdade religiosa e à laicidade do Estado, ora cultivando alianças políticas em prol de promulgações de leis que os beneficiassem, como o projeto de lei contra a Lei do Silêncio.

O mesmo também se fez importante e conjecturou a possibilidade de discurso a partir das leituras de James Scott (2013) que, em seu livro *A dominação e a arte da resistência: discursos ocultos*, elabora uma tese sobre os feitios e subterfúgios de resistência dos grupos sujeitos à dominação social, a partir de um discurso oculto, obtemperado ao seu discurso público; para tal, o autor se referencia em análise de modelos históricos de domínio extremo.

Janice Perlman (1977) traz, em sua obra *O mito da marginalidade: favelas e política no Rio de Janeiro*, uma valiosa reflexão a partir do seu trabalho de campo nas favelas da cidade do Rio de Janeiro e Baixada Fluminense, sobre a criação do mito da marginalidade social diante da pobreza e das poucas condições de mobilidade social. O estudo foi realizado, no fim da década de 1960, em duas favelas da cidade do Rio de Janeiro (Catacumba, na Zona Sul, e Nova Brasília, na Zona Norte) e oito comunidades de baixa renda no município vizinho de Duque de Caxias (PERLMAN, 2003). A autora, comentando sobre o livro em que foram publicados os resultados de sua pesquisa, lembra que nele é dito que

Os "mitos" existentes sobre marginalidade social, cultural, política e econômica eram "empiricamente falsos, analiticamente enganosos e devastadores quanto às suas implicações em políticas públicas direcionadas a favelas". Conclui que os favelados não eram "economicamente ou politicamente marginais, mas explorados e reprimidos; não eram socialmente ou culturalmente marginais, mas estigmatizados e excluídos de um sistema social fechado". (PERLMAN, 2003, p. 3)

Tal assertiva colocada por Perlman nos permitiu conjecturar os inúmeros mitos construídos em torno dos adeptos das religiões de matrizes africanas no Brasil, assim como suas culturas e religiosidades, principalmente no âmbito religioso. Haja vista que a ocupação dos morros e das favelas, pelo negro e pelos adeptos das religiões afro-brasileiras, se deu, principalmente, durante o período das intensas reformas urbanas, na cidade do Rio de Janeiro, no início do século 20, sob a administração de Pereira Passos e, posteriormente, com o intenso processo de higienização étnico-social.

Deste modo, nos é possível não apenas conjecturar, mas também identificar as várias interpretações marginais e marginalizadas que beiram o segregacionismo religioso, principalmente nos discursos proferidos pelas lideranças religiosas dos adeptos cristãos, evangélicos, pentecostais e neopentecostais, registrados nos periódicos analisados.

Para além das análises que envolvem as construções da 1ª Caminhada em Defesa da Liberdade Religiosa, durante a pesquisa busquei, no primeiro capítulo, analisar a história da intolerância religiosa articulada contra os adeptos das religiões e religiosidades de matrizes africanas, assim como suas culturas e manifestações religiosas de culto.

Ao longo dos períodos da formação social brasileira, as religiões de matrizes africanas conseguiram criar e organizar estratégias contra as perseguições políticas e ideológicas perpetradas com o aparato religioso cristão. Verificamos que, em um primeiro momento, no período da Colônia, o sincretismo religioso foi um dos subterfúgios para a sobrevivência dos cultos e das religiosidades africanas no Brasil.

Procurei destacar os percursos e possíveis significados políticos das ações via CEUB e IPELCY, dando voz à história dessas organizações a partir das experiências políticas, religiosas e culturais dos sujeitos que atuaram antes da vigência da Caminhada pela Liberdade Religiosa no Brasil.

O segundo capítulo, intitulado "Dos Caminhos até a Caminhada", versa sobre a criação da Caminhada pela Liberdade Religiosa na cidade do Rio de Janeiro e seus desdobramentos contra a intolerância religiosa no Brasil.

Para dissertar sobre este tema procurei fortificar o discurso contra a intolerância e dar voz à história subalternizada das resistências dos grupos e dos adeptos das religiões e religiosidades marginalizados ao longo dos processos históricos, procurando estabelecer similitudes entre os historiadores Erick Hobsbawm (1984, 2013) e Edward P. Thompson (1981, 1987), através dos cruzamentos de seus conceitos de "gente comum", "classes subalternas" e "história vista de baixo". Aliada a estas concepções está, também, a teoria da "pirâmide invertida", desenvolvida pelo historiador português Carlos Lopes (1995).

Segundo Lopes, a "pirâmide invertida" acontece quando grupos subalternos conseguem inverter a ordem social, por meio de lutas e problematizações, colocando em pauta suas reivindicações em prol de uma equiparação história, política e social.

Do mesmo modo, adoto a fundamentação metodológica dos modelos investigativos propostos por Carlo Ginzburg (1989, p. 143-179) em seu capítulo "Raízes de um paradigma indiciário", onde o autor explicita a necessidade de abordar objetos históricos considerando seus detalhes mais ínfimos e articulando-os em vias de constituir um quadro inteligível que não deixe as "sobras" e os "ecos" sem um maior aprofundamento de análise, possibilitando assim a abertura de conjecturas que não seriam possíveis, mas que, ao mesmo tempo, podem ser cruciais para as nossas investigações sociais e as reconstruções das ações destes agentes históricos.

No terceiro e último capítulo, intitulado "Quem caminha e quem marcha", procurei estabelecer uma análise de comparação entre dois eventos religiosos com finalidades distintas: a Caminhada pela Liberdade Religiosa, organizada por diversos líderes e adeptos religiosos – visando o diálogo inter-religioso –, e a Marcha para Jesus, organizada pelos cristãos evangélicos de segmentos pentecostais e neopentecostais, filiados à COMERJ (Conselho de Ministros do Estado do Rio de Janeiro).

Para um melhor entendimento desse processo comparativo, Eric Hobsbawm e Terence Ranger foram de grande valor, principalmente a partir da obra *A invenção das tradições*, onde teorizam que

> A tradição inventada entende-se um conjunto de práticas, normalmente reguladas por regras tácitas ou abertamente aceitas; tais práticas, de natureza ritual ou simbólica, visam inculcar certos valores e normas de comportamento através da repetição, o que implica, automaticamente, uma continuidade em relação ao passado. (HOBSBAWM; RANGER, 1984, p. 9)

A partir desta assertiva, nos é plausível analisar e comparar social e politicamente a criação da Caminhada pela Liberdade Religiosa e da Marcha para Jesus, bem como os seus adeptos, suas pronúncias e seus impactos nas relações estabelecidas dentro do Estado laico brasileiro.

Deste modo, também são instrumentos de grande importância para o desenvolvimento desta tese os conceitos de hegemonia e contra-hegemonia cultural, como compreendidos por Antônio Gramsci (2002, p. 65), levando-se em conta as batalhas históricas de grupos minoritários em relação à ampla influência das religiões de grande adesão no mundo ocidental, como o cristianismo, muitas vezes sendo utilizada como ponto de apoio para uma progressiva demonização das experiências religiosas de matriz africana, tanto em meios políticos como no senso comum.

Destarte, a proposta de um método comparativo alicerçado nas postulações de Marc Bloch (1998, p. 122-123), ou seja, a observação simultânea de dois grupos inseridos em um mesmo tempo e espaço, visa garantir um melhor aproveitamento dos dados investigados.

> Mas há uma outra aplicação do processo de comparação: estudar paralelamente sociedades a um tempo vizinhas e contemporâneas, incessantemente influenciadas umas pelas outras, cujo desenvolvimento está submetido, precisamente por causa de sua proximidade e do seu sincronismo, à ação das mesmas grandes causas e que remontam, pelo menos em parte, a uma origem comum. (BLOCH, 1998, p. 123)

Com isto, este trabalho relaciona-se com o campo da História Comparada, sobretudo, no que diz respeito à abordagem metodológica empregada na pesquisa. O objetivo é formatar a correlação entre as Caminhadas pela Liberdade Religiosa e a Marcha para Jesus, eventos ocorridos na cidade do Rio de Janeiro, e buscar exprimir suas diferenças e similaridades, produzindo um quadro comparativo que, além de possibilitar uma compreensão geral do quadro contextual de seus surgimentos, garanta a iluminação recíproca de ambos os objetos observados.

A coleta de informações para o estudo foi feita com a utilização de dois métodos: a consulta a fontes diversas, em meio impresso e digital (livros, periódicos acadêmicos e noticiosos, arquivos institucionais, páginas de divulgação na internet), e a realização de uma série de entrevistas que serão detalhadas nas seções em que seus respectivos dados são apresentados.

CAPÍTULO 1
Religiões afro-brasileiras e intolerância religiosa no Brasil

Todo chão é chão. Mas nenhum chão pode contar por si mesmo a sua história, contar sobre os que passaram por cima de si, contar sobre as conversas às escondidas, sobre os pés que passaram por cima de si apressados, fugindo de algum caçador. O chão não pode, por si, dizer quando está frio ou quando está quente, se o líquido que cai sobre a sua espessa camada de terra, areia, pedra ou asfalto é sangue de preto ou de branco.

O chão guarda, também, várias outras histórias de pés apressados em fuga, embaixo de si. O chão ainda conta as camadas de vidas que esconde ou que foram escondidas ali bem debaixo da marquise de hoje, que outrora fora abrigo de outras histórias.

Quantas vidas tem um chão! E é sobre o chão do Brasil, cidade do Rio de Janeiro, que iremos reavivar a história dos grupos religiosos de matrizes africanas; os que antecederam a luta de combate à intolerância religiosa no Brasil; hoje, traçando o percurso de suas histórias e de suas resistências.

Atualmente, nos é possível evidenciar estas histórias através das narrativas, dos documentos pessoais e institucionais, dos lapsos de memória deixados pelos grupos subalternos que fazem parte desta história. Seletiva ou não, a memória sempre será memória pautada na possibilidade de reescrita de um passado malgrado os preconceitos, os racismos, as intolerâncias, e, também, possibilidade de reescrita de um passado de subversão à ordem dominante, em razão da sobrevivência da memória dos movimentos populares.

Segundo Eric Hobsbawm (2013, p. 208), "a história dos movimentos populares, história vista a partir de baixo ou a história da gente comum, da qual George Rudé foi destacado pioneiro, não precisa mais de comerciais". Entretanto, ao mergulharmos nas fontes e nas bibliografias para recompor os processos históricos da criação da intolerância religiosa no Brasil, percebemos que, até então, a mesma nunca foi analisada a partir dos grupos religiosos marginalizados, ou seja, das religiões afro-brasileiras; inviabilizando, assim, a união desses grupos contra o cerceamento de suas identidades e da liberdade de culto.

Longe de um ativismo religioso, mas sim em prol de uma possibilidade de contar e de recontar a história "da gente comum" (HOBSBAWM, 2013, p. 280), o que se pretende historicizar, neste primeiro capítulo, são as ações destes grupos religiosos dentro das tramas da história nacional do país, no intuito de dar voz a esses grupos marginalizados e discriminados, social e religiosamente (PERLMAN, 1977), pois a maior parte das histórias religiosas do país foi escrita com desdém sobre os grupos religiosos de matrizes africanas.

Para compor a primeira parte deste trabalho é de extrema importância proporcionar um diálogo multidisciplinar com a antropologia e a sociologia, tendo em vista que, até o presente momento, o tema da intolerância religiosa foi, em grande medida, analisado e muito mais discutido por estas disciplinas do que pela história.

No momento atual temos assistido a uma grande discussão, nos vários nichos sociais, sobre a intolerância religiosa no país. Tal fenômeno vem acompanhado de um crescimento dos grupos neopentecostais, que têm ocupado diferentes esferas políticas, sociais e econômicas, e com isto têm propagado os seus discursos intolerantes, cujos principais alvos são as religiões de matriz africana.[1]

Versando sobre estas possibilidades, dentro deste trabalho, tentaremos, ao longo das nossas análises, demonstrar como os ramos práticos da política da classe dominante no Brasil – Estado, Igrejas e mídias – atuavam, durante a maior parte da história, contra a cultura e as religiões de massa da população dominada (HOBSBAWM, 2013).

Nosso espaço de delimitação de pesquisa será a cidade do Rio de Janeiro, berço das organizações religiosas CEUB (Congregação Espírita Umbandista do Brasil) e IPELCY (Instituto de Pesquisa de Língua e Cultura Yorubá), circunscrita às décadas de 1950 a 1980. Entretanto, para fazer jus à pesquisa sobre a história das perseguições políticas e religiosas, sofridas pelos grupos de matrizes africanas, ou afro-brasileiras, faremos um breve retrospecto histórico a partir das fontes produzidas por aqueles referidos organizadores, CEUB e IPELCY, em diálogo contínuo com as matérias de referências bibliográficas.

---

[1] Segundo Pierre Verger (1981), as primeiras menções às religiões africanas no Brasil são de 1680, durante as pesquisas do Santo Ofício, na Inquisição, quando Sebastião Barreto denunciava o costume que tinham os negros, na Bahia. Quando se diz religiões de matriz(es) africana(s) não se está fazendo distinção entre as diversas nações que aqui aportaram, nem muito menos entre suas ressignificações, a saber, candomblé, batuque, tambor e umbanda. Entretanto, é comum ver, também, a utilização do termo religiões afro-brasileiras para designar as mesmas denominações religiosas citadas acima. Comumente este trabalho poderá discorrer usando ora um, ora outro termo, para falar sobre estas expressões religiosas no Brasil.

1.1 RECOMPONDO OS FATOS ATRAVÉS DE FAGULHAS HISTÓRICAS

Observa-se que a intolerância religiosa não é um fenômeno recente no interior da história política, social e religiosa do Brasil. A intolerância religiosa faz parte de um processo dicotômico da dominação social, política e religiosa entre a "boa" e a "má" religião, travado desde o período colonial, a partir do encontro entre a religião cristã e as religiosidades africanas em solo brasileiro, onde os adeptos das religiões africanas, com suas culturas e suas representações, configuram um mal a ser combatido pelos não adeptos a estas religiosidades.

Mas a compreensão sobre o que vem a ser uma boa ou/e uma má religião não faz parte da cosmovisão e das experiências dos adeptos das religiões de matrizes africanas, que têm por base de concepção as tradições dos grupos étnicos africanos que chegaram ao Brasil na condição de escravos. Para os religiosos e as religiosas de matrizes africanas, não existe o dualismo entre o bem e o mal; assim, todas as ações, escolhas e vontades são responsabilidades dos próprios indivíduos e não de uma força ou ente religioso que age sobre o indivíduo.

Ao descrever a experiência religiosa negra na África, antes da colonização, o historiador Emmanuel Obiechina nos diz que

> Não existe qualquer dimensão importante da experiência humana que não esteja ligada ao sobrenatural, ao sentimento popular religioso e à piedade. [...] Tudo isso constitui parte integrante da estrutura ideológica da sociedade tradicional e é essencial para uma interpretação exata da experiência no contexto social tradicional. (OBIECHINA, 1978, p. 208)

Juana Elbein dos Santos observa que

Como nos é conhecido, as culturas africanas foram transportadas para o Brasil pelos escravos negros que os colonizadores portugueses trouxeram desde sua chegada, como parte de seus bens e que mais tarde, importaram diretamente da África, particularmente da chamada Costa dos Escravos. (SANTOS, 2012, p. 20)

Esses indivíduos trouxeram consigo suas culturas, religiosidades, formas de ver e entender o mundo, ou seja, uma experiência religiosa totalmente diferente daquela que aqui dominava, o catolicismo. Esta experiência religiosa, em contato com o catolicismo português e as religiões nativas americanas, ganhou novas ressignificações e reconstruções.

Fomentados pelo racismo e pelo preconceito, os processos de colonização religiosa nas Américas ajudaram na construção de uma ideia e identidade não positiva das religiões e culturas de matrizes africanas. Processo esse, como poderemos ver no decorrer deste trabalho, que foi instigado principalmente durante o crescimento dos grupos religiosos evangélicos pentecostais e neopentecostais e o acirramento das guerras espirituais.

Para se entender as configurações históricas da intolerância religiosa no Brasil, faz-se necessário remontar à história da formação social religiosa do país. Deste modo, este primeiro capítulo buscará entender os processos desta configuração histórica entre as décadas de 1930 e 1980.

1.1.1 Contexto histórico: as congruências religiosas no Brasil

O Brasil é um país diverso, constituído através de processos sócio-históricos entre as culturas religiosas afro-luso-americanas. Americano, evidentemente, por sua posição geográfica e sua população indígena; lusitano, por ter sido colonizado pelos católicos portugueses; e africano, por terem aqui aportado diferentes culturas negras escravizadas, que traziam consigo seus costumes, suas tradições e, principalmente, suas religiões e suas experiências religiosas (SANTOS, 2012, p. 25).

Portanto, durante os primeiros três séculos de colonização portuguesa, manteve-se no Brasil o modelo político-religioso em que o "Trono de Portugal constituía uma verdadeira criação divina, com uma finalidade análoga de difusão da fé católica" (AZZI, 2005, p. 15, citado em GINO, 2013). Discutindo a formação da cristandade, Riolando Azzi afirma que

A ideia de cristandade vem de uma concepção da Idade Média, cujas origens remontavam ao século IV, quando Constantino assumira o governo do Império Romano, e se constituiu como um defensor e promotor da religião cristã. (AZZI, 2005, p. 15, citado em GINO, 2013)

Fica claro, assim, que a Igreja e o Estado português levaram a ideia de cristandade para as colônias, controlando os fiéis por meio de organizações sociais ligadas à religião, como as Irmandades e as Santas Casas de Misericórdia, nas quais os homens "de cor" e mestiços podiam ingressar. Todavia, as organizações não religiosas, como as Câmaras, impunham restrições racistas, de modo que os negros não podiam participar da vida política da colônia, ficando à margem da sociedade colonial (GINO, 2013).

Assim, a sociedade colonial brasileira se formou com a colaboração de duas forças: o Estado português, que agia de acordo com seus interesses nas novas terras descobertas, e a Igreja Católica, que visava a propagação da fé. Desta forma, a cristandade foi implantada na colônia sob o regime do padroado régio (o controle das igrejas da colônia exercido pelo rei).

As autoridades religiosas do Brasil colonial, assim como as da Igreja europeia medieval, exigiam, como forma de controle da adesão à religião de Estado, que as obrigações formais do culto católico fossem cumpridas (AZZI, 1978, citado em GINO, 2013). Mas, desde que essa exigência fosse cumprida, as autoridades não agiam com muito rigor contra a religiosidade popular. Isso favoreceu a difusão de práticas diferenciadas da cultura católica formal, como salientou Azzi:

> Queremos ressaltar três aspectos dessa influência medieval, que se evidenciam no Brasil colonial: as romarias, as bruxarias e as blasfêmias [...] os dois últimos aspectos expressam a resistência das crenças populares ao catolicismo oficial imposto pelas autoridades. (AZZI, 1978, p. 53-54, citado em GINO, 2013)

Do mesmo modo, os diversos grupos étnicos de diferentes partes da África Ocidental, Equatorial e Oriental, foram imprimindo no Brasil suas profundas marcas (SANTOS, 2012, p. 27), mesmo que por meio de uma prática sincrética, disfarçadas por aceitação do discurso e das práticas religiosas da estrutura dominante (SCOTT, 2013, p. 20). Senhores e escravos reunidos em um único ambiente, movidos pelas mesmas representações, porém, com assimilações diferentes.

Segundo Freyre (citado em GINO, 2013), apesar da imposição da cultura e da religião dos brancos, os africanos conseguiram manter muitos costumes, tradições e mesmo ritos religiosos. Neste sentido, a mistura entre os cultos proporcionava várias formas de expressão do sincretismo religioso (fusão de traços de culturas religiosas diferentes, produzindo elementos novos), tal como pode ser observado nas análises de pesquisadores destacados.

Assim, Freyre (citado em GINO, 2013) destaca que "era o que dava brilho às suas ruas das antigas cidades do Brasil: a religião. A religião dos pretos com suas danças, a dos brancos, com suas procissões e semanas santas". Também Marshall Sahlins observou que

> A história é ordenada culturalmente de diferentes modos nas diversas sociedades, de acordo com os esquemas de significação das coisas. O contrário também é verdade: esquemas culturais são ordenados historicamente porque, em maior ou menor grau, os significados são reavaliados quando realizados na prática. (SAHLINS, 1990, p. 7, citado em GINO, 2013)

Ou ainda como escreve Luís Viana Filho:

> Acreditava-se que, lavado pelas águas do batismo, o negro deixava na África todo o seu passado milenário. Mudava-se como por encantamento. A verdade, no entanto, era outra. O escravo continuava o mesmo. Apesar da faina incessante a que era obrigado e dos rigores da colônia, não abandonava os seus cultos e as suas superstições. Naturalmente modificava-os, adaptando-os ao novo meio. (VIANA FILHO, 1968, p. 95, citado em GINO, 2013)

Em princípios do século 17, os cultos africanos começaram a ser observados, suas vinculações e extrema admiração, passando a ser objeto de preocupação por parte das autoridades eclesiásticas da Colônia. Segundo

Mariano (2001, p. 127-128), "o Estado regulou com mão de ferro o campo religioso [...]; reprimiu as crenças e práticas religiosas de índios e escravos negros e impediu a entrada das religiões concorrentes, sobretudo a protestante, e seu livre exercício no país."

A mesma situação continuou no Brasil Império, uma vez que o artigo 5º da Constituição Imperial, de 25 de março de 1824, outorgada por D. Pedro I, dizia que "a religião católica apostólica romana continuará a ser a religião do império". Entretanto, a própria Constituição de 1824 promoveu avanço, mesmo que pouco, no que tange à liberdade religiosa dos cultos não católicos, ao inserir no documento que nenhum indivíduo poderia ser perseguido por motivos religiosos, desde que o mesmo respeitasse a religião oficial do Estado e não ultrajasse a moral pública.

Ademais, os estrangeiros adeptos de credos não católicos, ou protestantes, poderiam expressar suas crenças em suas línguas, mas no âmbito doméstico, ou seja, não em espaços físicos com características de templos (ORO; BEM: 2008). De acordo com Ricardo Mariano,

> O estabelecimento deste dispositivo constitucional ocorreu em razão de pressões da Inglaterra para a implementação da liberdade de culto para os estrangeiros residentes na colônia, muitos deles tendo chegado ao Brasil junto com a Família Real portuguesa, em 1808, quando aqui desembarcaram também indivíduos que professavam a fé protestante (anglicanos ingleses e luteranos suíços alemães). (MARIANO, 2001, p. 128)

Thomas Skidmore nos diz que

> O Brasil era um país católico em 1865, ainda que, em comparação com a Nova Espanha, faltasse à Igreja brasileira tanto riqueza quanto pessoal para atuar como uma instituição poderosa e independente. A Constituição de 1824 havia reorganizado o preto no branco. O preto no branco Igreja Católica, dando-lhe foros de religião oficial. Os cemitérios eram de propriedade da Igreja, que os administrava; a educação primária e a secundária foram entregues à Igreja; não existia casamento civil nem divórcio; quem não fosse católico não

podia ser eleito para o Parlamento nacional; e os não católicos, embora tivessem permissão de realizar cultos, não podiam dar a seu local de reunião o aspecto de um templo. A mesma Constituição, porém, pôs grande parte das finanças da Igreja sob o controle imperial. (SKIDMORE, 2012, p. 37-38)

Todavia, observa-se que, ainda durante o período imperial, as relações entre o poder eclesiástico católico e o poder político não foram pacíficas. Constatam-se muitas tensões e conflitos, advindos da administração do regime do padroado, que abriram o caminho para a separação entre Igreja e Estado, outorgada na primeira constituição republicana, promulgada em 1891. Dizia ela:

> Art. 11 – É vedado aos Estados, como à União: [...] 2º Estabelecer, subvencionar ou embaraçar o exercício de cultos religiosos [...] Art. 72 – [...] § 3º Todos os indivíduos e confissões religiosas podem exercer pública e livremente o seu culto, associando-se para esse fim adquirindo bens, observadas as disposições do direito comum. § 4º A República só reconhece o casamento civil [...] § 5º Os cemitérios terão caráter secular [...] ficando livre a todos os cultos religiosos a prática dos respectivos ritos em relação aos seus crentes, desde que não ofendam a moral pública e as leis. § 6º Será leigo o ensino ministrado nos estabelecimentos públicos. § 7º Nenhum culto ou igreja gozará de subvenção oficial, nem terá relações de dependência ou aliança com o Governo da União, ou o dos Estados. [...] § 28. Por motivo de crença ou de função religiosa, nenhum cidadão brasileiro poderá ser privado de seus direitos civis e políticos, nem eximir-se do cumprimento de qualquer dever cívico. § 29. Os que alegarem motivo de crença religiosa com o fim de se isentarem de qualquer ônus que as leis da República imponham aos cidadãos [...] perderão todos os direitos políticos. (BRASIL, 1891)

Ricardo Mariano salienta que este

> [...] acontecimento é fundante da vertiginosa transformação da esfera religiosa no Brasil [...]; o Estado passa a garantir legalmente a liberdade dos indivíduos para escolherem voluntariamente que fé professar e o livre exercício dos grupos religiosos, concedendo-lhes, pelo menos no plano jurídico, tratamento isonômico. (MARIANO, 2001, p. 116)

Assim sendo, a secularização do Estado brasileiro (ou seja, a perda da influência, por parte da religião, sobre as variadas esferas da vida social) e a instauração oficial da liberdade religiosa não retiraram da Igreja Católica privilégio algum; ao contrário, os mesmos foram reforçados, validados e marcados sob a ação em que a instituição o conseguiu, evitando, assim, o confisco de seus bens. As ordens e congregações religiosas tiveram permissão para continuar funcionando, bem como algumas subvenções ainda permaneceram e, em algumas localidades do território nacional, a obtenção de documentos continuou a passar pelos religiosos (FONSECA, 2002).

A instituição católica ainda ocupava um lugar de destaque nas áreas de lazer, cultura e especialmente saúde e educação (pelas quais era a principal responsável), ou seja, mesmo após a separação oficial, as relações entre o poder temporal e o poder espiritual permaneceram demonstrando uma colaboração recíproca entre Estado e religião (católica) (GIUMBELLI, 2002). Constatava-se um sistema contrabalanceado, pois ora havia separação, ora aproximação, de fato e de direito, visando à recatolicização da sociedade ou à manutenção de privilégios da Igreja, por um lado, e à melhor legitimação social do poder político em determinados momentos históricos por outro (MAINWARING, 1989; LÖWY, 1997).

Ao observar os ditames das Constituições de 1891 e 1934 – já no período republicano –, Emerson Giumbelli (2002) salienta que a Constituição de 1934 teria ferido a Constituição de 1891, ao introduzir o princípio da "colaboração recíproca" entre Estado e religião (católica):

> Art 17 – É vedado à União, aos Estados, ao Distrito Federal e aos Municípios: [...] II – estabelecer, subvencionar ou embaraçar o exercício de cultos religiosos; III – ter relação de aliança ou dependência

com qualquer culto ou igreja sem prejuízo da colaboração recíproca em prol do interesse coletivo [...]. (BRASIL, 1934a)

Implica dizer que a lei magna de 1934 selou a aproximação entre a Igreja Católica e o Estado brasileiro.

Alexandre Fonseca (2004), ao analisar este processo, salienta que o Brasil presenciava a ascensão de um Estado autoritário e de uma Igreja que finalmente recuperava acesso íntimo ao poder após 40 anos de uma República laica, com ares positivistas, no que tange à liberdade de consciência e de crença. A dita constituição apenas coligiu o que já constava nas constituições do Império e da República, não resultando em nenhuma contestação ou algo que fosse benéfico para outros segmentos religiosos não católicos (ORO; BEM, 2008).

Deste modo, a despeito da laicização nesse período, observa-se que o Estado republicano não rompeu com a Igreja Católica. A partir das constituições republicanas, de 1946 e 1967, o Estado não passou imediatamente a tratar de forma isonômica os diferentes grupos religiosos (MARIANO, 2001). Observa-se que a Constituição de 1946 reafirma os princípios da separação entre Estado e Igreja e da colaboração do Estado com a Igreja na realização do bem comum. Igualmente, assegura a liberdade religiosa em três sentidos, o de consciência, o de crença e o de culto, como já vigorava na carta legal de 1934. Diz a Constituição de 1946:

> Art 31 – À União, aos Estados, ao Distrito Federal e aos Municípios é vedado: [...] II – estabelecer ou subvencionar cultos religiosos, ou embaraçar-lhes o exercício; III – ter relação de aliança ou dependência com qualquer culto ou igreja, sem prejuízo da colaboração recíproca em prol do interesse coletivo; [...]
> Art 141 – A Constituição assegura [...] § 7º – É inviolável a liberdade de consciência e de crença e assegurado o livre exercício dos cultos religiosos, salvo o dos que contrariem a ordem pública ou os bons costumes. [...] § 8º – Por motivo de convicção religiosa, filosófica ou política, ninguém será privado de nenhum dos seus direitos, salvo se a invocar para se eximir de obrigação, encargo ou serviço impostos pela lei aos brasileiros em geral [...] § 10 – Os cemitérios

terão caráter secular [...] É permitido a todas as confissões religiosas praticar neles os seus ritos [...]. (BRASIL, 1946)

Mesmo com a separação legal entre Estado e Igreja, promulgada na Constituição de 1967, em seu Artigo 9, havia uma cláusula taxativa sobre a "colaboração recíproca", tal como se fazia presente nas Constituições de 1934 e de 1946. A Constituição, em seu Artigo 150, garante também a liberdade de consciência e o exercício dos cultos religiosos. Entretanto, os Artigos 144 e 150 impõem limites ao direito à liberdade de crença, em consonância lógica com a situação política que vigorava no Brasil naquele momento.

> Art 9º – À União, aos Estados, ao Distrito Federal e aos Municípios é vedado: [...] II – estabelecer cultos religiosos ou igrejas; subvencioná-los; embaraçar-lhes o exercício; ou manter com eles ou seus representantes relações de dependência ou aliança, ressalvada a colaboração de interesse público, notadamente nos setores educacional, assistencial e hospitalar; [...]
> Art 144 – Além dos casos previstos nesta Constituição, os direitos políticos: [...] II – perdem-se: [...] b) pela recusa, baseada em convicção religiosa, filosófica ou política, à prestação de encargo ou serviço impostos aos brasileiros, em geral; [...]
> Art 150 – A Constituição assegura [...] § 1º – Todos são iguais perante a lei, sem distinção de sexo, raça, trabalho, credo religioso e convicções políticas. [...] § 5º – É plena a liberdade de consciência e fica assegurado aos crentes o exercício dos cultos religiosos, que não contrariem a ordem pública e os bons costumes. § 6º – Por motivo de crença religiosa, ou de convicção filosófica ou política, ninguém será privado de qualquer dos seus direitos, salvo se a invocar para eximir-se de obrigação legal imposta a todos, caso em que a lei poderá determinar a perda dos direitos incompatíveis com a escusa de consciência. (BRASIL, 1967)

Diante desta questão, Antonio Pierucci e Reginaldo Prandi sustentam a argumentação de que nos anos da ditadura militar no Brasil, alcunhada como "anos de chumbo", "não havia liberdade religiosa perante a 'Doutrina de Segurança Nacional', nem liberdade de palavra, de associação, de reunião, de divulgação, de imprensa, etc." (PIERUCCI; PRANDI, 1996, p. 247).

Por outro lado, verifica-se que a Constituição de 1988 sustentou os aparelhos vigentes, tal como as demais constituições, acerca da separação entre Igreja e Estado, mas os bancou em caráter indireto. Assim, em seu Artigo 19, pode-se ler que

> É vedado à União, aos Estados, ao Distrito Federal e aos Municípios: I – estabelecer cultos religiosos ou igrejas, subvencioná-los, embaraçar-lhes o funcionamento ou manter com eles ou seus representantes relações de dependência ou aliança, ressalvada, na forma da lei, a colaboração de interesse público; [...]. (BRASIL, 1988a)

Nota-se que a mesma Constituição também sustentou o direito à liberdade de crença. O Artigo 5º diz que

> Todos são iguais perante a lei [...] nos termos seguintes: [...] VI – é inviolável a liberdade de consciência e de crença, sendo assegurado o livre exercício dos cultos religiosos e garantida, na forma da lei, a proteção aos locais de culto e a suas liturgias; [...] VIII – ninguém será privado de direitos por motivo de crença religiosa ou de convicção filosófica ou política, salvo se as invocar para eximir-se de obrigação legal a todos imposta e recusar-se a cumprir prestação alternativa, fixada em lei; [...]. (BRASIL, 1988a)

Historicamente é perceptível o processo de secularização e de laicização no Brasil, ou seja, de autonomização das esferas sociais, principalmente do político em relação ao religioso, e de estabelecimento legal da liberdade religiosa no país (ORO; BEM, 2008). A ideia de secularização é expressa pela ideia de exclusão do religioso do meio social; já a laicidade assinala uma emancipação do Estado da necessidade de legitimidade religiosa. Como afirma Xavier Ternisien,

> Ela se mede pela existência ou não de uma dimensão religiosa da nação, pela existência ou não de uma religião de Estado, pelo lugar

do ensino religioso na escola, etc. (TERNISIEN, 2007, p. 26-28, citado em ORO, 2007)

Entretanto, a realidade vivida por algumas religiões parece estar em discordância com o que assegura o estatuto legal vigente do Estado brasileiro. Todavia, nenhuma outra religião vivenciou em seu cotidiano dificuldades, cerceamentos e entraves à sua expressão religiosa como as religiões de matriz africana. Sobre o Estado laico, Roberto Blancarte salienta que

> O Estado é laico quando já não requer mais a religião como elemento de integração social ou como cimento para a unidade nacional [...]. Por isso, o Estado laico surge realmente quando a origem dessa soberania já não é sagrada e sim popular. (BLANCARTE, 2000, p. 33, tradução livre)

O discurso sobre a laicização do Estado vem acompanhado, em grande medida, pelo discurso da moral cristã (e mais especificamente pelo discurso pentecostal e neopentecostal cristão), encharcado por um ódio subliminar. Veremos a seguir os grupos religiosos evangélicos pentecostais e neopentecostais que, utilizando meios de suas ações sociais e práticas políticas, promulgam um discurso contra as religiões de matrizes africanas, fazendo desta prática algo legitimado pelo Estado laico.

1.2 O CRESCER DA INTOLERÂNCIA E O PODER DAS INSTITUIÇÕES CRISTÃS

Como vimos, no período colonial havia várias formas de expressar as religiosidades afro-brasileiras, mesmo estigmatizadas em razão de seu vínculo negro-africano, de seu suposto caráter primitivo e de sua posição desafiadora a um catolicismo considerado hegemônico. Por isto, as mesmas foram averiguadas pela Inquisição e pelas autoridades coloniais, apoiadas, sobretudo, nas Ordenações Filipinas (BARBOSA; ALMEIDA, 2019), onde se encontram ao menos cinco disposições que afetavam a prática da religiosidade de matriz africana, abordando sobre a heresia, que prevê punição ao infrator com multas, castigos físicos e deportação.

Sobre a questão dos "feiticeiros", as Ordenações estabeleciam, no Livro Quinto, que "toda pessoa, de qualquer qualidade e condição", que realizasse alguma feitiçaria (com objetos sagrados, invocando espíritos ou dando algo de comer ou beber), receberia a pena de morte; e quem fizesse adivinhações e amuletos seria açoitado (Título 3). A expressão religiosa era coibida: na cidade de Lisboa, e uma légua ao redor, estavam proibidos os ajuntamentos, as danças e os batuques ("bailos" e "tangeres") de escravos, sob pena de prisão, o mesmo valendo para os pretos forros (Título 70). E sobre a imposição da religião cristã, as Ordenações dizem que "qualquer pessoa, de qualquer estado e condição", que tivesse escravo africano, estava obrigada a providenciar seu batismo, num prazo de seis meses desde o dia em que o escravo veio ao seu poder, sob pena de perder o escravo para quem o exigisse, salvo no caso em que o escravo recusasse o batismo diante do padre (Título 99).

Entretanto, mesmo as autoridades coloniais e religiosas se valendo desses dispositivos intimidadores e repressivos contra os calunduzeiros, curandeiros e adivinhos, muitos deles conseguiram angariar prestígio e estabilidade na sociedade colonial. Ao investigar a relação entre religião e sociedade colonial, Renato da Silveira nos diz que a religiosidade dos negros "fazia parte da paisagem social porque eram funcionais, respondiam a várias necessidades de uma população carente e não pretendiam ser seitas secretas" (SILVEIRA, 2005, p. 20). Para exemplificar tal relação, Silveira relata o caso de "um senhor empresário que pagou caro por pelo menos duas escravas curandeiras afamadas, montando com elas uma espécie de clínica, onde se praticavam vários tipos de cura, e dividindo todos os lucros" (SILVEIRA, 2005, p. 18-11).

Sobre os calunduzeiros, segundo Laura de Mello e Sousa (2002), em 2001, Yeda Pessoa de Castro definiu *calundu*, vocábulo de língua banta, como "a mais antiga denominação de culto afro-baiano, registrada no século XVII na poesia de Gregório de Mattos" e seguida, nas primeiras décadas do século 18, por uma descrição de Nuno Marques Pereira no *Compêndio narrativo do peregrino da América*. A etnolinguista sugere que se consultem os verbetes *candomblé* e *lundu*, e dá em seguida o significado original em banto: "*kalundu*, obedecer um mandamento, realizar um culto, invocando os espíritos, com música e dança." Passa então para o sentido que a palavra adquiriu no Brasil, em geral, e na Bahia, em particular. No primeiro caso, mau humor e amuo, relacionado com *kialundu*, "o que recebe o espírito, de referência ao aspecto carrancudo do rosto e comportamento dos possuídos em transe pela divindade", tendo a ver ainda com o vocábulo banto *macaca* e com a expressão "estar com a macaca", ou seja, com mau humor, má sorte ou azar. No segundo caso, "no calundu" ou "de calundu" significaria zangado, agressivo, de mau humor. Lundu, por sua vez, tem significação dupla análoga à de calundu, sendo, como esta, palavra banta: por um lado, significa amuo; por outro, "dança de par solto, de origem africana, acompanhada de canto, que teve seu esplendor no Brasil em fins do século XVIII e começos do século XIX", tornando-se, daí em diante, "canção solista, influenciada pelo lirismo da modinha e frequentemente de caráter cômico". Calundu, por sua vez, é palavra de acepções múltiplas, suma, pela alma, pela psique do indivíduo.

Observamos que os calundus no Brasil funcionavam desde o século 17, e é neste contexto que o sincretismo afro-católico organizou-se numa estratégia de resistência religiosa em face do sistema religioso dominador vigente, que ora se dissimulava, ora se amalgamava na devoção católica para perpetuar os descendentes.

Por esta razão, os africanos e seus descendentes se diziam católicos e se comportavam como tais. Este discurso oculto nos mostra claramente a noção de resistência desses sujeitos envolvidos em uma relação de dominação (SCOTT, 2013), e, mesmo com o advento do período republicano, quando o catolicismo parecia ter perdido a condição de religião oficial, continuaram se dizendo católicos (PRANDI, 2003).

Portanto, a reforma cultural, política e social, ocorrida no "Brasil a partir da chegada da família real portuguesa, em 1808, e ampliada durante o período imperial, possibilitou uma nova configuração das relações entre as religiões de matrizes africanas e a sociedade brasileira em geral" (ORO; BEM, 2008, p. 308). Paulatinamente, o aumento do número de libertos e de mulatos empregando-se em várias profissões consideradas insultuosas pelos brancos, somado aos benefícios das agremiações negras, como irmandades e corporações de ofícios, trouxeram para a população negra possibilidades da estruturação de terreiros, em meados do século 19, em Salvador, na Bahia, em São Luís, no Maranhão, no Recife, em Pernambuco, no Rio Grande e Pelotas, no Rio Grande do Sul, e no Rio de Janeiro (ORO; BEM, 2008).

Ainda assim, ao longo do século 19, cada vez mais os negros e seu patrimônio cultural e religioso eram desprezados e destituídos de uma participação na narrativa nacional do país, que tentava afastar-se da sua herança ibérica, colonial, escravocrata e mestiça, ao copiar o modelo da Europa burguesa e em processo de industrialização (FREYRE, 1968; SOUZA, 2000).

Sobre esta questão, Lilia Schwarcz (1993) comenta que naquele século o Brasil era descrito como uma nação composta por raças miscigenadas, mas em transição, que passavam por um processo acelerado de cruzamento e eram depuradas mediante uma seleção natural, e que seria algum dia branco. Estas ideias racialistas, que no Brasil chegaram mais tarde, faziam parte do imaginário dos relatos dos viajantes estrangeiros ao descreverem o Brasil.

Segundo Schwarcz (1993), difundida no país, essa ideia tem suas raízes arraigadas nas ideologias de embranquecimento, desenvolvidas na Europa para explicar o "atraso" de algumas culturas e sociedades. O país, que conquistara recentemente sua independência, precisava tirar de suas costas o peso da história colonial, ligada não só aos processos de escravidão, mas também a uma história voltada para a história de Portugal. Deste modo, coube ao Instituto Histórico e Geográfico Brasileiro construir uma nova história da nação brasileira.

Sobre a criação e a função do instituto, Schwarcz afirma que

> Criado logo após a independência política do país, o estabelecimento carioca cumpria o papel que lhe fora reservado, assim como os demais institutos históricos: construir uma história da nação, recriar um passado, solidificar mitos de fundação, ordenar fatos buscando homogeneidade em personagens e eventos até então dispersos. Exemplos longínquos dos centros do Velho Mundo, no Brasil, os institutos se proporão a cumprir uma tarefa monumental: "Colligir. Methodizar e guardar" (RIHGB 1839/1) documentos, fatos e nomes para finalmente compor uma história nacional para este vasto país, carente de delimitações não só territoriais. (SCHWARCZ, 1993, p. 99)

As questões raciais, que pairavam no instituto, apresentavam uma postura muito dúbia, na medida em que um projeto de centralização nacional implicava também pensar naqueles que ficariam excluídos desse processo, ou seja, negros e indígenas. Nesta perspectiva, unificar a nação significava construir um passado que se pretendia singular: a história, cultura e religião não negras.

No período republicano, estabelece-se a laicidade religiosa cristã que garantiria a liberdade religiosa no país. No entanto, as religiões afro-brasileiras continuaram a ser discriminadas como problema de ordem penal, como mostram os Artigos 157, sobre a prática do espiritismo (leia-se, além do kardecismo, o candomblé e a macumba), e 158, sobre a prática do curandeirismo, do primeiro Código Penal republicano (BRASIL, 1890).

O Artigo 156, sobre o exercício ilegal da medicina, também era ligado a processos contra sacerdotes das religiões afro-brasileiras e suas culturas, o que remete ao contexto de oficialização do discurso médico no Brasil, presente em movimentos como o "movimento sanitarista". Entre os "crimes contra a saúde pública", consta o seguinte:

> Art. 157: Praticar o espiritismo, a magia e seus sortilégios, usar de talismãs e cartomancias, para despertar sentimentos de ódio ou

amor, inculcar cura de molestas curáveis ou incuráveis, enfim, para fascinar e subjugar a credulidade pública. (BRASIL, 1890)

Deste modo, sobre as práticas ilegais da medicina, a antropóloga Ana Pastore Schritzmeyer (2004) fala das perseguições da medicina científica sobre os praticantes da medicina popular como "arte de curar", dizendo-nos que "o curandeirismo foi severamente combatido, porque foi encarado como ignorância, como um nó a ser apagado antes da nossa história, para que fosse assegurado o monopólio da medicina científica (ou dos médicos)". (SCHRITZMEYER, 2004, p. 101)

Tina Jensen afirma que

> O governo republicano continuou perseguindo as organizações espíritas por causa da prática ilegal da medicina, mas apesar disso, muitos governadores estavam envolvidos com o movimento kardecista que era menos estigmatizado que o espiritismo afro-brasileiro. Foi introduzida uma distinção entre *baixo espiritismo* que era relacionado com as religiões afro-brasileiras e a população negra do setor mais baixo e o *alto espiritismo* que estava relacionado ao espiritismo kardecista e à população branca dos setores mais altos. (JENSEN, 2001, p. 4)

Ao analisar os processos contra feiticeiros na cidade do Rio de Janeiro, entre os anos de 1890 e 1940, a antropóloga Yvonne Maggie (1992) concluiu que, diferente de outros países, no Estado brasileiro a crença na feitiçaria é uma instituição legitimada no imaginário social.

Nos processos analisados por ela, o que se acusa não é a prática do espiritismo, mas seu uso mistificado, maléfico ou como alternativa ao conhecimento médico oficial. Neste caso, "intensificam-se os processos criminais contra feiticeiros e aqueles que fazem mal à saúde pública e à nacionalidade". Em seu argumento, a autora apresenta tanto a difusão da crença em feitiço entre todos os atores inseridos nesses processos, como, também, os discursos de peritos e juristas sobre o até então denominado espiritismo. Neste sentido, Maggie salienta que

> Até 1927 [...] não aparece no discurso dos envolvidos nos processos categorias como macumba ou candomblé. Nesse ano, elas começam a ser definidas pelos peritos. [...] Estes passam a responder sobre o significado de macumba e candomblé. Estes seriam reuniões de baixo espiritismo, realizadas clandestinamente por pais-de-santo que trabalham com espíritos africanos e caboclos, atraídos por pontos riscados ou cânticos. (MAGGIE, 1992, p. 188-189)

Os primeiros anos do século 20 foram marcados pelas políticas científicas e estatais pautadas na ideologia do embranquecimento[4] e da modernização, onde os discursos e o poder acadêmico, jurídico e médico, sobre estas religiões, tendiam a formular enunciações negativas acerca de suas práticas. Não sem sentido, foi justamente neste período que houve um aumento significativo das perseguições aos praticantes e adeptos das religiões de matrizes africanas por parte da polícia em todo o território brasileiro, em especial os afro-brasileiros, denominados de baixo espiritismo.

Conforme Emerson Giumbelli,

> A criminalização do espiritismo, alegando-se a proteção à saúde pública, deve ser entendida no contexto da ação da categoria médica que visava resguardar em termos legais o monopólio do exercício da "arte de curar". Além da condenação ao espiritismo, à magia e outras práticas, o Código Penal previa punições para o simples exercício da medicina sem títulos acadêmicos (Art. 156) e o crime de curandeirismo, ou seja, a aplicação ou prescrição de substâncias com fins terapêuticos (Art. 158). (GIUMBELLI, 2003, p. 254)

No Rio de Janeiro, para combater a proliferação dos cultos afro-brasileiros na década de 1920,[5] o delegado Augusto Mattos Mendes encabeçou

---

4   Os arranjos dos processos de embranquecimento social no Brasil foram mais do que um artifício na tentativa de destruição da constituição histórica da população negra, tal como as suas culturas, suas religiões e suas religiosidades.

5   É justamente no início década de 1920, sob a administração municipal de Carlos Sampaio e estadual de Raul de Morais Veiga, que começa, na cidade do Rio de Janeiro, então a capital do Brasil, o intenso processo de reforma urbana.

uma comissão para a coerção ao "baixo espiritismo" que culminou, na década de 1930, na criação da 1ª Delegacia Auxiliar, responsável direta pelo combate dessa forma de religiosidade. E foi justamente neste mesmo período de perseguição aos adeptos das religiões afro-brasileiras que se deu a estruturação da umbanda, como uma nova vertente dentro das ressignificações das religiões e religiosidades africanas no Brasil. Entretanto, os adeptos deste novo segmento religioso afro procuraram se diferenciar do "baixo espiritismo" (candomblé e macumba), construindo, de certa forma, a sua legitimação social sobre a discriminação de formas religiosas concorrentes (ORO; BEM, 2008).

Valendo-se de expedientes burocratizantes, em busca de uma legitimidade social, os umbandistas criaram federações e enviaram às delegacias as listas de seus associados. Essas federações transformaram-se em um instrumento que testemunhava, perante todo o poder público, o estatuto religioso dos seus associados, distanciando-os, assim, da categoria de feiticeiros (MAGGIE, 1992), tal como eram vistos os candomblecistas, os macumbeiros e os calunduzeiros.

Contudo, o período entre 1930 e 1945 foi o de maior perseguição policial contra os terreiros. Norton Correa (1998, p. 207) afirma que a intensidade persecutória foi tanta que "estabeleceu um antes e um depois na história desta repressão". Conta-se que, nesse período, sobre a força policial do Estado, existiu uma grande reformulação jurídica que veio em detrimento das religiões afro-brasileiras, pois uma lei datada de 1934 alocou todos esses grupos sob a jurisdição do Departamento de Tóxicos e Mistificações da Polícia do Rio de Janeiro, na seção especial de Costumes e Diversões, que lidava com problemas relacionados ao álcool, drogas, jogo ilegal e prostituição.

Diana Brown acrescenta que

> Esses grupos religiosos, para poderem funcionar, eram obrigados a solicitar registro especial dos departamentos de polícia locais, e a polícia fixava suas próprias taxas. Portanto, essa lei enquadrou, em termos sociais, as práticas desses grupos como atividades marginais, desviantes, e por extensão ou associação, como vícios que requeriam controles punitivos mais do que controles simplesmente reguladores. (BROWN, 1985, p. 13)

Assim sendo, mesmo com a revisão do Código Penal, em 1940, foram mantidos os Artigos 156, 157 e 158 do Código de 1890. Além disso, no Artigo 157 introduziu-se o charlatanismo como uma prática passível de penalização. Foi também instituído, no decreto-lei nº 3.688, das Contravenções Penais (BRASIL, 1941), mais um artigo, o de número 27, no Capítulo II, que versava sobre a exploração da credulidade pública mediante práticas relacionadas à feitiçaria. Na década de 1940, durante o governo de Getúlio Vargas, o chefe de polícia Filinto Strubing Müller, que continuou atuando durante o período militar no Brasil, passou a exigir o registro dos "centros espíritas" na Delegacia de Polícia. Período marcado por intensas baixas e repressões policiais nos terreiros de candomblé, principalmente em Salvador e no Maranhão.

Segundo Sergio Ferretti (2009), em São Luís, "Durante o Estado Novo [...] (1937-1945), o chefe de polícia Flávio Bezerra perseguiu muitos terreiros e pretendia transferi-los do centro da cidade para os bairros mais distantes da periferia." Onde havia "a lembrança do tempo em que a repressão policial entrava a cavalo em terreiros dos seguidores dos cultos de umbanda e de nação" (AVANCINI, 2010, p. 139).

As repressões durante o Estado Novo aconteceram não só nas regiões Nordeste e Sudeste, mas também na região Sul do país, com a nomeação, por Getúlio Vargas, do general baiano Manuel de Cerqueira Daltro Filho como interventor federal no Rio Grande do Sul. Vargas fez um cordão higienista religioso contra as religiões não cristãs.

Diante desta realidade extremamente adversa às religiões de matrizes africanas, Norton Correa conclui que

> Na memória coletiva dos filiados ao Batuque, o início da gestão do interventor coincide com a instauração de um período tenebroso, com o sistemático fechamento, pela polícia, de muitos dos templos, com prisões e violência por parte dos policiais. (CORREA, 1998, p. 224)

Essas manobras legais justificam o desenrolar de uma forte e crescente onda de repressão às religiões afro-brasileiras e suas culturas, mostrando um discurso avesso ao ideal paternal que Getúlio Vargas, pai e herói, havia criado durante o seu primeiro governo. Ao mesmo tempo, o presidente fomentava a criação de uma identidade vinculada a um nacionalismo, na qual as culturas afro-brasileiras ganharam uma suposta aceitação oficial, tais como o samba e a capoeira. Entretanto, as religiões afro-brasileiras, ou de matrizes africanas, continuaram à margem do reconhecimento nacional.

Um grande marco dessas tensões foi a entrega, em 1944, do fascículo *O culto de umbanda em face da lei*, publicado pela Editora Biblioteca Espírita Umbandista, ao presidente Vargas por parte da União Espírita Umbandista do Brasil. O intuito da obra era apresentar, para este, seus anseios e reivindicações dentro da sociedade brasileira e diante da recém-criada delegacia específica para repreender kardecistas, umbandistas e candomblecistas.

É importante destacar que, durante os anos de 1930 a 1945, houve uma intensa união, não oficial, entre o Estado e a Igreja Católica no Brasil. E assim que alcança o poder, Getúlio Vargas a toma como um forte aliado para a manutenção do seu governo. O Estado necessitava manter o espírito cristão, e Getúlio Vargas devia ser visto como o pai da nação, em uma perspectiva cristã. Por isto a dualidade de suas ações: de um lado, elevar o eixo da cultura popular afro-brasileira, e, por outro, menosprezar as experiências religiosas afro-brasileiras. Destaque-se a proclamação de Nossa Senhora Aparecida como a padroeira do Brasil,[6] diante de uma multidão de fiéis, autoridades civis, autoridades militares, religiosas e o corpo clerical brasileiro.

A Igreja Católica procurou, sustentando sua influência política no governo de Vargas, mesmo não estando ligada oficialmente ao Estado brasileiro, sentir-se no direito de fazer reivindicações para a Constituição de 1934. Entre essas reivindicações estava o ensino religioso nas escolas públicas (BANDEIRA, 2000).

Com o fim do período do Estado Novo, a repressão policial, legislada invisivelmente pelo Estado, diminuiu consideravelmente, mas não a discriminação contra as religiões afro-brasileiras. E essa discriminação e repressão, durante o século 20 e subsequentemente no século 21, passou a ser veiculada principalmente através dos meios de comunicação de massa.

---

6   Ressaltamos aqui a Lei 9.093/95, que instituiu os feriados religiosos, e a Lei 6.802/80, que instituíra o feriado nacional em homenagem à Nossa Senhora Aparecida.

1.2.1 O poder da mídia e do Estado na ditadura militar

Preponderavam no Brasil interpretações e representações sociais racistas em relação às religiões afro-brasileiras em suas múltiplas formas, como candomblé, batuque, tambor de mina, umbanda, quimbanda, macumba (ORO; BEM, 2008; ROCHA, 2001). Um bom e expressivo exemplo disto é a forma e os meios pelos quais essas religiões foram, e ainda são procuradas por diversas pessoas, de todas as camadas sociais e de diferentes etnias, em razão do reconhecimento da eficácia de suas práticas espirituais e terapêuticas (ORO; BEM, 2008; MARIANO, 2001).

Contudo, as formas como estas religiosidades se expressavam também foram vistas com suspeita e preconceito, por isto, foram discriminadas, e seus agentes, perseguidos. Estas ações, em relação às religiões de matriz africana, são resultados, em grande parte, da criação de uma representação simplista, menosprezada e desqualificadora, que foi construída ao longo do tempo no Ocidente e, principalmente, no Brasil, sobre as etnias africanas, assim como sobre suas experiências religiosas. Elas foram compreendidas como "primitivas" e "arcaicas", destinadas, assim, ao desaparecimento, porque representavam o passado da humanidade.

Tanto a intelectualidade brasileira, quanto a Igreja Católica e o Estado colaboraram, cada um a seu modo, para construir e moldar o imaginário social desqualificador do negro e das suas religiões e ressignificações religiosas no Brasil.

Norton Correa (1998) salienta a influência dos intelectuais ligados à área da saúde, especialmente na virada do final do século 19 para o início do século 20, que defendiam "teorias evolucionistas clássicas, em que a questão das raças pontifica, mas disfarçada sob o manto da eugenia"[7] (CORREA, 1998, p. 170). Além destes, escritores, jornalistas e mesmo sociólogos e antropólogos contribuíram, com seus escritos, para que, ao longo do século 20, fossem cristalizados estigmas e preconceitos contra o negro, em geral, e contra as religiões de matriz africana.

---

7 A eugenia é um conjunto de ideias e práticas relativas a um melhoramento da raça humana ou aprimoramento da raça humana, tese criada e desenvolvida pelo cientista inglês Francis Galton no século 19. Essa proposição teve sucesso no meio social e científico, mesmo após grande questionamento, e se manteve por um longo tempo como meio de se justificar práticas discriminatórias e racistas. No Brasil, a ideia ganhou vulto nas primeiras décadas do século 20, pois suas hipóteses forneciam uma explicação para a situação e a marginalização dos negros no país.

Periódicos, jornais e revistas de circulação nacional e regional foram, em grande medida, os principais e maiores meios de veiculação do preconceito sobre o negro e as práticas e manifestações das religiões afro-brasileiras. Entre as décadas de 1930 e 1980, principalmente após o fim do Estado Novo, periódicos de circulação regular na cidade do Rio de Janeiro, tais como a revista *O Cruzeiro*[8] e os jornais *Gazeta de Notícias*[9], *Diário da Noite*[10] e *O Fluminense*[11], traziam em seus noticiários e folhetins matérias depreciativas sobre os negros e suas religiosidades. Possivelmente, uma visão superficial e marginalizada sobre o que vem a ser a cultura afro-brasileira e suas ressignificações religiosas, em geral ocupante dos morros e das favelas da ex-capital[12] do Brasil, que contribuía significativamente para a criação de uma imagem pejorativa dos negros e negras que ocupavam os morros e as favelas.

Janice Perlman (1977), ao analisar os impactos da experiência do processo de urbanização sobre os migrantes e os favelados na cidade do Rio de Janeiro, concluiu que sobre essa população foi criado um falso "mito da marginalidade", construído a partir do discurso e da relação de poder político e social (GRAMSCI, 2000), aliado a uma dominação social que preconiza uma visão estereotipada sobre um grupo com pouca visibilidade política. Perlman afirma que

> O conjunto de estereótipos, a que denominou de "mito da marginalidade", são tão generalizados e arraigados que constituem uma ideologia – de fato, um instrumento político – que justifica as políticas das classes dominantes, das quais dependem as próprias vidas dos migrantes e favelados. (PERLMAN, 1977, p. 17)

---

8   Revista ilustrada de circulação nacional, foi lançada no Rio de Janeiro, em 10 de novembro de 1928, publicada pelos Diários Associados, de Assis Chateaubriand. Entre as décadas 1950 e 1960 a revista começou a declinar e, em junho de 1975, chegou ao fim.

9   Periódico publicado no Rio de Janeiro que circulou desde 1875 até a década de 1940.

10 Periódico de circulação regular, na cidade do Rio de Janeiro, entre as décadas de 1920 e 1960.

11 Periódico de circulação regional, no estado do Rio de Janeiro desde o ano de 1878. Atualmente o jornal é veiculado em meio digital.

12 Em 1763, a capital do Brasil foi transferida de Salvador para o Rio de Janeiro, pois o ouro e os diamantes passaram a ser escoados pelo porto do Rio de Janeiro, aumentando a sua importância econômica e política. Em 1961, o Rio de Janeiro perdeu o título de Capital Federal para a cidade de Brasília.

Esta assertiva, proposta pela autora, possibilita-nos uma reinterpretação sobre o fenômeno da intolerância religiosa no Brasil, aliada não só ao contexto histórico através dos meios midiáticos,[13] como também da Igreja e do Estado.[14] Dois episódios, entre tantos outros, marcam e exemplificam a ação e o poder de disseminação do preconceito e intolerância da mídia nacional. O primeiro ocorreu a partir da publicação, em novembro de 1951, no jornal *Diário de Notícias*, de uma reportagem sobre a iniciação de iaôs (filhos de santo) em Salvador, conforme o Boxe 1.

Boxe 1: O deus tem sede de sangue

No dia 14 de setembro de 1951, o *Diário de Notícias* publicou o anúncio de uma reportagem que sairia no dia seguinte na revista *O Cruzeiro*. O destaque era a foto de um procedimento ritual do candomblé, no qual uma ave era sacrificada sobre a cabeça de uma iaô.

O texto abaixo da foto dizia:

"Esta fotografia é uma das muitas que ilustram, de maneira sensacional e inédita, a reportagem que traz o último número de "O Cruzeiro", já à venda nesta capital. Refere-se às cerimônias da iniciação das filhas de santo em toda a sua crueza espetacular e primitiva. Em resumo, trata-se de um autêntico e audacioso "furo" jornalístico.

"O repórter-fotográfico José Medeiros e o repórter Arlindo Silva foram os autores da sensacional façanha. Durante longas semanas, insistiram, até conseguir o objetivo."

Fonte: Fernando de Tacca (2003, p. 153-154).

A revista *O Cruzeiro*, valendo-se de um enredo sensacionalista, contendo várias fotos tomadas em rituais da iniciação no candomblé, causou comoção na sociedade da época, especialmente na cidade de Salvador, onde vários

---

13 Na contemporaneidade, com o aumento do tráfego de informações, sofisticação e consumo dos meios de comunicação de massa – televisivo, rádio e também mídia digital –, aumentaram também os casos de intolerância religiosa.

14 Uma das possibilidades de interpretação plausíveis é entender o poder do Estado, das Igrejas cristãs e da mídia, interligado em prol da criação de uma história negativa das religiões de matriz africana, suas ressignificações e seus adeptos.

jornais publicaram a matéria, referindo-se de maneira discriminatória e preconceituosa aos aludidos rituais, conforme o Boxe 2 descreve. Não era a primeira vez que essa revista protagonizava as religiões de matrizes africanas em suas edições. Na década de 1960, mais especificamente em 23 de setembro de 1967, a revista publicou a matéria "Joãozinho da Gomeia e os segredos do candomblé". Segundo Andrea Mendes (2012, p. 107), a publicação foi feita em "10 páginas em impressão a cores, aberta por uma fotografia que ocupou completamente as duas primeiras páginas da matéria. Em uma edição de 138 páginas, composta por 26 reportagens, a matéria ocupou 13 páginas inteiras e mais três contracapas de publicidade". Ainda segundo a autora, "a fotografia da capa traz Joãozinho sentado, em plano médio, enquanto que duas de suas filhas aparecem mais ao fundo, de corpo inteiro, em planos de altura diferentes, causando um efeito de triangulação produzida através de uma fotomontagem. O fundo é neutro, não havendo qualquer elemento formador de cenário, o que faz com que as pessoas ali dispostas fossem o foco central da fotografia, destacando sua indumentária."

Boxe 2: As noivas dos deuses sanguinários

O fotógrafo José Medeiros e o jornalista Arlindo Silva conseguiram, do Terreiro de Oxóssi, no bairro da Plataforma (Salvador, Bahia), autorização para assistir e fotografar os rituais de iniciação de três iaôs da casa. A reportagem produzida com esse material foi publicada no número 48 de *O Cruzeiro*, em 15 de setembro de 1951.

O corpo principal da matéria, que ia da página 12 à 25, era formado quase só por fotografias mostrando diferentes momentos do processo de iniciação: a raspagem, as incisões, os sacrifícios, as oferendas e a saída da iaô.

As legendas traziam comentários como: "Um índice de crueldade. As divindades das religiões fetichistas africanas banqueteiam-se com sangue." "O manjar dos sanguinários deuses do 'candomblé' compõe-se de uma tétrica mistura de partes dos animais mortos [...]"

O texto, distribuído em quatro páginas (26, 45, 49 e 128), descreve desta forma o ritual da feitura das incisões sagradas:

"[...] A navalha não parava. O cheiro de sangue se misturava com o cheiro de suor, as 'filhas de santo' entoavam lá fora os seus cânticos sacros,

e o atabaque era um gemido rouco dentro da noite. [...] A navalha feria e o sangue brotava, quente, palpitando de vida. [...] Víamos, diante de nós aqueles três corpos humanos retalhados e ofegantes, e não entendíamos uma só palavra da prece que arrancavam de dentro de si como roncos. [...] O cerimonial servira para 'fechar o corpo' das 'iaôs', livrando-as do mal, e agora a porta da 'camarinha' se cerraria até a madrugada, quando a cerimônia da 'iniciação' deveria continuar."
Fontes: Fernando de Tacca (2003, p. 154); coleção da revista O Cruzeiro na hemeroteca digital da Biblioteca Nacional (<http://memoria.bn.br/DocReader/docreader.aspx?bib=003581&pesq=>).

No entanto, a proposta do autor das fotos, o baiano José Medeiros, era contrapô-las à má interpretação discriminatória propagada através de uma reportagem *Possédées de Bahia* (As possuídas da Bahia) da revista francesa *Paris Match* (TACCA, 2003, p. 154). As fotos divulgadas no periódico *O Cruzeiro*, vinculadas ao enredo da matéria, descontextualizando totalmente o ritual, causaram revolta e acirraram ainda mais o preconceito, a discriminação e a intolerância religiosa. Assim, as fotos de Medeiros, ao invés de contribuírem para a valorização do candomblé, acabaram viabilizando a sua mistificação como um ritual cruento e primitivo.

O segundo episódio aconteceu em 1971 e se refere à polêmica aparição de um Exu, Seu Sete da Lira, incorporado pela médium Cacilda de Assis, muito famosa na época, em dois programas televisivos de auditório, conforme o Boxe 3 conta.

Boxe 3: O exu que incomodou a Igreja e a Ditadura

No domingo 29 de agosto de 1971, a mãe de santo Cacilda de Assis se apresentou, com o exu Seu Sete da Lira incorporado, nos programas Buzina do Chacrinha, da TV Globo, e Flávio Cavalcanti, da TV Tupi.

No dia 3 de setembro, o jornal paulista Notícias Populares publicou declarações de representantes da Igreja Católica a respeito do fato.

O secretário geral da Conferência Nacional dos Bispos do Brasil, dom Ivo Lorscheider, após frisar a posição da Igreja a favor da liberdade de culto, declarou: "Não nego que possa haver aparições de espíritos em terreiros.

> Mas somos extremamente cautelosos ao dizer que se trata de uma verdadeira aparição [...]"
> O cardeal dom Eugênio Sales, em seu programa radiofônico, analisou o acontecimento como manifestação de subdesenvolvimento cultural, e destacou a "necessidade de uma reflexão por parte dos homens que controlam os veículos de comunicação de massa."
> Imediatamente, os programas foram ameaçados de suspensão e o Departamento Nacional de Telecomunicações pôs em pauta uma proposta de proibir transmissões ao vivo de programas daquele tipo, exigindo que fossem gravados com antecedência e submetidos à censura. Com a pressão da censura, representantes das emissoras de TV assinaram um acordo no sentido de eliminar dos programas atrações "de mau gosto".
> **Fontes**: Daniel Salomão Roque. A mãe de santo que colocou os programas de auditório na mira da ditadura. (VICE – reportagens e documentários <https://www.vice.com/pt_br/article/gym5nj/cacilda-assis-sete-lira-exu>) Igreja está cautelosa mas nega poderes de 7 (Notícias Populares, 3 set. 1971. <https://fotografia.folha.uol.com.br/galerias/28647-seu-sete-da-lira-no-np#foto-435854>)

Logo após o fato, a Confederação Nacional dos Bispos do Brasil fez um pronunciamento aconselhando muita cautela aos fiéis católicos, ao mesmo tempo em que negava os poderes da entidade. O então cardeal Dom Eugênio Sales fez um pronunciamento através do rádio e da televisão sobre a voracidade dos brasileiros por todo "tipo de religiosidades" e "como o povo está com fome de Deus, surge um grave problema: a escolha dos alimentos".

Demonstrando mais uma vez o seu poder sobre a sociedade, a Arquidiocese do Rio de Janeiro pediu que se censurassem as religiões afro-brasileiras na mídia televisiva e culpou a médium Dona Cacilda de Assis e a umbanda de "ser amoral, inculcar curas e contribuir para o aumento da loucura e das neuroses na sociedade [...] tais crendices são alienantes e deve-se censurar apresentações públicas dessas mistificações" (MAGGIE, 1992, p. 232).

Existem muitos outros exemplos locais e regionais de discriminação e intolerância promovidos pelo Estado ou pelas Igrejas, que poderiam ser aqui referidos como materializações dos preconceitos que vitimaram, e ainda vitimizam, os afro-religiosos. Não só a imprensa, mas também a

Igreja Católica teve um papel importante na produção sobre o histórico de representações negativas destas religiões. Ivo Pedro Oro assinala que a

> hierarquia católica condenou abertamente as práticas religiosas dos negros (em 1890, 1915, 1948 e 1953) e desencadeou, na década de 50 deste século, uma luta apologética contra as religiões não-cristãs, entre as quais as afro-brasileiras. (ORO, 1997, p. 10-11)

Não obstante, Norton Correa (1998) sustenta a tese de que a Igreja se valeu de sua condição de religião de elite para propagar um discurso corrosivo, ao mesmo tempo em que o mesmo era depreciativo em relação aos não cristãos:

> Tanto para acionar diretamente o Estado no sentido de enviar a polícia contra as casas de culto, como utilizar o púlpito e os meios de comunicação de massa para desqualificar tais religiões perante a opinião pública. (CORREA, 1998, p. 199)

O Estado, com suas exigências burocráticas e legais para o funcionamento das casas de religião e a realização de rituais, estava também produzindo "tanto uma forma de coerção como de desqualificação", além de colocar em exercício um forte aparato repressivo, com a ação policial de "invasão de templos, prisão de seus integrantes, apreensão de objetos rituais" (CORREA, 1998, p. 207).

Entretanto, ao longo da história nacional, ou seja, do período colonial até os dias atuais, a discriminação em relação às religiões afro-brasileiras transformou-se consideravelmente, assim como mudaram as instituições e as conjunturas sócio-político-culturais.

Boxe 4: Lei do silêncio vem mesmo ao RJ

O Governo do Estado do Rio já está colhendo subsídios para elaborar a "Lei do Silêncio", como fórmula capaz de conter, principalmente nesta Capital e em outras cidades fluminenses de grande densidade demográfica, os índices elevados de poluição sonora.
Fonte: O Fluminense, Niterói, 15 de setembro de 1971.

A notícia transcrita no Boxe 4, veiculada pelo jornal *O Fluminense*, é em grande escala um dos exemplos do poder e da ação do Estado para coibir as práticas das religiões afro-brasileiras. Segundo o referido jornal, o então governador do estado do Rio de Janeiro, Geremias de Mattos Fontes (ARENA)[15], estava iniciando uma ação no intuito de criar uma lei,[16] com possibilidades de promulgação nacional, proibindo a emissão de sons a partir de determinado horário.

Note-se que tal ato incide diretamente sobre os adeptos das religiões de matriz africana, uma vez que suas práticas ritualísticas, em grande maioria, acontecem depois do horário previsto na lei, entre meia-noite e sete horas da manhã. A Lei do Silêncio, tal como ficou conhecida, passou a ser, a princípio, um motivo de revolta não só dos adeptos dos segmentos cristãos, mas de outras denominações.

Na década de 1970, a ação policial contra os terreiros e as manifestações culturais e religiosas afro-brasileiras se tornou ainda muito mais incisiva pela ação do então delegado Moacyr Bellot, amparada principalmente pelo Estado ditatorial militar. Entretanto, uma matéria veiculada pelo jornal *O Fluminense*, transcrita no Boxe 5, deixa claro que a proposta da promulgação desta lei era coibir as ações dos negros e dos adeptos das religiões de matrizes africanas, uma vez que são esses grupos que sempre foram enxergados com um mal a ser combatido.

Boxe 5: Pais de santo, padres e pastores só com cadastro

Padres, pastores protestantes, pais e mães de santo responsáveis por igrejas ou centros espíritas localizados na jurisdição da 5ª Delegacia Policial (Barreto), para não serem incomodados pelo delegado Moacir Bellot e seus auxiliares, terão que procurá-los, a fim de, imediatamente, se cadastrarem.

[...] Quanto aos centros espíritas, o delegado Moacir Bellot falou que está sabendo da existência de uma enorme proliferação na área da 5ª DP.

---

15 Aliança Renovadora Nacional (ARENA) foi um partido político brasileiro criado em 1965 com a finalidade de dar sustentação política ao governo militar instituído a partir do golpe de Estado no Brasil em 1964.

16 Tornou-se lei estadual no Rio de Janeiro em 10 de maio de 1977. Entretanto, a mesma já era prevista no Artigo 42 da Lei Federal das Contravenções Penais (Lei de 3 de outubro de 1941).

Mas que até agora nenhum pai ou mãe de santo o procurou para obter uma licença ou cadastramento.

Disse que muitos deles ficam até altas horas da noite com batuques e cantorias, incomodando a vizinhança e, consequentemente, desrespeitando a Lei do Silêncio.

O titular da 5ª Delegacia policial falou que [...] a Resolução do General Osvaldo Ignácio Domingues [...] foi baixada, não só para as igrejas católica e protestante, mas também, e principalmente, para os adeptos do espiritismo.

Ressaltou contudo que os católicos e protestantes, de um modo geral, vêm respeitando a Lei, mas que os adeptos do espiritismo, principalmente os umbandistas, "não dão a mínima bola para a Legislação".

O delegado Moacir Bellot, quando esteve lotado em Campos, teve sérios atritos com umbandistas, os quais ele acusava de não cumprirem o regulamento, principalmente a obtenção de licença e o respeito à Lei do Silêncio.

O mesmo ocorreu quando ele esteve lotado nos municípios de Duque de Caxias e, por último, em Magé. Agora [...] as circunstâncias indicam que haverá mais problemas [...].

Fonte: O Fluminense, Niterói, ano 99, n. 223.549, p. 7, 19 mar. 1977.

De tal modo, utilizando os métodos dos paradigmas indiciários (GINZBURG, 1989), percebemos que por detrás dessa lei havia um misto de preconceito e de racismo. Os indícios se tornaram ainda mais límpidos quando, ao ser retratada na notícia, a ação do delegado era não só proibir a emissão de sons, tal como previa a lei, mas também combater, tal como descrito no jornal, a presença de animais nos espaços sagrados das religiões afro-brasileiras.

Todavia, o jornal, ao descrever a ação de Bellot, coloca-o como um promulgador da ordem e da lei de acordo com as competências que lhe eram devidas. Fazer valer a lei passou a ser um "caso de polícia" e o delegado Moacyr Bellot fez valer a lei e declarou guerra ao samba e ao terreiro. Samba que outrora fora legitimado pelo governo Vargas como um "bem" da cultura afro-brasileira no Brasil, como é dito no Boxe 6.

> **Boxe 6: Bellot confirma: guerra ao samba e aos terreiros**
>
> O delegado Moacir Bellot afirmou que não é contra as escolas de samba, mas que estas devem respeitar os horários de ensaios estabelecidos pela portaria do Secretário de Segurança. [...] proibiu que utilize, em seus ensaios, aparelhagem de som após as 22 horas.
> [...] Macumba
> O dr. Moacir Bellot, que se notabilizou pela matança de cães vadios em Parati e repressão aos cabeludos, disse também que não permitirá os rituais de macumba na jurisdição de Icaraí depois das 22 horas, "prejudicando a tranquilidade do sono de seus moradores". "Não pensarei duas vezes para fechar os Centros que teimarem em desrespeitar minha determinação" – finalizou.
> **Fonte**: O Fluminense, Niterói, ano 94, n. 20.990, cad. 2, p. 8, 2 fev. 1972.

Acompanhante de uma ideologia racista e intolerante, a polícia passou a invadir terreiros e a prender curandeiros, feiticeiros, sacerdotes e praticantes, instigada pela imprensa que mistificava e ridicularizava as religiosidades de matrizes africanas (REIS, 2005). A veiculação da notícia "Guerra ao samba e aos terreiros" nos possibilita enxergar os indícios de que havia uma união e uma relação límpida entre cultura e religião.

Não obstante, podemos refletir que, ainda neste período, há uma forte africanização da umbanda e uma migração dos adeptos da cultura negra-religiosa-nordestina, que passaram a ocupar os morros e as comunidades de favelas (PERLMAN, 1977, p. 20-21). Apesar das perseguições, discriminações e tentativas de restrições à liberdade religiosa sofridas ao longo do tempo, as religiões afro-brasileiras encontraram brechas e acionaram estratégias para que se mantivessem como uma alternativa religiosa disponível, contribuindo, assim, para o fortalecimento da diversidade religiosa brasileira. Na sequência, observaremos esse conceito, ampliado com a recuperação de elementos históricos de discriminação das religiões afro-brasileiras na sociedade brasileira.

1.2.2 O outro lado da mídia

A escritora Chimamanda Adichie, na conferência *O perigo de uma história única*, defende a ideia de que evidenciar apenas um lado da narrativa é correr o risco de uma história única, que prioriza apenas uma versão dos fatos. Segundo Adichie,[17] "[...] é impossível falar sobre uma única história sem falar sobre poder", ou seja, uma história dominante (THOMPSON, 1987; HOBSBAWM, 2013). Contrapondo a ação histórica da imprensa dominante, aliada à Igreja e ao Estado, surgem, na cidade do Rio de Janeiro, várias publicações associadas à imprensa negra,[18] com o objetivo de veicular informações sobre a população afrodescendente e suas representações culturais e religiosas contrárias à mídia dominante.

Desde o período imperial já havia algumas, tais como *O Homem de Cor* (depois chamado *O Mulato*), *Brasileiro Pardo*, *O Cabrito* e *O Lafuente* (todos no Rio de Janeiro do ano de 1833); *O Homem: Realidade Constitucional ou Dissolução Social* (de Recife, 1876), veiculando matérias voltadas para a comunidade negra (FERREIRA, 2011). Esta ação, de veicular informação via imprensa, põe por terra a infortunada ideia que correlacionava o indivíduo negro com um indivíduo analfabeto e por isto destituído de informações sociais, e demonstrava que a condição de escravo não podia pressupor uma total desinformação sobre os acontecimentos das sociedades.

Durante as décadas de 1960 a 1980 destacaram-se os jornais *Sinba* (Sociedade de Intercâmbio Brasil-África), *Koisa de Crioulo* e *Frente Negra*, do Rio de Janeiro; revista *Ébano* (SP); *Gazeta Afro-Latina* (RS); *Caderno do GESTAR* (Nova Iguaçu – RJ), dentre outras mídias da imprensa negra e da imprensa alternativa. Este período também é marcado pelo crescimento dos grupos de movimentos sociais de combate ao racismo, preconceito e estereótipo. Este período também já tinha se configurado com a criação da CEUB, liderada pelo compositor Tancredo da Silva Pinto, e um lapso de articulação para a criação do IPELCY, liderado pelo filósofo Jayro Pereira de Jesus.

---

17 A escritora nigeriana Chimamanda Ngozi Adichie apresentou a conferência *O perigo de uma história única* (*The danger of a single story*) na edição de 2009 do evento TED (*Tecnology, Entertainment and Design*, ONG dedicada à difusão de ideias). O vídeo da conferência, na íntegra e com legendas em português, pode ser visto em <https://www.youtube.com/watch?v=EC-bh1YARsc>.

18 Como era conhecida a imprensa feita e escrita pelo movimento negro brasileiro.

Na década de 1970 o jornal *Tição* (ver imagem 1), lançado pela jornalista Vera Daisy Barcelos, reunia militantes de esquerda e ativistas do Rio Grande do Sul, e expressava a reorganização das comunidades afrodescendentes e a retomada das lutas contra a discriminação.

Imagem 1: Jornal Tição: algumas de suas manchetes

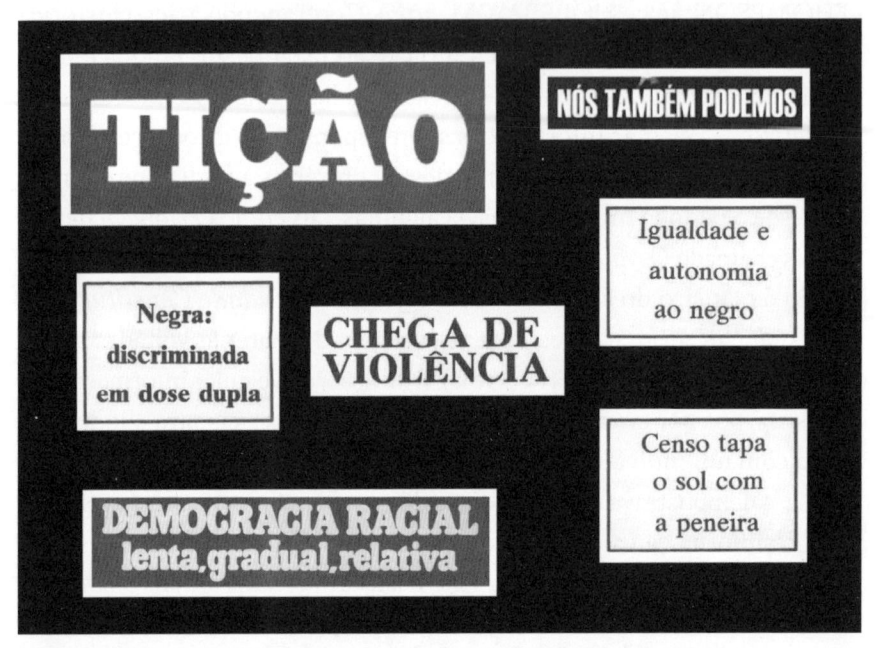

TIÇÃO

NÓS TAMBÉM PODEMOS

Negra: discriminada em dose dupla

CHEGA DE VIOLÊNCIA

Igualdade e autonomia ao negro

Censo tapa o sol com a peneira

DEMOCRACIA RACIAL lenta, gradual, relativa

Fonte: desenho feito a partir de imagens de páginas de exemplares do jornal.

Ainda na década de 1970, foi lançado em São Paulo o *Jornegro*, editado pelo jornalista Odacir de Matos que produziu, junto com Narciso Kalili, uma reportagem decisiva para a demolição do mito da democracia racial, tão caro à ditadura, publicada pela revista *Realidade*, em 1967.

Yedo Ferreira, dez anos depois, foi um dos fundadores do Instituto de Pesquisas da Cultura Negra. Ele foi um dos dirigentes mais ativos do Movimento Negro Unificado. No contexto de fundação do referido instituto, foi também lançado no Rio de Janeiro o jornal *Sinba*. A partir deste rico material, é possível nos recolocarmos sobre um cenário de possibilidade de reconstrução das histórias esmigalhadas pela história dominante. Aqui, destacamos, também, o jornal *Maioria Falante* que, depois do jornal *O*

Dia, foi um dos maiores parceiros de veiculação de uma contra-história dominante midiática de comunicação de massa, o que demonstra um selamento de aliança mútua entre alguns setores dos movimentos negros e os grupos religiosos de matrizes africanas.

A insurgência da comunidade negra dentro do cenário dos veículos de comunicação de massa marca não só uma autonomia sobre os discursos raciais, mas também de gênero; inclusive a dicotomia do movimento de comunicação da imprensa negra da mídia aliada aos governos do Estado brasileiro, que operava como um dos tentáculos do sistema opressor sobre a comunidade negra e principalmente sobre os adeptos das religiões e religiosidades afro-brasileiras.

De uma forma considerável, paulatinamente, os grupos religiosos de matrizes africanas, aliados aos setores dos movimentos negros,[19] conseguiram imprimir na sociedade brasileira as suas versões sobre a história brasileira, invalidando a possibilidade de uma história única, dominante. Personagens como os líderes da CEUB e do IPELCY conseguiram, ao longo de suas existências e reformulações, levar à sociedade questões caras para as comunidades religiosas de matrizes africanas, tais como eram instigadas pelos seus líderes.

Também é interessante pensar não só sobre o processo de contracultura que começava a se manifestar no país, mas também como o movimento interferiu no modo como alguns setores dos movimentos negros começaram a enxergar as religiões e as religiosidades de matrizes africanas apenas como uma reflexão cultural, não tendo pauta dentro do discurso racial.

Além disso, os discursos e as ações de Tancredo da Silva Pinto, em torno da reafricanização, podem ser considerados os primeiros ensaios sobre o racismo religioso pautado pelo veículo de comunicação de massa.

---

19 Segundo Henrique Cunha Júnior (2003), podemos identificar alguns ciclos importantes quando falamos sobre movimentos negros: o primeiro ciclo de síntese importante dos movimentos negros, denominado como Frente Negra Brasileira, fundada em 16 de setembro de 1931 e que durou até 1937, está bem caracterizado e definido de maneira bastante razoável na história dos movimentos negros. O segundo ciclo, síntese que denominamos de Ciclo de Consciência Negra, aparece de forma precária na literatura sobre movimentos negros a partir desta e de vários outros grupos e movimentos sociais negros que surgiram no Brasil.

1.2.3 O poder das instituições: a intolerância política e religiosa

Nenhum grupo religioso cresceu tanto nas últimas décadas como o evangélico, sobretudo no segmento pentecostal, principalmente com o apoio e a promoção dos meios midiáticos. O cientista político e membro da Sociedade Teológica Evangélica dos Estados Unidos John W. Robbins diz que

> Ao fim do século XIX, muitos dentre o movimento de santidade começaram a falar e a buscar o "batismo de fogo". Um ramo do movimento de santidade foi chamado de "Igreja *Holiness* do Batismo com Fogo" (originada em Iowa em 1895 e dirigida por Benjamin Irwin). Quem recebia "o fogo" frequentemente poderia gritar, berrar, cair em transes, ou falar enrolado. Este "batismo de fogo" foi considerado como uma visitação milagrosa do Espírito que seguia à inteira santificação. Os mestres mais conservadores do movimento de santidade rejeitaram essa "terceira" benção de fogo, por considerarem a mesma coisa que a segunda benção e o batismo especial do Espírito. (ROBBINS, 2005)

Peter Wagner (1987, p. 5-6) ressalta que "esse crescimento começou no princípio do século 20, mas não adquiriu grande projeção até o final da Segunda Guerra Mundial" na América Latina, atingindo, primeiramente, o Chile e a Argentina, em 1909. Somente em 1910 é que, de fato, esse movimento começa a entrar no Brasil com os primeiros missionários pentecostais, adquirindo maior visibilidade na primeira década do século 21. Sobretudo por suas particularidades ritualísticas, seu sincretismo entre o campo cristão e o campo das religiões mediúnicas, suas estratégias de conversão de fiéis e sua presença na política, na mídia e no assistencialismo social (SILVA, 2007; MARIANO, 2007; GIUMBELLI, 2007), e pelo processo de "religiofagia", praticado principalmente pelos segmentos religiosos neopentecostais, fruto da terceira onda pentecostal.

Segundo Ari Pedro Oro (2005-2006, p. 321) o processo de religiofagia acontece quando uma instituição religiosa se apropria e reelabora elementos de crenças de outras igrejas e religiões, mormente das afro-brasileiras (candomblé, umbanda, quimbanda, macumba), e as regurgita, sobretudo, em determinados rituais, como nas Sessões Espirituais de Descarrego, em que se observa que, quanto mais ela constrói um discurso e procede a uma ritualística de oposição às religiões afro-brasileiras, paradoxalmente mais delas se aproxima e se assemelha.

A introjeção do pentecostalismo no Brasil é dividida em três grandes ondas, a primeira iniciada com a entrada do missionário italiano Louis Francescon, em 1909, na colônia italiana chamada de pequena Itália, em São Paulo, e a entrada dos norte-americanos Gunnar Virgren e Daniel Berg no Pará em 1910. A segunda onda foi caracterizada pelo movimento carismático, que começou na metade do século 20, muito comum nos segmentos das igrejas católicas, e a terceira onda surgiu no último quarto do século 20, caracterizada pelo poder miraculoso do Espírito Santo.

O historiador Alderi Souza de Matos (2006), ao fazer uma releitura de Paul Freston, fala sobre "três ondas" ou fases de implantação do pentecostalismo no Brasil.

> A primeira onda, ainda nos primeiros anos do movimento pentecostal norte-americano, trouxe para o país duas igrejas: a Congregação Cristã no Brasil (1910) e as Assembleias de Deus (1911). Essas igrejas dominaram amplamente o campo pentecostal durante quarenta anos. A Assembleia de Deus foi a que mais se expandiu, tanto numérica quanto geograficamente. A Congregação Cristã, após um período em que ficou limitada à comunidade italiana, sentiu a necessidade de assegurar sua sobrevivência por meio do trabalho entre os brasileiros [...] A segunda onda pentecostal ocorreu na década de 50 e início dos anos 60, quando houve uma fragmentação do campo pentecostal e surgiram, entre muitos outros, três grandes grupos ainda ligados ao pentecostalismo clássico: Igreja do Evangelho Quadrangular (1951), Igreja Evangélica Pentecostal O Brasil para Cristo (1955) e Igreja Pentecostal Deus é Amor (1962), todas voltadas de modo especial para a cura divina [...] A terceira onda histórica do pentecostalismo brasileiro começou no final dos anos 1970 e ganhou força na década de 80, com o surgimento das igrejas denominadas "neopentecostais", com sua forte ênfase na teologia da prosperidade. Sua representante máxima é a Igreja Universal do Reino de Deus (1977), mas existem outros grupos significativos

como a Igreja Internacional da Graça de Deus (1980), Igreja Renascer em Cristo, Comunidade Sara Nossa Terra, Igreja Paz e Vida, Comunidades Evangélicas e muitas outras. (MATOS, 2006, p. 28-41)

Entretanto, a proclamação da República em 1889 e a sua Constituição criaram condições consideráveis para uma sociedade pluralista e laica, que se desenvolveu ao longo do século 20 através da separação entre Estado e Igreja Católica, instituindo a liberdade religiosa.

É importante ressaltar que quando a primeira onda pentecostal chegou ao Brasil, praticamente todas as Igrejas Evangélicas de denominações históricas já estavam aqui: Anglicana, Luterana, Congregacional, Presbiteriana, Metodista, Batista e Episcopal. Entretanto, o seu crescimento havia sido modesto (MATOS, 2006, p. 17). Já a segunda onda pentecostal acontece durante o intenso período de urbanização nas cidades dos estados brasileiros, principalmente na cidade do Rio de Janeiro.

Janice Perlman (1997, p. 30), ao fazer uma análise sobre o período das reformas de urbanização na cidade do Rio de Janeiro, nos fala sobre um crescimento considerável da população "marginalizada" e das organizações dentro das favelas e comunidades cariocas. Constata-se que, consideravelmente, cresceu o número de Igrejas Evangélicas e, justamente da década de 1960 em diante, temos um intenso número de fragmentações das Igrejas Evangélicas Pentecostais, talvez proporcionadas não só pelas divergências institucionais, mas também devido à intensa urbanização e fragmentação de espaços urbanos, ou ramificações institucionalizadas. Constatamos, assim, que o surgimento do pentecostalismo, do neopentecostalismo e de movimentos religiosos cristãos evangélicos pode ser considerado um dos fenômenos mais emblemáticos da história cristã no século 20 no Brasil, especialmente devido ao seu enorme crescimento e ao impacto que tem causado na sociedade brasileira, nas Igrejas Protestantes tradicionais e nas Igrejas Pentecostais.

Boanerges Ribeiro (1973, p. 15) salienta que "ao iniciar-se o século XIX, não havia no Brasil vestígio de protestantismo [...] os indivíduos de religião protestante que por aqui passaram não deixaram traços no sistema religioso da sociedade". Ao longo do tempo, tanto o nível doutrinário quanto ritualístico e o ataque às religiões afro-brasileiras, consideradas como obras do demônio pelos pentecostais e neopentecostais, têm sido o grande pilar sobre o qual se organiza a intolerância religiosa vigente.

O movimento pentecostal surgiu no ambiente religioso altamente dinâmico e volátil dos Estados Unidos, no século 19, por meio do movimento *holiness* (santidade). Segundo Matos (2006), a partir da década de 1830, a crescente insistência na perfeição cristã resultou em uma cruzada ou avivamento da "santidade", que teve como personagem central Phoebe Palmer, esposa de um médico de Nova York. Por muitos anos ela liderou reuniões semanais para a promoção da santidade, publicou um influente periódico e viajou extensamente como evangelista itinerante na América do Norte e na Europa. O contexto avivamentista norte-americano moldou o pensamento metodista em novas direções. Exemplo disso, foi a tendência de resolver a tensão wesleyana entre crise e processo mediante uma crescente ênfase no caráter instantâneo da inteira santificação como uma "segunda obra da graça". A santidade passou a ser vista como o pressuposto e não como o alvo da vida cristã (MATOS, 2006, p. 7).

Já o movimento neopentecostal formou-se no Brasil nas últimas décadas do século 20, capitaneado pela

> Igreja Universal do Reino de Deus, que tem supremacia e é imitada, em grande medida, pelas denominações congêneres nesse segmento religioso. Com dissidências e com nomes parecidos ao dela, surgiram as concorrentes igrejas Internacional da Graça de Deus e Mundial do Poder de Deus. (SOUZA, 2012, p. 1)[20]

Nota-se que a *performance* religiosa exercida pelos líderes dessas denominações pentecostais e neopentecostais têm, em seu bojo, as mesmas retóricas proselitistas voltadas para a depreciação e a demonização das culturas, religiões e religiosidades afro-brasileiras.

---

20 A Igreja Universal do Reino de Deus, identificada pela sigla IURD, foi fundada em 9 de julho de 1977, no bairro da Abolição, Rio de Janeiro, por Edir Macedo, principalmente a partir da sua *performance* religiosa. A Internacional da Graça de Deus foi fundada em 1980, por Romildo Ribeiro Soares, conhecido na mídia como R.R. Soares, após seu desligamento da IURD. A Igreja Mundial do Poder de Deus é a mais nova entre as dissidentes da denominação de Edir Macedo, foi fundada em 1998, pelo pastor Valdomiro Santiago de Oliveira, mais conhecido com Apóstolo Valdomiro, ou o 13º Apóstolo. Os três eram os líderes das respectivas igrejas na época da realização deste estudo.

Tanto o pentecostalismo como o neopentecostalismo têm suas vertentes religiosas evangélicas ajustadas à sociedade contemporânea, bastando observar suas instalações nas grandes cidades, com base na concorrência. No centro dessas competições estão as culturas, religiões e religiosidades de matrizes africanas. Ganha esse jogo religioso quem melhor souber deglutir os elementos culturais e religiosos afro-brasileiros e africanos, por um lado, e regurgitá-los de uma forma demoníaca por outro, especialmente a partir de um discurso preconceituoso e racista.

Historicamente, os ataques contra as religiões afro-brasileiras acompanham o pentecostalismo e neopentecostalismo desde seu início, fato comprovado não só através da imprensa, como também por meio das ações dos grupos de adeptos das religiões afro-brasileiras, em um diálogo estabelecido com as documentações do IPELCY, de como aconteciam estes ataques e quais foram as estratégias usadas por estes grupos religiosos marginalizados, em que casas de culto de religiões de matrizes africanas foram depredadas ou incendiadas.

Não podemos afirmar que há um total desconhecimento por parte desses segmentos religiosos sobre as configurações religiosas brasileiras, ou um processo de invisibilidade estrutural. A violência ocorre não só nos níveis indiretos, tal como o não reconhecimento das culturas, religiões e religiosidades de matrizes africanas, mas também por ataques diretos, associados à violência, beirando o ataque físico e patrimonial.

Vagner da Silva (2007, p. 216) relata várias situações de violência praticadas pelos pentecostais e neopentecostais contra as religiões afro-brasileiras, retiradas tanto da imprensa quanto da literatura acadêmica,[21] e as classifica em cinco tipos diferentes de ataques:

1. ataques feitos no âmbito dos cultos das igrejas neopentecostais e em seus meios de divulgação e proselitismo;
2. agressões físicas *in loco* contra terreiros e seus membros;
3. ataques às cerimônias religiosas afro-brasileiras realizadas em locais públicos ou aos símbolos dessas religiões existentes em tais espaços;

---

21 O IPELCY, para fazer o seu primeiro dossiê sobre os casos de intolerância religiosa contra as culturas, religiões e religiosidades afro-brasileiras teve como base de questionamento a publicação do livro *Orixás, caboclos e guias, deuses ou demônios?*, escrito pelo líder e pastor da Igreja Universal do Reino de Deus, e publicado pela editora Unipro, empresa gráfica da instituição.

4. ataques a outros símbolos da herança africana no Brasil que tenham alguma relação com as religiões afro-brasileiras;
5. ataques decorrentes das alianças entre igrejas e políticos evangélicos.

Se por um lado é notável a participação dos grupos pentecostais e neopentecostais em denúncias de violências diretas e indiretas, muitas delas físicas, por outro, verifica-se o envolvimento destes grupos em setores da sociedade, como a política e as diversas mídias (televisiva, impressa, radiofônica, digital, etc.), uma política de exacerbação proselitista via mídia com base na Teologia da Prosperidade. Salientamos que a concessão de mídias para organizações de rádio e televisão é de caráter público, logo, é através do poder público que a violência religiosa chega às casas dos brasileiros.

De acordo com André de Souza, a Teologia da Prosperidade, chamada também de *Health and Wealth Gospel*, *Faith Movement*, *Faith Prosperity Doctrines* e *Positive Confession*, surgiu nos Estados Unidos na década de 1940, no âmbito de grupos evangélicos que enfatizavam crenças sobre cura, riqueza material e poder da fé (SOUZA, 2012, p. 1). Esse movimento teve um grande impacto no televangelismo estadunidense na década de 1950, sobretudo o praticado por Oral Roberts, principal difusor do movimento.

O movimento evangélico da Teologia da Prosperidade entrou no Brasil alicerçado pelas segunda e terceira ondas pentecostais. Porém, o que diferencia a experiência dessa teologia, no Brasil, da estadunidense, é o discurso pregado pelos pentecostais e pelo neopentecostalismo brasileiro. Além da base televangélica, criou-se um discurso agressivo de combate e ataque às religiões e religiosidades afro-brasileiras, e é justamente por meio da junção desses dois fatores, fomentada pelo discurso proselitista com base no discurso intolerante, que acontece a religiofagia à brasileira. Esse combate passou a tomar outros vieses que extrapolam a esfera midiática. Nos capítulos seguintes iremos dissertar sobre a transformação desse combate contra as culturas e religiões de matrizes africanas na Marcha para Jesus.

Outra face da violência é a desqualificação dos símbolos religiosos que, paradoxalmente, passam a ser incorporados nas práticas evangélicas pentecostais e neopentecostais dissociadas de sua relação com as culturas negras e religiões afro-brasileiras. Assim, surge a capoeira de Cristo, evangélica ou *gospel*, em cujas letras das músicas não há referência aos orixás ou aos santos católicos. O 1º Encontro Nacional de Capoeiristas Evangélicos aconteceu em 2005, na cidade de Goiânia, e seu tema foi "Deus – o verdadeiro ancestral da capoeira".

Os ataques às religiões afro-brasileiras, que antes ocorriam exclusivamente nos templos, restringidos ao meio evangélico, ampliaram-se para o conjunto da sociedade, devido à difusão midiática e ao empreendimento econômico.

Os empreendimentos econômicos neopentecostais que geram mais lucros se concentram na área de comunicação social, sendo editoras, gravadoras, produtoras audiovisuais, distribuidores e emissoras televisivas e radiofônicas. Há uma espécie de conjunto padrão de empreendimento comunicativo vinculado a denominações, sendo algumas delas detentoras de redes de emissoras em franca expansão. A mídia eletrônica tem efetivamente um papel destacado no proselitismo religioso (SOUZA, 2012, p. 9).

O impacto dessas novas estratégias discursivas reforça, portanto, a histórica desconfiança, o preconceito e o desrespeito aos símbolos da religiosidade de matriz africana, conduzindo à intolerância e ao confronto, principalmente com os adeptos de outras religiões, especificamente, o candomblé e a umbanda. Ari Oro e Daniel Bem salientam que

> A regulação jurídica desses ataques, embora tenha conseguido desmobilizar o radicalismo dos discursos intolerantes dos neopentecostais, é de difícil implementação, posto que é quase impossível interpretar esses ataques como crime contra o sentimento religioso alheio sem, com isso, cercear a própria liberdade religiosa neopentecostal. (ORO; BEM, 2008, p. 314)

A premissa nos é muito relevante, entretanto, o direito à liberdade religiosa de um grupo não deveria se acertar pelo cerceamento de outros grupos. Em geral, os atos contra as religiões de matrizes africanas no Brasil são caracterizados apenas como *vilipêndio*, ou seja, desrespeito, ultraje, menosprezo por meio de palavras, gestos, escritos agressivos, não como um crime contra a democracia e a liberdade de culto. Mas a grande participação dos evangélicos no campo político brasileiro tem proporcionado a criação de uma série de estratégias e articulações com outros atores políticos, suscitando ataques indiretos à religiosidade afro-brasileira, não mais centralizados no vilipêndio de sua doutrina, mas tentando impedir legalmente algumas das suas práticas mais importantes, como, por exemplo, o sacrifício de animais e o despacho de oferendas no espaço público.

Cíntia de Ávila (2009, p. 126) conta que, na Câmara dos Vereadores da cidade de Porto Alegre, foi aprovado por unanimidade, em 2008, o PLC 018/2007, de autoria do vereador pastor Almerindo Filho, da Igreja Universal do Reino de Deus. Em consequência, em maio desse mesmo ano, o prefeito de Porto Alegre sancionou a Lei Complementar nº 591/08 que introduziu no Código Municipal de Limpeza Urbana dispositivo que incluía como ato lesivo à limpeza urbana: "X – depositar em passeios, vias ou logradouros públicos, riachos, canais, arroios, córregos, lagos e rios ou em suas margens animais mortos ou parte deles. Multa de 50 a 150 UFMs."

Em contrapartida, em 19 de dezembro de 2013 o então prefeito da cidade do Rio de Janeiro, Eduardo Paz, assinou a Lei 5.653/13, que isenta de multa o descarte de material proveniente de cultos religiosos. Apelidada de "Lei do Axé", a norma altera as regras de gestão do sistema de limpeza urbana do município, alterando assim, a Lei 3.273, de 6 de setembro de 2001, para incluir no Artigo 130 (que manda publicar as normas complementares a esta lei):

> § 1º Sem prejuízo de normas complementares supervenientes, o material proveniente de cultos religiosos, durante sua prática, não será enquadrado na presente Lei no que se refere ao disposto no art. 78 e 79. [que tratam das multas por despejo irregular de resíduos]
> § 2º Os responsáveis pela aplicação das multas previstas nesta Lei serão orientados e treinados quanto à distinção entre lixo e material de culto religioso, principalmente em datas festivas, comemorativas e de tradições religiosas de grande repercussão na Cidade.

Essas questões serão melhor apresentadas e debatidas nos capítulos 2 e 3.

Neste contexto, as religiões afro-brasileiras mostram-se relativamente frágeis, exatamente por não possuírem presença e influência semelhante à apreendida pelos evangélicos no campo político. Mesmo que alguns líderes religiosos de matrizes africanas possam ao longo do tempo ter estabelecido um diálogo político, isto não configura comparativamente a ação exercida pelos grupos religiosos evangélicos de pentecostais e neopentecostais que conseguem fidelizar seus votos. Um dos maiores exemplos dessa ação é a veiculação do *slogan* "Cristão vota em cristão" utilizada pelos candidatos evangélicos pentecostais e neopentecostais durante as campanhas municipais, estaduais e federais, alicerçada por parábolas e versículos bíblicos. A própria Igreja Universal tem em seu blog uma espécie de "Dez mandamentos" para fidelizar seu voto a um cristão (leia-se pastores e membros de igrejas pentecostais e neopentecostais). Assim veicula a mensagem final do site: "Nem todos os candidatos que se dizem cristãos verdadeiramente são. Informe-se, investigue e acima de tudo vote por fidelidade a Deus acima de fidelidade a qualquer pessoa ou partido. O futuro da nação está em suas mãos. Não deixe de votar. Espalhe isso para todos os cristãos que você conhece."

O desenvolvimento dessa "nova arena" da participação democrática afeta intensamente a organização das ações religiosas voltadas para a intervenção social, expandindo os limites do que passa a ser percebido como objeto da ética e do trabalho religioso.

> No processo de ampliação das competências do religioso, as próprias organizações se modificaram de tal modo que, em alguns casos, torna-se difícil distinguir se estamos diante de um arranjo religioso, ou de um arranjo empresarial, acadêmico ou propriamente político. Um exemplo recente dessa mutação é o modo como a Rede Nacional de Assistência Social (RENAS), rede de organizações protestantes, capacitou seus afiliados. (MONTERO, 2011, p. 4)

No campo da educação, a ação desses grupos ficou ainda mais evidente após a promulgação da Lei 10.639, que inclui as temáticas das histórias e culturas afro-brasileiras e africanas no currículo oficial da rede de ensino. Segundo Paula Montero,

> O consenso internacional de que os Estados nacionais devem proteger e conceder direitos iguais às minorias é bastante recente. No caso brasileiro, a Constituição de 1988 estimulou a criação de novos

arranjos políticos, de modo a ampliar a base de representação nos processos decisórios. A palavra-chave que melhor caracterizou esse processo foi a de "participação democrática". Inspirados nos movimentos internacionais que reivindicavam maior responsabilidade decisória para os cidadãos comuns, padres, pastores e outros representantes de diferentes religiões conquistaram muitas posições nos novos fóruns criados para deliberar questões relativas à implementação de políticas públicas. Nesse sentido, é possível afirmar que o secularismo, enquanto doutrina política do Estado, não implica necessariamente na separação entre as instituições religiosas e as instituições governamentais. (MONTERO, 2011, p 3-4)

Através da exposição de Montero (2011), em diálogo como o que apresentamos até o presente momento, podemos concluir que, de uma forma direta ou indireta, os grupos religiosos cristãos dos segmentos católicos carismáticos ou evangélicos pentecostais e neopentecostais, desenvolveram grandes interesses em disseminar entre seus agentes um "gosto" pela cultura política, haja vista os deputados eleitos pelas legendas evangélicas ou se valendo da retórica religiosa para angariarem votos nas eleições municipais, estaduais e federais. É importante notar que a não participação direta da Igreja Católica (pois os sacerdotes são proibidos de assumir cargos públicos de maneira direta no cenário político brasileiro) não significa que a mesma não disponha de mecanismos indiretos para estar participando da vida política do país.

Entretanto, mesmo com os fortes apelos religiosos disfarçados de política, os grupos religiosos afro-brasileiros sempre souberam produzir uma mobilização capaz de impedir a formalização de ações que venham a lhe constranger, mesmo ocupando uma posição marginal na esfera pública. Um exemplo disso é a suspensão, em junho de 2008, da Lei Complementar nº 591/08 de Porto Alegre, a chamada "Lei dos Despachos", em decorrência da ação de um conjunto de instituições ligadas às religiões de matriz africana que entrou com uma Ação Direta de Inconstitucionalidade logo após a promulgação da referida Lei (ÁVILA, 2009).

Talvez isso se dê em razão do fato de que a legitimidade das lideranças religiosas tradicionais depende, em grande parte, da capacidade da conservação do monopólio do conhecimento e do segredo nas mãos das mães de santo. Além disso, pode-se mencionar o desinteresse pela ética da responsabilidade social em um universo no qual a diferença entre o Bem e o Mal depende mais da qualidade da relação pessoal do indivíduo com seu orixá do que do seu compromisso com um bem comum pensado de maneira mais abstrata. A natureza da coesão social privilegiada nestes casos é mais do tipo comunitária. A autoridade patriarcal que dá sustentação a esse tipo de rede social absorve o indivíduo em um calendário de obrigações rituais que limita o interesse e as possibilidades de construção de redes de lealdades mais abstratas.

Mas essas características, descritas em termos de esquemas gerais para serem mais bem compreendidas, não podem ser tomadas como qualidades essenciais e inerentes a cada culto. Para que se possa compreender sua lógica própria é preciso compreender as ações em seus contextos, uma vez que elas podem desempenhar funções na Esfera Pública não previstas pelo modelo quando as circunstâncias práticas assim o exigirem. Esse é o caso, por exemplo, da Marcha Contra a Intolerância Religiosa liderada por sacerdotes em 1980. (MONTERO, 2011, p. 5-6)

Os ataques indiretos às práticas ritualísticas afro-religiosas têm mobilizado a opinião pública tanto a seu favor, como contra. Em 1988, o Instituto de Pesquisa e Estudo da Língua Yorubá (IPELCY) reuniu provas contundentes para demonstrar como, ao longo da história da sociedade brasileira, essas religiões sempre foram marginalizadas e hostilizadas ora pelo Estado, pelo catolicismo e pela imprensa, ora pelas igrejas evangélicas pentecostais e neopentecostais e seus meios próprios de comunicação de massa. Em resposta a essa violência, líderes religiosos do candomblé e da umbanda se organizaram numa frente política em defesa da liberdade religiosa, produzindo uma reação nunca antes vista contra a intolerância religiosa, o preconceito e o racismo, apoiada, em grande medida, pelos movimentos negros, recolocando, no cenário nacional, a discussão sobre a discriminação a essa religiosidade.

Assim, o desenvolvimento das religiões afro-brasileiras no Brasil passou a ser marcado pela necessidade de se criar estratégias de diálogo e sobrevivência, frente às condições adversas que encaravam. Ao longo de quatro séculos, estas experiências religiosas foram perseguidas pela Igreja Católica, pelo Estado republicano – sobretudo na primeira metade do século 20, quando o mesmo se valeu de órgãos de repressão policial e de serviços de controle social e de higiene mental –, e, por fim, pelas elites sociais, num misto de desprezo e fascínio que sempre esteve associado às manifestações culturais e religiosas dos africanos e seus descendentes no Brasil. Nada obstante, percebemos que foi durante a década de 1960 que estas religiões e religiosidades conquistaram, de forma relativa, uma legitimidade nos centros urbanos, resultado dos movimentos de renovação cultural e de "conscientização política, da aliança com membros da classe média, acadêmica e artistas, entre outros fatores, não se tinha notícia da formação de agentes antagônicos tão empenhados na tentativa de sua desqualificação" (SILVA, 2007, p. 24). Nas próximas seções vamos analisar as ações políticas e sociais, tanto da umbanda como do candomblé, em prol da liberdade religiosa.

1.3 OJU OBÁ: MOVIMENTOS RELIGIOSOS DE MATRIZ AFRICANA CONTRA A INTOLERÂNCIA RELIGIOSA (1950-2000)

Como descrito pelo historiador africano Eric Hobsbawm,[22] a história dos levantes populares não era um fenômeno ocasional e inesperado, tal como conta a história dos levantes da China imperial, que culminou com a derrubada de uma longa dinastia. A história dos movimentos populares, diz Hobsbawm, "torna-se relevante ao tipo de história que tradicionalmente era escrita, e só o é a partir do momento em que as pessoas comuns se tornam um fator constante na concretização de tais decisões e acontecimentos" (HOBSBAWM, 2013, p. 281). Assim, a assertiva do historiador nos ajudará a pensar sobre as ações e as mobilizações dos grupos religiosos de matrizes africanas, tidas aqui como movimentos populares, contra a intolerância religiosa no país.

O preconceito, a discriminação e a intolerância religiosa sempre foram, e continuam sendo, um fator recorrente na história das religiões na sociedade brasileira desde o período colonial, quando aqui aportaram os primeiros negros escravizados na África, com suas culturas e religiosidades. Destarte, a possibilidade dos africanos e seus descendentes exercerem suas religiosidades e práticas culturais durante boa parte da história do Brasil, foi por meio das práticas sincréticas, uma ação velada que tinha por fim ocultar a exaltação de seus pertencimentos ancestrais religiosos (SCOTT, 2013), que suas tradições, culturas e religiosidades sobreviveram.

James Scott, ao analisar o discurso por detrás da história oficial, nos diz que

---

22 Filho de colonos judeus, o inglês Eric Hobsbawm (1917-2012) nasceu no Egito ainda quando este país africano estava sob dominação britânica. Por este motivo, Hobsbawm tem a nacionalidade britânica. Assim, situá-lo no continente africano torna-se aqui uma ação política.

> A dissimulação dos fracos diante do poder não deve surpreender-nos. É onipresente. Tão onipresente, que surge em situações nas quais o sentido moral da palavra poder se torna praticamente irreconhecível. Muito daquilo que é considerado um relacionamento social normal exige de nós uma constante troca de cumprimento e sorriso com pessoas que nem sempre nos merecem uma consideração consentânea com o nosso comportamento. (SCOTT, 2013, p. 27)

Com base na argumentação de Scott (2013), podemos entender a ação dos movimentos religiosos de matrizes africanas, submersos no sincretismo religioso brasileiro, e suas ações contra a intolerância religiosa (durante um grande período histórico) até o momento de ebulição e manifestação nas primeiras décadas do século 21. Este processo, de longa duração, torna-se por fim um sair da linha da marginalização social, com o claro propósito de reescrever suas histórias. Trata-se de um procedimento de pirâmide invertida, em que os grupos situados na sua base, logo os de baixo, deixam ecoar o som de suas vozes em busca de justiça e de reconhecimento religioso, político e social (HOBSBAWM, 2013; LOPES, 1995; THOMPSON, 1987).

Cabe, então, contextualizar e analisar a história e as lutas de grupos religiosos de matrizes africanas contra a intolerância religiosa no Brasil, o que se torna extremamente relevante para a construção de um movimento contra a história tradicional dominante. História esta que colocava como marginais todas as ações desses grupos que, de certa forma, não fizeram parte, diretamente, das principais decisões e acontecimentos políticos do país, e em especial os afrodescendentes.

Portanto, buscaremos evidenciar as ações desses grupos, possibilitando uma análise a partir das suas experiências históricas sobre os fatos vividos, ou seja, as histórias dos negros, de suas culturas e representações religiosas, a partir de uma abordagem voltada para seus conhecimentos de gente comum. Através de suas narrativas, busca-se construir outro (novo) olhar sobre a história amplamente disseminada.

Outrora, essa abordagem histórica, voltada para a análise da gente comum, não era enfocada pela disciplina História, e muito menos fazia parte de uma historiografia tradicional brasileira. O que se preconizava era um olhar sobre a história dos negros e de suas culturas religiosas em uma abordagem subalterna, focalizando exclusivamente a escravidão, a única possibilidade dos negros aparecerem no campo da história.

Entretanto, estudos e revisões históricas vêm sendo intensificados, possibilitando a formação de uma nova historiografia, a fim de proporcionar novas leituras e abordagens que possam dar visibilidade aos destituídos da história. Assim, ao rememorarmos as histórias dos grupos religiosos de matrizes africanas, gente comum, não estamos simplesmente tentando conferir-lhes um significado político retrospectivo que outrora não tiveram; estamos buscando explorar uma dimensão desconhecida do passado (HOBSBAWM, 2013; POLLAK, 1989).

A pesquisa histórica, a partir das fontes "da gente comum", "dos de baixo", trouxe para a discussão historiográfica não só o questionamento sobre uma história padrão calcada na experiência dos grandes feitos, como também sobre o processo de invisibilidade histórica dos grupos subalternos que fazem parte da construção da história, seja ela local, regional ou nacional.

Essa invisibilidade histórica, que só foi descortinada após os processos da Revolução Francesa, calou, durante séculos, histórias e experiências sociais no Brasil, especificamente dos grupos religiosos de matrizes africanas. Este processo foi ainda mais cruel, não só devido à perseguição, ao preconceito e às intolerâncias a que estes grupos estavam submetidos no longuíssimo processo histórico da construção do Brasil – lido pela historiografia vigente como parte de um processo comum –, situado no âmbito entre dominadores e dominados, mas também porque a forma de transmissão dessas culturas estava, como ainda está, fundamentada na tradição oral, tal como se faz presente em muitas tradições africanas (BÂ, 2010).

Sobre essa questão, Amadou Hampâté Bâ afirma que

> Quando falamos de tradição em relação à história africana, referimo-nos à tradição oral, e nenhuma tentativa de penetrar a história e o espírito dos povos africanos terá validade a menos que se apoie nessa herança de conhecimentos de toda espécie, pacientemente transmitidos de boca a ouvido, de mestre a discípulo, ao longo dos séculos. Essa herança ainda não se perdeu e reside na memória da

última geração de grandes depositários, de quem se pode dizer são a memória viva da África. (BÂ, 2010, p. 221)

É indispensável contextualizar a importância da oralidade no interior de grupos religiosos de matrizes africanas e suas culturas, sem fazer menção a historiadores africanos que escreveram largamente sobre este aspecto. Neste sentido, em particular Hobsbawm (2013), considera que

> Certos tipos de material dos movimentos populares não suscitaram ainda suficiente reflexão metodológica. A história oral é um bom exemplo. Graças ao gravador, atualmente ela é bastante praticada. E muitas memórias gravadas parecem suficientemente interessantes [...], mas na minha opinião jamais faremos uso adequado da história oral até que formulemos o que pode funcionar mal na memória, com o mesmo cuidado com que hoje sabemos o que pode não dar certo na transmissão de manuscritos por meios de cópias manuais. Os antropólogos e historiadores africanos começaram a fazer isso para a transmissão internacional de fatos por meio da palavra falada. Sabemos, por exemplo, por quantas gerações se podem transmitir certos tipos de informações com maior precisão (as genealógicas, por exemplo) e que a transmissão de eventos históricos sempre tende a levar ao encurtamento cronológico. (HOBSBAWM, 2013, p. 285)

O saber tradicional religioso, dentro das culturas africanas, era transmitido de mestre para discípulo, ou, em se tratando especificamente das reconstruções religiosas em solo brasileiro, de sacerdotes babalorixás ou yalorixás, para os iniciantes, yaô. Todas as liturgias dos cultos, preceitos e regras dentro e fora dos terreiros não são descritos e transcritos para serem repassados.

Os ensinamentos de dentro dos terreiros continuam dentro dos terreiros, longe do mundo externo. A oralidade é a base constituinte e orgânica da estrutura tradicional das religiões e religiosidades afro-brasileiras. De acordo com Jan Vansina,

> O historiador deve, portanto, aprender a trabalhar mais lentamente, refletir, para embrenhar-se numa representação coletiva, já que o corpus da tradição é a memória coletiva de uma sociedade que se explica a si mesma. Muitos estudiosos africanos, como Amadou Hampâté Bâ ou Boubou Hama, muito eloquentemente têm expressado esse mesmo raciocínio. O historiador deve iniciar-se, primeiramente, nos modos de pensar da sociedade oral, antes de interpretar suas tradições. (VANSINA, 2010, p. 139)

Reavivar a memória desses grupos, por meio das fontes dispostas, é contrapor um discurso à dita memória e à história oficial, que tendem a marginalizar e a minimizar a ação e a união coletiva desses grupos. Para manter um diálogo coeso e preciso, iremos reavivar essas histórias de lutas a partir de dois grupos religiosos de matrizes africanas: a umbanda representada pelo CEUB (Congregação Espírita Umbandista do Brasil) e o candomblé representado pelo IPELCY (Instituto de Pesquisa e Estudo da Língua Yorubá).

1.3.1 A Congregação Espírita Umbandista do Brasil

A história da umbanda no Brasil iniciou na mesma época em que o pentecostalismo começou a entrar no Brasil. Ela surgiu como uma dissidência do kardecismo (ou espiritismo kardecista), doutrina religiosa de origem francesa que entrou no Brasil durante o século 19 e teve suas primeiras configurações em Salvador, na Bahia, e depois no Rio de Janeiro. Movimento religioso liderado por uma elite ilustrada, anticlerical, abolicionista e republicana, recebeu a adesão de profissionais liberais, jornalistas e militares (LEWGOY, 2008).

A umbanda tem como gênese histórica o dia 15 de novembro de 1908, quando Zélio de Morais, que na época tinha 17 anos, incorporou o Caboclo das Sete Encruzilhadas, em uma federação espírita, causando um grande alvoroço e muito tumulto durante a sessão. Segundo Jorge Nunes,

> A partir de outubro, Zélio começou a falar palavras sem nexo, teve visões e apresentou quadro de aparente perturbação mental. Sem sucesso, outros clínicos buscavam cura para os males. Seria difícil

imaginar que a solução viria do próprio enfermo. Em novembro, Zélio anunciou a seus pais que voltaria a andar. De fato, um dia depois do aviso, ele estava novamente em pé. Os sinais tidos como distúrbio da mente, no entanto, permaneciam. Muito católica, a família recorreu então aos padres, que aconselharam o retorno aos tratamentos médicos especializados. Por sua vez, suspeitando de uma obsessão espiritual, um vizinho recomendou levá-lo à Federação Espírita do Estado do Rio de Janeiro. A instituição fora fundada em 1907 em Niterói, onde funciona até hoje. Durante uma reunião com o presidente e outros membros da Federação, o jovem incorporou um caboclo e foi recriminado pelo dirigente da mesa devido ao "atraso espiritual" desta alma. Zélio protestou e anunciou que, no dia seguinte, seria iniciada uma nova religião, "em que esses pretos e esses índios poderão dar a sua mensagem, e assim cumprir sua missão". Assim, na noite de 16 de novembro, uma multidão aglomerava-se na Rua Floriano Peixoto, no bairro de Neves, em São Gonçalo. Todos aguardavam Zélio que, em breve, fundaria a Tenda de Umbanda Nossa Senhora da Piedade. A espera não foi em vão: nascia ali uma nova religião. (NUNES, 2008, p. 18)

Assim também nos é contada a história por parte dos adeptos da umbanda:

> Em fins do ano de 1908, uma família tradicional de Niterói foi surpreendida por uma ocorrência que tomou aspectos sobrenaturais: o jovem Zélio, que fora acometido de estranha paralisia que os médicos não conseguiam debelar, certo dia ergueu-se da cama e declarou: "amanhã estarei curado!" No dia seguinte, levantou-se normalmente e começou a andar, como se nada tivesse acontecido. Na época contava 17 anos de idade. A medicina não soube explicar o que acontecera. Os tios, sacerdotes católicos, colhidos de surpresa, nada esclareceram. Um amigo sugeriu então uma visita à Federação Espírita de Niterói. No dia 15 de novembro, o jovem Zélio foi convidado a participar do lugar na mesa. Tomado por uma força estranha e superior à sua vontade, o jovem levantou-se, dizendo:

"aqui está faltando uma flor", e saiu da sala indo ao jardim onde voltou com uma flor que depositou no centro da mesa. Esta atitude insólita causou quase um tumulto. (CEUB, 2016)

Entretanto, como o Caboclo das Sete Encruzilhadas não foi aceito como um espírito preparado para ajudar aos irmãos encarnados, Zélio rompeu com o kardecismo e criou uma nova religião: a umbanda, considerada como a única religião verdadeiramente brasileira, por reunir, aqui, elementos de culturas indígenas, africanas e europeias. A discussão que estava por trás dessa "criação" está na originalidade da possessão de entidades, como caboclos e espíritos "guias" de negros escravizados, que se manifestaram junto com o Caboclo das Sete Encruzilhadas.

Segundo Emerson Giumbelli, é

> No seio das atividades rituais e doutrinárias da Federação Espírita Brasileira que se formula a oposição entre "falsos" e "verdadeiros" espíritas, e como essa oposição é incorporada ao discurso jornalístico. Tais processos e operações são anteriores à utilização da categoria "baixo espiritismo" pelos aparatos de repressão, mas mantêm com ela relações de vários tipos. (GIUMBELLI, 2003, p. 250)

Porém, antes da oficialização da umbanda, entidades que se revelavam como índios e escravos já se manifestavam há muito tempo, sem uma instituição que lhes representasse (RIVAS, 2008, 78). Talvez esteja na origem a ancestralidade da umbanda, que serviu de inspiração para Zélio e seus companheiros, rompendo com o kardecismo, por considerá-lo uma religião pouco atraente.

Mas ao mesmo tempo, o próprio kardecismo não aceita as origens "bárbaras" do culto africano. Por esta razão, Zélio de Morais, junto com seus seguidores, criaram a nova prática religiosa.

Diana Brown salienta que

> Como Zélio, os primeiros fundadores de centros de Umbanda eram antigos kardecistas e da classe média branca. Eles tinham achado o Espiritismo Kardecista inadequado, e tinham, portanto, começado

a frequentar os terreiros de Macumba nas favelas do Rio de Janeiro. Lá eles adquiriram gosto pelos espíritos africanos e indígenas da Macumba, aos quais acharam muito mais competentes e eficientes que os espíritos Kardecistas para lidar com doenças e outros problemas. Além do mais, os rituais da Macumba eram considerados mais emocionantes que as sessões pouco ritualizadas do Espiritismo Kardecista. Se os kardecistas foram inspirados por certos aspectos da Macumba, entretanto eles repeliram outros como os sacrifícios de animais, os espíritos "demoníacos", a conduta frequentemente grosseira e o ambiente social baixo dos centros de Macumba. (BROWN, 1994, p. 38-41)

Como vimos nos tópicos anteriores, a umbanda, buscando subterfúgios plausíveis, institucionalizou os seus segmentos religiosos para se diferenciar dos candomblés e para ter perante a sociedade brasileira um reconhecimento que até então não tinha. Assim, a umbanda, como uma religião totalmente criada pela classe média brasileira, une essa classe média branca e a classe baixa de cor. Segundo Tina Jensen,

A influência africana da Umbanda foi reconhecida como um mal necessário que serviu meramente para explicar sua chegada e desenvolvimento no Brasil. O Candomblé, centralizado no Nordeste do Brasil, era olhado como um estágio anterior da Umbanda, que havia se desenvolvido no Sudeste. O Candomblé estava ainda marcado pela barbárie dos rituais africanos e assim associado com a magia negra. A lavagem branca da origem da Umbanda era expressa em termos como umbanda pura, umbanda limpa, umbanda branca e umbanda da linha branca no sentido de "magia branca". Estes termos contrastavam com magia negra e linha negra que estavam associados com o mal [...]. Além disso, a divisão dos espíritos estabelecida, desenhou a linha entre aqueles da direita (bons), representados pela Umbanda, e os espíritos da esquerda (maus), representados pela magia negra. A única instância de identificação positiva da influência africana da Umbanda tem a ver com os Pretos Velhos (que eram vistos como pessoas simples e humildes, mas espíritos muito evoluídos), e com a África como um continente heroico e sofredor. (JENSEN, 2001, p. 6-7)

O "embranquecimento" da religião umbandista pode ser caracterizado pela busca de legitimação na associação de elementos católicos e kardecistas. Por ter sido interpretada e distanciada de outras tradições afro-brasileiras, por meio da desafricanização, embranquecimento e abrasileiramento, a umbanda se ajustou à ideologia dominante da "democracia racial" (BROWN, 1994) e da higiene racial religiosa. Esta atitude, diante da sociedade hegemonicamente cristã, era legitimada, ao mesmo tempo em que garantia a tranquilidade para a execução e a manutenção dos cultos.

Com a criação da União Espírita Umbandista em 1939 (BIRMAN, 1983), a organização política da umbanda, através do perfil do umbandista típico (classe média urbana, militares, homens e brancos), se mantém com certos privilégios, mesmo diante do cenário político do Estado Novo, iniciado em 1937, por Getúlio Vargas. Segundo Sinuê Miguel (2010), durante o Estado Novo os kardecistas e os cristãos católicos tensionaram os bastidores políticos e sociais do país, haja vista que muitos militares que atuaram no governo Vargas eram simpatizantes da religião espírita. Mas a mudança política advinda das políticas construídas durante o governo do presidente Getúlio Vargas, garantiu a ascensão de uma burguesia urbana e é nesse cenário que se consolida a umbanda. Em 1944, em meio a um cenário de perseguições, a própria União teve papel preponderante na organização, edição e elaboração do livro *O culto de umbanda em face da lei*, publicado pela Editora Biblioteca Espírita Umbandista.

No Primeiro Congresso da União Espírita Umbandista, em 1941, ocorrido na cidade do Rio de Janeiro, entre 19 e 26 de outubro, são traçadas diretrizes por meio de atas, onde se pode observar a preocupação na desafricanização da umbanda, mantendo suas origens na Europa e no Oriente próximo.

> Em 1941 a CEUB realizou a primeira conferência sobre o Espiritismo da Umbanda, que foi uma tentativa para definir e codificar a Umbanda como uma religião com direitos próprios, e como uma religião que une todas as religiões, raças e nacionalidades. A conferência é ainda conhecida por promover maior dissociação com as religiões afro-brasileiras. Os participantes concordaram em fazer dos trabalhos de Allan Kardec a doutrina fundante da Umbanda.

Mas os espíritos fundamentais da Umbanda, os Caboclos e o Pretos Velhos, ainda permanecem como espíritos muito evoluídos. Pode-se afirmar que os participantes se esforçaram para legitimar a Umbanda como uma religião bastante evoluída. Por exemplo, declarou-se que a Umbanda existiu como uma religião organizada por bilhões de anos, e estava assim à frente de outras religiões. (JENSEN, 2001, p. 5)

Emerson Giumbelli (2006) salienta que a ideia do congresso era uma organização e reorganização das práticas, estruturalização histórica homogênea. Porém, podemos observar que os ditames do congresso enveredaram para um discurso não condizente com os pressupostos expostos acerca das pretensões do congresso, haja vista que foi logo após a realização do 1º Congresso Espírita que Tancredo da Silva Pinto rompe com a referida federação. Sobre os objetivos desse congresso, Giumbelli destaca que

> A iniciativa partiu da Federação Espírita de Umbanda, criada em 1939, que promoveu reuniões preparatórias entre "médiuns chefes de terreiro". O que pretendia o congresso? Segundo a comissão organizadora, tratava-se de "estudar, debater e codificar essa empolgante modalidade de trabalho espiritual". A ideia de "codificação" – vinculada à expectativa de produção de uma "necessária homogeneidade" – compreendia dimensões "históricas", "filosóficas", "doutrinárias" e "rituais". (FEDERAÇÃO ESPÍRITA DE UMBANDA, 1942, citada em GIUMBELLI, 2010, p. 111)

Apesar disso, toda essa preocupação da Umbanda Pura, Umbanda Branca ou Cristã, como ficou conhecida, através da federação que organizava e controlava os centros, restringia-se e limitava-se os cultos dentro da moral e das práticas aceitáveis, o que coloca à margem uma parcela considerável de centros e praticantes que não aceitavam tal código moral, mantendo ainda suas práticas africanas. A esse respeito, Marilena Chauí complementa que

> A federação deve ser portadora de prestígio e de respeitabilidade, o que a obriga a distinguir entre cultos verdadeiros e falsos e a colocar estes últimos nas mãos da polícia. Assim, para conferir prestígio

e respeitabilidade aos terreiros, as federações incorporam a tarefa repressiva. (CHAUÍ: 1993, p. 131)

Deste modo, não fica difícil vislumbrar o processo de desafricanização da umbanda, uma vez que, se algo a ligasse ao continente africano, soaria como um processo de barbarismo e impureza, procurando trazer para dentro dos cultos da Umbanda Pura ou Branca símbolos religiosos sagrados que, de alguma forma, tangenciavam o catolicismo.

Diana Brown, à referência disso, sustenta que, de modo geral, as federações que

> focalizam a desafricanização da Umbanda, têm procurado mostrar como a África e as tradições religiosas afro-brasileiras são reinterpretadas na sua cosmologia. Na Umbanda os orixás afro-brasileiros foram marginalizados e têm menos importância que no Candomblé, onde todas as cerimônias estão centradas neles, que são incorporados pelos filhos de santo. Nas cerimônias da Umbanda, os orixás são periféricos. Devido à sua posição elevada na hierarquia, eles permanecem na esfera astral, porém raramente são incorporados pelos médiuns. Parece que os espíritos menos evoluídos e mais baixos da terra, os Caboclos e Pretos Velhos, têm tomado na Umbanda a posição que os orixás tradicionalmente ocupam no Candomblé. (BROWN, 1994, p. 7)

Com a mudança do Código Penal, em 1941, a prática de magia ou espiritismo deixa de ser crime. Porém, o Decreto nº 24.531 de 1934 mantém o controle dessas práticas sob a responsabilidade da Primeira Delegacia Auxiliar:

> Art. 33. Além dos deveres comuns, às Delegacias Auxiliares compete exclusivamente:
> § 1º À Primeira Delegacia Auxiliar:
> I – Processar a cartomancia, mistificações, magias, exercicio ilegal da medicina e todos os crimes contra a Saúde Pública. (BRASIL, 1934b)

Convém lembrar que essa norma se manteve até 1967.

Não se pode negar que, com o fim do regime ditatorial de 1945, houve uma diminuição das perseguições institucionais: afinal não eram mais crime tais práticas. Dessa maneira, a Umbanda cresce, toma vulto entre as religiões tradicionais, e torna-se objeto de formulação política assim como campo eleitoral, tal como Diana Brown observa:

> O fim do regime autoritário em 1945 abriu caminho para a democratização. Isto também significou que a perseguição sistemática aos umbandistas parou. Entre os umbandistas, isto desencadeou um distanciamento na identificação com o Espiritismo Kardecista e abriu a possibilidade para outras identificações diferentes e novas definições da Umbanda. Este novo desenvolvimento pode ser interpretado como uma reafricanização incipiente da Umbanda. Também como alternativa à Umbanda Branca, apareceu a Umbanda Africana. Esta buscou suas origens na África, não na Índia, e exaltou a herança africana. A mudança democrática capacitou a Umbanda de se espalhar e se tornar mais visível no sudeste brasileiro por meio de programas de rádio, jornais e da fundação de várias federações da Umbanda. No início dos anos 60, apesar do fim da perseguição governamental, a Igreja Católica liderou uma cruzada contra a Umbanda. Depois do Concílio Vaticano II (1962-1965), entretanto, a Igreja Católica no Brasil parou a perseguição, e começou a dialogar com as religiões não cristãs. No Brasil, esta resolução levou muitos padres católicos a se dar conta que o futuro do Catolicismo no país passa pela habilidade de lidar com as religiões Afro-brasileiras. A Igreja Católica no Brasil começou a adotar um pluralismo litúrgico, incorporando elementos das religiões Afro-brasileiras em certas missas. Além disso, a Igreja começou a reconhecer oficialmente a Umbanda como religião. Esta mudança significou que a Umbanda e outras religiões Afro-brasileiras puderam ganhar melhor posição no campo religioso. (BROWN, 1994, p. 8)

Ligadas a interesses políticos e também doutrinários, uma série de federações de umbanda surgem a partir dos anos 1950, sendo que algumas são dissidentes da União Espírita Umbandista do Brasil (UEUB), enquanto outras representam as camadas abastadas da sociedade, que valorizam ainda a Umbanda Pura. Para Diana Brown,

> Os esforços dos líderes da Umbanda para protegerem seus praticantes das perseguições policiais já os haviam levado a organizar a primeira federação de Umbanda. As federações de Umbanda começaram então a proliferar, e seus líderes buscavam ampliar a legitimidade e a proteção para a Umbanda através do processo político, firmando alianças com políticos eleitos e tentando, eles mesmos, fazer carreira política. (BROWN, 1985, p. 19)

Sobre o processo de racialização da umbanda via desafricanização, Tina Jensen salienta que

> A ideologia da democracia brasileira era, e é, manifestada como uma hegemonia branca. Este estado de coisas revela-se como primeira tentativa de legitimar a Umbanda como religião. A legitimação envolve a desafricanização e o embranqueamento da Umbanda. Em 1939 alguns fundadores dos centros originais da Umbanda do Rio de Janeiro, inclusive Zélio de Moraes, estabeleceram a primeira federação da umbanda, a União Espírita da Umbanda do Brasil (UEUB). A federação foi criada para organizar a Umbanda como uma religião coerente e hegemônica e assim obter legitimação social. Em 1941 a UEUB realizou a primeira conferência sobre o Espiritismo da Umbanda, que foi uma tentativa para definir e codificar a Umbanda como uma religião com direitos próprios, e como uma religião que une todas as religiões, raças e nacionalidades. A conferência é ainda conhecida por promover maior dissociação com as religiões Afro-brasileiras. (JENSEN, 2001, p. 6)

Para Wlamyra R. de Albuquerque (2009), o processo de racialização indica uma hierarquia racial e social dentro das sociedades, e diz respeito a contextos e realidades sociais particulares. É nesse contexto de perseguições e desafricanicação da umbanda, especificamente na realidade brasileira, que surge a figura de Tancredo da Silva Pinto. Seu nome religioso era Fòlkẹtu Olóròfẹ̀. Conhecido também pela alcunha de o "Papa Negro da Umbanda", teve uma grande atuação como compositor, habilidade essa que pode ser comprovada como profissão em sua Carteira de Trabalho. Tancredo teve como companheiros de composição Moreira da Silva, Zé Kéti, Zé Pitanga e Blecaute. Esse último gravou de sua autoria a música "General da Banda", cuja letra faz uma alusão ao orixá Ogum. O Umbandista também foi um dos fundadores da primeira Escola de Samba do bairro Estácio de Sá, no Rio de Janeiro. Ele funda a Confederação Espírita Umbandista em 1950 que, diferentemente das demais, lança a defesa da Umbanda Africanista, ou seja, aqueles ritos que não se modelaram nos cortes defendidos pela UEUB e pela Umbanda Pura, e mantiveram ainda uma grande influência da cultura africana (BROWN, 1985, p. 23).

Escritor, compositor e sambista, Tancredo da Silva Pinto nasceu em 10 de agosto de 1905, no município de Cantagalo, no antigo estado do Rio de Janeiro. Ele é considerado o organizador do culto Omolokô[23] no Brasil, e o responsável direto pela reunião dos adeptos dos cultos afro-brasileiros em federações umbandistas, a fim de defenderem os seus direitos de ter e cultuar uma religião afro-brasileira. Dentro da hierarquia da umbanda Omolokô, Pai Tata, como também era conhecido, era tratado por Babalaô (do yorubá *bàbálawo*).

A invenção da tradição da umbanda, tanto aquela praticada pelos negros como a umbanda praticada pelos brancos, ou por assim dizer, as Linhas, remontadas por Tancredo da Silva Pinto e Zélio de Morais, respectivamente, nos coloca a par das assertivas de Eric Hobsbawm e Terence Ranger quando nos explicam sobre o que vem a ser uma tradição inventada.

> O termo "tradição inventada" é utilizado num sentido amplo, mas nunca indefinido. Inclui tanto as "tradições" realmente inventadas, construídas e formalmente institucionalizadas, quanto as que surgiram de maneira mais difícil de localizar num período limitado e

---

23   Tanto a grafia Omolokô como Omolocô fazem referências ao mesmo culto afro-brasileiro. Durante as pesquisas realizadas foi possível verificar o uso das duas grafias, em jornais e folhetins, como Omolocô, e no trabalho de pesquisa realizada por Nilma Teixeira Accioli, como Omolokô. Por essa razão, vou usar as duas grafias.

> determinado de tempo – às vezes coisa de poucos anos apenas – e se estabeleceram com enorme rapidez [...] Por "tradição inventada" entende-se um conjunto de práticas, normalmente reguladas por regras tácitas ou abertamente aceitas; tais práticas, de natureza ritual ou simbólica, visam inculcar certos valores e normas de comportamento através da repetição, o que implica, automaticamente, uma continuidade em relação ao passado. Aliás, sempre que possível, tenta-se estabelecer continuidade com um passado histórico apropriado. (HOBSBAWM; RANGER, 1984, p. 8)

Essas assertivas nos colocam diante não só dos pressupostos enaltecidos por esta reconstrução histórica, mas também dos inúmeros segmentos (Linhas) umbandistas no país. A reafricanização, proposta por Tancredo, ganhou porosidade não só dentro dos terreiros de umbanda, mas também em seus discursos e ações políticas. A partir desta interpretação, podemos constatar que as sociedades modernas não eram um lugar imaginável para o desenvolvimento e interação social dos negros e suas culturas. Thomas Skidmore chama atenção ao dizer que

> Os negros brasileiros não cabiam na modernização republicana. Inspirada pelas teorias raciais "científicas" europeia e norte-americana, a elite branca dominante via a população negra como uma desgraça ao caráter nacional brasileiro. (SKIDMORE, 2012, p. 29)

Não é que houvesse uma segregação racial entre as construções religiosas criadas por Zélio ou por Tancredo, mas é perceptível o processo dicotômico dentro da história das religiões afro-brasileiras entre a desafricanização, instalada na umbanda criada por Zélio de Morais, e o processo de reafricanização instalado na umbanda criada por Tancredo.

Tanto a criação da umbanda elitizada e mais branca, de Zélio de Morais, quanto a criação da umbanda periférica e mais negra, de Tancredo da Silva Pinto, colocam em evidência tensões e estratégias de sobrevivência de suas tradições religiosas, os embates ideológicos e as ações de viabilizações e visibilidades da umbanda na sociedade brasileira. Assim, para reafirmar a sua posição em prol da africanização da umbanda e dos cursos de formação para a elite intelectual, Tancredo, o Pai Preto da Umbanda, criou o primeiro curso de língua yorubá.

Fundou as Federações dos seguintes Estados: Rio de Janeiro, São Paulo, Rio Grande do Sul, Minas Gerais, Pernambuco e outros. Criou também, para melhor mostrar seu culto de umbanda ao povo em geral, as seguintes festas religiosas: Festa de Yemanjá, no Rio de Janeiro; Yaloxá, na Pampulha – Belo Horizonte, Minas Gerais; Cruzambê, em Betim – Belo Horizonte; Festa de Preto Velho, em Inhoaíba – Rio de Janeiro; Festa de Xangô, em Pernambuco; "Você sabe o que é Umbanda" no Estádio do Maracanã, Rio de Janeiro, e finalmente a Festa da Fusão, realizada no centro da Ponte Rio-Niterói (RJ).

A abertura de diversas federações por outros estados do Brasil, ligadas à Confederação e ao Presidente Tancredo da Silva Pinto, permitiram a ampliação de sua influência e a segurança dos adeptos que, filiados a uma instituição influente, gozavam de maior segurança. Assim como alguns integrantes do IPELCY, os membros da umbanda praticada pelos negros no Brasil também usaram os veículos de comunicação de massa ao seu favor. Através de relações políticas muito favoráveis e de uma coluna no jornal *O Dia*, Tancredo estabeleceu um cenário de lutas e de conquistas para a comunidade de religiosos umbandistas das categorias mais baixas da sociedade, visto que eram esses os principais adeptos dos cultos africanistas da umbanda.

Nei Lopes nos faz uma significativa releitura sobre o fato. Segundo ele,

> Sobre a criação da Federação, Tata Tancredo (como era conhecido) contava um fato interessante: "[...] esse episódio passou-se na casa da minha tia Olga da Mata. Lá arriou Xangô, no terreiro São Manuel da Luz, na Avenida Nilo Peçanha, 2153, em Duque de Caxias. Xangô falou: – Você deve fundar uma sociedade para proteger os umbandistas, a exemplo da que você fundou para os sambistas, pois eu irei auxiliá-lo nesta tarefa. Imediatamente tomei a iniciativa de fazer a Confederação Umbandista do Brasil, sem dinheiro e sem coisa alguma. Tive uma inspiração e compus o samba General da Banda, gravado por Blecaute [10], que me deu algum dinheiro para dar os primeiros passos em favor da Confederação Umbandista do Brasil". (LOPES, 2005, p. 4)

Entretanto, a partir de indícios contra a umbanda praticada pelos negros no Brasil, podemos concluir que de fato houve um racismo religioso por parte do Estado através dos seus aparelhos de repressão, o que não se via em relação à umbanda praticada pelos brancos. Podemos concluir também que os subterfúgios criados por este grupo de matrizes africanas, ao se institucionalizarem, não foram, em grande medida, uma saída plausível para o fim das perseguições religiosas, ou, se foram, isso ocorreu apenas em benefício da umbanda praticada pelos negros. Quando diferenciamos a umbanda praticada pelos brancos e a praticada pelos negros, estamos fazendo menção à ressignificação umbandista a partir da reformulação e reafricanização proposta por Tancredo.

Na década de 1960, o cenário político nacional agrava-se, mas é nesse momento que as conquistas sociais de Tancredo e da Confederação são mais observáveis. A construção de um sanatório e de uma maternidade, ligados à instituição para acesso de pessoas registradas, são as maiores conquistas. Ao longo desse período, a cultura e a religião afro-brasileiras se tornaram menos estigmatizadas pelas classes médias brancas do Sudeste. Consequentemente, o candomblé também começou se tornar visível nesta região.

Ao criar a Congregação Espírita Umbandista, Tancredo contou em sua diretoria com a presença de companheiros dissidentes da Confederação Espírita, bem como com novos membros, alguns, inclusive, influentes na política, como Marcelo Medeiros, que conquistou, na década de 1970, avanços para a comunidade umbandista, com um processo que garantiria, dentro da Lei do Silêncio, a preservação do culto da umbanda.

Nesse momento de retrocesso dos direitos individuais e do alargamento do autoritarismo público, verifica-se a tentativa da CEUB de preservar seus direitos conquistados e de se organizar politicamente de forma mais eficiente, em prol de seus associados.

Ao fim do ano de 1968, evocando os mais de quinze anos de serviços prestados pela Confederação Espírita Umbandista, que tinha por finalidade, diante de autoridades nacionais, regulamentar os cultos afro-ameríndios-brasileiros, Tancredo da Silva Pinto convocava a Congregação, no intuito de promover, junto às autoridades, o "Código de Ética" que iria reger e disciplinar esses cultos. Com o pseudônimo de Orbone do Brasil, Tancredo apresenta um documento, oficializado pela Congregação, com a finalidade de "proporcionar aos seus membros meios para alcançarem, pessoal e socialmente, uma experiência religiosa progressiva".

No entanto, ao fim do documento manuscrito apresentado, está um recado de um dos secretários da CEUB a Tancredo.

> Na minha opinião, estes artigos não deverão ser publicados devido aos conceitos emitidos, que na conjuntura política atual irá criar embaraços ao Orbone, sugiro que se aguarde melhor oportunidade para tratarmos do assunto. (Geraldo Assumpção, manuscrito, Rio de Janeiro, dezembro de 1968)

A preocupação do secretário Geraldo Assumpção é muito válida quando se sabe que instituições de cultos religiosos voltaram a sofrer com a repressão por parte da polícia, fosse com questões envolvendo a "Lei do Silêncio", ou no auge, através do cadastro nas delegacias locais, exigido a partir da década de 1970 por parte do governo estadual, através da Resolução da Secretaria de Estado de Segurança Pública nº 178 de 8 de março de 1977. Era permanente a busca da CEUB, através de seu presidente e filiados, pela liberdade de culto. Fosse através das matérias escritas por Tancredo e Mamede no jornal *O Dia*, ou através da busca política por melhores condições de culto.

Durante os anos 1970, a linha dura do regime militar no Brasil foi afrouxada e a proibição contra o culto do candomblé e outras religiões afro-brasileiras chegou ao fim em 1977. O número de registros do candomblé cresceu consideravelmente. Foram constituídas muitas novas federações do candomblé e reorganizadas outras tantas da umbanda, e então, incluídos nelas novos centros de candomblé (JENSEN, 2001, p. 9).

1.3.2 Malungo[24] Pai Tata

Belo Horizonte, novembro de 1979. O jornal independente *O Saravá*,[25] dirigido por Aristides Ferreira de Castro, filho de santo do Pai Negro da

---

24   Malungo significa companheiro ou camarada: era o nome que se davam mutuamente os negros vindos da África no mesmo navio.
25   Patrocinado pela Indústria e Comércio Yemanjá Ltda., que ficava em Belo Horizonte (MG).

Umbanda, vinculado ao Órgão de Divulgação Umbandista de propriedade da Drogaria e Flora São Jorge Ltda., publicou, no seu número 33, a triste notícia, assinada por Ganga Zambi e Tahy do Omolokô, da morte do criador da tradição e do culto Omolokô da umbanda no Brasil, Tancredo da Silva Pinto.[26] Transcrevemos abaixo a matéria, intitulada "Estão de luto o Omolokô, a Umbanda e o Candomblé" (na forma original).

> No dia primeiro do mês de setembro do corrente ano, os Cultos Afro – Brasileiros perderam uma de suas mais expressivas e estimadas figuras. TANCREDO DA SILVA PINTO; indiscutivelmente um dos líderes mais conhecidos do Omolocô, Umbanda e Candomblé em todo o País e no EXTERIOR, tanto eu como os seus demais filhos, perdemos acima de tudo o nosso Tata de EKICÉ e nosso estimadíssimo amigo particular ao qual queríamos muito, muito mesmo. Tancredo se caracterizou pela sua imensa bondade e alegria. Tancredo da Silva Pinto conhecido nas mais distantes regiões deste País dedicou sua vida inteira à prática dos Cultos Afrobrasileiros e de sua Nação o Omolocô. Somente os veteranos Umbandistas podem aquilatar a perda irreparável deste homem, extraordinário, que conseguiu levar a divulgação da umbanda e dos cultos afros até o Exterior, que enfrentou as mais duras perseguições policiais de décadas passadas. Tanto eu quanto muitos outros, aprendemos a respeitá-lo ainda meninos, quando do nosso lado em Belo Horizonte, e no Estado de Minas Gerais percorria os terreiros em defesa da nossa crença. (*O Saravá*, n. 3, p. 2, nov. 1979)

A trágica notícia, que ocupa menos de um quarto da 2ª folha do jornal, foi ínfima diante de todas as honras fúnebres prestadas ao Pai da Umbanda africanizada. O jornal dedicou todas as suas páginas para recontar vida e trajetória do umbandista.

---

26 Tancredo da Silva Pinto faleceu em 1º de setembro de 1979 e foi sepultado no carneiro 3810 da quadra 70, do Cemitério de São Francisco Xavier, no bairro do Caju, na cidade do Rio de Janeiro.

MESTRE TANCREDO DA SILVA PINTO AQUI ESTÁ SUA BIOGRAFIA Nasceu no dia 10 de agosto de 1905, em Cantagalo, Estado do Rio de Janeiro. Filho de: BELMIRO DA SILVA e D. EDWIGES MIRANDA PINTO. Foi iniciado no Culto Omolocô em 1918, com apenas 13 anos de idade. Seu iniciador espiritual foi Tia Benedita (Ya-Toxé) auxiliada por Tio Bacayodé, ambos de procedência Bantu. Por determinação de sua Mãe de Santo e seu Tata Ti lnkince recebeu seu DEKÁ 7 anos depois das mãos do GANGA ZAMBI CARLOS GUERRA com duas importantes responsabilidades: OS EROS DE TATA Tl INKINCl e TAHY (OLUWO DE lFÁ). Seu Pai foi músico e sua Mãe carnal era corista da igreja de Cantagalo. Ambos descendentes dos Negros Bantus (CONGO). De lá veio de Katanga, KIVU, BURUNDI, RUANDA, UGANDA e ANGOLA em 1842, 1874, 1877, outros parentes tais como: João de Mina, Tio Erepê, e outros. Tancredo deixou vários livros editados, discos de suas músicas gravados. Há 30 anos escrevia sua coluna no Jornal O DIA. Escreveu no antigo RADICAL, REVISTA MIBONGA, SEMANÁRIO, etc. Recebeu inúmeras comendas e Títulos no Brasil e em outros Países. Recebeu em Belo Horizonte a Bandeira do OMOLOCÔ vinda da África, das mãos de seu filho Antônio Pereira Camelo. Nação que conhecia com profundidade e divulgava. Apesar das incompreensões e sacrifícios iniciou mais de 3.000 filhos e filhas de Santo no Brasil e no Exterior. Apesar de sermos reencarnacionistas, estamos de luto, luto pela intensa saudade que sentimos neste momento. Juntamos a todas as homenagens póstumas que lhe foram tributadas o preito de Saudade e Amor eterno de seu humilde Filho de Santo. (*O Saravá*, n. 3, p. 2, nov. 1979)

Além de trazer em seu bojo uma gama de informações e demonstrações sobre o inestimável prestígio que Tancredo da Silva Pinto carregava consigo, a nota de falecimento do jornal umbandista também nos deixa pistas sobre sua ascendência africana.

Imagem 2: Algumas das obras escritas por Tancredo da Silva Pinto

- YAÔ
- DOUTRINA E RITUAL DE UMBANDA
- UMBANDA guia e ritual para organização de terreiros
- CABALA UMBANDISTA
- Tecnologia Ocultista da Umbanda do Brasil
- HORÓSCOPO DE UMBANDA
- AS MIRONGAS DE UMBANDA
- NEGRO E BRANCO NA CULTURA RELIGIOSA AFRO-BRASILEIRA Os Egbás
- Camba de Umbanda
- O ERÓ DA UMBANDA

Fonte: desenho feito a partir de imagens das capas dos livros.

As relações com as religiões afro-brasileiras e, principalmente, a sua luta contra a perseguição religiosa em todo o país, lhe angariaram fama, tanto que o então deputado estadual do Rio de Janeiro, Átila Nunes Filho, lhe rendeu homenagens, por meio da coluna "Umbanda Linda", do jornal *O Dia*, com o intuito de simbolizar a memória das suas lutas através de um projeto de lei que nomearia uma das ruas da cidade do Rio de Janeiro com nome de Tancredo da Silva Pinto. A notícia foi republicada no jornal *O Saravá*:

> **Homenagem Merecida**
> Sob o título acima tivemos oportunidade de ler na coluna UMBANDA LINDA, escrita no jornal "O DIA" Pelo Deputado Atila Nunes a notícia que passamos a transcrever: Semana passada, Eu e nossa irmã Bambina Bucci solicitamos ao Prefeito do Rio que baixasse dois decretos dando a duas ruas da cidade os nomes de J. B. de Carvalho e Tancredo da Silva Pinto. É o mínimo que nós,

umbandistas, podemos fazer pela memória desses dois saudosíssimos irmãos de crença. A eles devemos nosso respeito e a nossa mais profunda admiração religiosa, pois foi um dos veteranos que ao lado de outros combativos umbandistas contribuíram decisivamente para a liberdade e o fortalecimento da Umbanda. [...] valorizar o passado da Umbanda é estimular a importância de nossos valores religiosos. Por isso queremos imortalizar dois homens, lutando pela inauguração das ruas J. B. de Carvalho e Tancredo da Silva Pinto. (*O Saravá*, n. 3, p. 7, nov. 1979)

A história da luta do negro Tancredo da Silva Pinto não caberia apenas na sagração de uma rua com o seu nome. Babá, como também era conhecido dentro dos círculos religiosos de matrizes africanas, se tornou uma referência para os movimentos em prol da liberdade religiosa, principalmente pela sua atuação política, durante as décadas de 1960 e 1970, que descortinava toda a coisificação da história do negro na sociedade brasileira. Sua atuação era exercida de forma direta e, algumas vezes, era por meio de cartas direcionadas aos principais órgãos públicos, nos níveis municipais, estaduais e federais, que o Tata Tancredo fazia valer a sua luta.

A historiadora Nilma Teixeira Accioli (2015) foi uma das primeiras pesquisadoras, no campo da história, a dar voz à trajetória de luta e de resistências do referido sacerdote, pela resistência e sobrevivência do culto de Omolokô na cidade do Rio de Janeiro, bem como, também, nas regiões em que se fazia presente. Em sua tese de doutorado, defendida no ano de 2015, a referida autora demonstra que, para enfrentar as perseguições sofridas pelo "povo de santo", eram necessárias força e competência dos dirigentes, principalmente "durante a década de 1940, quando a campanha contra a 'muamba' tomou grande proporções e repercussões nos jornais cariocas" (ACCIOLI, 2015, p. 305).

E para defender e resistir contra os ataques promovidos aos adeptos dos cultos afro-brasileiros, Tancredo da Silva Pinto, usou todos os mecanismos possíveis. Assim, em 22 de abril de 1976, o criador do culto Omolokô recebe uma carta assinada pelo então Ministro Chefe da Casa Civil, Golbery do Couto e Silva, sob o governo presidencial de Ernesto Beckmann Geisel, em resposta ao seu questionamento "se havia algum projeto de regulamentação do culto afro-brasileiro no país". Diz a carta:

> Ilustríssimo Senhor Tancredo da Silva Pinto, [...]
> Em atenção à sua carta de 10 de fevereiro último, endereçada ao Senhor Presidente da República, informo que não existe qualquer projeto visando à regulamentação do culto afro-brasileiro, quer de iniciação do Poder executivo, quer de iniciativa parlamentar. Esclareço que tramita no Congresso de autoria do Deputado Alberto Camargo, projeto objetivando a instituição do Dia da Comunidade Afro-brasileira (Carta de n° 280 em resposta ao senhor Tancredo da Silva Pinto).

A carta, enviada em pleno período da ditadura militar, demonstra apenas mais uma das ações de Tancredo junto a seus seguidores, adeptos do culto da umbanda negra, seus filhos e filhas de santo, que reverberava pelo país. Convém observar que antes mesmo de escrever para o então presidente da República, o umbandista já havia ganho mais uma causa em prol das religiões de matrizes africanas, através de suas atuações políticas contra a repressão às religiões de matriz africana, configurada então na Lei do Silêncio.

A chamada "Lei do Silêncio" era, na verdade, o Decreto-Lei n° 112 de 12 de agosto de 1969, promulgado pelo então governador do Estado da Guanabara, Francisco Negrão de Lima, que fixava normas de proteção contra ruído. O Artigo 3° do decreto dizia: "Serão permitidos os ruídos que provenham [...] de sinos de igrejas ou templos, desde que sirvam, exclusivamente, para indicar as horas, ou para a realização de atos ou cultos religiosos;" (ESTADO DA GUANABARA, 1969).

Adriana Trindade (2000) conta que em 1970, ano de eleições no país, o candidato a deputado federal pelo Estado da Guanabara Miro Teixeira se aliou ao candidato a deputado estadual Átila Nunes Filho, apresentando-se, através de sua coluna no jornal *O Dia*, como representante dos umbandistas (TRINDADE, 2000, p. 37-38). Marcelo Medeiros, também colunista de *O Dia* e candidato a deputado federal, recebeu e procurou atender, entre outras reivindicações, as de representantes de segmentos religiosos. De acordo com o *Jornal de Umbanda* (1982), ainda durante a campanha eleitoral, Marcelo Medeiros deu entrada no processo 15/1082/70, contra o Decreto-Lei nº 112/69, que cerceava a prática dos cultos das religiões de matriz africana. Esta ação foi registrada em matéria de *O Dia* de 5 de junho de 1970, sob o título: "Umbandistas dirigem apelo ao governo: Lei do silêncio" (TRINDADE, 2000, p. 45).

Em 19 de junho de 1970, a Congregação Espírita Umbandista do Brasil publica uma nota em agradecimento ao governador Negrão de Lima que, por meio do despacho referente ao processo nº 15/1082/70, autorizava a pregação do culto nos dias santificados do calendário umbandista, pregação esta que havia sido interrompida desde a publicação e a promulgação da Lei do Silêncio. A nota deixa transparecer uma possível aliança política ao fazer menção ao "empenho e apoio decisivo" dos senhores Marcelo Medeiros e Hilton Gama, assistentes diretos do governador, e "incansáveis defensores da Congregação". A nota assim termina:

> Esses dois jovens a quem tanto deve a Congregação Espírita Umbandista do Brasil, deverão candidatar-se nas próximas eleições pelo MDB e contam desde já com o nosso irrestrito apoio. MARCELO MEDEIROS será candidato a Deputado Federal e HILTON GAMA a Deputado Estadual. (Nota à Comunidade Umbandista, 19 de junho de 1972)

O discurso por trás da nota deixa transparecer a força política da Congregação, assim como as suas alianças partidárias, visando políticas públicas que pudessem garantir a liberdade dos cultos afro-brasileiros. Assinam a nota o então presidente do conselho deliberativo da Congregação Espírita Umbandista do Brasil, Tancredo da Silva Pinto, o presidente da diretoria executiva, Martinho Mendes Ferreira, o secretário do conselho deliberativo, José D'Avila, e o 1º secretário da diretoria executiva, Geraldo de Freitas Assumpção.

Note-se que o deputado Marcelo Medeiros[27] era uma figura política ligada diretamente à alta hierarquia da congregação. Ele teve uma parti-

---

27 O ex-assessor de imprensa do ex-governador Negrão de Lima nasceu em Juiz de Fora, cidade do estado de Minas Gerais, em setembro de 1945. Medeiros exerceu quatro mandatos de deputado federal pelo Rio de Janeiro.

cipação decisiva junto à CEUB na luta contra a intolerância religiosa no Brasil e, em especial, contra a Lei do Silêncio. Entretanto, sua participação nesta jornada vem de bem antes dos estabelecimentos invisíveis dos acordos políticos, o que demonstra uma nítida participação da umbanda no cenário político brasileiro, elegendo políticos que nem sempre tinham relações estreitas com as religiões de matrizes africanas, mas que de certa forma podiam fazer ecoar suas vozes em Brasília.

Em 2 de dezembro de 1972, o jornal *O Dia* noticiava os primeiros passos para a criação de um projeto de lei federal referente à Lei do Silêncio, idealizado pelo deputado Marcelo Medeiros que, reunido com os principais líderes da CEUB, tentava construir meios legais cabíveis para a prática dos cultos afro-brasileiros. Diz o jornal:

> Em reunião realizada na residência do Secretário do Conselho Deliberativo da CEUB, Sr. Mamede José D'Ávila a qual estavam presentes o Deputado Marcelo Medeiros, Sr. Tancredo da Silva Pinto, Presidente do Conselho Deliberativo da CEUB, Dr. Emanuel Cruz, Diretor do Departamento Jurídico da CEUB, Sr. Martinho Mendes Ferreira, Presidente Executivo da CEUB e o Sr. Geraldo de Freitas Assunção, 1º Secretário da CEUB, foi tratado assunto referente à regulamentação que dispõe sobre o exercício de cultos religiosos. A finalidade dessa reunião, em tão boa hora levada a efeito pelos dirigentes da CEUB, é pôr fim a [agressões de que têm] sido vítimas os fiéis que praticam ritual de umbanda, não só na Guanabara, como em outros Estados com muito maior frequência. (Jornal *O Dia*, 02/12/1972)

Segundo a fonte jornalística, o estopim para esta ação foram as perseguições e repressões físicas, morais ou patrimoniais contra os adeptos das religiões de matrizes africanas filiados à CEUB, localizada na Rocinha. Na ocasião, um de seus dirigentes passou pelo constrangimento de ver o seu terreiro invadido sem uma justificativa plausível, sendo que o mesmo só foi liberado após a chegada de um dos diretores da CEUB que provou a legalidade do seu funcionamento. Assim, após a reunião subsequente ao fato, ficou decidido que o deputado Marcelo Medeiros, assessorado pelo diretor do departamento jurídico da CEUB, sr. Emanuel Cruz, encaminharia ao Congresso Nacional um projeto de lei que abordasse o exercício dos cultos religiosos. O texto do Projeto de Lei 1053/1972 assim começa:

> Artigo 1º – Fica assegurado aos crentes o pleno exercício dos cultos religiosos que não contrariem a ordem pública e os bons costumes na forma do artigo 153, parágrafo 5º da Constituição.
> Artigo 2º – As associações religiosas, com personalidade jurídica comunicarão às autoridades competentes e ao público em geral os dias, horários e os lugares, em que se praticarão ordinariamente as cerimônias religiosas, de acordo com o rito que adotarem.
> Parágrafo único – As comemorações extraordinárias serão objeto de comunicação especial, feita com antecedência de 24 horas, pelo menos.
> Artigo 3º – recebida a comunicação, a autoridade não poderá obstar ou criar embargo de qualquer natureza à realização das cerimônias religiosas, salvo para manutenção da ordem pública, e a preservação dos bons costumes, verificada a ameaça ou infração, em cada caso, antes fatos e atos inequívocos.
> Artigo 4º – Constitui violência ou coação à liberdade de locomoção, ilegalidade ou abuso de poder, o ato da autoridade que violar o disposto no artigo anterior.
> Parágrafo único – Cabe mandado de segurança ou habeas corpus conforme o caso em favor da vítima da coação violência ou abuso de poder, sem prejuízo a responsabilidade civil penal da autoridade que praticou a ilegalidade.
> Artigo 5º – Esta Lei entra em vigor na data de sua publicação, revoga as disposições em contrário.
> Sala de Sessões, 23 de novembro de 1972. (Jornal *O Dia*, 02/12/1972).

Não por acaso, esse projeto de lei começa citando o Parágrafo 5º da Constituição, "é pela liberdade de consciência" e "assegura aos crentes o exercício dos cultos religiosos que não contrariem a ordem pública e os bons costumes", e o Artigo 153 que trata dos direitos e deveres coletivos e individuais, pois o mesmo foi a base fundamental para a justificativa do projeto de lei que procurava viabilizar as propostas a partir dos interesses políticos e religiosos da CEUB. Isto perpassa principalmente pela instituição de um calendário religioso de acordo com as festividades e as comemorações sagradas da congregação e pela liberdade de cultos. Assegurando de maneira efetiva a prática dos cultos religiosos, segundo as tradições e os ritos que adotaram, longe da intervenção das autoridades locais, e especialmente as atribuições policiais que, para os proponentes, deveriam limitar-se à repressão dos abusos verificados, em muitos casos, antes da ocorrência de fatos ou práticas de atos inequívocos.

Durante todo o ano de 1972, o deputado Marcelo Medeiros se empenhou ferozmente na promulgação desse projeto de lei. Junto aos seus esforços estavam também as publicações dos meios de comunicação de massa que, durante o período, veiculavam matérias a favor do projeto e em apoio à ação do deputado. Em 25 de maio de 1973, a CEUB, por meio de sua diretoria, envia, ao deputado Marcelo Medeiros, uma carta agradecendo o apoio quando o mesmo apresentou na Câmara dos Deputados o Projeto de Lei que garantia o livre exercício dos cultos religiosos em todo o Brasil. O referido projeto, apresentado em novembro de 1972 à Câmara dos Deputados em Brasília, ainda não tinha sido votado, tanto que em trechos da carta podemos ler:

> Quando esta Lei entrar em vigor a grande beneficiada, temos a certeza, será a Umbanda, pois terá o reconhecimento das nossas autoridades e se libertará para sempre do controle policial ainda existente em alguns estados da federação. (Carta para o Dep. Marcelo Medeiros, 25 de maio de 1973)

Ao que tudo indica, a carta era também um reforço sobre as alianças políticas estabelecidas entre o político e a Congregação, uma vez que outrora a mesma manifestou, perante toda a comunidade umbandista, o seu apreço em ter o nobre deputado como um referencial para as eleições federais. Estimas e aliança que, por meio da epístola, pareciam transcorrer não só na relação pessoal com o Deputado Medeiros, como também com o corpo político. Vejamos outra parte da carta que alimenta as possibilidades de alianças políticas:

Outrossim, solicitamos a V.Sa. divulgar na Câmara dos Deputados realização do 3º Congresso Brasileiro da Umbanda, a realizar-se no Rio de Janeiro de 15 a 21 de julho de 1973, fato que já é do conhecimento do ilustre Deputado. (Carta para o Dep. Marcelo Medeiros, 25 de maio de 1973)

A Carta termina com um breve e emblemático pedido de apoio.

Esperamos merecer de V.Sa. o apoio para o assunto exposto, aproveitamos o ensejo para apresentar os nossos protestos da mais alta estima e distinção, subscrevemos com um cordial Saravá. (Carta para o Dep. Marcelo Medeiros, 25 de maio de 1973)

O parecer da Comissão de Constituição e Justiça (CCJ) sobre o projeto de lei foi aprovado apenas em agosto de 1974 (BRASIL, 2019). Entretanto, os passos históricos até esse culminar deixam bem nítidas as forças de políticas articuladoras dos líderes e dirigentes da CEUB, que vinham costurando parcerias políticas desde o ano de 1970.

Comunicado Urgente
A Diretoria da Congregação Espírita Umbandista do Brasil tem a imensa satisfação em comunicar aos seus filiados e aos Umbandistas de todo o Brasil que foi aprovado recentemente na Comissão de Justiça da Câmara dos Deputados o projeto de Lei nº 1053/72 de autoria do Deputado Marcelo Medeiros, Vice-Presidente da Congregação Espírita Umbandista do Brasil. A aprovação deste projeto de Lei foi por unanimidade, aguardando apenas sua aprovação no plenário da Câmara. Esta Lei visa equiparar a Religião de Umbanda às demais religiões existentes, livrando-nos das exigências da lei do silêncio, alvarás de funcionamentos emitidos por delegacias policiais e outros empecilhos [...] Outrossim, lembramos ao prezado irmão que foi o Deputados Marcelo Medeiros em 1970 quando Assessor do ilustre Governador Francisco Negrão de Lima, conseguiu para a Congregação a Liberação da Lei do Silêncio, de acordo com o despacho de S. Excia. 19 de junho de 1970, publicado no Diário Oficial

do Est. Da Guanabara de 24/06/1970/ sob o número 114, que faculta a CONGREGAÇÃO ESPÍRITA UMBANDISTA DO BRASIL, O DIREITO DE REGULAMENTAR O FUNCIONAMENTO DOS SEUS FILIADOS. Assim, pelo exposto acima, vimos solicitar ao prezado irmão todo apoio para a reeleição do Deputado Marcelo Medeiro, nº 121 [...] (Comunicado Urgente aos irmãos umbandistas, 15 de outubro de 1974).

O passo seguinte foi a apresentação do projeto ao plenário da Câmara, o que foi feito em abril de 1975. Com a proposta de emendas, o projeto retornou para a CCJ e só voltou a ser discutido no plenário em 1979, sendo rejeitado em outubro desse mesmo ano (BRASIL, 2019).

Paralelamente, em 1976, o então deputado estadual Átila Nunes Filho havia apresentado à Assembleia Legislativa do Estado do Rio de Janeiro (ALERJ) o projeto de lei nº 637/76, propondo modificações na Lei do Silêncio. A Lei nº 126, aprovada em 10 de maio de 1977, deu a seguinte redação ao trecho anteriormente citado do Decreto-lei 112/69: "São permitidos [...] os ruídos que provenham: [...] de sinos de igrejas ou templos e, bem assim, de instrumentos litúrgicos utilizados no exercício de culto ou cerimônia religiosa, celebrados no recinto das respectivas sedes das associações religiosas [...]" (ESTADO DO RIO DE JANEIRO, 1977).

Ao que tudo indica, os umbandistas tinham uma isonomia, mesmo que tímida, sobre suas práticas religiosas e um total acesso às grandes figuras políticas. Dessa forma, não restam dúvidas sobre a incessante luta de Tancredo da Silva Pinto pela liberdade religiosa no Brasil e o seu enorme legado para a história contra a intolerância religiosa no país. Entendemos, porém, que tais ações não seriam possíveis sem as intensas atuações políticas de umbandistas, de forma direta ou indireta; e este reconhecimento político e social aconteceu internacionalmente, mesmo posterior à sua morte.

Assim, em 23 de maio de 1998, o universitário negro Shawn C. Lindsey, residente na cidade de Los Angeles (EUA), após obter informações – através da Câmara de Consultas do Rio Janeiro, da Secretaria Municipal de Cultura de São Paulo e da Organização Centro Feminista de Estudos e Assessoria (CEFEMEA) em Brasília – sobre a trajetória do centro espírita em prol da liberdade religiosa e contra o racismo, escreveu para a organização uma carta com o objetivo de fazer um levantamento sobre as organizações de descendência africana no Brasil. O seu propósito era estabelecer um diálogo entre as comunidades negras do Brasil e dos Estados Unidos. O jovem assim se apresenta na carta (de que foi mantida a grafia original):

Los Angeles, CA
Prezado Senhores/as: como vão, tá tudo bem? Bom, espero que tudo esteja bem. Quero que vocês saibam que isto vai ser uma "cartinha", e espero que a ser feliz em minhas exposições.

Bom, como não tenho muito espaço tenho que usar poucas palavras para me expressar. Em primeiro lugar quero quer que saibam que eu consegui o endereço de sua organização através da Câmara de Consultas no Rio de Janeiro; da Secretária Municipal de Cultura em São Paulo e a organização Centro Feminista de Estudos e Acessória (CEFEMEA) em Brasília. Eu no trabalho para o governo dos Estados Unidos e nem sou espia! Eu não estou recebendo dinheiro de ninguém para fazer este levantamento pois meus professores na universidade são bem racistas e eles realmente não me apoiam com este assunto porque eles acreditam que um levantamento sobre organizações descendência africana no Brasil nunca seria para nada! Podre crê? Eu sou NEGRO estou orgulhoso de ser negro como muitos negros neste país. Recebi inspirações dos líderes negros como Malcom X, Marcus Garvey, Amilcar Cabral, Martin L. Kinkg e Frantz Fanon e outros que me ensinaram que a luta contra a descriminação, opressão e a supremacia branca que nós, a população negra, encontramos atualmente numa luta universal que deve ser visto através de uma perspectiva pan-africanista! Eu tenho visto o Brasil e várias vezes tive a oportunidade de ver a triste realidade que a maioria da população brasileira se encontra, E exatamente pela esta razão que estou fazendo este levantamento. Tenho falado com muitas pessoas da comunidade negra brasileira e várias organizações afro-brasileiras e quase todas as organizações e as pessoas falam-me a mesma coisa. Isto é, todo o mundo que quer fazer ligações com a comunidade negra nos Estados Unidos para estabelecer um diálogo entre as duas comunidades para poder resolver problemas que nós, a comunidade negra americana e a brasileira, temos em comum!!! Agora eu, como o negro e irmão da luta, estou tentando de dar-lhes minha mão para poder fazer este sonho uma realidade, mas desafortunadamente, estou aprendendo que muitos afro-brasileiros não querem dar as mãos para os irmãos deles nos Estados Unidos! Falando francamente, é exatamente este tipo de mentalidade que facilita nossa opressão por parte da população branca!! Claro, não é mandatário que todos deste levantamento mas se não fizermos alguma coisa para nos ajudar quem o fará então? Isto é lá com vocês! [...]. Eu vou terminando por aqui desejando-lhes e à sua organização tudo de bom e muita sorte no futuro! Paz, um abraço e muito Axé!!

Shawn C. Lindsey, Los Angeles, 23 de maio de 1998

Notamos, assim, que a memória em torno do Pai Negro da Umbanda, correlacionada com a Congregação, foi sendo eternizada não só pela atuação política dentro e fora do país, mas igualmente como um referencial na luta contra o racismo e o preconceito, tal como ressaltado na carta.

A história de luta da CEUB também se deu na esfera jurídica, contra as atrocidades acometidas e promovidas principalmente pelas igrejas cristãs evangélicas de denominações pentecostais e neopentecostais. Em abril de 1989 registrou-se, na 22ª Vara Criminal do Estado do Rio de Janeiro, um processo contra o pastor da Igreja Universal, sr. Edir Macedo, que escreveu um artigo na revista *Plenitude* (ano 7, nº 42), que ocupa as páginas 2-6, intitulado "Crianças sacrificadas no terreiro". Segundo o artigo, as entidades do terreiro, além de iludir os participantes, também fazem uso de falcatruas, conchavos, para arruinar o povo, sendo os mesmos responsáveis pela miséria e morte de crianças. Constam ainda no processo referências a mais duas matérias, na mesma revista: "Só Jesus Cristo pode salvar os jovens!" (p. 19-20), que afirma que os terreiros de macumba são responsáveis pelos caminhos da marginalidade, da desgraça, da violência e do crime; e o artigo "A Farsa de Satanás" (p. 23-24) que afirma que os terreiros enganam as pessoas com suas propostas, são representantes do "diabo", sendo servidores de Satanás, e que fazem orgias em seus redutos.

Após a análise do material entregue pela CEUB e a averiguação dos fatos, o julgamento do caso foi marcado para o dia 13 de julho de 1989.

A CEUB, assim como posteriormente o IPELCY, conseguiu fazer uso dos aparelhos legais do sistema jurídico a favor da comunidade de adeptos das religiosidades de matrizes africanas. Entretanto, a articulação da CEUB, em relação com as do IPELCY, se diferencia em apenas um aspecto, que são as participações dos movimentos sociais e de movimentos negros junto às lutas e combates contra a intolerância religiosa, algo que não se manifestava com tanta ênfase na organização do referido centro umbandista, mesmo a congregação tendo em seu bojo o discurso racial muito bem embasado. O dinamismo da Congregação Espírita e Umbandista do Brasil estava, em grande medida, assinalada para ter uma expansão geográfica e política, além do reconhecimento religioso de suas práticas sagradas e cultos, tais como as religiões e culturas cristãs.

1.3.3 IPELCY: do curso de Yorubá ao Instituto de Pesquisa

Seguindo os percursos históricos apresentados no documento "Relatório sucinto das atividades e realizações do Instituto de Pesquisa e Estudos da Língua e Cultura Yorubá, do Grupo de Trabalho de Religiões Afro-brasileiras (GTRAB), e da comissão de organização da 1ª Conferência Estadual de Tradição dos Orixás do Rio de Janeiro",[28] os primeiros passos para a criação do IPELCY foram dados em 16 de novembro de 1983, em Nova Iguaçu, na Baixada Fluminense, Estado do Rio de Janeiro. O primeiro curso regular de língua e cultura yorubá foi ministrado por professores africanos da Nigéria. Esses professores residiam em vários estados brasileiros, preferencialmente em Salvador (BA), Rio de Janeiro, São Paulo, Recife (PE) e Maranhão, através do intercâmbio cultural Brasil-África. O curso tinha como público babalorixás, yalorixás e adeptos das religiões de matrizes africanas, em geral, e leigos que se interessavam pelo tema. A pedagogia adotada pelos organizadores e coordenadores do curso era alimentada por

> Discussões a respeito das discriminações, preconceitos e estereótipos difundidos na sociedade, em relação às Religiões Afro-brasileiras,

---

28 Esse relatório foi entregue para a ASSEAF, atual CEAP, em fevereiro de 1988.

dando ênfase aos ataques ostensivos e sistemáticos das Igrejas Cristãs, em especial das de denominação Pentecostal, intituladas Igrejas da Bênção, Universal do Reino de Deus, Nova Vida, Cristo Vive, Assembleia de Deus e tantas outras. (Relatório Anual, 1988, p. 2)

Fomentadas por essas discussões, os participantes do curso e sua coordenação marcaram consecutivas reuniões para a discussão da criação de uma instituição que

Pudesse de fato desenvolver e sistematizar um trabalho de conscientização não só dos adeptos e vivenciadores das culturas de origens africanas, como de toda a população brasileira, acerca dos valores essenciais e básicos das visões de mundo contidas nas culturas e religiões afro-brasileiras, as quais sofrem todo um processo de empobrecimento e esmagamento pela cultura e religiões dos judaico-cristãos. (Relatório Anual, 1988, p. 2)

A proposta colocada pelo grupo está, em grande parte, em comum acordo com as propostas colocadas pela CEUB. Uma das reflexões dessas ações pode ser percebida não só por meio de suas manifestações contrárias aos processos do estado laico,[29] que privilegia apenas os segmentos cristãos, mas também na veiculação e no ensino das culturas africanas e afro-brasileiras, como possibilidade de uma reinterpretação desvinculada da imagem pejorativa, preconceituosa e racista, tal como era feita pelos setores dominantes.

A criação dos cursos para o ensino da língua e cultura yorubá nas décadas de 1950-1960 pelo umbandista Tancredo da Silva Pinto e, em meados da década de 1980, pelo candomblecista Jayro Pereira de Jesus,[30] mostra como estas estratégias de desmistificação cultural e religiosa aconteciam.

---

29 O que preponderava é um sistema de laicização à brasileira, ou seja, o Estado é validado através de documentos a uma isenção perante os grupos religiosos nos estados, mas de forma subliminar faz sua escolha pelas religiões que mais lhe convêm.

30 Jayro tem Licenciatura em Ciências Religiosas (2000, PUC-PR), Bacharelado em Teologia (2006, PUC-PR) e MBA em Teologia (2016, Universidade Estácio de Sá). Em 2017 era Conselheiro Técnico do Conselho de Desenvolvimento Econômico e Social do RS, presidente da Associação Nacional de Teólogos e Teólogas da Religião de Matriz Africana, e diretor geral da Escola de Filosofia e Teologia Afrocentrada (Florianópolis, SC).

1.3.4 O IPELCY e a Caminhada da Paz

As fontes produzidas por estes grupos nos possibilitam perceber o quão marginalizados e despedaçados foram. Por isto, para tentar recompor os bastidores que antecederam as Caminhadas da Paz contra a Intolerância Religiosa no Brasil, buscamos primeiramente reconstruir, a partir de um amplo diálogo multidisciplinar, o que chamamos de "chão histórico". Só nos foi possível trilhar esse chão histórico a partir da entrevista de um dos fundadores do IPELCY, sr. Jayro Pereira de Jesus, que disponibilizou alguns documentos do instituto, antes disponibilizados por antigos membros, e alguns documentos institucionais que, após a extinção do instituto, foram arquivados no arquivo do Centro de Articulação de População Marginalizada (CEAP).[31]

Filósofo, natural da Ilha de Itaparica, no litoral baiano, formado inicialmente na pedagogia cristã no Mosteiro Cisterciense[32] da cidade de Jequitibá, Bahia, Jayro de Jesus conheceu e circulou entre a elite intelectual baiana dos terreiros de candomblé mais afamados da cidade de Salvador, entre eles, o casal Deoscóredes Maximiliano dos Santos e sua esposa Juana Elbein dos Santos. Foi através deles que Jayro de Jesus mudou sua visão, equivocada, sobre candomblé e as outras religiões e religiosidades afro-brasileiras, pois, mesmo criado em uma educação doméstica que pairava entre as religiões de matrizes africanas e o cristianismo católico, até então nunca fora afeito ou simpático a estas religiosidades, nem tampouco pensava sobre a defesa de sua existência como religiões dentro e fora de seus locais sagrados extra-terreiros. Após romper com a Igreja Católica, Jayro fez sua imersão total nas religiões e religiosidades de matriz africana.

---

31 Iremos dissertar sobre a integração do IPELCY e dos grupos dos movimentos negros no segundo capitulo desse trabalho.

32 A história da ordem remonta à fundação da Abadia de Cister na comuna de Saint-Nicolas-lès Cîteaux, na Borgonha (França), em 1098, pelo abade Robert de Molesme, da Abadia Notre-Dame de Molesme. O Mosteiro Cisterciense de Jequitibá foi fundado por monges de Schilierbach, na Áustria, em 1939, mas desde 1936 o abade de Schilierbach pensava numa fundação missionária. Quando os padres Alfredo Haasler e Adolfo Lukasser, vindos de Schilierbach para a Paróquia de Jacobina, estavam em Salvador, foram reconhecidos como cistercienses por Dona Isabel Tude de Souza, que lhes falou do testamento do falecido esposo, o Coronel Plínio Tude de Souza, que desejava fazer uma fundação que contemplasse o bem material e espiritual dos lavradores da fazenda Jequitibá. A fazenda foi doada e fundado o mosteiro, que em 1950 foi elevado a Abadia. <http://mosteirodejequitiba.blogspot.com.br>

Jayro Pereira de Jesus foi entrevistado para esta pesquisa em 7 de janeiro de 2016. A entrevista completa pode ser lida no Apêndice 1. Em um trecho de suas narrativas, Jayro Pereira de Jesus nos fala a respeito de sua iniciação no candomblé.

> E fiz uma adesão complementar, eu falo complementar mesmo. Quando eu decidi entrar para o candomblé, com alguma consciência. [...] Consciência que ia de encontro com os iniciados, gente do candomblé.

Jayro Pereira de Jesus fazia parte do grupo com curso superior dentro dos terreiros de candomblé, na Bahia. Quando escolheu e fez adesão a esta religião, procurou beber nas fontes orais e escritas, mesmo que poucas, para poder passar para outras pessoas. Dialogando com os tópicos anteriores, podemos perceber que na década de 1970 havia um grande frenesi, na cidade de Salvador, em torno da publicação feita pela revista francesa *Paris Match*, cuja matéria é "Possédées de Bahia" (As possuídas da Bahia), e publicação posterior na revista *O Cruzeiro*, cuja matéria é "As noivas do deus sanguinário". Como se pode notar, essas reportagens criaram grande alvoroço por parte dos adeptos das religiões de matrizes africanas e militantes do movimento negro em Salvador e no Brasil.

A resposta foi a criação de jornais alternativos, panfletos e folhetins com o objetivo de desmistificar toda a impressão pejorativa veiculada através da imprensa sobre as religiões de matrizes africanas e suas culturas. Ao mudar para a cidade do Rio de Janeiro, Jayro Pereira de Jesus começou a estudar na Academia de Imprensa Barbosa Lima Sobrinho e a fazer o jornal *O Afro*. Segundo o entrevistado, era um jornal com poucas tiragens, organizado e escrito pelo próprio filósofo. Portanto, até meados da década de 1970 alguns setores dos movimentos negros no Brasil e os grupos das religiões de matrizes africanas não tinham uma pauta unificada de lutas contra a intolerância, o racismo e o preconceito. O processo de criação e veiculação desses jornais foi um dos primeiros passos para a união dessas agendas em benefício da luta contra a intolerância religiosa, o racismo, o preconceito e a marginalização social. O jornal *O Afro* promoveu, incessantemente, a divulgação da cultura e da religiosidade afro-brasileira, além da criação do IPELCY. O ex-monge conseguiu também veicular seu material em proveito da cultura afro-brasileira e de suas ressignificações religiosas por meio do jornal *O Dia*, assim como do líder da umbanda praticada pelos negros, Tancredo da Silva Pinto.

1.3.5 O IPELCY na virada da década de 1970 para 1980

Criado em 10 de junho de 1984, sob o governo ditatorial do general João Batista de Oliveira Figueiredo,[33] o IPELCY teve como primeira sede a Comunidade-Terreiro Ilê Ase Omi Jaguna, situado em Mesquita, perto de Nova Iguaçu, Rio de Janeiro. A instituição não tinha como única finalidade promover o ensino da língua yorubá e a pesquisa das culturas afro-brasileiras. São as

> [...] finalidades principais do IPELCY: preservar e divulgar os conceitos estruturais das visões de Mundo contidas nas Religiões de origem africanas e defendê-las das discriminações gerais presentes na sociedade brasileira. [...] O objetivo fundamental do IPELCY portanto, sem a pretensão de querer ensinar, sempre será ressaltar os conceitos estruturais das visões de Mundo contidas nas Religiões Afro-Brasileiras, seus princípios filosóficos e éticos, sobretudo para os adeptos dessas religiosidades, que vivenciam negativa e envergonhadamente, em consequência das discriminações sofridas pelas mesmas, fatos que frequentemente os levam a adotar as Religiões de origem Judaico Cristã, que negam sistematicamente as Religiões de origem africana. (Relatório Anual, 1988, p. 3)

O instituto foi criado e idealizado pelo baiano Jayro de Jesus que migrou para o Rio de Janeiro após um cisma religioso dentro do terreiro em que foi "raspado". Na entrevista concedida para esta pesquisa, o filósofo

---

[33] Figueiredo foi escolhido pelo seu partido, ARENA, como candidato à presidência. O general foi o último presidente do regime militar, e em 1979 assinou a Lei da Anistia, que permitia o retorno de exilados políticos ao Brasil. Governou sob grave recessão econômica, acompanhada de numerosas greves. Ao final de seu governo, os políticos da oposição estavam extremamente prestigiados. Em 1984 foi substituído no governo por José Sarney, vice-presidente de Tancredo Neves, eleito indiretamente pelo Congresso Nacional, mas que adoeceu e faleceu logo em seguida.

nos narra como ocorreu o cisma e a união com outras pessoas, no Rio de Janeiro, para a criação do IPELCY.

> O Ipelcy foi criado quando eu saí e fiz um corte com a minha Casa e com o cara que dizia que eu era escravo pequeno da casa. Eu criei e organizei o IPELCY (Instituto de Pesquisas e Estudos da Língua e Cultura Yorubá) antes de 1980. Eu tinha conhecidos nigerianos, Mike Kayode, que morava no trevo de Irajá. Ele me sugeriu que a gente criasse um curso de língua e cultura yorubá na Baixada. Eu articulei e depois fizemos uma matéria para o jornal Última Hora, uma matéria grande, prestigiosa, com os dois comigo no jornal. Aí, depois apareceu a Gelsa [...] apareceu um bocado de gente para fazer a inscrição e do grupo todo que vinha do trabalho nas sextas-feiras para fazer uma fala mais de política [...] eu acho que o trabalho que fazíamos seria difícil e complicado sem ela.

Jayro de Jesus nos conta que, após o conhecimento do trabalho de dissertação da etnolinguista Yeda Pessoa de Castro[34] sobre as línguas faladas nos terreiros, se sentiu motivado para a criação de um curso que preconizasse algo sobre as tradições africanas no Brasil, e o ensino da língua yorubá. O curso, ministrado junto com o já citado Mike Kayode, foi o veículo condutor para projetos posteriores entre os movimentos ligados aos terreiros de candomblé e aos movimentos negros.

Mesmo havendo uma suposta radicalidade por parte de alguns setores dos movimentos negros, que entendiam e enxergavam nas tradições religiosas africanas apenas um elemento cultural em relação ao processo de construção da identidade dos negros e negras no Brasil, a união entre

---

34 A Dra. Yeda Pessoa de Castro fez graduação em Letras Anglo-germânicas pela Universidade Federal da Bahia (UFBA), na década de 1950. Fez mestrado em Ciências Sociais, na mesma instituição, orientada pelos professores Joselice Macedo de Barreiros e Olasope Oylaran, defendendo, na década de 1970, a tese intitulada *Religious terminology and everyday speech vocabulary of an afro-brazilian cult house* (Terminologia religiosa e o falar cotidiano em uma casa de culto afro-brasileira). Doutorou-se em *Langues et Litteratures Africaines* pela Université National du Zaire, UNAZA, Zaire, com a tese *De l'intégration des apports africains dans les parlers de Bahia au Brésil*, orientada pelo professor Jean-Pierre Angenot.

os movimentos ligados à valorização dos terreiros de candomblé e alguns segmentos do movimento negro se mostrou frutífera.

Na entrevista, Jayro de Jesus nos conta

> Que depois eu conheci o grupo afro 20 de novembro[35] e conheci em um tempo bastante complicado, porque tem um pessoal que tinha radicalidades que eu não compreendia.

Mesmo com divergências, o filósofo conseguiu traçar um diálogo contundente com alguns integrantes e setores dos movimentos negros sobre questões raciais, intolerância religiosa e preconceito.

Tina Jensen, falando sobre as religiões afro-brasileiras, atesta que

> Os negros brasileiros parecem predominar nos centros tradicionais afro-brasileiros do Candomblé, que inclui uma forte representação de participantes dos Movimentos Negros. Ligam seu envolvimento religioso à consciência racial e à luta contra a discriminação. Eles se dissociam dos movimentos de brasileiros brancos mais africanizados, reprovando-os por ignorar a realidade social que os negros brasileiros enfrentam, e por cultuar somente a África, ao invés de ligar a África com o Brasil. Eles destacam que a cultura africana existe no Brasil, que o Candomblé sincrético é parte da história social e da identidade dos negros brasileiros. Apesar das controvérsias entre negros e brancos, eles se unem em federações e organizações, como praticantes de religiões afro-brasileiras [...]. O desafio está em reconhecer que o Candomblé não pode mais ser visto sem a dimensão ambígua. Após ter sido olhado como uma espécie de "gueto cultural", como um fenômeno cultural restrito principalmente ao nordeste, o Candomblé agora se espalha por todo o país, e é adotado por larga escala de grupos sociais e étnicos, onde cada um o interpreta de seu próprio jeito. Um dos desafios no estudo das religiões afro-brasileiras hoje parece ser os vários sentidos que elas tomaram na sociedade intercultural do sudeste do Brasil,

---

35   O grupo Afro 20 de Novembro foi fundado em 24 de janeiro de 1986.

onde questões relacionadas à raça são marcadas por complexidade desencontrada e ambiguidade. (JENSEN, 2001, p. 8)

A fala de Jayro de Jesus é bem contundente sobre esta questão. Ele afirma que

> Me lembro do Jorge Damião, do Aroldo, do Jorge Ferreira, que está aqui [no Rio de Janeiro], da Denise, e tinha outras pessoas ali. Então a gente pintava no largo da Fluminense, pintava mesmo, fazia coisas... horríveis, da gente ser morto logo em seguida. Eu morava em Santa Rita, e às vezes acabava tarde e não tinha ônibus, e várias vezes, com um pouco de cachaça na cabeça, eu ia a pé e passava por um lugar que era um lugar de extermínio na Baixada Fluminense. Uma vez eu me joguei ribanceira abaixo porque ouvi uma gritaria lá na frente e alguma coisa parecendo tiro. Eu me joguei lá embaixo e esperei acalmar para depois sair dali, era um lugar chamado lixão. Então [era] a partir do grupo, mas eu desconfiava de uma coisa ali, que era a palavra identidade. A gente do movimento negro adotou esta palavra e falava e dizia e eu sempre entendi que [era] o racismo, primeiro porque falar sobre religião para eles era complicado. O Jorge era paciente, os outros vinham em cima de mim detonando, o Aroldo, ele vinha em cima de mim "este negócio não!" O Jorge Ferreira, um dia foi na casa que a gente tinha comprado, um sítio para fazer um terreiro, e disse: "Acabou, acabou, com violência não se resolve". Ele foi conhecer a casa escondido porque, se fosse publicado, era uma violência do pessoal, mas o Jorge não! E ele estava toda hora presente, ele sempre teve uma compreensão diferente, mas isto da identidade eu não entendia e dizia "Oxente? Que negócio é este de identidade que o movimento preto faz?" E eu comecei a fazer que o racismo era a negação de um complexo existencial, não era só porque era preto na cor da pele. E quando a gente dizia isto a gente era banalizado, diziam que a gente estava inventando coisas etc. e tal. E foi legal porque com a articulação dos negros do Sudeste foi um bom negócio que ajudou muito, a gente viajou bastante.

A construção das identidades negras no Brasil passou por várias fases, o "tornar-se negro" (SOUSA, 1983) não era até então algo palatável, porquanto tocava em questões muitos delicadas para alguns setores dos movimentos negros. De fato, o IPELCY conseguiu, junto a algumas lideranças dos movimentos negros no Rio de Janeiro e em outros estados do Brasil, ser a mola propulsora dos primeiros ensaios para a união das agendas de lutas contra o preconceito, o racismo e a intolerância religiosa contra os adeptos das religiões de matrizes africanas.

Por conseguinte, foi num dos eventos organizados pelos movimentos negros do Rio de Janeiro que surgiu a possibilidade de ampliar a funcionalidade do IPELCY. Assim nos diz Jairo de Jesus:

> A questão do papel dos Terreiros, fizemos algumas reuniões, mas não muito direcionadas. Tinha um ou outro que dizia "vai lá conversar com minha mãe". Parece que o primeiro encontro estadual do movimento negro do Rio de Janeiro foi em Nova Iguaçu, no Centro de Formação de Líderes Organizados, estava todo mundo envolvido lá, o Oxaguian, o Januário, o Amarildo, com a dinâmica e a metodologia do encontro, fomos divididos em grupos específicos para enriquecer a discussão e ficamos no mesmo grupo, eu, a Suzeti e a Denise, no grupo de religião.

Sobre os primeiros passos para a criação do projeto de mapeamento de terreiros, Jayro nos diz que durante o evento

> Nós três nos entendemos muito bem, elas tiveram uma contribuição efetiva e foram muito importantes e a gente discutindo os métodos, a gente discordava, a gente decidiu ir visitar os Terreiros, alguém do curso deu para a gente uma relação com o nome e o local dos Terreiros, na maioria das vezes a gente não ligava, a gente baixava nos Terreiros, chegava e invadia os Terreiros, era uma confusão de aceito, não aceito. Na maioria das vezes a gente convencia e a pauta era intolerância religiosa, era o surgimento das igrejas neopentecostais, neste primeiro período a gente se apoderou de um livro, que a Tânia e o Carlos emprestaram.

Assim, no IPELCY, a metodologia passaria a ser construída a partir de amplo diálogo com os terreiros de candomblé e umbanda, embasada num procedimento alicerçado pelos ditames do movimento negro, que atuava, e atua, contra todas as formas de preconceito, racismo e exclusão.

Ao conhecer os membros do movimento contra o extermínio da população negra e os integrantes da ASSEAF (Associação dos ex-alunos da Funabem),[36] Jayro de Jesus ganhou apoio internacional e interacional desses movimentos "da gente comum". Os trabalhos do IPELCY conseguiram atingir o chão dos terreiros de candomblé e umbanda. Essa experiência de união entre os movimentos sociais da gente comum marginalizados contra os sistemas racistas de opressões sociais e religiosas, é remontada, atualmente, através da ação da CCIR (Comissão de Combate contra a Intolerância Religiosa). Mas perto de 2020, esse processo contra a intolerância religiosa abarca não só as religiões de matrizes africanas como também qualquer outro grupo religioso que vê ameaçada a sua liberdade religiosa.

Jayro fala sobre o trabalho da ASSEAF:

> A ASSEAF e o apoio da Tânia,[37] dava subsídio e a defendia, aí a gente ia visitar os Terreiros e a primeira casa, quando eu era pai pequeno, que fui à Casa da Mãe Nana e lá só tinha a nata do candomblé da Baixada. A gente foi na Casa da Mãe Nana, sem ela saber, num sábado, era ela que a gente tinha decidido que ia dar o aval através do jogo – oráculo; aí a gente sentou todo mundo no chão, ela entrou no quarto do jogo que era um lugar muito grande; era em São João do Meriti, em São Mateus, onde hoje ainda é o terreiro dela. Aí a gente sentou e falamos do projeto, a gente viu que ela era sensível ao movimento, chegou lá tinha feijoada, tinha esperado a gente; ela foi jogar e foi uma das primeiras vezes que eu vi uma assertividade do oráculo tudo o que está acontecendo hoje; [...] ela ficou umas duas horas jogando e dizendo o que ia acontecer. A gente saiu dali

---

36   Iremos trabalhar a questão da ASSEAF e de outros grupos no próximo capitulo.

37   Tânia Maria Sales Moreira, na época promotora pública. A magistrada da Baixada Fluminense teve um papel muito significativo na promulgação dos trabalhos do IPELCY, dentre eles o "Dossiê sobre intolerância religiosa contra os adeptos das religiões de matrizes africanas no Brasil".

fortalecido, porque a gente não esperava que uma mulher simples e calada fosse dizer tanta coisa. Ficamos impressionados com a fala da Mãe Nana [...] a gente começou a fazer os encontros, depois o Oxaguian começou a participar, pois eram os vários conteúdos de abordagem. Hoje tem gente que faz saúde mas não diz de onde surgiu, a gente discutia tudo, a gente depois quando conhecemos o Ivair, o Oxaguian disse "Não, venha para cá porque a gente não tinha lugar".

O IPELCY tinha como objetivos pronunciar-se contra toda e qualquer manifestação de caráter preconceituoso, discriminatório, estigmatizado e deturpador dos valores religiosos afro-brasileiros, tanto nos meios da comunicação de massa, como em livros, publicações em geral e no sistema de ensino, recorrendo sempre à Constituição brasileira. Este objetivo está muito bem descrito em um dos seus relatórios, enviado à ASSEAF, em 1988.

1. Denunciar todo e qualquer tipo ou forma de agressão por motivo sutil que elas sejam, sofridas pelas Comunidades-Terreiros das várias Religiões Afro-Brasileiras, sobretudo aquelas praticadas pelas instituições religiosas de caráter colonialista, racista e comercializadoras da religião, como chamada igrejas eletrônicas que se constituem em verdadeiras multinacionais da fé.
2. Servir como polo receptor de denúncias das agressões feitas às Comunidades-Terreiros de Candomblé e seus desdobramentos como a umbanda etc., e seus adeptos, seja de forma direta como já vem ocorrendo com sucessivas tentativas de invasão à Comunidade-Terreiro de umbanda e candomblé por grupos de protestantes das igrejas eletrônicas, ou através dos meios de comunicação.
3. Processar juridicamente todos os agressores das Religiões Afro-brasileiras, com base na Constituição da República Federativa do Brasil, no seu capítulo dos Direitos e Garantias Individuais, que assegura a todos os cidadãos brasileiros liberdade de religião, proibindo, no mesmo capítulo, a discriminação religiosa, tomando como base, também o Código Penal Brasileiro.

Como podemos perceber, as bases que constituem hoje o mote da luta de combate à intolerância religiosa no Brasil foram semeadas durante a ação do IPELCY e, em certa medida, pela CEUB, quando a instituição traz à tona o discurso racial ligado a religiões de matrizes africanas, ainda na década de 1950. Somam-se a isso algumas instituições e entidades dos movimentos negros brasileiros. O diálogo que tentamos traçar entre a fonte oral, documentos escritos e os percursos históricos, alicerçados pela base bibliográfica, irá nos proporcionar uma reflexão sobre a história dos processos sociais e políticos em prol da liberdade religiosa e a valorização das religiosidades afro-brasileiras, até o auge da Caminhada em Defesa da Liberdade Religiosa, na cidade do Rio de Janeiro.

Nos capítulos seguintes vamos propor um diálogo contundente sobre a união dos grupos e de movimentos contra intolerância religiosa no Brasil, racismos e preconceitos, até a criação da Comissão de Combate à Intolerância Religiosa e o culminar da Primeira Caminhada contra Intolerância Religiosa, em 2008.

CAPÍTULO 2
Dos caminhos até a Caminhada

As metáforas, *causos* e histórias servem para nos dizer e ensinar algo sobre as relações sociais. Um tipo de pedagogia coletiva que, quando inserida no cerne de uma sociedade, pode provocar reflexões positivas ou não, ou até passar desapercebida por um ou outro indivíduo que dela faz parte. Em sua grande maioria, são sempre regadas por um teor místico e encantado de uma moral, ou por assim dizer "nova moral", seja aqui ou em qualquer parte do mundo; elas existem para explicar situações de encontro, desencontro e até controvérsias ideológicas. E na África elas não são diferentes, nem tampouco desconectadas do resto da aldeia global.

Diz um negro, velho sábio nigeriano, que sempre procura as sombras do baobá para se resguardar dos fortes brilhos do sol, que certa vez, ao voltar de sua peregrinação matinal até a casa de seus parentes, um longo caminho pavimentado das antigas estradas herdadas com o fim dos processos coloniais que percorria a pé ou no seu velho cavalo de ferro,[38] ele presenciou uma estranha discussão entre seis cegos à beira de uma estrada. Estavam ali, parados diante de um belo e majestoso elefante, um dos maiores mamíferos terrestres da África. Havia um grande alvoroço entre eles, diante do animal, para tentar descobrir o que era.

Como hoje são raros os elefantes livres e soltos – pois em grande maioria estão sob a proteção do Parque Nacional de Yankari, no estado de Bauchi, no nordeste da Nigéria, pelas grandes savanas nigerianas –, quiseram conhecê-lo bem de pertinho. Então, foram tateando até conseguirem chegar o mais perto possível do animal, e começaram a examiná-lo, apalparam, apalparam... Terminando o exame, os cegos começaram a conversar, gesticulando como quem quer provar alguma coisa. Foi nesse momento que o velho escutou, escondido no capinado rasteiro e amarelado pelo sol, as fortes convicções.

---

38 Cavalo de ferro é uma expressão usada pelo escritor nigeriano Chinua Achebe, em seu livro *O mundo se despedaça*, publicado em 2012, para descrever as famosas bicicletas que foram introduzidas no mundo colonial das sociedades africanas colonizadas. As bicicletas passaram a ser usadas pelos colonizadores para percorrem grandes percursos entre as sociedades, e em raros momentos, durante a colonização, elas podiam ser usadas pelos negros colonizados, apenas se estes fossem um intérprete ou um funcionário de pequeno porte: seu valor era alto e não havia uma remuneração adequada dos colonizados para que pudessem adquiri-las, era um verdadeiro artigo de luxo. Com o fim da colonização e a introjeção de um forte processo de industrialização capitalista, onde se passou a remunerar essa mão de obra, tais artigos de luxo passaram a ser consumidos, timidamente, por esse novo público consumidor.

— Puxa! Que coisa engraçada! Será que é animal? Se for, é muito esquisito! Pois parece mais uma coluna coberta de pelos! Se bem que disseram que existem elefantes por aqui e que são bem grandes! Mas isso não pode ser um elefante, pois mais parece uma coluna! Será que elefantes são um tipo de coluna de concreto peluda? — Disse o primeiro cego, tocando as patas do elefante.

Em tom irônico e desacreditado, o segundo cego disse, segurando uma das orelhas do grande animal: — Você está doido? Coluna que nada! Elefante é enorme abano, isso sim!

Pasmo com o forte tom de ironia do segundo cego, o terceiro, que de tanto tentar segurar a tromba do elefante quase tropeçou, disse: — Qual abano, colega! Você parece cego! Elefante é uma espada que quase me feriu!

Nesse momento, o velho já dava gargalhadas mudas e balançava a cabeça como quem quisesse discordar das especulações em torno do grande mamífero.

— Feriu? Como assim? — Indagou o quarto cego. — Porque isso não é uma espada e nem muito menos um abano ou uma coluna. Elefante é uma corda, eu até puxei — disse ele, e com grande firmeza segurava o rabo do elefante.

— De jeito nenhum, meus irmãos! Elefante é uma enorme serpente que se enrola. — Disse o quinto, que tentava se desvencilhar dos balanços do rabo do elefante.

— Mas quanta invencionice e tolice! Então eu não vi bem? Elefante é uma grande montanha que se mexe. — Disse o sexto, que apalpava o grande corpo do animal.

E lá ficaram os seis cegos, à beira da estrada, discutindo partes do elefante. O tom da discussão foi crescendo até que começaram a brigar com tanta eficiência quanto quem não enxerga pode brigar, cada um querendo convencer os outros de que sua percepção era a correta. A certa altura da discussão, um dos cegos levou uma pancada na cabeça, quebrando a lente dos seus óculos escuros e o ferindo diretamente no olho esquerdo e, por algum desses mistérios da vida, ele recuperou a visão daquele olho, que outrora fora cego. E vendo, olhou e enxergou um belo e majestoso elefante, compreendendo imediatamente tudo. Então se dirigiu ao outros para explicar:

— Meus irmãos, vocês estão cegos e errados! Eu estou vendo o elefante, e posso descrevê-lo para vocês.

Mas eles não acreditaram e acabaram se unido, debochando e menosprezando o que ele estava vendo. Bem, o velho notou que apenas um dos cegos não participou da briga, porque estava imaginando se podia registrar os direitos da descoberta e calculando quanto podia ganhar com aquilo, pois não é todos os dias que um "elefante-coluna-abano-espada-serpente-corda-montanha" aparece à beira da estrada.

Intrigado, o velho, depois de presenciar toda aquela epifania em torno do elefante, chegou a uma conclusão: diante das múltiplas experiências possíveis no mundo, quando uma é evidenciada como a única e verdadeira, todas as outras passam a ser marginalidades. Assim também podem ser entendidas as experiências religiosas. Quando uma ou mais experiências com o sagrado são postas como únicas e verdadeiras, todas as outras são colocadas à margem.

Diante de um mundo em que cada vez menos as experiências são valorizadas, falar sobre os bastidores que antecederam a "Caminhada pela Liberdade Religiosa", de 2008, é jogar luz sobre os processos históricos, sociais e políticos dos grupos religiosos de matrizes africanas, que durante séculos foram e ainda são sumariamente marginalizados e perseguidos dentro do Estado brasileiro. Foi através de ações de entidades não governamentais e sem fins lucrativos, como o CEAP (Centro de Articulação de Populações Marginalizadas), em conjunto com líderes e lideranças religiosas, que a Caminhada de 2008 tomou cor e corpo.

As fontes podem nos revelar que, apesar de pontos específicos e focais, os adeptos das religiões de matrizes africanas sempre estiveram lutando, com bases políticas e religiosas, para garantir sua liberdade de culto. Mesmo sem grandes registros históricos e arquivísticos, são os mais ricos materiais que demonstram como, em vários períodos históricos, as lutas por esse direito, seja através de iniciativas individuais ou organizadas em confederações religiosas, associações de marginalizados ou em comissões, representaram,, e ainda representam, uma ameaça ao Estado e à ordem internacional existente. Por representar uma insurreição das culturas e religiosidades negras no Brasil da "cordialidade" (SCOTT, 2011), a resistência foi, e ainda é, o meio de sobrevivência e negociações dessas religiões e religiosidades.

2.1 CAMINHAR É PRECISO

> *De algo sempre haveremos de morrer, mas já se perdeu a conta aos seres humanos mortos das piores maneiras que seres humanos foram capazes de inventar. Uma delas, a mais criminosa, a mais absurda, a que mais ofende a simples razão, é aquela que, desde o princípio dos tempos e das civilizações, tem mandado matar em nome de Deus. (**SARAMAGO, 2001**).*[39]

Em 16 de março de 2008, o jornal *Extra*,[40] através das matérias da sua série jornalística "O tráfico remove até a fé", denunciou as arbitrariedades cometidas contra religiosos de matriz africana (que não podem sequer utilizar turbantes e colares rituais), expulsos pelo traficante Fernandinho Guarabu, no Morro do Dendê, localizado na Ilha do Governador, interior da Baía de Guanabara, Estado do Rio de Janeiro.

A matéria foi apenas uma das inúmeras denúncias dos casos de intolerância religiosa no Brasil. Porém, a novidade que ora se expressava era a infortunada união entre a religião e o tráfico em prol de uma limpeza étnico-religiosa, em que o alvo que estava na mira do tiro da intolerância era o conjunto das religiões e religiosidades de matrizes africanas.

No mesmo ano, em 21 de setembro de 2008, milhares de pessoas, adeptos religiosos, leigos e simpatizantes, saíram às ruas, e na orla de Copacabana, na cidade do Rio de Janeiro, caminharam juntas em prol da liberdade religiosa no Brasil, e pelo fim da intolerância religiosa.

Nascia, assim, um dos eventos tradicionais (HOBSBAWM; RANGER, 1984) mais significativos para a história, o reconhecimento histórico das religiões de matrizes africanas no Brasil. A Caminhada em Defesa da Liberdade Religiosa e contra a "intolerância religiosa" rompeu com um passado de

---

39 José Saramago (1922-2010) foi um escritor português, vencedor de vários prêmios, tais como o Prêmio Camões, em 1995, e o Nobel de Literatura de 1998.

40 Jornal filiado ao jornal *O Globo*, fundado em abril de 1998 pela Infoglobo.

interpretações simplistas, marginalizadas e um profundo desconhecimento sobre a força e a união desses grupos. O passo seguinte, após o evento, foi a criação da Comissão de Combate à Intolerância Religiosa (CCIR), que surgiu com a intenção de combater atitudes discriminatórias e preconceituosas contra os cultos de matrizes africanas, entendidas como formas de manifestação de intolerância religiosa, bem como pressionar as autoridades a tomar medidas em relação aos ataques (MIRANDA; GOULART, 2009).

Tradicionalmente, os livros de história nos contam que, no Brasil, as religiões de matrizes africanas sempre estiveram ligadas a uma experiência doméstica da religião, sustentadas pela forte manifestação do catolicismo popular, sem atuações sociais e propulsões para ações políticas, aquém das experiências e ações políticas e sociais das religiões cristãs, principalmente no período entre os anos 1980 e 1990.

Com o forte crescimento das igrejas eletrônicas ou televangelismos, marcadas pelos fortes apelos proselitistas e baseadas nas guerras espirituais, que vêm se acentuando desde as últimas décadas do século 20, dentro dos mercados dos bens da salvação, diversas lideranças religiosas, especificamente, as neopentecostais,

> [...] se utilizam da mídia para promover ataques sistemáticos a outras religiões, num flagrante de desrespeito às práticas afro-brasileiras. Também não é de hoje que a Igreja Universal do Reino de Deus, copiada por outras independentes, sedimentando a sua atuação junto à grande imprensa e meios de comunicação, vem tentando intimidar a imprensa livre no Brasil. Centenas de ações judiciais são movidas pela IURD contra veículos de comunicação e profissionais da área. (SANTOS; SEMOG, 2009, p. 9)

O surgimento da Igreja Universal do Reino de Deus (IURD), na década de 1970, deu início a dois grandes processos no campo religioso: o surgimento das igrejas neopentecostais, com ênfase na guerra espiritual contra o diabo, e a Teologia da Prosperidade, dando uma nova cara para grupos cristãos no país. Inclusive ocorreu a ampliação do mercado dos bens da salvação, baseado em um novo processo de sincretismo religioso (MONTES, 1998, p. 67-68) e num intenso processo de discriminação.

Essa vertente fundamentalista da fé, que impossibilita o diálogo inter-religioso, criou uma nova ordem religiosa, com igrejas fincadas nas periferias e comunidades carentes. A disseminação de templos e a captação de fiéis avançaram rapidamente, ganhando força ao utilizar um discurso proselitista, calcado na simbologia dos cultos das religiões africanas e num ataque velado às outras religiões: judeus tornaram-se "assassinos de Cristo", católicos "idólatras de demônios", protestantes históricos acusados de "falsos cristãos" e muçulmanos tachados como demoníacos por seguirem a Maomé e não a Jesus. (SANTOS; SEMOG, 2009, p. 7)

A filósofa Maria Lucia Montes (1998) nos lembra que as ações da IURD não incidem apenas sobre as religiões de matrizes africanas. No ano de 1995, a ação desencadeada pelo bispo iurdiano Sérgio Von Helder, ao dar pontapés numa réplica da imagem da Senhora da Conceição Aparecida, chocou toda a comunidade cristã católica e também a comunidade não cristã. Segundo Montes,

> Doze de outubro de 1995, em Aparecida do Norte, a tradicional chegada dos romeiros, que por vários dias já afluíam à cidade, agora lotava de gente os espaços monumentais entre a velha e a nova basílica. Sob a imensa passarela, e atingindo a enorme praça circular que se estende em torno da basílica nova, réplica da de São Pedro de Roma, negros vindos de todo o Vale do Paraíba e mesmo de mais longe, como do interior das Gerais, faziam ecoar a batida dos tambores no toque de congos e moçambiques, repetindo assim a prática centenária de louvor à Virgem, que divide com Nossa Senhora do Rosário e são Benedito sua devoção [...] Tudo compunha, pois, a imagem tradicional dessa capital da fé católica no dia em que atingiam seu ponto culminante os festejos da Senhora da Conceição Aparecida, que se repetem a cada ano desde sua entronização solene como Padroeira do Brasil, em 1931. Entretanto, nesse ano, um fato inédito, como uma bomba, viria a estilhaçar essa piedosa imagem, e os ecos do escândalo por ele suscitado se estenderiam por meses a fio, surpreendendo a opinião pública e obrigando os especialistas

a repensar a configuração do campo religioso brasileiro às vésperas do terceiro milênio. É que nesse 12 de outubro, a televisão brasileira transmitiria para todo o país, ao vivo e em cores, a imagem do que seria considerado um ato de profanação e quase uma ofensa pessoal a cada brasileiro, provocando enorme indignação popular e mobilizando em defesa da Igreja Católica não só sua hierarquia, como também figuras eminentes de praticamente todas as religiões, além de levantar uma polêmica inédita nos meios de comunicação sobre uma instituição religiosa no Brasil. De fato, nesse dia, a Rede Record de televisão, adquirida quatro anos antes pela Igreja Universal do Reino de Deus, exibiria, durante uma cerimônia religiosa desse florescente grupo neopentecostal, um gesto de um de seus bispos, Sérgio Von Helder, que desencadearia violentas reações. Durante a tradicional pregação evangélica, centrada no ataque aberto às crenças das demais religiões, opondo-lhes a ênfase quase exclusiva no poder do Cristo Salvador. (MONTES, 1998, p. 64-65)

Salientamos que o ato transmitido através da Rede Record, justamente no dia 12 de outubro, configurou um dos maiores casos de intolerância religiosa entre cristãos no país. Entretanto, e com base no último relatório sobre os casos de intolerância religiosa no Brasil, os casos de violência física e patrimonial entre os cristãos não ultrapassam os índices dos casos de violência por parte de cristãos às comunidades religiosas de matrizes africanas, pois, segundo os dados do Relatório sobre os casos de intolerância religiosa no Brasil, de 2015, publicado em versão bilíngue, com o titulo *Intolerância religiosa no Brasil: relatório e balanço*, pelo CEAP, em parceria com a editora Klíne (SANTOS, 2016), só no estado do Rio de Janeiro, entre os meses de abril de 2012 e agosto de 2015, as agressões contra religiões afro-brasileiras representaram 71,5% dos casos, como é evidenciado na Tabela 1, dos dados quantitativos dos números de casos de intolerância religiosa, disponibilizados pelo CEPLIR. Tal fato indica este segmento como o mais vulnerável e, consequentemente, aquele com maior índice de vitimização (ver Tabela 1). Os dados quantitativos publicados no relatório nos chamam a atenção para os números significativos de casos de violências física, psicológica e/ou patrimonial contra adeptos das religiões afro-brasileiras. Algo que permite compreender como a sociedade opera e cresce junto com o preconceito, o racismo, o desrespeito e as desumanidades.

Tabela 1: Distribuição percentual dos tipos de atendimento prestado pelo CEPLIR (Centro de Promoção da Liberdade Religiosa e Direitos Humanos), entre abril de 2012 e dezembro de 2015, no Estado do Rio de Janeiro, Brasil

Tipo do atendimento segundo período	Percentual (%)
Abril de 2012 a agosto de 2015	1014 (100%)
Contra religiões afro-brasileiras	71%
Contra evangélicos, protestantes ou neopentecostais	8%
Contra católicos	4%
Contra judeus e pessoas sem religião	4%
Ataques contra a liberdade religiosa	4%
Não informado/Não possui	9%
Setembro a dezembro de 2015	66 (100)%
Agressões contra mulçumanos	32%
Agressões contra candomblecistas	30%
Agressões contra indígenas	6%
Agressões contra agnósticos	5 %
Agressões contra pagãos	3 %
Agressões contra kardecistas	3%
Não informado/Não possui	21%

Fonte: Santos (2016, p. 25).

Se fosse possível fazer uma averiguação histórica, com base nos documentos policiais gerados a partir da denúncia contra violações de templos religiosos e agressões desde o período colonial no Brasil, caso fossem registrados, provavelmente a escala de 100% seria o marco dos índices de violência contra os adeptos e as comunidades de religiões de matrizes africanas. Contudo, não estamos enfatizando e nem tampouco demarcando qual grupo religioso sofre ou sofreu mais ou menos perseguições religiosas dentro dos processos históricos de construção do Brasil, mas sim, chamando a atenção para as novas formas e modelos de supressão dos direitos e das liberdades de escolha. Supressões que passaram a ser fortemente combatidas, principalmente pelos adeptos de comunidades de religiões afro-brasileiras. O episódio conhecido como "o chute na santa", divulgado pela TV Globo, que o retransmitiria várias vezes em horário nobre, inclusive no Jornal Nacional (MONTES, 1998, p. 66), marcou profundamente o cenário do panorama religioso brasileiro nos meados da década de 1990.

> **Boxe 7: Ato de intolerância**
>
> É sabido que evangélicos se opõem ao culto das imagens de santos pela Igreja Católica. É um direito que lhes assiste. Assim como cultuar no dia 12 de outubro Nossa Senhora Aparecida, padroeira do Brasil, é um direito legítimo da vasta maioria da população católica deste pais – direito que deve ser respeitado até pelas pessoas que não compartilham desta devoção.
>
> A Declaração Universal dos Direitos do Homem afirma no seu artigo XVIII o direito à liberdade de religião e de manifestar essa crença em público. No capitulo dos direitos e garantias individuais, a Constituição do Brasil dispõe que a liberdade de crença é inviolável, ficando assegurado o livre exercício dos cultos religiosos.
>
> Por tudo isso foi surpreendente e chocante a investida pela televisão do senhor Sérgio Von Helder, da Igreja Universal do Reino de Deus, [...] contra a imagem de Nossa Senhora da Aparecida [...] a pretexto de criticar a "idolatria" dos católicos, deu socos e chutes na imagem de Nossa Senhora Aparecida, bradando histericamente: "Isto não é santo coisa nenhuma, não é Deus coisa nenhuma. É um pedaço de gesso feito por mãos humanas." E em seguida: "Será que Deus pode ser comparado a um boneco desse, tão feio, tão horrível, tão desgraçado?"
>
> O gesto de Von Helder foi intolerante, autoritário e fanático. Sua postura arrogante e excludente lembra em tudo a intransigência dos nazistas em face de opiniões divergentes das suas em questões sociais, políticas, religiosas e raciais.
>
> Sua profanação pública foi um desrespeito semelhante ao de um católico que chutasse publicamente a imagem do Buda na Índia, insultasse Maomé

na Meca, ou conspurcasse com pichações o Muro das Lamentações em Jerusalém, a pretexto de que representações e sítios sagrados para os outros não passam de mistificações.
Fonte: Jornal do Brasil, Rio de Janeiro, Cad. 1, p. 8, [Editorial], 14 de outubro de 1995.

Três anos após o episódio, no ano de 1998, Marcelo Crivella, bispo licenciado da Igreja Universal do Reino de Deus, e que em janeiro de 2017 assumiu o cargo de prefeito do Município do Rio de Janeiro, ironizou, com uma composição de sua autoria, a reação e a comoção dos brasileiros diante do caso do chute à imagem da santa. A canção, nomeada "Um chute na heresia", classifica como idolatria a adoração e a devoção da santa, como podemos ver abaixo:

> Eu vou cortar o poste de baal
> Atropelar a jezabel com meu cavalo
> [...]
> Eu quero ver a babilônia despencar
> [...]
> Na minha vida dei um chute na heresia
> [...]
> Aparecida, guadalupe ou maria
> Tudo isso é idolatria de quem vive a se enganar
> Mas não se ofenda meu irmão, não me persiga
> [...]
> Se ela é Deus, ela mesmo me castiga

A composição do religioso, que integra o CD "Como posso me calar?", de 1998, faz menção não apenas ao caso de 1995, mas também traz uma serie de nomes próprios como Baal, Jezabel e Babilônia, como uma tentativa de qualificar a devoção aos santos na igreja católica como um ato herético, e a ação do pastor Sérgio Von Helder como um ato plausível de defesa dos valores e das ideias dos cristãos evangélicos. Ou seja, mais uma representação dos inúmeros processos de intolerância religiosa disseminada pelos meios de comunicação. A apologia manifestada na letra da música, indicando, sem sombra de dúvida, transformações profundas, cujos efeitos só então emergiam escancaradamente à superfície dos atos de intolerância.

Ao passar para a administração do bispo Edir Macedo, a Rede Record passou a se envolver em graves crimes de transgressão à lei, que vão desde "conluios escusos com o ex-presidente da República, Fernando Collor de Mello, e o tesoureiro de sua campanha eleitoral, Paulo César Farias, até ligações com o narcotráfico colombiano" (MONTES, 1998, p. 66). Segundo a autora, ao que tudo indica, essas pessoas teriam financiado parte das dívidas do bispo, contraídas por ocasião da compra da emissora.

Mais tarde, "o envolvimento com políticos malufistas também viria à tona, ao lado de acusações de negociação de favores com o então ministro das Comunicações, Sérgio Motta" (MONTES, 1998, p. 66). Todas essas questões constam de um inquérito da Polícia Federal para apuração das possíveis fraudes, até mesmo os financiamentos em que se encontraria envolvida a Igreja Universal, desdobrando-se, a partir daí, operações que se completaram com a cobertura da Procuradoria da República, de técnicos da Receita Federal e do Banco Central, além de uma ampla repercussão na mídia.

Destarte, para Maria Lucia Montes, episódios como "o chute na santa" significam,

> Em primeiro lugar, a afirmação de um novo poder do protestantismo no Brasil, de dimensões inéditas em um país tradicionalmente considerado católico. Mas significavam também, já que essa nova visibilidade protestante se devia ao crescimento, no interior do protestantismo histórico, e muitas vezes em oposição a ele, das igrejas chamadas "evangélicas", uma transformação importante no próprio campo protestante. Por fim, visto que no centro da polêmica se encontravam as práticas da Igreja Universal do Reino de Deus, cuja proximidade com a macumba era apontada depreciativamente nos próprios meios evangélicos, a exemplo das declarações do pastor Caio Fábio, esses episódios evidenciavam que, na verdade, a transformação em curso no interior do protestantismo significava uma espécie de mutação interna, indissociável das vicissitudes por que passavam, graças à sua influência, as próprias religiões afro-brasileiras. (MONTES, 1998, p. 68)

O evento do dia 16 de março de 2008 citado no início da seção 2.1, relativo às arbitrariedades cometidas contra religiosos de matrizes africanas, e, posteriormente, a Caminhada em Defesa da Liberdade Religiosa, não estão desconectados da história de intolerância no Brasil, ou dessa história teocrática brasileira, onde o público e o privado estiveram intimamente ligados. Entretanto, a partir desses novos arranjos da contemporaneidade, as relações entre o público e o privado passaram a ganhar novos contornos e acordos táticos dentre os religiosos, principalmente na esfera pública.

Dezenove anos antes, em 25 de abril de 1989, seis anos antes do episódio do "chute na santa", o bispo Edir Macedo, da Igreja Universal do Reino de Deus (IURD), e Amaury Brito foram arrolados em um processo na 22ª Vara Criminal do Rio de Janeiro, pela infração dos Artigos 20 e 21 da Lei 8850/67. Segundo consta nos autos do processo, o querelante era o Conselho Nacional Deliberativo da Umbanda e dos Cultos Afro-brasileiros,[41] com o aval da CEUB.

> Queixa,
> O CONSELHO NACIONAL DELIBERATIVO DA UMBANDA E DOS CULTOS AFRO-BRASILEIROS, sociedade devidamente registrada no Cartório do Registro Civil das Pessoas Jurídicas sob o n° 31036, Livro A/14, [...], juntamente com o seu Advogado abaixo assinado (doc. N° 1), vêm oferecer
> QUEIXA-CRIME
> Contra EDIR MACEDO BEZERRA, brasileiro, casado CPF n° XXXXXXXXXX, conhecido também como "BISPO MACEDO", e contra AMAURY DE BRITTO, brasileiro, demais dados de qualificação ignorados, ambos trabalhando na [...], Abolição, nesta cidade, pelos seguintes fatos: A. os Querelados, em dezembro p.p., na publicação n° 42 – ANO VII da revista de nome Plenitude (doc. N° 2), com sede nesta cidade, sendo o primeiro querelado diretor, e o segundo redator, escreveram artigos caluniosos sobre suas religiões [...] No artigo a "FARSA DE SATANÁS", afirma que o querelante engana

---

41 Descrito no processo como representando mais de 73 federações e com mais de 70 milhões de participantes.

as pessoas, com suas propostas, é representante do "diabo", sendo servidor de Satanás, e que faz orgias em conjunto ou separadamente.

As vias jurídicas foram uma das inúmeras formas que as religiões afro-brasileiras encontraram para fazerem valer seus direitos e a liberdade religiosa. Entretanto, a luta por esses e outros direitos, em grande medida, só era possível ser reivindicada por meio de uma organização ou federação. Comumente, a história e as experiências das religiões de matrizes africanas ainda têm sido encaradas, de uma forma muito pejorativa, sob uma interpretação simplista e de guetização, sem pulsões para lutar pelos seus direitos ou aliada a outra história que não as suas próprias. Entretanto, ao pautarmos as manifestações pela liberdade religiosa, recorremos a um universo de experiências não analisadas a partir das vivências dos próprios atores sociais que as fazem, ou seja, a gente comum.

Contrariando a interpretação corrente, Reginaldo Prandi (2003, p. 9) diz que "grande parte da fraqueza das religiões afro-brasileiras sobrevém de sua própria constituição, como reunião não organizada e dispersa de grupos pequenos e quase domésticos, que são os terreiros"; e uma vasta gama de intelectuais destaca apenas o aspecto cosmológico-religioso das religiões de matrizes africanas, ou apresenta as religiões de matrizes africanas como um dos instrumentos de fortalecimento das culturas negras brasileiras, sem grandes propensões para a organização de grupos dirigentes cujos planos estejam relacionados à industrialização e à política.

Por essas e outras razões, nos ocorre que a ênfase sobre a luta das religiões afro-brasileiras, em certa medida, pode ter sido investigada de uma forma errônea, ou apenas em só um dos aspectos, não dando possibilidades para as análises das suas resistências cotidianas (SCOTT, 2011, p. 218). A mais constante luta é contra as violações de seus templos e espaços sagrados, calúnias, difamações, preconceitos e racismos. A maioria das formas assumidas por essa luta não chega a ser exatamente a de uma confrontação coletiva.

Em 13 de junho de 1989, noticiava o jornal *O Globo* que babalorixás, ialorixás e representantes de várias comunidades religiosas de matrizes africanas, vestidos de branco e guias no pescoço, de mãos dadas, se reuniram em frente à Câmara Municipal da cidade do Rio de Janeiro, para protestarem contra, e impedir a aprovação de projeto lei do então vereador Wilson Leite

Passos (PDS) que, junto com a vereadora Bambina Bucci (PMDB), previa a cassação do alvará de entidades responsáveis por sacrifício de animais.

Boxe 8: Projeto de lei irrita chefes de terreiros

Com foto de Cézar Loureiro intitulada "os líderes de cultos afro-indígenas se reúnem na Câmara para protestar", a notícia dizia:

> "[...] cerca de cem líderes religiosos ligados a dez linhas de cultos afro-indígenas praticados no Rio passaram toda a tarde de ontem nas escadarias e, depois, nas galerias da Câmara Municipal. [...] Para a presidente do Conselho Interamericano de Cultos Afro-indígenas do Brasil, Dulcéa Alves da Silva, a Mãezinha Ceinha, mesmo com a nova redação, o projeto, caso se transforme em lei, pode provocar o fechamento de 280 mil terreiros filiados às federações espíritas do Estado, que reúnem cerca de 5 milhões de pessoas. [...] Segundo ela, por trás do projeto estariam as chamadas 'igrejas eletrônicas' [...]"

Tratava-se do Projeto de Lei 284/1989, que propunha cassar o alvará de funcionamento de estabelecimentos e organizações responsáveis por maus tratos e sacrifício de animais.

Arquivado em 2001, o projeto voltou à pauta em 2007, mas foi novamente arquivado por causa da aprovação do Projeto de Lei nº 355 de 2005, que tratava do mesmo assunto e gerou a Lei nº 4.731 de 2008.

Fontes: O Globo, 13 de junho de 1989 (disponível para assinantes no Acervo digital de O Globo <https://acervo.oglobo.globo.com/>)
Câmara Municipal do Rio de Janeiro: Sistema do Processamento Legislativo: Tramitação do Projeto de Lei 284/89. Disponível em <http://www.camara.rj.gov.br/spl/spl_tramit_proj_assunto.php?id=2101>.
Câmara Municipal do Rio de Janeiro: Sistema do Processamento Legislativo: Tramitação do Projeto de Lei nº 355/2005. Disponível em <http://www.camara.rj.gov.br/spl/spl_tramit_proj_assunto.php>

Segundo o jornal, o projeto, que deveria ter entrado no dia anterior na "ordem do dia", não foi votado porque o tempo regimental da sessão se esgotou, mas foi apresentado posteriormente; por isso, o projeto fora apresentado pelos vereadores citados, com substitutivo, definindo os casos em que o sacrifício é proibido.

O jornal traz, decodificado em escrita, a importante voz da presidente do Conselho Interamericano de Cultos Afro-indígenas do Brasil, a yalorixá Dulcéa Alves da Silva, conhecida como Mãezinha Ceinha, que postula que mesmo com a reedição do projeto, o mesmo se transformando em lei, provavelmente iria provocar o fechamento de terreiros filiados às federações espíritas do Estado. Para a sacerdotisa, por trás do projeto estariam as "igrejas eletrônicas", que vinham ganhando cada vez mais adeptos e espaço sobre as várias esferas sociais do país. Com firmeza de palavras, a yalorixá dizia ao jornal que "isso é perseguição religiosa. O vereador está querendo acabar com uma tradição de quatrocentos anos. Isso é discriminação." Entretanto, o vereador Wilson Leite Passos justifica as suas propostas, dizendo ao jornal que não estava agindo em nome do que quer que seja e não queria proibir ninguém de praticar sua religiosidade, o que pretendia era, com o projeto, evitar o sacrifício de animais, a exemplo do que é feito nos países "civilizados".

Diante das afirmações da sacerdotisa e das justificativas do vereador, podemos perceber que o crescimento das "igrejas eletrônicas" pentecostais, no Brasil, vem acompanhado de intensos casos de discriminações e coibições sociais, assim como a aliança de alguns setores políticos e interpretações e ações dessas igrejas, além de um menosprezo e interiorização ao comparar as práticas religiosas afro-brasileiras ou afro-indígenas às internacionais, classificando-as como incivilizadas.

Um jogo assimétrico, classificado a partir de uma referência cristã em relação às práticas religiosas afro-brasileiras, ou referendando as práticas religiosas na África, que foram classificadas como inferiores e atrasadas, práticas religiosas "dos escravos" (DU BOIS, 1989). O projeto de lei proposto pelos políticos do PDS foi proposto em exatos seis meses após a veiculação das matérias publicadas em dezembro de 1988, na revista *Plenitude*, da Igreja Universal do Reino de Deus

Em 1º de agosto de 1989, o jornal *O Dia*, conforme o Boxe 9 mostra, trouxe, em uma de suas matérias, uma reportagem sobre o grande descontentamento das religiões e organizações afro-brasileiras em relação às ações do bispo Edir Macedo.

> **Boxe 9: Pastor depõe mas não diz onde a umbanda sacrifica**
>
> [...] ontem, o bispo foi interrogado no processo que lhe moveu o Conselho Nacional Deliberativo da Umbanda e dos Cultos Afro-Brasileiros, sob a acusação de calúnia e difamação, com base na Lei de Imprensa.
> O processo, que corre na 22ª Vara Criminal, é consequência de um artigo escrito na Revista Plenitude, [...] no qual o bispo Macedo denunciava que, em centros espíritas em geral, incluindo os de umbanda, se pratica matança de crianças em rituais de sacrifício. O deputado [...] Átila Nunes, espiritualista e membro do Conselho, foi uma das duas testemunhas de acusação. [...] o bispo Macedo disse que não sabe onde se localizam esses centros [...] porque apenas "transcreveu o relato de dezenas de fiéis de sua igreja", antes adeptos do espiritualismo e testemunhas desses homicídios. O promotor Evandro Stile indagou [...] se ele checou as denúncias [...] O bispo mostrou nervosismo:
> – São tão frequentes as denúncias e tão parecidas que é difícil de serem inverídicas – sustentou.
> Para [...] Átila Nunes, Macedo está gerando um "clima de instigamento ao ódio religioso" com seus discursos, o que acarreta uma outra consequência: a agressão física. Por isso, o conselho pediu à Polícia para instaurar um inquérito [...] Os adeptos de Alan Kardec fizeram o mesmo, pois já teriam sido agredidos [...]
> [...] Átila Nunes [...] classificou as acusações do bispo Macedo um "vilipêndio aos espiritualistas". [...] O promotor Stile pediu à Polícia para ouvir Macedo e alguns seguidores [...].
> – Se ele denunciou porque ouviu os relatos, como afirma, então deve apontar tais pessoas [...].
> **Fonte**: O Dia, Rio de Janeiro, 1º de agosto de 1989.

Em depoimento, segundo o jornal, ao então juiz João Antônio da Silva, da 22º Vara Criminal do Rio de Janeiro, o bispo Edir Macedo disse que não sabia onde se encontravam os centros espíritas em que seriam praticados rituais macabros, como sacrifício de vidas humanas, e que apenas transcreveu o relato de dezenas de fiéis de sua igreja, antes adeptos do espiritismo e testemunhas desses homicídios.

Contrapondo as afirmações do bispo, o então deputado, Átila Nunes, em entrevista ao jornal, disse que as ações do sacerdote iurdiano estavam gerando um instigamento ao ódio religioso. Diz o deputado: "Eles (o pessoal da Igreja Universal) estão recriando os xiitas do Aiatolá Khomeini, ou Jim Jones." O deputado classificou as ações do bispo Edir Macedo como um "vilipêndio aos espiritualistas".

Transmitidas, principalmente, pelos meios de comunicação, as ofensas e acusações transcorreram com base na Lei de Imprensa. Segundo consta nos autos do processo, o deputado e secretário de trabalho, Átila Nunes, membro do Conselho Nacional Deliberativo da Umbanda e dos Cultos Afro-Brasileiros, adjetivado na matéria como espiritualista, foi uma das duas testemunhas de acusação no processo arrolado contra o bispo da Igreja Universal do Reino de Deus e o editor-chefe da revista. Entretanto, apesar de todos os esforços legítimos e válidos, o juiz não deu parecer favorável sobre a acusação e não condenou os responsáveis pela revista *Plenitude*, bispo Macedo e Amaury Britto. O parecer do juiz, em entrevista ao jornal, estava embasado no fato de que a revista falava de centros espíritas em geral.

Boxe 10: Juiz rejeita ação movida pela umbanda

O juiz da 22ª Vara Criminal, João Antônio da Silva, considerou o Conselho Nacional Deliberativo da Umbanda e dos Cultos Afro-Brasileiros carecedor de ação contra Edir Macedo Bezerra, bispo da Igreja Universal do Reino de Deus, e Amauri Britto, redator da revista Plenitude, na qual, em dezembro de 88, foi publicada matéria considerada ofensiva àquela entidade.

A revista fazia alusão a que em centros espíritas e candomblés as práticas de culto incluíam até sacrifícios de crianças. O Conselho, então, entrou com uma queixa-crime contra o bispo Macedo e o redator da revista. O juiz entendeu que o artigo da Plenitude sob a responsabilidade de ambos, não individualizava senão os centros espíritas, não determinando pessoas físicas e jurídicas. Na sentença, o magistrado assinalou que "o fato de o Conselho ser pessoa jurídica que delibera sobre as atividades da Umbanda e dos cultos afro-brasileiros não lhe dá direito de promover ação privada em nome de associados."

Fonte: O Dia, 12 de outubro de 1989 (Acervo do CEAP).

Podemos perceber, entretanto, que quanto mais buscamos reconstruir a experiência de lutas das classes sociais ditas inferiores, mais restrita se torna a variedade de fontes à disposição (SHARPE, 1992, p. 43). No entanto, isso não significa que não é possível reconstruí-las, pois muitos são os vestígios históricos deixados pela "gente comum" nas suas formas de se expressar através das danças, comidas típicas, expressões linguísticas, etc.

Jim Sharpe, ao estimular uma história que preconize as experiências históricas da "gente comum", nos diz que

> Mesmo hoje, grande parte da história [...] considera a experiência da massa do povo no passado como inacessível ou sem importância; não a considera um problema histórico; ou, no máximo, considera as pessoas comuns como "um dos problemas" com que o governo tinha de lidar. (SHARPE, 1992, p. 42)

Deste modo, ao mergulharmos nos fatos de 2008, episódios em que adeptos das religiões de matrizes africanas são expulsos do morro do Dendê, abrimos uma possível forma de ver e de ler o evento a partir das experiências desses grupos, tornando-os sujeitos de suas próprias histórias, trazendo à tona uma intensa história de lutas pela sobrevivência de seus cultos e manifestações culturais.

O fatídico 16 de março poderia ser considerado como apenas mais um dos casos de violações e ataques aos direitos, ou então ter entrado para as fileiras dos inúmeros casos. Contudo, o desenhar das ações, combinações e diálogos entre as muitas comunidades religiosas, proporcionaram um dos maiores eventos construídos em razão da diversidade e da liberdade religiosa.

Antes de adentrarmos em nossas análises sobre os bastidores da Caminhada pela Liberdade Religiosa, é preciso fazer uma rememoração da inserção de umas das ONGs mais ativas no país no que tange à luta contra a supressão dos direitos. E é pela luta contra essas supressões que ONGs como a CEUB, o IPELCY e a ASSEAF, hoje denominada CEAP, surgiram. A Associação dos ex-alunos da Funabem (ASSEAF), durante boa parte das lutas pela garantias dos direitos adquiridos, quebrou paradigmas nacionais em que os marginalizados estariam sempre à espera das ações dos poderes públicos para poderem ter voz e acessarem seus direitos.

2.2 DE ASSEAF PARA CEAP: MARGINALIZADOS EM LUTAS

Só nos é possível reconstruir as experiências da "gente comum" brasileira mergulhando nas análises documentais jurídicas ou cristãs religiosas que, de uma forma positiva, constituem um monumental acervo arquivístico, arqueológico e museológico, que evidencia os excluídos do cenário nacional, da história oficial do país. Negros, negras, pobres, marginalizados e "macumbeiros" são apresentados como ociosos, preguiçosos e miseráveis. Todavia, todos solapados por uma história que não lhes dá voz.

A proposta de dialogar com algumas bibliografias da época, como Marisa Bonfim (1987) e Maria Cecília Minayo (1990), é uma tentativa de pautar as nossas análises sob a ótica das produções sobre populações marginalizadas, preconceito e discriminação antes da virada do século 20 para o 21. Produções muito atuais e plausíveis para as discussões atuais, como redução da maioridade penal, sistemas carcerários, menores infratores, situações de marginalização social e vulnerabilidade social.

O artigo de Marisa Bonfim (1987), sobre a fundação da Associação dos ex-alunos da FUNABEM (ASSEAF), foi a única referência que em sua metodologia participativa se propõe a uma análise voltada para as experiências internas e externas dos membros e fundadores da associação. Mesmo tendendo a interpretar as ações do Estado, quando da criação da FUNABEM, desvinculadas de uma crítica social, a autora lança sobre a história da ASSEAF uma pequena fagulha, que se pretende manter acesa, trazendo luz para as histórias das organizações das populações marginalizadas.

2.2.1 Marginalizados organizando suas populações

A passagem do século 20 para o século 21 está marcada por uma intensa e crescente propagação de direitos, advindos de uma necessidade de contemplar a sociedade nas especificidades de grupos e segmentos de indivíduos, diante dos desafios postos à sociabilidade contemporânea e aos conflitos e contradições que dela são frutos.

A evolução se constata desde os direitos individuais da primeira geração, que consagra as liberdades individuais, aos de segunda geração, que tratam dos direitos sociais, culturais e econômicos, dos quais se destaca a regulamentação dos direitos do trabalho, a assistência social e o amparo a crianças e idosos (SANTOS; SEMOG, 2009, p. 7-8). Entretanto, na medida em que as relações entre capital e trabalho se tornam mais complexas e são desencadeadas sem limites de fronteiras, surgem assim os direitos de terceira geração, que em grande medida se ocupam com a proteção da flora e da fauna, o desenvolvimento econômico, ligados aos bens de consumo e à defesa do consumidor, num aspecto de autodeterminação dos povos, do meio ambiente saudável e da paz universal.

Para além dos direitos de terceira geração, os direitos de quarta geração envolvem as questões relacionadas à "manipulação genética, à biotecnologia, pressupondo, como nos demais, o debate sobre a ética que envolve tais ações no processo de evolução científica" (SANTOS; SEMOG, 2009, p. 8).

Dentro dessa classificação, temos ainda os direitos de quinta geração, que se ocupam das questões de realidade virtual, do desenvolvimento e da disseminação de informações e bens por meio das redes de informática, que praticamente liquidaram as fronteiras e inauguraram uma nova geopolítica, com novos eixos econômicos, políticos, culturais e religiosos.

Nas sociedades em que a democracia está em formação, a exemplo da sociedade brasileira, lidar com esse imenso mar de direitos é um dos maiores desafios do Estado. O Estado, considerado o princípio regulador e distribuidor de direitos, com todo o aparato de que dispõe, não consegue garanti-los em toda a sua dilatação, de maneira especial no que se refere aos direitos de primeira geração, ou seja, as liberdades individuais. Principalmente se esse(s) indivíduo(s) estiver(em) em situações de vulnerabilidade social.

O Centro de Articulação de População Marginalizada (CEAP) foi fundado, dois anos depois de muitos estudos e análises das conjunturas sociais e econômicas nacionais e internacionais, por ex-internos da antiga Fundação Nacional do Bem-Estar do Menor (FUNABEM), com a ajuda de representantes da comunidade negra e do movimento de mulheres, levando em consideração principalmente as perspectivas da população afro-brasileira no contexto da década de 1980, especificamente no ano de 1989. O CEAP opera por meio de uma assembleia geral, um conselho estratégico, uma secretaria executiva, uma coordenação de comunicação, uma coordenação pedagógica de programas e projetos e uma coordenação operacional. Hoje sua atuação se dá em nível nacional e internacional. A referida ONG busca lutar contra a recorrente violação dos direitos fundamentais das classes menos favorecidas. A bem da verdade, esta foi a grande inspiração para a criação da entidade.

A década de 1980 surpreendeu o Brasil e partes das outras nações ocidentais, com a publicação do número especial da Revista CEAP *Extermínio de crianças e adolescentes no Brasil* (EXTERMÍNIO, 1989). Como tema, a instituição trouxe para o cenário nacional os intensos e sistemáticos casos de assassinato de crianças pobres, que em sua grande maioria eram negras. Analisando a situação e o descaso público em relação aos menores, Gilberto Dimenstein apontava que

> Cada vez mais cresce a criminalidade infantil, e cada vez mais as crianças são vítimas de extermínios, que banalizam a pena de morte com julgamento e execução sumárias. O assassinato, porém, é apenas o grau mais elevado de um processo de rejeição do menor, suspeito de ser infrator. Antes do extermínio, há uma fase intermediária, caracterizada pela rotina da tortura, dos maus-tratos nas delegacias, nas ruas e nos chamados centros de recuperação como Funabem e Febem. (DIMENSTEIN, 1990, p. 11-14)

Em algumas capitais brasileiras, de acordo com o acompanhamento de entidades em defesa dos direitos humanos, a violência contra o menor atingiu o caráter de calamidade pública, isso é, tornou-se uma doença endêmica que nasce no subdesenvolvimento e permanece como tal porque inexiste vontade política do poder público em extingui-la. Podemos então dizer que essa violência é institucionalizada, porque recebe, de certa forma, a complacência do judiciário. Somente "em meados de 2009, a Secretaria Especial de Direitos Humanos da Presidência da República anunciou uma pesquisa estarrecedora, que aponta o assassinato de 33 mil crianças adolescentes, de 12 a 18 anos, entre os anos de 2006 e 2012." (SANTOS; SEMOG, 2009, p. 9).

Segundo Ivanir dos Santos e Éle Semog (2009, p. 9), "as reações foram acaloradas, mas as medidas, tímidas. Mesmo com a instalação de uma Comissão Parlamentar de Inquérito (CPI) pelo Congresso Nacional e com o desmantelamento de uns poucos grupos de extermínio". Ao dar voz aos milhares de vozes silenciadas, a instituição promove uma grande reflexão sobre a supressão dos direitos às populações marginalizadas e torna-se uma das instituições pioneiras em trabalhar e discutir sobre o extermínio da população negra no Brasil.

Algo perpetrado contra a população negra desde os princípios do período colonial, seja através dos intensos processos de escravização dos negros e dos trabalhos forçados, seja por imposição cultural, religiosa e alimentados principalmente pelo racismo à brasileira. Não era, pois, apenas uma questão individual, e sim um fenômeno socialmente construído, que opera como importante mecanismo do colonialismo, ou seja, funciona como uma grande engrenagem de um sistema político capitalista, constituindo o racismo também, para além dos domínios coloniais, um mecanismo de distribuição de privilégios em sociedades marcadas pela desigualdade, tal como o Brasil.

Para Aníbal Quijano,

> A ideia de raça, em seu sentido moderno, não tem história conhecida antes da América. Talvez se tenha originado como referência às diferenças fenotípicas entre conquistadores e conquistados, mas o que importa é que desde muito cedo foi construída como referências a supostas estruturas biológicas diferenciais entre esses grupos. A formação de relações sociais fundadas nessa ideia produziu na América identidades sociais historicamente novas: índios, negros e mestiços, e redefiniu outras. Assim, termos como espanhol e português, e mais tarde europeu, que até então indicavam apenas procedência geográfica ou país de origem, desde então adquiriram também, em relação às novas identidades, uma conotação racial. E na medida em que as relações sociais que se estavam configurando eram relações de dominação, tais identidades foram associadas às hierarquias, lugares e papéis sociais correspondentes, como constitutivas delas, e, consequentemente, ao padrão de dominação que

se impunha. Em outras palavras, raça e identidade racial foram estabelecidas como instrumentos de classificação social básica da população. Com o tempo, os colonizadores codificaram como cor os traços fenotípicos dos colonizados e a assumiram como a característica emblemática da categoria racial. Essa codificação foi inicialmente estabelecida, provavelmente, na área britânico--americana. Os negros eram ali não apenas os explorados mais importantes, já que a parte principal da economia dependia de seu trabalho. Eram, sobretudo, a raça colonizada mais importante, já que os índios não formavam parte dessa sociedade colonial. Em consequência, os dominantes chamaram a si mesmos de brancos. (QUIJANO, 2005, p. 117-118)

Para o "mundo latino – francófono, lusófono e hispânico –, o racismo era considerado uma doença muito peculiar das sociedades anglófonas: Estados Unidos, Grã-Bretanha, Austrália, África do Sul" (GORDON, 2008, p. 13). Contrariando tal pensamento, explicitado por Lewis Gordon, Frantz Fanon (2008) nos mostra o quão marcada pelo racismo é a ideologia da suposta igualdade racial, pois a mesma pode possibilitar suportes para que o racismo se manifeste de maneira "velada". E ser insensível à existência do racismo, em sociedades multirraciais e multiculturais, onde as relações sociais são marcadas principalmente pela assimetria entre os diferentes grupos étnicos, significa dar suporte para quem detém a hegemonia.

A experiência exitosa da campanha "Não matem nossas crianças", promovida e conduzida pelo CEAP, na década de 1980, funcionou como um grande instrumento de denúncia da esterilização de mulheres negras como forma de genocídio do povo negro, e inspirou outros projetos de promoção da cidadania, como o "Projeto Sofia: mulher, teologia e cidadania", do ISER. O CEAP também liderou a proposição de ações para o enfrentamento da questão da esterilização em massa de mulheres negras e pobres que se processava travestida de política de saúde.

Boxe 11: Tribunal internacional condena violação de direitos da mulher

"Em 18 de dezembro de 1990, a Assembleia Geral da ONU decidiu convocar a Conferência Mundial de Direitos Humanos, realizada de 14 a 25 de junho em Viena. Essa conferência ocorre 25 anos depois da Conferência de Teerã [...]. A mulher enquanto tema e como integrante nas discussões é uma novidade [...]. O evento de maior impacto no Fórum das Ongs foi o Tribunal Internacional sobre as Violações aos Direitos Humanos das Mulheres. [...] mulheres vítimas de violência [...] falaram para o mundo sobre a opressão de gênero, que se manifesta de diversas formas e não tem fronteiras raciais, econômicas, sociais ou religiosas. [...] O Tribunal revelou que é internacional a violência contra as mulheres, e que retirar essa questão do âmbito privado é fundamental para se criar políticas públicas que garantam os direitos humanos das mulheres."

Segundo a advogada Leila Linhares Barsted, é muito difícil aceitar a especificidade da luta feminina. Por isso foi muito importante a exposição de dados sobre as diferenças salariais e a baixa representação política das mulheres. A discriminação das mulheres foi contemplada por políticas, mas elas ficaram mais no plano formal, e um obstáculo é a forte presença da discriminação contra a mulher na cultura brasileira. Ainda segundo Leila, o desrespeito à mulher se mostra na exigência de atestado de esterilização para obter emprego, na colocação sobre a mulher da carga da responsabilidade pelos filhos, na culpabilização da mulher por casos de violência (como estupros), no disfarce da violência com cordialidade, enfim, "uma cadeia de violações toleradas socialmente" cujo ponto culminante é o assassinato.
Fonte: FOLHA MULHER, Rio de Janeiro, ano 3, n° 6, p. 10-11, 1993.

A atuação do centro, junto ao movimento "Mães de Acari", trouxe para o cenário nacional as discussões sobre o genocídio das populações das periferias dentro das múltiplas formas de extermínio urbano. O movimento social teve início na década de 1990, na cidade do Rio de Janeiro, com passeata, especificamente de mulheres e mães que perderam um familiar para a "violência urbana", e estavam em busca dos seus filhos desaparecidos, em instituições do Estado e da sociedade civil, ou clamando por justiça.

Tais repercussões tomaram a mídia após a veiculação da "Chacina de Acari", envolvendo o desaparecimento de onze jovens, oriundos de localidades da periferia do Rio. Assim começou, com a busca feita por três mães, dos seus filhos desaparecidos em esquadras policiais dos subúrbios do Rio de Janeiro. Esses jovens, sete deles menores de idade, foram sequestrados, provavelmente mortos, e os seus corpos até até 2018 estavam desaparecidos. De imediato, os familiares reagiram, particularmente, as mães das vítimas, clamando por "justiça", no sentido de identificar e julgar os assassinos de seus filhos.

Entretanto, num primeiro momento, não houve nenhuma mobilização policial para encontrar os jovens. Assim as "mães" se deram conta de que teriam que agilizar relações pessoais para levar o seu pleito adiante. Após a chacina, com intensas manifestações populares, em 15 de janeiro de 1993, Edméia da Silva Eusébio, uma das mães, foi assassinada; o objetivo era fazê-las desistir de encontrar seus filhos, vivos ou mortos. Diante da luta por justiça, da audácia em enfrentar os poderes constituídos, as mães de Acari receberam, como resposta, mais um assassinato.

Entrevistada pela revista *Folha Mulher*, do Projeto Sofia, publicada pelo Instituto de Estudos da Religião (ISER), Marilene, mãe de uma das vítimas, enfatizou a luta do movimento como está descrito no Boxe 12.

Boxe 12: Mãe de Acari luta contra impunidade

Eu me chamo Marilene [...] Somos um grupo de mães de 11 jovens, retirados de um sítio em Magé, no dia 26 de julho de 1990, e dos quais não se tem notícias até hoje. [...] Buscamos apoio junto a um grupo. Tivemos o apoio logo no início do CEAP [...] Nosso movimento busca saber onde estão nossos jovens. [...] Ao nos unirmos na procura da verdade, não sabíamos que chegaríamos tão longe em termos de braços que nos fortalecem, que nos procuram ajudar, que nos apoiam, que nos incentivam. Mas também não sabíamos que não chegaríamos praticamente a nada, culminando com a morte de uma das mães, Edméia Eusébio. [...] A impunidade não pode continuar. Nós ignoramos quem são os matadores de nossos filhos. O que sabemos é que são pessoas pagas para nos defender [...] Infelizmente, nos deparamos com uma pena de morte clandestina. [...] O medo é normal em

> qualquer ser humano, porque nós todo dia lidamos com a violência. Só que continuamos, apesar dos pesares, apesar de termos perdido a nossa companheira Edméia. E a cada voz que se calar, tenho a certeza de que haverá outras vozes que irão continuar essa luta, porque ela não é uma luta isolada. Nós, hoje, não buscamos justiça só para nossos 11 jovens. Nós, hoje, somos uma força que abraçamos uma causa [...].
> **Fonte:** FOLHA MULHER, ano 3, nº 6, p. 8, 1993.

Deste modo, as atuações efetivas do CEAP e suas reelaborações de lutas pelos direitos deram um novo olhar e interpretação às ações da "gente comum" brasileira, marginalizada e estigmatizada. De agentes subalternos a agentes históricos, os marginalizados tornaram-se agentes históricos nacionais, colocando em pauta suas lutas e reivindicações políticas e sociais. E os projetos pela promoção da igualdade e cidadania, promovidos pelo CEAP, passaram a ser abraçados por várias instâncias sociais brasileiras e discutidos em instâncias e núcleos de estudos ligados ao segmento cristão católico.

As lutas das populações marginalizadas em benefício da garantia de seus direitos, ou sobrevivência, não é algo novo, isolado ou desconectado de todas as ações da construção do Estado brasileiro. Elas vêm acompanhadas de um intenso histórico de resistências frente aos processos de dominação, mas pautada, até então, sob a ótica da alienação social e anomia, algo que se reflete principalmente sobre as interpretações da história da população negra marginalizada desde a escravidão.

Abandonando interpretações simplistas, nos debruçamos sobre o aporte interpretativo de Flávio Gomes (2015, p. 9), ao mergulhar nas intensas formas de protestos e resistências frente ao sistema de dominação. As sociedades escravistas conheceram várias formas de protesto, insurreições, rebeliões, assassinatos, fugas e morosidade na execução das tarefas que se misturavam com a intolerância dos senhores e com a brutalidade dos feitores. Chicotadas, açoites, troncos e prisões eram rotineiros. Assim como as notícias sobre fugitivos. Talvez fugir tenha sido a forma mais comum de protesto. Podemos moldar assim as ações da instituição como uma herança de luta reelaborada a partir do que é dado pela contemporaneidade. Outra grande questão, com o mesmo peso de mal-estar social na sociedade brasileira, trazida pelo CEAP, diz respeito às denúncias e ao combate ao tráfico internacional de mulheres, à exploração do trabalho infantil, à violência e à exploração sexual de meninas e adolescentes, à busca incansável pela aplicação do Estatuto da Criança e do Adolescente, aos cursos de formação continuada de professores, e, por fim, à consolidação e disseminação da Lei nº 10.639/03, que torna obrigatório o ensino da história e da cultura africana e afro-brasileira nas escolas públicas e privadas.

No ano de 2008, o CEAP passou a integrar a Comissão de Combate à Intolerância Religiosa do Estado do Rio de Janeiro (CCIR) e o Fórum de Diálogo Inter-Religioso, ratificando, assim, suas convicções pela pluralidade e seu caráter de empreendedor em inovações sociais. Nas palavras de Ivanir Santos e Éle Semog, o CEAP cumpre o seu papel frente aos

> [...] ataques perpetrados ao Estado de Direito [que] são de tal grandeza que, nos parece, já não têm nuances, mas sim os traços explícitos de arrojada conspiração contra a democracia e a paz social. As agressões físicas e contra patrimônios religiosos, perpetradas por neopentecostais, têm como alvo principal as religiões de matriz africana, mas alcançam também católicos, judeus, budistas. Na verdade, todos mais que pratiquem outras crenças são vítimas da mentalidade xenófoba de fiéis daquela corrente religiosa. A insurgência contra a paz social promovida por lideranças e parte dos seguidores neopentecostais foram se disseminando pelo país, não só pelos meios de comunicação tradicionais como pela internet e por estações de TV, concessões públicas, que, agregadas, têm o formato de rede nacional, institucionalizada pela Rede Record de televisão. [...] A liberdade religiosa e o livre direito à crença, bem como a laicidade do Estado, estão marcados de forma categórica na Constituição Brasileira promulgada em 1988, embora, no discurso de 5 de outubro de 1988, o deputado Ulisses Guimarães, então presidente da Assembleia Nacional Constituinte, peça a ajuda de Deus para cumpri-la e conste, no seu Preâmbulo: [...] promulgamos, sob a proteção de Deus [...]. (SANTOS; SEMOG, 2009, p. 11-12)

As lutas empreendidas pelo CEAP, a partir dessa nova frente de batalha, visam, assim, construir e consolidar a democracia para os adeptos e praticantes das religiões afro-brasileiras, bem como para todos os brasileiros; assim como os programas, projetos e atividades das áreas de educação, formação para o trabalho, direitos humanos e defesa da liberdade religiosa são desenvolvidos por meio de parcerias com instituições públicas e privadas, e setores da sociedade civil. Ações e eventos culturais, debates, oficinas e seminários são promovidos pela CCIR, juntamente com o CEAP, mobilizando durante todo o ano grande parte da sociedade civil organizada.

Outra ação de igual importância é a Caminhada em Defesa da Liberdade Religiosa. O evento reúne líderes e praticantes de diferentes denominações religiosas, no intuito de promover um diálogo reflexivo entre esses grupos e colocar fim à onda de violências que determinados segmentos vêm sofrendo há muito tempo. A esse diálogo se segue um seminário que ocorre sempre após a Caminhada, onde se tem debates que discutem a importância de uma religião não se sobrepor às demais. Chamar a atenção do governo para a importância de se respeitar a laicidade do Estado é também dar as mesmas condições de prática e de respeito a todos os segmentos religiosos.

Dos cursos de formação e de projetos oferecidos e desenvolvidos pelo CEAP, destacam-se o NUFAC (Núcleo de Formação de Agentes da Juventude Negra); o Curso de Formação de Professores sobre História da África e das Relações Étnico-Raciais; o Curso de Formação Candomblé: Memória e Sustentabilidade; e o Projeto Ponto de Cultura JPA Afro-Cultural.

O CEAP conta ainda com alguns projetos cuja realização foi bem sucedida. Contudo, entre os projetos inviabilizados pela fata de recursos, encontram-se o projeto "Camélia da Liberdade" com suas ações de fomento, promoção e divulgação de iniciativas de ações afirmativas, que pretende sensibilizar a sociedade no sentido da valorização e do respeito à diversidade racial e étnica do Brasil, assim como dar visibilidade à contribuição histórica dos afrodescendentes na formação e desenvolvimento da sociedade brasileira.

O projeto "Candomblé: História, Memória e Sustentabilidade", que tem por objetivo realizar a capacitação de pessoas e promover o fortalecimento e intercâmbio das comunidades tradicionais de matrizes africanas de origem iorubana, do candomblé, no Estado do Rio de Janeiro, vem contribuindo para potencializar a sustentabilidade desses espaços. São ministradas oficinas de capacitação em informática básica, em comunicação (divulgação e mídias sociais), em gestão de projetos, em legislação institucional, consultoria contábil e incentivos fiscais.

O projeto "Ponto de Cultura JPA Afro Cultural" tem como objetivo articular e fortalecer as redes de inclusão socioeconômica, através da cultura. As atividades propostas, dirigidas potencialmente para crianças e adolescentes, assumem um caráter pedagógico-informativo e de capacitação/formação. São elas: I) Oficinas e cursos: capoeira, jongo, samba de roda, danças afro-brasileiras e percussão; II) Formação/capacitação e difusão de informações: cineclube, cursos de audiovisual, fotografia e informática (web e redes sociais); III) Festas populares: Carnaval, Dia Estadual do Jongo e Dia Nacional do Samba.

A publicação de material que põe em debate as questões que perpassam as populações marginalizadas também se encontra entre essas ações. Assim, tem-se publicado livros que são direcionados para as ações afirmativas, em que o caráter de abordagem consiste no debate e na luta contra os preconceitos, as intolerâncias e as desigualdades na sociedade brasileira.

O CEAP tem como missão combater a discriminação racial e todas as formas de preconceito que atingem a população brasileira, por meio de ações afirmativas. Desta forma, visa defender, incluir e manter as políticas afirmativas em favor das populações marginalizadas em todos os âmbitos da vida pública (governo, empresas e sociedade).

Todas essas iniciativas decorreram do monitoramento da dinâmica social efetuado pelo CEAP e de parcerias institucionais que são mantidas nas perspectivas de consolidação da democracia no país. Entretanto, não seria possível toda a inserção social do Centro de Articulação de Populações Marginalizadas sem as experiências adquiridas de atuações de alguns de seus membros na ASSEAF.

2.2.2 ASSEAF: a voz dos marginalizados por eles mesmos

> *Peço licença aqui a vocês, pois já não posso dizer qual é o rosto de minha mãe. Os tapas da ditadura que motivaram os meus sussurros de dor me deixaram surdo e cego. Os homens vieram em seus carros rotans[42] e me arrancaram dos braços de minha mãe. Os olhos dela mareados de lágrimas eu nem pude ver ou escutá-los cair no chão feito aquelas lágrimas que eu escutava cair quando nem pão tínhamos para comer. Deixei de ser filho da dona Maria e me tornaram filho da FEBEM... Sou filho da história do Brasil.* **(Autor desconhecido)**

A ideia de fundar a Associação dos Ex-alunos da FUNABEM (ASSEAF) surgiu por volta de 1975, quando os ex-alunos internos, Guaracy e Carlos Alberto Ivany, tomaram conhecimento da criação de uma entidade de ex-internos da FEBEM de São Paulo. Ao constatarem que não poderiam contar muito com a compreensão e a ajuda da sociedade, sentiram que seria necessário fundar uma associação, no Rio de Janeiro, nos moldes da de São Paulo, com o forte, puro e singelo objetivo de "desenvolver o espírito de fraternidade e ajuda mútua, assistência ética, material e profissional, que propiciasse a integração dos ex-alunos da FUNABEM" (dizeres do Estatuto da Associação de Ex-alunos da FUNABEM – ASSEAF, art. 19 citado em BONFIM, 1987, p. 114). Sobre a aceitação e ingresso da associação, Carlos Alberto, um dos patronos, em entrevista para a educadora Marisa Santos Bonfim, afirma que

> [...] procuraram a Administração da FUNABEM com a ideia da Associação e projeto para criação que foi na oportunidade muito bem aceito. Cederam uma sala e reuniram cerca de 30 alunos e ex-
> -alunos [...] a FUNABEM logo se retraiu ao perceber que a maioria dos ex-alunos guardavam ressentimento devido ao "mito de inte-

---

42 ROTAM (Rondas Ostensivas Táticas Metropolitanas) é o nome, em alguns Estados brasileiros, de um grupamento motorizado da Polícia Militar que atua em operações policiais especiais. Em outros Estados, o grupamento com funções semelhantes se chama Batalhão de Policiamento de Choque, Rondas Ostensivas Tático Móvel (ROTAM) ou Batalhão de Operações Policiais Especiais (BOPE).

gração"; e o projeto foi por água abaixo. Somente na administração da Éclea Therezinha Fernandes Guazzelli é que puderam retomar o trabalho. Ela deu muita força e cedeu a casa que ocupamos hoje. Por esse motivo, já afastada do cargo na FUNABEM, recebeu o título de presidente de honra da ASSEAF. (BONFIM, 1987, p. 114)

Mesmo com empenho e incentivo por parte de alguns servidores da FUNABEM, o ressentimento por parte de alguns ex-alunos está possivelmente conectado à "história das crianças do Brasil", em idos da ditadura militar, crianças marginalizadas que foram entregues às FEBEMs brasileiras tais como a FUNABEM (Fundação Nacional do Bem-Estar do Menor).

Boxe 13: O depoimento de um menor

Com a FEBEM é "sim, senhor!", "cala a boca!", "mão para trás!", então eu não acredito em FEBEM. [...] Eu sempre digo que a melhor coisa que fiz na minha vida foi ter fugido da FEBEM. Fiquei lá até os 13 anos. Porque se estivesse na FEBEM até hoje, eu teria três alternativas: ia ser bandido porque a FEBEM não teria me dado preparação para estar enfrentando um emprego e teria que roubar porque ninguém dá nada, podendo ir parar na penitenciária. Ou ia pedir esmola, ia ser mendigo se não tivesse peito para enfrentar ser bandido, apanhar da polícia. Ou, então, ia ser presunto como [...] milhares de crianças que morrem nas mãos da polícia: ia acabar num cemitério da vida.

Vim morar na rua e foi na rua que aprendi uma coisa muito bonita na minha vida: eu aprendi igualdade. [...] Nós fizemos uma família aqui: mais de 200 meninos. [..] Foi lendo livro tipo Capitães de Areia que comecei a ver que quase 50 anos atrás existia menores de rua e que eu estava na mesma situação deles. Aí dentro de mim fazia a pergunta: por que existe menor de rua?
Fonte: COLLEN, 1988.

Em 1964, ano do golpe político que deu início à ditadura militar, que perdurou até os anos 1980, iniciou-se um grande empreendimento inédito na história do atendimento aos menores no Brasil. Pela primeira vez o governo federal pretendeu traçar orientações unificadas, de alcance nacional. Assim, em 1º de dezembro de 1964, foi criada a FUNABEM, órgão normativo que tinha por finalidade criar e implementar a "política nacional de bem-estar do menor", através da elaboração de "diretrizes políticas e técnicas" (PALAVRA, 1988). Vinculada ao Ministério da Justiça pela Lei nº 4512, de 1º de dezembro de 1964, a FUNABEM veio substituir o antigo Serviço de Assistência ao Menor (SAM), reforçando o seu caráter policial frente à problemática que deveria atender a uma lógica utilizada pelo Código de Menores: a de que "se a família não pode ou falha no cuidado e proteção do menor, o Estado toma para si esta função" (RIZZINI; PILOTTI, 1995, p. 211, citado em MOREIRA; SALUM; OLIVEIRA, 2016, p. 139).

Em níveis estaduais, foram sendo criadas as FEBEMs, órgãos executivos responsáveis pela prática das orientações elaboradas pela FUNABEM, através do atendimento direto aos menores. Entretanto, muitos dos grandes internatos já existiam no país com outras denominações e apenas foram rebatizados; ou foram construídos com a mesma finalidade de internação e reclusão de menores, nomeados, com eufemismo, como "unidades educacionais" ou "terapêuticas" (PALAVRA, 1988).

Com a fusão dos Estados da Guanabara e do Rio de Janeiro, foi criada, pelo Decreto-Lei nº 42 de 24/03/1975, a Fundação Estadual de Educação do Menor (FEEM), resultante da fusão da FEBEM e da FLUBEM, vinculada à Secretaria de Estado de Educação. Em 1983, passou a ser vinculada à Secretaria de Estado de Promoção Social e, em 1987, passou à Secretaria de Estado de Trabalho e Ação Social.

Estes grandes internatos representaram, e continuam representando, o modelo de atendimento vigente em todo o país, em nível de Estado, nos quais os menores costumam ser classificados em dois grandes grupos: os "infratores", que foram recolhidos na rua pela polícia e julgados pela justiça, permanecendo sob custódia destas instituições; e os "abandonados", cujos pais não possuem condições de criá-los ou que são órfãos sem pais adotivos (PALAVRA, 1988).

Esta gigantesca estrutura atendia o número astronômico de menores considerados como "destinatários das ações da FUNABEM", e ela própria reconhece a sua incapacidade de atingir este objetivo. Um documento oficial, elaborado com o advento da "Nova República", o constata. A FUNABEM até era responsável pelo atendimento direto, em seus estabelecimentos, de cerca de três mil crianças e adolescentes. Numa formação social marcada pela divisão de classes e por uma complexa rede de organização social, a adolescência tem que ser compreendida dentro das especificidades históricas, socioeconômicas, políticas e culturais. Ao tomar a questão da violência associada à adolescência no Brasil, essas variáveis são fundamentais, mesmo porque, se não existe "adolescência em geral", não há também "violência em geral".

Destarte, a ação dessas intuições de "menores infratores" faz parte da grande estrutura de históricos de violência no Brasil, uma violência que nasceu, se fortificou e frutificou dentro do próprio sistema social, resultando em grandes e intensas desigualdades, preconceitos e discriminações. Para Maria Cecília de Souza Minayo, podemos classificar os reflexos destas violências em três categorias:

a. a violência estrutural, como aquela que nasce no próprio sistema social, criando as desigualdades e suas consequências, como a fome, o desemprego, e todos os problemas sociais com que convive a classe trabalhadora. Estão aí incluídas as discriminações de raça, sexo e idade. Cuidadosamente velada, a violência estrutural não costuma ser nomeada, mas é vista antes como algo natural, a-histórico, como a própria ordem das coisas e disposições das pessoas na sociedade.

b. a violência revolucionária ou de resistência, como aquela que expressa o grito das classes e grupos discriminados, geralmente de forma organizada, criando a consciência da transformação. Do ponto de vista dos dominantes, as formas de resistência e denúncia são vistas como insubordinação, desordem, irracionalidade e disfunção. O debate sobre a legitimidade ou não da violência revolucionária tem atravessado a filosofia da história.

c. a delinquência seria uma terceira forma de violência presente em nossa sociedade. Compreende roubos, furtos, sadismos, sequestros, pilhagens, tiroteios entre gangs, delitos sob o efeito do álcool, drogas etc. Essa é a forma mais comentada pelo senso comum como violência. É importante entender que a delinquência não é um fenômeno natural e muito menos pode ser explicada pela conduta patológica dos indivíduos e muito menos ainda como atributo dos pobres e negros. O aumento da criminalidade se alimenta das desigualdades sociais, da alienação dos indivíduos, da desvalorização das normas e valores morais, do culto à força e ao machismo, do desejo do lucro fácil e da perda das referências culturais. (MINAYO, 1990, p. 290)

Cecília Minayo assinalava, já na década de 1990, que as situações de violência aqui colocadas têm uma mola propulsora: 44% das crianças e adolescentes no Brasil, segundo dados da UNICEF daquela época utilizados pela autora, viviam em famílias com uma renda *per capita* de meio salário mínimo. Desse total, diz Minayo (1990, p. 287-288), metade vivia em famílias com um quarto de salário mínimo *per capita*. Eram 29 milhões de crianças e adolescentes em situação de miséria absoluta, filhos da violência estrutural, campo propício para a experiência da delinquência.

Muito se tem falado da relação entre o urbano e a violência, entre as periferias urbanas, favelas e a delinquência. Na nossa consciência distorcida, inclusive, existe uma relação linear entre esses termos. Desconhecemos que esses espaços são locais de moradia das classes trabalhadoras. Em sua grande maioria, esse grupo social vive dentro dos mais estritos códigos da moral social que elege a vida de trabalho e de família como ideal. Sua adesão às normas ocorre, apesar de sofrer a mais profunda discriminação e exclusão em termos de renda e benefícios da vida urbana, transformando-se em testemunhos vivos do processo desigual de distribuição da riqueza no país. Foi na década de 50 que o fenômeno da urbanização no Brasil atingiu seu pleno ritmo de expansão. Para muitos trabalhadores, a concentração da propriedade da terra, a política agroindustrial intensiva para exportação, a limitação de créditos e serviços tornaram quase impossível a vida no campo, detonando o desemprego agrícola e a degradação progressiva dos recursos indispensáveis à subsistência rural. Esse processo provocou no país, do interior para os centros urbanos, um fluxo migratório que, além de todas as questões materiais, se alimentou de uma falsa imagem promissora das cidades para os trabalhadores, onde repousariam as esperanças de trabalho, educação para os filhos, moradia, mobilidade social, prosperidade. (MINAYO, 1990, p. 287-288)

Sobre esses intensos campos de violência social destacados por Minayo (1990), apresentamos um que se adapta perfeitamente às ações da ASSEAF: a violência revolucionária ou de resistência, que seria aquela que expressa o grito das classes e grupos discriminados ou marginalizados, de forma organizada, criando a consciência da transformação social, política e econômica, contrapondo a interpretação de anomia social assimétrica, do ponto de vista da hegemonia dominante.

As resistências e as denúncias são vistas pela elite brasileira como insubordinação, desordem, irracionalidade e disfunção. O debate sobre a legitimidade ou não da violência revolucionária tem atravessado a filosofia da história (MINAYO, 1990). Entretanto, o que pautamos dentro do conceito é a possibilidade de dar vozes a essas experiências sob a ótica de contraposição histórica, em que suas narrativas são adjetivadas de forma positiva em relação à história oficial.

A ASSEAF era mantida e dirigida pelos próprios sócios, a associação contabilizava como sócios 700 ex-alunos, e a estrutura se dividida em quatro departamentos: jurídico, cultural, médico e de serviço social (BONFIM, 1987, p. 147).

> No primeiro departamento, foi possível comprovar a existência de um advogado ex-aluno, mas a Direção afirma que é composto por 6 advogados, quatro dos quais são ex-alunos e trabalham sem receber nada, prestando assessoria jurídica a nível trabalhista, civil e criminal (neste último caso, atendendo a ex-alunos envolvidos em delitos criminais). O responsável pelo Departamento Cultural é o mestre de Capoeira José Vieira dos Anjos; sua principal função ou tarefa, além de dar aulas do esporte que pratica, é a organização da Biblioteca. Outras atividades são desenvolvidas pelo Departamento, tais como: aulas de violino – dadas por Augusto Paulino e Sebastião Rocha; e de inglês ministradas por Jorge Santos e Guaracy Reis. Os membros da Associação lamentam que a comunidade local ainda não tenha se interessado pelos cursos, pois seria, além de uma fonte de renda (onde os recursos são poucos), uma forma de manter e estreitar laços de amizade e o convívio dos ex-alunos com a coletividade. Atingindo, dessa forma, um dos objetivos propostos

> da Associação – o de reintegração do ex-aluno com a sociedade. No Serviço Social, trabalham três assistentes sociais que, geralmente, são procuradas por ex-alunos com problemas de moradia e emprego. (BONFIM, 1987, p. 147)

Diante de todos os problemas enfrentados pelos ex-alunos, nenhum foi tão intenso como a falta de emprego. Ao atingirem a maioridade, os internos, agora ex-internos, eram despejados na sociedade, com a qual não mantinham contato direto por um período de tempo, devido ao confinamento. Assim, como conta Bonfim (1987), muito desses ex-internos, ao serem devolvidos para a sociedade, sem um mínimo de referencial social ou financeiro, começaram a dormir nas ruas, serem assaltados, e perderem documentos.

As estratégias de resistência da associação foram se modificando ao longo da década de 1980. Para além das questões sociais e raciais, as inserções de alguns associados nas religiões de matrizes africanas possibilitaram um frutífero encontro entre a ASSEAF e o Núcleo Oju Obá.

Segundo Jayro Pereira de Jesus, na época da estruturação do IPELCY, um grupo de jovens ligados a religiões de matriz africana começou a visitar os terreiros da Baixada Fluminense (RJ), para conversar sobre a intolerância religiosa de que seus participantes eram vítimas. A partir dessa experiência, foi criado, em 1987, o Projeto Tradição dos Orixás, Inkices e Voduns, para organizar ações contra a intolerância religiosa junto aos terreiros. O Projeto tinha três frentes de luta: política, jurídica e afroepistemológica. Para efetivar a luta jurídica, foi criado o Núcleo Jurídico Oju Obá (DEUS, 2019, p 19-21).

A ASSEAF passou a dar suporte estrutural para que o Núcleo pudesse desenvolver suas atividades e principalmente para a elaboração do documento *Dossiê guerra santa fabricada*, assinado pelo Projeto Tradição dos Orixás e entregue ao governo federal em 1989. Este foi o primeiro documento a denunciar e documentar as agressões realizadas por igrejas pentecostais e neopentecostais no Brasil (DEUS, 2019, p 21).

No dia 15 de junho de 1988, o jornal *O Dia* tornou pública essa aliança de luta e resistência.

> As religiões afro estão se organizando com maior desenvolvimento, o que mostra que seus praticantes são pessoas honestas, liberais e capacitadas intelectualmente – diz o antropólogo Micênico Santos. Para mim pode ser uma nova frente na luta pelos Direitos Humanos. O presidente da Associação dos Ex-alunos da Funabem concorda com Micênico e vai ceder uma sala da associação. (O Dia, 15 de junho de 1989)

Assim, o Núcleo Oju Obá passou a se reunir todas as sextas-feiras, às 14h, nas instalações da ASSEAF, no bairro de São Francisco Xavier, na cidade do Rio de Janeiro. Junto à Associação, o Núcleo tinha por objetivo receber as denúncias de discriminação contra os cultos afros, encaminhando-as às delegacias e acompanhando os processos, além de realizar um trabalho educativo junto aos terreiros acerca dos seus direitos e dos recursos jurídicos existentes (DEUS, 2019, p 21). E é aí que começa a funcionar a violência revolucionária das classes subalternizadas. Organizadas em pequenas comissões, dentro dos terreiros/comunidades, as religiões afro-brasileiras mostraram-se cada vez mais resistentes aos ataques das sociedades religiosas pentecostais.

Outra tarefa do Projeto era discutir, com as entidades que compõem o movimento negro, a questão das identidades negras, que para as organizações iam muito além da cor negra. As pontuações do documento são que a identidade negra vai muito além da cor da pele e visual, vestindo-se de africanidade, pois se assim for considerada, ela, a identidade negra, pode ser vista como um simples modismo, folclore, uma visão muito reduzida e mesquinha que não traz em sua essência a intensidade, a amplidão e a força do significado da palavra *identidade*.

> Assumir a identidade é resgatá-la na sua integra, é assumir aos valores conceituais e estruturais de culturas e religião ou pelo menos encará-los politicamente, o que também se supõe uma visão e conhecimento de todo o processo histórico de massacre e de dominação sob os pontos de vistas físico e ideológico. É imperioso que todos os negros revejam a questão da tão propagada identidade negra, porque para a sociedade e os pastores das igrejas evangélicas

pentecostais, todos os negros representam a imagem de satanás. Estamos sucintos que todo o Movimento Negro e os negros não militantes, diluídos social e culturalmente nesta sociedade promovam um estudo sistemático dos conceitos estruturais da visão de vida africana, bem como todos os movimentos sociais, entendendo que Exu não é o diabo, de que bruxaria é originaria da Europa e não da África e que todos os grupos étnicos que foram trazidos para o Brasil, no período Colonial escravista, explicam como o mundo foi criado e as forças que regem, ou seja, o negro ou todas civilizações africanas, têm a sua forma própria de ver, sentir e estar no mundo que são bens diferentes da visão de mundo judaico-cristã. (TRADIÇÃO DOS ORIXÁS, 1988, p. 5)

Impulsionados pelos valores das africanidades – que são valores civilizatórios ressignificados, trazidos pelos nossos ancestrais africanos, traduzidos como uma reunião articulada de proposições éticas relacionais e existenciais tais como energia vital ou potência de vida que é a energia cósmica, física, terrestre, animal, humana, que nos integra à existência; à corporeidade, respeito e valorização dos corpos e da vida em todas as suas manifestações e expressões; à religiosidade, relevância do sagrado, do iminente; à ancestralidade, que transcende em nós e no mundo; à oralidade, o valor da palavra, das expressões orais; à memória, importância da vivência e da experiência nos/dos corpos; à territorialidade, valorização do espaço vital como marca de existência; à ludicidade, prazer pela diversão e celebração da vida; à circularidade, renovação constante da vida; à musicalidade, que nos leva a uma conexão com o cosmo e com o sagrado, e o comunitarismo ou cooperativismo, que nos fortalece a cada dia para a sobrevivência na terra –, a organização social ASSEAF e a organização religiosa Oju Obá deram outro olhar para a resistência negra no Brasil, acionada a partir da religiosidade das religiões de matrizes africanas.

2.3 NEGROS SACERDOTES E AS POSSIBILIDADES DE DIÁLOGOS INTER-RELIGIOSOS

Um dos pontos cruciais da nossa análise também está nos dados obtidos através da decisão de entrevistar três negros sacerdotes, de denominações religiosas diferentes. Para além das informações trazidas, outras mais foram sendo postas, ainda que não de maneira deliberada; assim, a escuta atenta do que diziam os sacerdotes propiciou o entendimento dos significados da Caminhada pela Liberdade Religiosa de 2008 que, sob o *slogan* "Eu tenho Fé", arrebatou mais de 20 mil pessoas, de diferentes denominações religiosas, que na orla marítima de Copacabana caminharam pedindo paz, diálogo e, principalmente, tolerância entre as religiões.

Na tentativa de compreender essas experiências e os indivíduos participantes, recorremos a uma linha metodológica de investigação de campo sobre as articulações dos líderes religiosos antes da Caminhada, na tentativa de encontrar os subsídios para os diálogos inter-religiosos e as estratégias sociais de relações, tendo em vista que a configuração para a Caminhada pela Liberdade Religiosa não tem como base, ou eixo central, a luta individual pelos direitos, ou acesso de um único grupo religioso, pois se faz e acontece na diversidade da liberdade religiosa.

Conforme Antonio Gramsci (1979), "em benefício da classe dominante, o trabalho poderia limitar-se a usar técnicas empíricas ortodoxas (questionários padronizados, entrevistas individuais, análises de conteúdo, etc.)". Ponderando essa questão e buscando nos desvencilharmos de interpretações que priorizam as experiências de um único grupo religioso, tal como a Marcha para Jesus, alvo do nosso terceiro capítulo, elegemos outro caminho, de maneira consciente, que seja capaz de transmitir os acontecimentos prévios à Caminhada. Assim, vamos apresentar os bastidores da Caminhada de 2008 a partir das experiências de três sacerdotes, de denominações religiosas diferentes.

Para manter o anonimato dos nossos entrevistados, usaremos três pseudônimos, referenciados a seguir, para conduzir as nossas análises. Ressaltamos que as três entrevistas aconteceram de forma livre, sem grandes questionários ou planilha de dados. Ao elegermos essa metodologia, saímos dos grandes formalismos acadêmicos e deixamos livres as vozes das experiências.

Nas seções seguintes, utilizaremos trechos das três entrevistas para informar e ilustrar a discussão sobre a Caminhada. O texto integral das três entrevistas pode ser lido nos Apêndices, conforme está indicado a seguir.

Entrevistado 1
- Pseudônimo: Oxaguian
- Vinculação religiosa: Sacerdote das Religiões de Matrizes Africanas
- Data da entrevista: 29 de novembro de 2016
- Onde ler a entrevista na íntegra: Apêndice 2

Entrevistado 2
- Pseudônimo: São Benedito
- Vinculação religiosa: Sacerdote da Igreja Católica
- Data da entrevista: 16 de dezembro de 2016
- Onde ler a entrevista na íntegra: Apêndice 3

Entrevistado 3
- Pseudônimo: Apóstolo Paulo
- Vinculação religiosa: Sacerdote da Igreja Presbiteriana
- Data da entrevista: 20 de dezembro de 2016
- Onde ler a entrevista na íntegra: Apêndice 4

2.3.1 Negros sacerdotes

Orla marítima de Copacabana, Rio de Janeiro, 21 de setembro de 2008. A fina garoa que caía sobre a cidade carioca parecia intimidar qualquer um, até mesmo os mais de 20 mil religiosos e religiosas de diversas denominações que se concentravam à beira do Posto 6 para juntos darem início à 1ª Caminhada em Defesa da Liberdade Religiosa. Assim narra São Benedito sobre aquela manhã em que o sol não quis desafiar a chuva.

Naquela manhã, a cidade amanheceu nublada, parecia que não poderíamos realizar a Caminhada pela orla marítima. Surpresa boa e agradável foi, no Posto 6, encontrar uma multidão que já entoava cantos e danças, cada qual segundo sua tradição, saudando e agradecendo a Deus, criador do universo e da humanidade. Houve uma chuva de bênçãos de Deus. Para que ninguém sofresse com o mormaço, Deus enviou uma chuva miúda para abençoar a Caminhada.

Aquele 21 de setembro poderia ter passado despercebido não apenas da sociedade carioca, como de muitas outras, que só depois pôde tomar conhecimento do que ali ocorreu. Mas o fato de ali estarem concentrados, em grande número, adeptos, sacerdotes e sacerdotisas das religiões de matrizes africanas, chamou atenção principalmente da mídia local e nacional. Chamou a atenção, também, do Apóstolo Paulo que, a convite de Oxaguian, foi participar da Caminhada, representando a Igreja Presbiteriana no Brasil. Sobre sua aproximação com Oxaguian e a participação na Caminhada, o Apóstolo Paulo disse que

> Na verdade, eu conheci o Oxaguian nos idos de 2000, em torno disso. Eu, à época era muito próximo à Benedita da Silva, governadora do Estado. E num evento que eu promovi, foi a primeira vez, me lembro perfeitamente, foi a primeira vez que eu vi o Oxaguian. Acho que era idos de 2002, acho que é isso. O Lula começou em 2003, foi em 2002, isso mesmo, nesse evento que a Benê estava concorrendo à eleição do governo. E eu fiz um evento em Copacabana. E o Oxaguian me cumprimentou ali. E a gente se aproximou, enfim, mas não construímos nada mais profundo, mas quando foi em novembro de 2008... Na verdade, eu tinha, tenho um casal aqui, a Tarcisa e Mário, são muito amigos dele, históricos. Quando chega em maio de 2008 o Mário e a Tarcisa me convidam pra Caminhada a convite do Oxaguian. A experiência que eu tinha com ele era positiva, pra mim não foi nada fácil aceitar esse convite. Eu não tinha nenhuma aproximação com as denominações do segmento de matriz africana, nenhum. E eu relutei bastante, mas o Oxaguian foi muito sedutor, coisa e tal, me ligou e eu acabei topando. Mas eu confesso também que se eu tivesse

ideia do que ia encontrar eu, certamente, não iria, porque eu julguei que era uma coisa pública, mas não na dimensão. Eu não me envolvi tanto, mas eu fui. E te confesso que foi um susto enorme. Era, sei lá, 20 mil pessoas, eu estava, na verdade, eu sempre costumo dizer que eu estava, na verdade, num grande terreiro de umbanda a céu aberto, ao ar livre, e eu era o único evangélico ali, e pior, eu era um pastor. Se bem que isso foi um processo de desconstrução de desafios internos e externos, sociais e teológicos pra mim. Então eu costumo dizer que eu não escolhi isso, de fato fui trazido. Eu sempre deixo claro pra Oxaguian, eu sempre que estou numa roda digo que eu não sou um ser político fantástico, estratégico, decidido não. Foi tudo uma coincidência, de fato foi tudo uma coincidência. Tudo bem que depois eu passei a fazer escolhas e que foram revelando o ser, um ser que eu fui construindo, mas tudo começou numa coincidência, porque se eu tivesse clareza o meu acovardamento venceria, certamente, ele teria vencido. Então, foi assim que eu cheguei naquele dia lá, se não me engano 18 de setembro de 2008.

Podemos perceber que mesmo se tratando de um evento em que as diversidades religiosas estão sendo promovidas, a fala do Apóstolo Paulo demonstra que ele se sentia como se "estivesse em um grande terreiro", imaginando o tipo de situação que poderia encontrar no evento, e faz parte do imaginário social construído, em grande medida, pelas vertentes cristãs, católicas, protestantes e evangélicas, de que os terreiros são associações demoníacas, com fornicações e perversidades, juízo fortalecido, principalmente, pelas igrejas eletrônicas e transmitidas pelos veículos de comunicação.

Para Reginaldo Prandi (2003), hoje, essas construções são alimentadas por diversas igrejas eletrônicas, e foi difundida principalmente pelos

> Pastores da Igreja Universal do Reino de Deus, em cerimônias fartamente veiculadas pela televisão, [que] submetem desertores da umbanda e do candomblé, em estado de transe, a rituais de exorcismo, que têm por fim humilhar e escorraçar as entidades espirituais afro-brasileiras incorporadas, que eles consideram manifestações do demônio. (PRANDI, 2003, p. 8)

Essa concepção é fruto de uma intensa construção cristã ocidental entre o bem, representado pelas religiões cristãs, e o mal, representado pelas religiões africanas, e que passaram a incorporar as ressignificações das religiões afro-brasileiras. Em 27 de setembro de 1991, o jornal *A Tarde*, do estado da Bahia, trouxe na página 6 uma matéria sobre um dos casos de violência contra as religiões afro. O triste episódio de Matota e Marata, em Abaeté, gerou revoltas, ao se tomar conhecimento de que o motivo do crime foi defendido para fins de exorcismos de demônios. Segundo o jornal, um cidadão, que não teve o nome e a idade revelada, membro da Igreja Deus é Amor, assassinou o próprio filho a golpes de machado por acreditar que as deficiências mentais do rapaz eram obra do demônio e de forças diabólicas.

Sobre esta questão, Marcos Alvito analisa que a proliferação dessas construções, onde o sobrenatural ganha forças, é estruturada a partir dos cultos pentecostais que

> [...] representam uma verdadeira dramatização desta contínua batalha entre o Bem e o Mal, entre Deus e o Diabo [...] O avanço pentecostal teve consequências dramáticas em outras esferas. Como sua visão de mundo é marcada pela ideia de uma guerra espiritual, seus concorrentes principais no campo religioso são considerados demoníacos. Expressam hostilidade em relação aos católicos, por defenderem que somente os evangélicos merecem ser chamados de "cristãos". Combatem incessantemente os cultos afro-brasileiros, umbanda e candomblé, abarcados por termos depreciativos, como macumbaria, feitiçaria e magia negra. Este ataque cerrado é mais agudo entre determinadas igrejas da subcorrente neopentecostal, das quais a mais famosa é a Igreja Universal do Reino de Deus, que trata de incorporar práticas mágicas existentes nas religiões afro-brasileiras, mas dando a elas um significado invertido e "positivo". Se o banho de ervas do lado de lá é "macumbaria", do lado de cá há o "sabão ungido". (ALVITO, 2012, p. 27)

Entretanto, salientamos que essas construções, baseadas em um antagonismo entre o bem e o mal, foram apropriadas e incorporadas pelas igrejas pentecostais nas suas pregações e ações de desrespeito e de intolerância. As interpretações religiosas cristãs sobre as religiosidades afro-brasileiras, têm como pilar de sustentação as construções não positivas em relação à cultura dos negros, que aqui chegam na condição de escravos, trazendo consigo suas múltiplas formas de se relacionarem dentro de suas crenças.

Mesmo admitindo não participarem da "guerra santa" ou de "guerras fabricadas", tal como enfatiza em seu título o Dossiê do Projeto Tradição dos Orixás (1988), os adeptos das religiões afro-brasileiras são absorvidos por ela. E nessa batalha espiritual, o bem, representado pelas igrejas pentecostais e neopentecostais, sempre vence o mal, representado pelas religiões e culturas afro-brasileiras.

Portanto, não seria possível enxergar os casos de intolerância religiosa no Brasil ao perder de vista a dimensão das relações sociais e religiosas sustentadas pelo racismo assimétrico, com base no poder colônia, que coloca tudo o que possa vir do continente africano de uma forma desdenhosa e preconceituosa, assim como não podemos, também, perder a dimensão das marcas do racismo sobre as construções das identidades negras no país.

As marcas da colonização do continente africano, no âmbito social e político, são alimentadas pelo racismo perceptível nas esferas religiosas. Entretanto, a visão não positiva dessas religiosidades, que caminharam na orla de Copacabana, foi percebida por São Benedito ao falar sobre suas experiências às vésperas da Caminhada.

> O ponto de referência para a Caminhada de 2008 foi o contato que o Oxaguian fez conosco. Nessa época, eu estava atuando na pastoral afro-brasileira da CNBB, eu era do conselho deliberativo lá daquela instituição. Então, ele fez o contato, e nós repassamos esta necessidade aos outros organismos da CNBB para fazerem contato com os bispos do Rio de Janeiro para esse evento. Na verdade, veja, o nosso encontro se deu no aeroporto Tom Jobim do Rio de Janeiro, às cinco e pouca da manhã, quando eu estava indo para Brasília. Saí daqui de Juiz de Fora, indo para Brasília, Oxaguian me repassou a ideia, a qual nós achamos muito interessante e, por isso, nós resolvemos apoiar a ideia, e passamos a repassar isso para outras pessoas. [...] A dificuldade maior era levar outras pessoas a compreenderem o que era e significava uma Caminhada nesse sentido, que reúne religiões diferentes, cultos diferentes e numa perspectiva de combater a intole-

rância religiosa. Então nós conseguimos fazer contato com a pastoral afro-brasileira e conseguimos trazer o Pe. Macieiro, um padre jesuíta que trabalhava nessa área, e passou a fazer parte conosco. Antes da Caminhada havia uma dificuldade em compreender se ela tinha uma dimensão religiosa ou política, uma vez que tinha pessoas na CNBB que pontuavam que a Caminhada era eminentemente política, essas pessoas faziam parte de outros setores internos e por isso nós passamos a pontuar que a "Caminhada que estava se desenhando era eminentemente religiosa e é por isso que nós vamos. E vamos convocar as pessoas que querem participar." A dificuldade do Rio de Janeiro de se abrir para essa dinâmica era muito grande, não havia uma abertura da igreja do Rio de Janeiro. Mas nos organizamos junto com o grupo Axé Criança e o Axé Mulher, colocamos em uma van e fomos. Não tem como não ser também um ato político, uma vez que você consegue reunir líderes religiosos negros numa manhã no Rio de Janeiro de várias denominações religiosas, já é um ato/fato político, mas esse fato político foi extremamente religioso. Todo mundo que falou, cantou, rezou dentro de suas tradições, através dessa dinâmica, mostrou que através do diálogo é possível construir uma realidade totalmente nova diferenciada, através do diálogo é "Conversando que a gente se entende", esse foi a frase daquela Caminhada: que a gente constrói uma sociedade de irmãos, de iguais, cada um respeitando a sua religião.

A abertura para o diálogo, apresentada na fala de São Benedito, para a diversidade religiosa, principalmente as de matrizes africanas, pode ser explicada a partir da intensa proposta de diálogo do Conselho Nacional dos Bispos no Brasil (CNBB), fruto do Concílio Vaticano II que, conforme Faustino Teixeira,

> [...] significou um primeiro passo de sensibilização para as outras tradições religiosas. Permanece, porém, como um desafio imprescindível, um "salto qualitativo da teologia cristã", em todos os seus tratados, no sentido de uma maior valorização e fundamentação teológica da experiência religiosa dos outros. Trata-se de condição

essencial para a manutenção da credibilidade da mensagem cristã no mundo multicultural e multirreligioso da atualidade. Abre-se aqui um espaço fundamental para a dimensão hermenêutica da teologia, enquanto possibilidade real de "alargamento do horizonte do discurso teológico". Uma teologia hermenêutica busca correlacionar, de forma criativa, a experiência contextual presente e o testemunho da experiência fundante confiada à memória da tradição eclesial. O pensamento teológico é convidado a inserir-se numa dinâmica ou movimento criativo, que articula de forma viva o passado e o presente, expondo-se, assim, ao risco de uma interpretação nova do cristianismo para o tempo presente. (TEIXEIRA, 2002, p. 176)

Imagem 3: Posição oficial da Igreja Católica sobre as demais religiões, conforme o Concílio Vaticano II e as orientações dele decorrentes.

CONCÍLIO VATICANO II (1964)
DECLARAÇÃO NOSTRA AETATE

SOBRE A IGREJA E AS RELIGIÕES NÃO CRISTÃS

A Igreja reprova toda e qualquer discriminação ou violência praticada por motivos de raça ou cor, condição ou religião.
Roma, 28 de outubro de 1965.

SECRETARIADO PARA OS NÃO-CRISTÃOS
A IGREJA E AS OUTRAS RELIGIÕES

[As pessoas radicadas] nas próprias tradições religiosas podem compartilhar as suas experiências de oração, de comtemplação, de fé e de conpromisso, expressões e caminhos da busca do Absoluto.
Solenidade de Pentecostes, 10 de junho de 1984.

TAOISMO
UMBANDA
HINDUÍSMO
ISLAMISMO
CANDOMBLÉ
CRISTIANISMO
XINTOÍSMO
JUDAÍSMO
BUDISMO

Fontes: Texto: disponível em <http://www.vatican.va/archive/hist_councils/ii_vatican_council/documents/vat-ii_decl_19651028_nostra-aetate_po.html> e <http://www.vatican.va/roman_curia/pontifical_councils/interelg/documents/rc_pc_interelg_doc_19840610_dialogo-missione_po.html>. Acesso em 15 abr. 2019.

Enquanto a Igreja Católica avançava na perspectiva de reconhecimento e de diálogo com outras religiões no mundo, as igrejas pentecostais e neopentecostais fechavam-se nelas mesmas, enquanto um grupo fora do mundo e contrário às possibilidades de diálogo ou de reconhecimento além de seus nichos religiosos.

Contudo, tal abertura da Igreja Católica não aconteceu de forma rápida. Formalmente ligada enquanto instituição ao Estado brasileiro até o fim do Império, essa instituição entrou o século 20 sob o signo da romanização e, ao mesmo tempo, da tentativa de readquirir seus laços privilegiados com o poder público. Segundo Maria Lucia Montes, a Igreja Católica,

> Submetida à injunção de reorganizar-se institucionalmente, promovendo uma nova centralização do poder eclesiástico segundo os ditames de Roma, e obrigada a reencontrar para si um novo lugar na sociedade, a Igreja desde meados dos anos 20, abandonaria a posição defensiva em que se encontrava ante ao avanço da laicização do Estado e à ideologia do progresso, inspirada no positivismo, para engajar-se com novo espírito triunfante, na implementação da "Restauração Católica". A inauguração da estátua do Cristo Redentor no alto do Corcovado, em 1931, e, dois anos mais tarde, a realização do II Congresso Eucarístico Nacional, são símbolos desse espírito militante com o qual, recorrendo à tradição para solucionar suas longas décadas de crise no mais puro estilo conservador, o catolicismo atravessará as décadas de 30 e 40, procurando dar corpo ao projeto de recriação de um "Brasil católico, uma nação perpassada pelo espírito cristão". (MONTES, 1998, p. 73)

Deste modo, é no bojo desses processos que a crescente presença das ordens religiosas estrangeiras foi uma das consequências do triunfo da romanização, o que levou a Igreja Católica a manter a sua influência na vida pública por meio de uma forma privatizante sobre ela mesma, controlando instituições sociais capazes de formar o caráter e moldar as atitudes de homens e de mulheres por meio da pedagogia da fé.

Voltando-se mais uma vez para a esfera privada, sob uma ótica puramente individual, entre as décadas de 1920 e 1940, essas são reflexões das pulsões que especialistas apontam como as ambivalências da modernidade, em relação principalmente às suas concorrentes pentecostais, que vinham ampliando suas conversas e espaços dentro da sociedade.

Aliado ao espírito positivista da ordem, o Centro Dom Vital, criado em 1922 pelo advogado Jackson Figueiredo Martins, buscou desenvolver uma postura contra os inimigos da Igreja Católica, protestantes e adeptos das religiões afro-brasileiras (MONTES, 1998). Entretanto, foi com a entrada de Alceu Amoroso Lima, ligado à corrente liberal do catolicismo, que substituiu Jackson na direção, que a entidade passou a ter uma preocupação social mais ampla no interior da Igreja Católica no Brasil, assim como as atividades de Dom Helder Câmara, na Ação Católica, nas discussões relativas às regiões do Nordeste e Amazônia. Porém, Montes atesta que

> Tudo isso, no entanto, pouco se afasta dos marcos conservadores mais ou menos explícitos pelos quais a Igreja Católica pauta seu posicionamento perante a vida pública, sendo a ética da vida privada, sobretudo a moral familiar, a ser cultivada inclusive no Círculo Operário e no seio das Forças Armadas, a principal ênfase de sua vertente doutrinária e eclesial. (MONTES 1998, p. 77-78)

Deste modo, a Igreja Católica continuava ainda a manter-se de costas para o povo, temendo fazer frente às suas questões sociais. Não obstante, a guinada da instituição para uma abertura e diálogo começou na década de 1960, a partir de 1962. Posta em contato com novas correntes do pensamento católico latino-americano e europeu, a instituição brasileira passou a abraçar principalmente o lema "opção pelos pobres", pregado pelas Conferências do Episcopado Latino-Americano, de Medellín, ocorrida no ano de 1968, e Puebla, em 1979, procurando cada vez mais ampliar as perspectivas do Concílio Vaticano II sobre a organização das Comunidades Eclesiais de Base (CEBs).

E é em meio a essas transformações dentro da igreja católica no Brasil, na década de 1970, que surge a Pastoral Afro, fruto de um intenso processo de militância e de conscientização de negros e negras no país. Começava então um intenso diálogo entre essa instituição e as culturas, religiões e religiosidades afro-brasileiras. Possivelmente, a abertura de São Benedito pode ter como alicerce as possibilidades de diálogo dessa corrente liberal.

De forma positiva e muito prudente, em entrevista ao jornal *O Dia*, publicada no dia 4 de julho de 1989, o líder da CEB de Vila Tiradentes, em São João do Meriti, Octávio Mello, afirmou que desde o advento, dentro da Igreja Católica, dos Agentes de Pastoral Negros, assistimos

> [...] a um esforço e muitas tentativas no sentido de se introduzir elementos da cultura africana nas celebrações católicas. A questão é altamente polêmica, porque a sociedade católica brasileira jamais aceitou valores culturais ou religiosos do Negro em seus templos, também a hierarquia católica sustentou um discurso negativo contra os valores culturais e religiosos do povo negro durante os 500 anos de evangelização da América Latina. Diante disso, quem são os "Agentes de Pastoral Negros" (APN), que levantam uma questão de tamanha importância religiosa, cultural e também política? Os APN são padres, religiosos e leigos que trabalham nas diversas Pastorais da Igreja Católica; e que por serem negros, se conscientizaram sobre um fato escandaloso dentro e fora da Igreja: O negro é considerado e tratado como um cidadão de terceira categoria [...] ao longo de 5 séculos os poderes públicos estiveram a serviço da hierarquia católica, perseguindo as manifestações religiosas do povo negro no Brasil. No entanto, os povos de outras raças que vieram para o Brasil tiveram o direito à liberdade de manter e cultivar os ritos e valores religiosos e culturais trazidos de suas origens. E por falar nisso: por que cada povo se apega tanto aos seus valores históricos, culturais e religiosos? Bem, aqui nós esbarramos num outro aspecto do instinto de conservação. Cada indivíduo, cada povo tem dentro de si a consciência dessa verdade: Um povo sem história é um povo sem memória, e um povo sem memória é um povo dominado [...]; partindo dessa reflexão e considerando toda abertura da Igreja Católica através do Concílio Vaticano II; a conquista da independência política dos países africanos; a abertura democrática na cortina de ferro do mundo comunista; o despertar de uma consciência norte-americana no

sentido de aliviar a dívida externa do Terceiro Mundo; e sobretudo, considerando que metade da população do Brasil é negra ou vem de raízes negras; [...] acreditamos que é importante que se introduza um rito afro-brasileiro na Igreja Católica Romana. (jornal *O Dia*, 4 de julho de 1989, p. 4)

Assertivamente, o líder comunitário aponta questões e reflexões centrais para a abertura religiosa do Vaticano para com as religiões afro-brasileiras no país. Lançando mão de uma interpretação que pudesse pautar a importância da cultura católica nos ritos e nas culturas dos descendentes afro-brasileiros, Octávio analisa a importância das culturas negras para o fortalecimento dos indivíduos negros dentro e fora da igreja católica, como um elemento contra o racismo e em prol de uma identidade.

A pirâmide religiosa, dessa maneira, se inverte na medida em que esses agentes propunham uma conscientização e acolhimento das religiões e das religiosidades de matrizes africanas. O líder comunitário de São João do Meriti em nenhum momento afirma, em sua entrevista, que, para as construções dessa identidade, os negros leigos e religiosos da Igreja deveriam abandonar a sua fé. A abertura se dá na possibilidade de conhecer o outro sem derrubar suas fronteiras religiosas.

Sob outro ponto de vista, religiosos mais conservadores da Igreja Católica responderam de forma duvidosa ou não positiva para essa abertura. Em Salvador, o cardeal Dom Lucas Moreira Neves, mesmo disposto a essa abertura, disse ao *Jornal do Commercio*, do Rio de Janeiro, que antes de tomar qualquer atitude sobre o assunto precisaria primeiro saber quais os elementos da cultura afro seriam incorporados à liturgia católica. Segundo o jornal, embora tenha entrado várias vezes em conflito com os adeptos do candomblé, o cardeal acreditava que os bispos baianos seriam um referencial importante para os estudos da CNBB, pelo característico sincretismo religioso da Bahia, e declarou que ia obedecer ao processo de introdução do rito católico afro-brasileiro "tão logo recebesse orientações e normas sobre o assunto da CNBB".

O jornalista Tim Lopes, com a reportagem "Igreja autoriza rito afro", publicada no *Jornal do Brasil* em 22 de fevereiro de 1990, trazia a público uma notícia religiosa que mexeu profundamente com os setores conservadores da Igreja Católica: a autorização, pelo Vaticano, da criação do rito católico afro-brasileiro, possibilitando a incorporação ao culto católico de uma série de elementos da religiosidade e da cultura africana. Algo que foi negado por décadas às comunidades negras cristãs católicas.

> **Boxe 14: Igreja autoriza rito afro**
>
> "Para nós essa autorização representa a devolução de um direito sagrado que foi negado durante mais de 500 anos [...]", avalia o frei David Raimundo dos Santos, da Igreja Matriz São João Batista, em São João de Meriti, município da Baixada Fluminense. Frei David lembrou que pelas estatísticas eclesiásticas existem no Brasil 13.220 padres e desses 230 são negros, dos quais 45 já fazem esta experiência litúrgica. Dos 376 bispos, sete são negros e desses, dois já celebram missas com elementos da religiosidade africana. [...]
>
> A proposta agora autorizada pelo Vaticano foi levantada pelos padres e bispos negros [...] De acordo com dados colhidos pela própria Igreja, dos 70 milhões de negros brasileiros, cerca de 40 milhões são católicos e os demais pertencem a outras religiões. Na carta enviada pelos religiosos negros no ano passado se destaca o item 6: "[...] assim como existem mais de seis ritos litúrgicos (latino, ucraniano [...], esperamos ter de maneira oficial, nova opção litúrgica no Brasil: o rito católico afro-brasileiro."
> **Fonte**: Tim Lopes. Igreja autoriza rito afro. Jornal do Brasil, Rio de Janeiro, ano 99, n. 318, Cad. 1, p. 4, 22 de fevereiro de 1990 (disponível na hemeroteca digital da Biblioteca Nacional <http://memoria.bn.br/DocReader/docreader.aspx?bib=030015_11&pasta=ano%20199&pesq=tim%20olopes>)

Em entrevista ao jornalista, frei David Raimundo dos Santos disse que "a decisão era a maneira que o Vaticano encontrou para pedir perdão ao povo negro". A promulgação da obrigação papal foi recebida e apreendida pelos sacerdotes e fiéis da Igreja Católica de diversas formas, a partir de suas experiências, que podiam estar para além de suas crenças, o lugar confortável onde estavam guardadas as suas identidades.

São Benedito, ao rememorar suas experiências nas prévias da Caminhada, nos conta a respeito de suas experiências na paróquia da cidade de Niterói sobre as missas afros.

Quando eu trabalhei em Niterói, eu vi vários grupos que vieram da umbanda ou do espiritismo kardecista para a igreja católica. Eles eram extremamente fechados e tudo aquilo que podia remeter às suas antigas identidades gerava uma situação muito desagradável. Tudo aquilo que eles viam que podia tocar nesse assunto, eles rejeitavam. Isso foi uma experiência que presenciei quando realizamos, na paróquia, um missa afro, eles prepararam uma Caminhada e missa. De repente um menino, filho de uma catequista, apareceu naquela missa com as vestes de Omulu. Não sei de quem foi a ideia, mas ele chegou, e quando chegou não queriam deixar ele passar, dizendo que era do demônio. Eu intervim e disse que ele ia passar. Teve uma grande confusão e foram falar com o bispo. A identidade religiosa, quando negada, as pessoas se sentem atacadas, quando elas veem aquilo que era delas e elas não podem mais participar. Aí acontece a repulsão. E é isso que acontece com os pentecostais, que tentam anular todas as representações daquela religião que um dia participaram. Aí tentam aniquilar, exterminar ou jogar pedra, como aconteceu no Rio. A identidade dele e ele precisam acabar. São atos agressivos que em princípio pode não ser uma coisa pensada, em princípio pode ser. Mas a doutrinação que eles receberam nessas igrejas pentecostais os leva a ter essa atitude inconsequente, impensada. Então eles vão no impulso dessas coisas, eles não têm uma sistematização, uma teoria teológica dessas coisas, agindo sempre na emoção. Depois caem em si, que estão sendo explorados por esses segmentos e acabam voltando para o seu ninho de identidade, esses lugares onde a pessoa faz suas primeiras experiências com o transcendente e se sente bem. Isso é algo que acontece tanto nas religiões de matrizes africanas como no catolicismo.

As identidades são construídas a partir de um ponto de referência cultural em alternância com a alteridade dos sujeitos, dessa maneira, não são sólidas e estão passíveis a mudanças. Quando acionadas em proveito de uma pureza, ou de um nacionalismo, em contraponto à identidade do outro, a identidade pode se tornar fundamentalista, o que para Valentin Mudimbe (2013) se dá partir da relação entre o "eu" e o "outro". Assim, identidades sincréticas dentro do catolicismo, que reza e benze, do pentecostalismo e neopentecostalíssimo, que usam sal grosso ungido e tocam capoeira para Jesus, fazem parte dos presos pelos elos de encontros e desencontros das religiões no Brasil, em que as religiões afro-brasileiras são colocadas como o outro não aceito. Nossos entrevistados cristãos pautam essas interpretações e construções a partir de dois vieses. Para São Benedito,

> Existe todo um processo de dizer que as religiões de matrizes africanas são do demônio. Acho que vai demorar uns cinco ou seis séculos para acabar essa estigmatização. A verdade é que os grupos cristãos neopentecostais polarizam esse tipo de situação, acredito que parte deles são originários dessas religiões, e uma vez convertidos eles passam atuar de outra forma.

O Apóstolo Paulo, ao nos falar sobre sua experiência com o outro, das religiões de matrizes africanas, na Caminhada, desenha um ponto positivo e revelador para si mesmo, a partir dos referenciais religiosos que tem, depois da sessão de espanto, diz:

> Não precisa ter conhecimento teológico, nem prática religiosa tão aprofundada, pra você perceber que a figura central da nossa fé é Cristo; Ele, não diria dialogou, mas conviveu de forma respeitosa, amorosa, pacífica com todas as pessoas. Ao contrário, Ele subverteu o *status* religioso predominante na época, Ele bateu de frente e por isso foi crucificado, porque Ele levantava a bandeira nesse nível. Exatamente nesse nível, os periféricos, os invisíveis, essa gente era sempre o atrativo principal, não exclusivo, mas principal. Ele chegava a dizer pros líderes religiosos; os caras tirando a maior marra das meretrizes; Ele diz que elas entrarão no reino dos céus antes de vocês. Veja, ele diz que os caras entrarão no reino do céu também, mas Ele diz que as meretrizes entrarão antes, né. Então eu sempre defendi essas [...] não é uma coisa virtuosa. É uma coerência cristã defender essas teses. De fato isso me motivou a ir na Caminhada, mas volto a dizer que se de fato eu soubesse que aquela manifestação fosse de uma fé só, apesar do diálogo ser plural, mas era de

> uma fé só. Depois eu fui entender no decorrer da Caminhada, desculpa o pleonasmo, mas depois eu fui entender que quem apanha e sente a dor é que sabe muito bem, né. Quem bate esquece, mas quem apanha nunca esquece. E não podia ser diferente, né. São as religiões de matriz africana que apanham, então a Caminhada é justo que seja deles, é justo que ainda hoje seja provocada por eles, construída por eles. Porque são eles que dão conta, sofrendo. Acho absolutamente legítimo.

A intolerância, configurada em âmbitos religiosos, caracteriza-se pela falta de habilidade ou vontade em reconhecer e respeitar crenças e diversidades religiosas. A intolerância religiosa não é um fenômeno social que acontece exclusivamente no Brasil, entretanto, decorre do fato de que no Brasil há um íntimo namoro, regado pelas pétalas do preconceito, entre intolerância religiosa e racismo. Para o Apóstolo Paulo, a intolerância e o racismo seriam um dos motores motivacionais da Caminhada.

> Na verdade, esses aspectos que motivaram a Caminhada sempre foram fórum das minhas lutas de vida. É absurdo você ler as pessoas pela cor, ler as pessoas pela opção sexual, pelo estado onde nasceram, seja lá pelo que for, né. Isso é a coisa mais básica de uma sociedade livre e a coisa mais básica do cristianismo, né.

Algo que também foi pautado por São Benedito, mas a partir do viés político, pois para ele,

> Não tem como não ser também um ato político, uma vez que você consegue reunir líderes religiosos negros numa manhã no Rio de Janeiro de várias denominações religiosas, já é um ato/fato político, mas esse fato político foi extremamente religioso.

De fato, a reunião de sacerdotes e sacerdotisas, principalmente negros, dentro de um espaço geográfico na cidade do Rio de Janeiro, já é em si um ato político com tamanha maestria que a Caminhada de 2008 deu voz para milhares de pessoas. Deste modo, a interpretação como ato político da Caminhada é pautada pelo viés, sem uma única referência religiosa, a favor da liberdade e da diversidade religiosa, além de apartidário, dando um tom importante também nos espaços das disputas políticas do ano de 2008.

Com relação à questão religiosa, Oxaguian nos explica sobre o diferencial da Caminhada.

> Veja bem... Tem diferença... Quando você fala pela liberdade religiosa, você pode ganhar outros setores da sociedade que você envolve, a questão da democracia, da participação, da liberdade em si; quando você faz só de povo de axé, tu tá chamando só o pessoal que abriu candomblé na Bahia, inclusive é isso, nem muito a umbanda, né? O que acaba sendo mais restritiva, no ponto de vista de você atrair a sociedade, mobilizar os setores, no caso do Rio de Janeiro, não seria a primeira tensão que houve na definição. Primeiro, ao longo da Caminhada acabou passando pela liberdade religiosa e vários setores, lideranças médias importantes que atuavam nessa área estavam na Caminhada, nesse processo inicial de organização, né? Muitos religiosos, pessoas que são religiosas, são ligadas ao partido político, ligadas a mandatos, né... e que obviamente cada discussão tinha uma tensão muito clara.

As explicações de Oxaguian são razoáveis na medida em que contamos manifestações religiosas, tal como a Marcha, em que um único segmento religioso é exaltado, em detrimento da diversidade. A Caminhada, ao contrário, é organizada em grande parte por adeptos das religiões afro-brasileiras, e encaixa-se no modelo plural da diversidade religiosa, delineada dentro das tramas religiosas brasileiras. Oxaguian traz em sua voz o som da coletividade afro-brasileira, pois somos "nós que começamos, então, a articular e trabalhar as condições da Caminhada." O "nós", acentuado pelo sacerdote, representa as ações de todos os envolvidos, nas prévias da Caminhada, que presenciaram o fato que ocorreu no Morro do Dendê. Ações ancoradas no passado e no presente, sob uma relação dialógica, em que práticas de resistências diárias, originadas no passado, são reconfiguradas no presente. Assim, rememora Oxaguian,

[...] 2008, em março, saiu uma série de matérias no jornal Extra sobre religiões de matriz africana e uma delas falava sobre traficantes que se diziam evangélicos e que expulsavam da Ilha do Governador... ahn... os religiosos de matriz africana Umbanda e Candomblé. O jornal Extra, assinado pela Clarissa Monteagudo... a jornalista. Isso houve uma reunião no CEUB na semana da repercussão dessa matéria e parece que estava chamada pelo CEUB pela Fátima Damas, tinham algumas lideranças que só o Jorge Matoso pode dizer, porque eu não estava nessa reunião, e aí começaram a discutir uma reação a essa matérias, não à matéria em si, a essa ação dos traficantes, não é? E eu li a matéria. Li a matéria não fui a essa primeira reunião, mas depois... por alguns deputados... que parece um de seus assessores estava na reunião, eles tentaram organizar então uma audiência pública... na Assembleia legislativa em março... ainda no mês de março... pra falar sobre o tema, convocando o secretário de segurança... algumas autoridades ali... o chefe de polícia... militar e civil... ministério público, né. Para discutir esse assunto... fora que eu fui contactado para poder acompanhar esse trabalho e essa audiência pública... no dia da audiência pública... tem que achar na assembleia essa audiência pública... a data que é em março... no dia dessa audiência pública... eu não sei se é em março... é a partir de março... março ou abril, por aí. Mas da audiência... tem a audiência pública... nesse mesmo dia nós fomos encontrar com o presidente da assembleia Jorge Picciani, na Primeiro de Março. Numa... num escritório que ele tinha ali perto da Primeiro de Março... uma rua ali perto... falar com ele sobre a nossa preocupação... ele nos recebeu e a ideia era chamar as autoridades... ele disse que faria e tal... e à noite então teve um ato... várias lideranças religiosas foram... o deputado Carlos Minc... o deputado Átila Nunes... Jorge Babu... era um deputado na época... uma pessoa próxima também da religião... com outros deputados, não é? Tentando fazer essa audiência e aí eu articulei, eles estavam presentes, foi aonde eu articulei com as lideranças religiosas que estavam presentes que se não aparecesse o secretário de segurança, que era o que interessava, acho que era o Mariano Beltrame, nenhuma autoridade de peso, não adiantava fazer audiência, mesmo assim é claro que uma audiência pública, além de fato, ela gera um discurso, uma retórica, é um discurso pra sociedade, os meios de comunicação, né. E nós dizíamos que não. Então, se não aparecesse ninguém, nós nos retiraríamos da Assembleia. Teve muita tensão... dos deputados contrários, porque achavam que mesmo assim tinha que fazer a audiência, né? Eu articulei com o pessoal que não, que aquilo era um desrespeito e acabamos tirando todos os religiosos para fora da Assembleia e fizemos um ato na escadaria da Assembleia, denunciando esse descaso, mais uma vez, né? E que de fato não havia um empenho do Estado em atuar nesse caso, em investigar o caso, né? Punir o responsável.... E aí teve várias falas... pessoas contrariadas na Assembleia, estava o Negro Gum nesse ato, estavam também a Dolores, o Marcelo Monteiro e a Fátima Damas, que era uma figura de muita importância! E estavam outras lideranças que não me vêm agora na memória... mas tinha outros ali, o interesse que todos da Umbanda e do Candomblé, não é? E aí os assessores dos deputados na tensão lá fora, né? Quando acabaram, fizeram o discurso lá fora e aí na hora eu fiz a proposta, que já que não nos ouviam, só iam nos ouvir se a gente fosse pra rua... que nós fizéssemos então uma Caminhada em Copacabana, pela liberdade religiosa... aí foi aprovado por quem estava na escadaria... marcamos a reunião no CEUB e foi a partir da ideia de fazer a Caminhada que se deu o contorno da Comissão Combate à Intolerância Religiosa, né! Que acabou tendo reuniões semanais, não é. Para discutir a organização da Caminhada nesse período você tinha pessoas como seu Marcelo Alexandre, que era ligado ao CEM, que fazia a Caminhada em Salvador.

O peso político da Caminhada estava não apenas na reunião de sacerdotes e sacerdotisas de várias denominações religiosas, mas no fato de que naquele ano os partidos e seus candidatos estavam se preparando para as campanhas eleitorais municipais, e em suas pautas e agendas eleitorais não estava a violação dos direitos das populações religiosas marginalizadas. Destacamos que não é a primeira vez que representantes partidários, inoportunamente, se apropriaram das lutas das religiões de matrizes africanas e populações marginalizadas em proveito de suas campanhas políticas.

Em 1988, o deputado Átila Nunes (PMDB) foi denunciado à imprensa carioca pelos representantes das religiões umbanda e candomblé, ligados ao IPELCY, por tentar tomar para si uma luta que vinha de anos, contra as agressões que vêm sofrendo as religiões afro-brasileiras.

Segundo o jornal *Última Hora*, a ialorixá Palmira, em entrevista, afirmou que o deputado Átila Nunes não tem nenhuma representatividade junto à comunidade umbandista, com a qual "só estabelece algum vínculo no intuito de pedir voto". Chama-nos a atenção que, posteriormente a esse fato, quando do processo movido pelo Conselho Deliberativo da Umbanda e de Religiões Afro-brasileiras contra o bispo Edir Macedo, o deputado, em depoimento, havia se declarado "espiritualista", e não mais "representante das religiões umbanda" tal como, também, atesta o documento escrito pelo Núcleo Oju Obá.

Esse Núcleo, que foi formado após os Encontros Regionais da Tradição dos Orixás, realizados em 11 de outubro de 1987, e o 1º Encontro Estadual da Tradição dos Orixás, realizado em 18 de setembro de 1988, tinha por escopo elaborar "projetos políticos de mobilização e articulação dos adeptos das religiões de matriz africana", que já vinham tendo êxito no Rio de Janeiro.

Em 30 de outubro de 1988, o jornal *O Dia* deu destaque para as ações do Núcleo Oju Obá e o documento, escrito por seus membros, *Dossiê guerra santa fabricada*, destacando as palavras e as frases de ódio e de intolerância por parte dos pentecostais, tais como, "Nos terreiros de candomblé, o homossexualismo não só é incentivado, apoiado, mas é quase como um 'mandamento', é verdade que os orixás são o diabo e que as pessoas que estão na macumba não prestam, mas nós não abrimos com eles. Só queremos levar as palavras de Cristo até eles", e continua, "Hoje os exus, caboclos e orixás são responsáveis diretos e indiretos pelo sofrimento", "Participe de uma reunião de libertação em nossa igreja e Jesus Cristo vai libertar você dessas imundícies que muitas vezes nada têm de religião [...] Vamos, levante-se, saia do lado em que se encontra e venha para a maravilhosa companhia de Jesus".

Boxe 15: Vagner Gonçalves da Silva fala sobre a intolerância religiosa no Brasil

Segundo o professor e pesquisador, o aumento dos ataques a outras religiões se dá porque o combate ao inimigo faz parte da ideologia das igrejas neopentecostais. O inimigo (o demônio), que no início era algo abstrato, com o tempo se tornou real, visível nas entidades das religiões afro-brasileiras.

Vagner ressalta que, a princípio, o ataque às religiões afro-brasileiras não se justificaria, pois seus seguidores, segundo o IBGE, somam apenas cerca de 3% da população. E um segmento da população historicamente sem poder.

Então, como se explica essa escolha?

Exatamente por essa pequenez, na opinião dele. O episódio do "chute na santa" mostrou que não dava para bater de frente com a Igreja Católica, pois ela é muito forte. Então, segue-se o princípio de chutar o cachorro pequeno, se não dá para chutar o grande.

AS RELIGIÕES AFRO-BRASILEIRAS TÊM SIDO O CACHORRO CHUTADO DA HISTÓRIA DO BRASIL.

E, como Vagner salienta, são bons alvos para a guerra espiritual por causa das associações de suas divindades e entidades com os símbolos cristãos do mal. Quando o pastor evangélico expulsa um exu de uma pessoa, está mostrando todo o seu poder, diretamente emanado de Deus.

Segundo Vagner, os seguidores das religiões de matriz africana estão com medo e preocupadas com a sobrevivência da própria religião. Se antes a violência vinha de instituições bem definidas, como a polícia e o Estado, agora ela pode vir de um vizinho ou até de um parente convertido. E o pesquisador acha essencial o movimento recente de organização em torno de caminhadas, projetos, negociações, porque, sem isso, a tendência dessas religiões será diminuir progressivamente.

Fonte: Como a intolerância religiosa tem se manifestado no Brasil (Camilo Rocha). Publicado em 11 de outubro de 2017 no jornal digital Nexo <https://www.nexojornal.com.br/expresso/2017/10/11/Como-a-intolerancia-religiosa-tem-se-manifestado-no-Brasil>

Após sucessivos casos de denúncias de agressões das igrejas evangélicas do ramo pentecostal contra as religiões afro-brasileiras, a comissão elaborou o documento, denominado "A guerra santa fabricada", cujo objetivo era oferecer, aos adeptos das religiões agredidas, estratégias de resistência aos ataques. A intenção era, também,

> Apresentar às autoridades constituídas, responsáveis que são pela manutenção da ordem política e social em atendimento aos princípios das liberdades democráticas, um panorama geral das agressões de que vem sendo vítimas as Religiões Afro-brasileiras e seus adeptos – já havendo inúmeros casos de agressões físicas, fornecendo às referidas autoridades, subsídios que propiciassem ações e medidas concretas que coíbam a prática dessas Igrejas permitindo, portanto, o exercício da prática democrática. (TRADIÇÃO DOS ORIXÁS, 1988, p. 2)

A comissão alegou que, antes da elaboração desse documento, os seus adeptos procuraram denunciar as agressões nos meios de comunicação de massa; assim, através dessas denúncias, o movimento queria alertar as autoridades sobre as referidas agressões, que ferem gravemente o livre exercício da cidadania e da democracia. Todavia, nenhuma providência, por parte das autoridades públicas, foi tomada, por isso, as agressões se multiplicaram utilizando para isso todos os meios possíveis. Ao que tudo indica, ao tomar conhecimento da movimentação e da elaboração do documento, o deputado Átila Nunes,

> De maneira oportunista, se intitulando líder da Umbanda, tomou a frente das discussões, e entregou por duas vezes consecutivas um dossiê de recortes de jornais, vídeo e fitas gravadas contendo matérias e relatos das agressões das igrejas eletrônicas, respectivamente, ao governador Moreira Franco, ao secretário da Polícia Civil, Hélio Saboya, e ao secretário de justiça, Técio Lins e Silva. (TRADIÇÃO DOS ORIXÁS, 1988, p. 2)

À primeira vista, a ação do deputado poderia parecer uma atitude de defesa e de preocupação de um líder religioso. Entretanto, salta aos olhos o fato de que as atitudes do político de entregar o dossiê, por duas vezes, nas mãos dos representantes políticos do Estado do Rio de Janeiro que estavam acima de seu cargo, aconteceram dias antes das eleições de 1988, a 15 novembro, e no encerramento do 1º Encontro Estadual da Tradição dos Orixás do Rio de Janeiro, que aconteceram entre os dias 17 e 20 de novembro.

O professor Jayro Pereira de Jesus, integrante da comissão executiva do Projeto Tradição dos Orixás, em entrevista para o jornal *Última Hora*, concedida em 3 de novembro de 1988, disse que: "O deputado Átila Nunes só conseguiu se eleger todos esses anos graças à forte atuação de seu pai, que também se chamava Átila Nunes." Segundo Jayro, o pai era escritor, compositor e muito querido entre os religiosos, mas o filho estava criando uma farsa ao dizer que estava liderando o movimento que levou à abertura de inquéritos na Polícia Federal contra a Igreja Universal do Reino de Deus. A ponderação de Jairo vai de encontro ao Projeto Tradição dos Orixás, ao declarar que

> Atitudes eleitoreiras, isoladas e oportunistas, tais como as do deputado Átila Nunes, representam o investimento deliberado no esvaziamento da luta de organização política dos adeptos dos cultos Afro-brasileiros que procuram organizar-se com seus próprios meios e recursos, sem nenhum apoio de políticos partidários. A prática do deputado é de todos conhecida. A sua prática é a mais conservadora e reacionária, ligada a esse poder arbitrário e manipulador. O deputado e toda a sua família são manipuladores profissionais de comunidades-terreiros, sobretudo de Umbanda. E não temos dúvida de que o dossiê do deputado Átila Nunes, entregue às autoridades cariocas por duas vezes consecutivas, será usada pelo referido deputado eleitoralmente. E ao governador Moreira Franco também não interessa tomar nenhuma atitude, porque são muitos os votos dos protestantes, um farto curral eleitoral, para nenhum demagogo fisiológico e oportunista desprezar. (TRADIÇÃO DOS ORIXÁS, 1988, p. 3-4)

Assim, Oxaguian, ao retomar em seu discurso a importância de ser evidenciado, na Caminhada de 2008, o "nós" (organizamos e fizemos), traz consigo toda uma experiência em relação aos oportunismos político-partidários ao tentarem tornar as lutas e resistências de outros como suas bandeiras eleitorais, porquanto essas investidas de paternalização ou de apadrinhamento político são frutos das construções sociais no Brasil, antes exercidas com os negros escravizados no Brasil, e que são, agora, retomadas em âmbitos políticos sobre suas práticas culturais e religiosas. Em si, as ações ou vontades de "pai" ou de "padrinho" político das religiões negras, carregam em seu cerne o ranço das construções das inferioridades dos negros, contudo, pensar em negro é pensar em Áfricas.

Sobre a ideia de inferioridade das raças negras, Celia Azevedo salienta que

> A inferioridade racial em termos biológicos começou a ser atribuída aos africanos principalmente a partir de meados do século XIX, com o início dos experimentos científicos com cérebros humanos e símios e a publicação de tratados sobre as diferenças das raças humanas, bem como suas distintas aptidões naturais. Segundo Winthrop Jordan, no início do século XVIII o conceito de inteligência não incluía uma demarcação entre atributos inerentes e adquiridos e, como havia um abismo cultural entre europeus e africanos, estes últimos, recém-chegados à América (Estados Unidos) e na condição de dominados, pareceram muito estúpidos na perspectiva dos brancos. A partir daí foi simples concluir que os negros eram de uma estupidez inveterada e natural, sem, entretanto imprimir precisão e significado a esta ideia, o que seria feito no século seguinte pelas ciências. (AZEVEDO, 1987, p. 62)

Ainda segundo a autora,

> No pensamento do século XIX e anteriores, a ideia da inferioridade do africano assinalava a sua presença nos discursos sem se perder em longas exposições a respeito. Era como se a pressuposta concordância geral quanto a este ponto dispensasse explicações. Assim, desta premissa, muitas vezes implícita ou mal explicitada,

> desenvolvia-se o argumento de que o negro perigoso (porque inculto, imoral, não-civilizado, enfim, diferente) precisava ser rapidamente incorporado à sociedade via estratégias disciplinares. Quanto à viabilidade destas propostas passava-se por alto, pois esta mesma inferioridade, que tornava o negro perigoso, assegurava a certeza de sua aquiescência em relação a um estado de liberdade ilusória. (AZEVEDO, 1987, p. 56-57)

Deste modo, contribuem também para essas intenções de tutela política a imagem do abandono, a anomia e a falta de identidade dada às religiões afro-brasileiras, à espera de um líder não religioso que possa ser o porta-voz de seus anseios. Destarte, essa intervenção frente aos interesses políticos e partidários do deputado Átila Nunes não é um fato isolado dentro das configurações políticas das religiões de matrizes africanas, pois em 13 de outubro de 1989, o jornal *O Dia* veiculou uma matéria denominada "Terreiros rejeitam direitistas", em que os adeptos e simpatizantes das religiões afro-brasileiras declaram claramente suas articulações políticas contra a candidatura do direitista Fernando Collor de Mello, candidato na época pelo Partido da Revolução Nacional (PRN).

Em entrevista durante o 10º Encontro Regional das Religiões Afro-brasileiras, realizado na comunidade Ilê Omioju Arô, no bairro Miguel Couto, Nova Iguaçu, Gésia de Oliveira, presidente do INARAB (Instituto Nacional de Religiões Afro-Brasileiras), entidade promotora do evento, convocava a todos para refletirem acerca das "posturas neonazistas do garotão de Ipanema", como o ex-presidente Fernando Collor era conhecido no meio popular, em prol de uma adesão grupal ao candidato de esquerda, Lula. Em um documento produzido pela entidade, as comunidades de terreiro e comunidades negras eram convidadas a refletir sobre as candidaturas dissociadas de compromissos básicos para as transformações sociais do país, como a suspensão do pagamento da dívida externa, a reforma agrária e a redistribuição da renda nacional. As comunidades eram convidadas, também, a refletir e a discutir medidas possíveis contra os constantes ataques que as religiões afro-brasileiras vinham sofrendo por parte das igrejas evangélicas. De acordo com a presidente do INARAB, as primeiras sanções legais tinham sido tomadas com base em um vasto dossiê envolvendo a procuradoria-geral da República, e o presidente na época, José Sarney, já tinha em suas mãos um pedido de abertura de inquérito policial contra os pentecostais.

Assim, ao falarem por si, a partir de suas experiências, para as comunidades passadas e relacionadas na coletividade, seja pelos mais velhos das comunidades religiosas ou por quem tem essa função, as resistências diárias tornaram-se a base das construções, ou reconstruções, das identidades religiosas afro-brasileiras. Assumir a identidade religiosa na íntegra é assumir os valores conceituais e estruturais de uma cultura e de uma religião, ou pelo menos encará-los politicamente, o que também supõe uma visão e um conhecimento de todo o processo histórico de massacre e de dominação sob o ponto de vista físico e ideológico. Assim, ao falar da data escolhida para a realização da Caminhada, Oxaguian nos diz que

> Foi feita uma consulta a Ifá, nosso oráculo sagrado, e ele diz: é o terceiro domingo de setembro. Naquele ano caiu no dia 21 de setembro, aí em processo pedimos autorização cá... pedimos autorização para lá... toda semana uma discussão, aí outros casos vão acontecendo, vão chegando até a Comissão.

Mesmo comentando sobre questões burocráticas para a realização da Caminhada, o que salta na fala de Oxaguian é o respeito às ancestralidades que são incorporadas e consultadas para a realização. A escolha pelo terceiro domingo de setembro torna-se uma tradição social, política e religiosa dentro dos calendários comemorativos dos religiosos, reinventando assim seus dias de comemorações e de lutas. Dessa forma,

> A "tradição", neste sentido, deve ser nitidamente diferenciada do "costume", vigente nas sociedades ditas "tradicionais". O objetivo é a característica das "tradições", inclusive das inventadas, da invariabilidade. O passado real ou forjado a que elas se referem impõe práticas fixas (normalmente formalizadas), tais como a repetição. [...] Não impede as inovações e podem mudar até certo ponto, embora evidentemente seja tolhido pela exigência de que deve parecer compatível ou idêntico ao precedente. Sua função é dar a qualquer

mudança desejada (ou resistência à inovação) a sanção do precedente, continuidade histórica e direitos naturais conforme o expresso na história. (HOBSBAWM; RANGER, 1984, p. 10)

Mesmo tendo passado pela experiência desastrosa de tentar ser líder na luta a favor das religiões negras marginalizadas, em 1988, o deputado Átila Nunes retorna mais uma vez à cena, às vésperas da Caminhada de 2008, também ano eleitoral, para tentar dar continuidade aos seus propósitos individuais. Entretanto, dessa vez, os organizadores religiosos, por já terem a experiência de 1988, não deixaram que o deputado se aproximasse de seus objetivos, evitando tensões dentro do grupo. Oxaguian nos diz que

> Porque ele que se dizia o representante da Umbanda, que eles achavam que essa representação tinha que ser dos parlamentares e o que nós defendíamos era que não... que fosse das lideranças religiosas e que os mandatos deveriam ter uma postura diferente, deveriam na verdade fortalecer a Caminhada e fortalecer a Comissão e não ao contrário, então essa era a tensão o tempo todo.

Assim, o oportunismo eleitoreiro do deputado passou das reais intenções às questões políticas da organização, que agora era reconhecida como CCIR. Com relação ao deputado Marcelo Crivella, o foco da Comissão, as vésperas da Caminhada e das eleições, passou a ser sua proposta política oportunista.

2.3.2 Unidos NÓS podemos

No caso da candidatura, em 2008, do bispo da Igreja Universal, Marcelo Crivella, para a prefeitura do Rio de Janeiro, caso fosse confirmada sua vitória nas urnas, a cidade do Rio de Janeiro seria a primeira grande cidade do Brasil a ser administrada por um evangélico. Na época, ao enxergar essa possibilidade, a CCIR começou a se movimentar para que isso não se efetivasse. De acordo com Oxaguian,

> Nós percebíamos e aí veio a definição do processo das candidaturas... aí ficou Crivella... se eu não me engano o... o... porque tinha o

Molon... se eu não me engano, tem que verificar isso lembrar 2008, mas teve um candidato, era o Gabeira, que saiu pelo PV com o apoio do PSDB, e parece que o Eduardo Paes também, esses eram os principais candidatos e o processo eleitoral, as pesquisas eleitorais diziam que o Crivella ganharia no primeiro turno. E o Marcelo Crivella é ligado à Igreja Universal. Obviamente, este cenário jogava ainda mais combustão nas tensões, e aí começa todo o processo de mobilização, eu convido na época o Eduardo e o Paulo, como são adeptos da religião, que fizessem o que pudessem para criar a imagem do cartaz da Caminhada. Mas mesmo assim existiram vários acordos, inclusive com alguns mandatos, alguns parlamentares que acabaram ajudando com condução, ajudando a mobilizar e tal, nós todos queríamos na verdade o controle da Caminhada. E tinha com eles os também candidatos a vereadores, e a tensão que vinha por parte do Átila Nunes era porque seu filho era candidato a vereador, né. Ele achava que o movimento tinha que ser atrelado pra esse dividendo eleitoral, e nós na época achávamos que não.

As investidas do bispo representavam algo que já vinha se delineando há algum tempo no cenário político brasileiro, ou seja, a formação da bancada evangélica, que vinha também acompanhada do crescimento dos segmentos religiosos pentecostais. Segundo Alice Melo,

> De acordo com os dados do últimos Censo, do ano de 2010, coletados pelo IBGE, os evangélicos representam 22,2% da população brasileira, ou seja, 42,3 milhões de pessoas. Um aumento de 6,8% em uma década, diante do recuo do catolicismo, que passou, no mesmo período, de 73,6% para 64,6% da população. Os números são muito comentados pela mídia, como se fizessem parte de uma explosão, mas, na verdade, indicam um crescimento de anos. Para Machado, todo esse alarde se relaciona com o fato de os evangélicos estarem se institucionalizando, principalmente na política. A formação de uma bancada evangélica no Congresso, com interesses morais e econômicos rígidos, que vem conseguindo pôr em prática suas promessas de campanha, chama a atenção. (MELO, 2012, p. 16-17)

Já para Marcos Alvito,

> Esta "guerra espiritual" não se restringe aos templos, mas alcança as ruas, as escolas e até mesmo o Congresso Nacional, onde a bancada evangélica (sobretudo pentecostal) cresceu 50% em relação à última legislatura. (ALVITO, 2012, p. 27)

Ricardo Mariano relembra que

> Até o final da década de 1970, os pentecostais, de modo geral, eram vistos como apolíticos, [...] em meados dos anos 1980, muitos dirigentes pentecostais estavam dispostos a participar da redação da nova Constituição e adotaram o lema "irmão vota em irmão", lançando e apoiando candidaturas [...] para defender sua liberdade religiosa, evangelizar a política, proteger a família, a moral cristã e os interesses de suas Igrejas, assim como para combater propostas antibíblicas e moralmente condenáveis, como a união civil de homossexuais, a descriminalização do aborto e do consumo de drogas, entre outras. A mobilização surtiu efeito: os pentecostais saltaram de dois deputados federais em 1982 para 18 em 1986, sendo 13 da Assembleia de Deus. Feito considerável, dado que só cinco deputados federais tinham sido eleitos por eles entre 1910 e 1982. Nesse período, a representação parlamentar dos evangélicos no Congresso Nacional – iniciada com a eleição do metodista Guaracy Silveira para a Assembleia Constituinte de 1934 – foi dominada por presbiterianos (36 deputados), batistas (25), luteranos (15), congregacionais (9) e metodistas (9). A partir de 1986, os pentecostais assumiram o protagonismo político entre os evangélicos. As outras denominações protestantes, somadas, elegeram 14 deputados [...] as diversas igrejas evangélicas alcançaram 23 deputados federais em 1990, 30 em 1994, 49 em 1998, 59 em 2002, 48 em 2006 e 73 em 2010. A redução do número de representantes nos pleitos de 1990 e 2006 decorreu de escândalos envolvendo corrupção [...] Mas, entre 1986 e 2010, o número de evangélicos na Câmara Federal mais que dobrou, [...]. (MARIANO, 2012, p. 30)

Em sua grande maioria, os deputados pentecostais são cantores gospel e parentes de líderes de igrejas televangélicas, além de serem donos de emissoras de rádio e de TV, o que mostra a formação de uma grande rede de políticos formalmente ligados às igrejas evangélicas.

A maioria dos parlamentares evangélicos no Congresso Nacional, 30 dos quais eleitos pelo Partido Social Cristão (PSC), pelo PRB e pelo Partido da República (PR), é filiada à Frente Parlamentar Evangélica (FPE), criada em 2003. Segundo Mariano,

> A FPE apresenta grande heterogeneidade partidária e denominacional e não tem poder para uniformizar a atuação parlamentar de seus membros. Por isso, sua coesão ocorre apenas em casos que envolvem a defesa da moral cristã tradicional e de interesses materiais e institucionais de suas Igrejas. (MARIANO, 2012, p. 31)

Com propostas radicais sobre a descriminalização do uso privado de drogas, a legalização da eutanásia, das casas de prostituição, da interrupção da gravidez até a 12ª semana mediante atestado de médico ou psicólogo, a FPE, com o seu ativismo e partidarismo, inclina-se cada vez mais para um caráter sectário e fundamentalista. Sob um caráter moralista, a frente passa a ser um dos dados da democracia e da cultura política brasileira. A exemplo disso, temos o PRB, partido criado pelo bispo Edir Macedo da IURD.

A inserção política dos pentecostais nunca foi algo impedido por nenhuma resolução constitucional. Enquanto cidadãos elegíveis do Estado brasileiro, eles podiam/podem organizar-se em partido e fazer suas propostas políticas, cujas inserções são incentivadas e patrocinadas pelos líderes religiosos pentecostais. Todavia, existem algumas denominações que preferem, indiretamente, permanecer sem uma posição política clara, como, por exemplo, a Congregação Cristã no Brasil e a igreja Deus é Amor, que abrigam 12% dos pentecostais e permanecem apolíticas (MARIANO, 2012, p. 31).

As denominações protestantes tradicionais, em geral, também não lançam nem apoiam, oficialmente, candidatos. Porém, esta não é a postura da maioria dos pentecostais e dos neopentecostais, justamente as vertentes evangélicas que mais crescem no país.

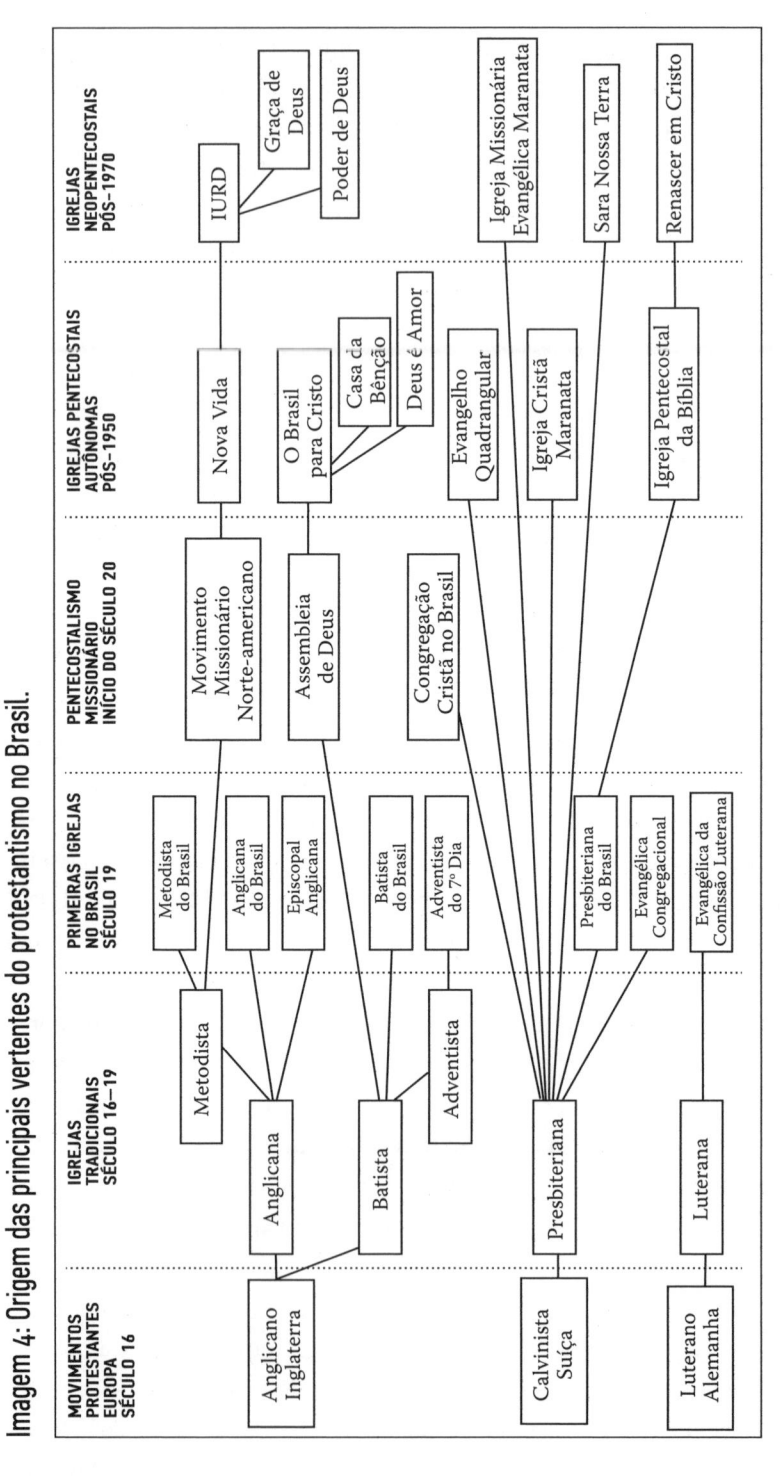

Imagem 4: Origem das principais vertentes do protestantismo no Brasil.

MOVIMENTOS PROTESTANTES EUROPA SÉCULO 16	IGREJAS TRADICIONAIS SÉCULO 16–19	PRIMEIRAS IGREJAS NO BRASIL SÉCULO 19	PENTECOSTALISMO MISSIONÁRIO INÍCIO DO SÉCULO 20	IGREJAS PENTECOSTAIS AUTÔNOMAS PÓS-1950	IGREJAS NEOPENTECOSTAIS PÓS-1970
Anglicano Inglaterra	Metodista	Metodista do Brasil	Movimento Missionário Norte-americano	Nova Vida	IURD — Graça de Deus, Poder de Deus
	Anglicana	Anglicana do Brasil		O Brasil para Cristo — Casa da Bênção, Deus é Amor	
		Episcopal Anglicana			
	Batista	Batista do Brasil	Assembleia de Deus	Evangelho Quadrangular	Igreja Missionária Evangélica Maranata
	Adventista	Adventista do 7º Dia	Congregação Cristã no Brasil	Igreja Cristã Maranata	Sara Nossa Terra
Calvinista Suíça	Presbiteriana	Presbiteriana do Brasil		Igreja Pentecostal da Bíblia	Renascer em Cristo
		Evangélica Congregacional			
Luterano Alemanha	Luterana	Evangélica da Confissão Luterana			

Fonte: Desenho realizado a partir do infográfico "Evangélicos de raiz", de Cláudio Roberto e Angélica Barros, publicado na Revista de História da Biblioteca Nacional (ano 8, n. 87, dez. 2012).

Pensando sobre o desenvolvimento e o crescimento dos grupos evangélicos, principalmente no Brasil, a partir do desenvolvimento do pentecostalismo e do neopentecostalismo, Eduardo Refkalefsky pondera que

> Em seus templos no exterior, o poder fica concentrado nas mãos de pastores e, se houver, bispos. Mas existe outra forma de evangelização extremamente bem-sucedida. É uma estratégia sutil – quase invisível para quem tem pouco conhecimento do meio –, mas que se mostra igualmente eficaz, ou talvez mais, pois gera vínculos duradouros entre os convertidos e as organizações religiosas. Trata-se da "estratégia missionária", associada aos protestantes tradicionais ou históricos. A palavra "missão" é o centro de todas as suas ações, que não utiliza meios de comunicação e, às vezes, nem mesmo templos. No lugar de uma estrutura centralizada e altos investimentos de capital, concentra-se no papel de missionários isolados, que muitas vezes vão para o exterior só com a própria família. (REFKALEFSKY, 2012, p. 33)

No entanto, a questão central é quando esse indivíduo leva para a política suas propostas religiosas camuflando-as de propostas sociais, ecológicas[43] e econômicas. Ricardo Mariano afirma que

> Em defesa da moral e dos bons costumes, a FPE une forças com deputados ligados a grupos católicos conservadores para lutar, por exemplo, contra o Projeto de Lei nº 122/2006, que criminaliza a homofobia, por considerá-lo um atentado contra a liberdade religiosa e de expressão. (MARIANO, 2012, p. 30)

Assim, a candidatura de Marcelo Crivella poderia apresentar uma ameaça concreta para as comunidades afro-brasileiras cariocas, quiçá brasileiras, que durante décadas foram perseguidas e estigmatizadas, principalmente pelas igrejas pentecostais ligadas à IURD. Deste modo, fazer frente às

---

43 Tais como as leis que incidem sobre o sacrifício de animais ou a proibição de resquícios de cerimônias religiosas em matas e cachoeiras, lugares esses onde as religiões afro-brasileiras costumam praticar suas ofertas às ancestralidades religiosas.

candidaturas políticas evangélicas tornou-se uma forma de resistência. E preocupavam também os candidatos à prefeitura do Rio de Janeiro. Como o tema da intolerância religiosa ocupa boa parte dos meios de comunicação de massa, ela passou a ser pautada pelos políticos religiosos, como o bispo Marcelo Crivella, e não religiosos.

Oxaguian, assim como os membros da CCIR, fizeram do tema sua arma de luta e de discurso. Para a sociedade em geral, ganharia o candidato que mais propostas tivesse ou apresentasse de relevância para o tema. Para os religiosos, ganharia a comissão ao pautar suas agendas de luta às vésperas das eleições municipais. Segundo Oxaguian,

> Claro que também tinha no pano de fundo disso a disputa eleitoral. Tanto que o Crivella, quando a Caminhada vai ganhando projeção e também os outros candidatos vão batendo nele, começa a descer um pouco. E aí passou a ser uma expectativa na questão da Caminhada, se ele ia ou não à Caminhada, isso acabou sofrendo também o debate da imprensa no meio político, como ele era uma pessoa de um segmento conhecido publicamente pela sua intolerância e era o candidato que podia ganhar no primeiro turno, isso acabou virando também uma expectativa. Claro, e seus adversários passaram a usar contra ele isso. Eu lembro que eu encontrei com ele um mês antes da Caminhada no aeroporto de São Paulo. Conversei com ele e disse sobre a Caminhada. Primeiro, ele falou se podia botar umas kombizinhas... botar uns pastores na Caminhada... eu digo que claro... é pela liberdade religiosa... "é pela liberdade religiosa?", indagou ele, e eu respondi "é!". Pode botar todo mundo. Depois ele me perguntou pela data, aí eu respondi que seria no dia 21 de setembro. Era 15 dias antes da eleição. Aí ele disse: "não vai macular minha eleição não, Oxaguian? Minha candidatura?", e eu respondi: "aí é um problema seu, se sua religião macula minha religião, né?" Durante o ano todo você está preocupado se uma Caminhada é feita com esse propósito né? Mas o interessante é que após esse encontro, na primeira propaganda eleitoral transmitida pela televisão ele já sai dizendo que ele não é intolerante. De fato, ele comeu a isca. Na realidade ele já saía, ele dizia é isto, já no programa

eleitoral chamava mais atenção ainda pra história da Caminhada, então a Caminhada acabou ganhando crescimento a partir daí. E na época a gente conseguiu na Globo algumas matérias, alguns jornais, alguns informes de jornais. O Extra fez alguma matéria sobre intolerância, assim também como o jornal O Dia e o jornal O Povo. Os jornais falavam sobre isso, os rádios também. Era inédita a primeira Caminhada no Rio de Janeiro com essa expressão, porque tinha tido uma outra antes em 2004, se não me engano... 2002, se não me engano... por aí... teve uma Caminhada em Copacabana... foi uma concentração, uma coisa muito pequena, mas essa ganhava até pela conjuntura política, que acabava potencializando porque você tinha um candidato forte nessa história...

E a força da comissão foi provada, principalmente, no cenário político, ainda na voz de Oxaguian:

> ... e aí é até bom por que o RJ, um dia antes da Caminhada ela fez um programa e eu levei os outros religiosos de outras religiões junto, para dizer que a Caminhada era ampla e chegam a fazer até um quadro infográfico sobre a orla sobre a Caminhada, e a Orla um dia anterior e no dia também, um sábado anterior, então isso ganhou um contorno para Caminhada, para todo mundo, além da chamada que fizeram para a Caminhada. Foi aí então que a Caminhada ganhou um contorno para a sociedade do Rio de Janeiro, e as tensões estavam todas ali colocadas, porque os candidatos iam falar na Caminhada, os deputados; e nós aprovamos em Comissão quinze dias antes que nenhum político falaria. Ai que a tensão aumentou. Só falariam lideranças religiosas, aí a tensão aumentou. Obviamente a ideia não era evitar a palavra dos partidos, como tentaram dizer, é anti-partidário... não era isso! A questão é que tinha de ser um movimento diferente... tinha que ser as lideranças políticas que se colocassem. E os políticos apoiassem, e não servir de palanque só para fala dos parlamentares. O espaço da rua nesse momento era um espaço nosso, e tinha uma coisa que eu não tinha percebido nesses debates todos que era uma tensão que tinha um setor do

> PT que o Crivella já era um grande aliado do PT anteriormente... do Lula, presidente Lula na época, era o presidente da República é... tinha setores do PT que embora tivessem candidatos, mas alguns subterraneamente já apoiavam o Crivella e achavam que ele mesmo ia, quando ele mesmo começou a cair todo mundo começou achar que ele cairia, mas que era nome certo no segundo turno, então esta tensão tinha a ver também com o segundo turno... já alguns aliados... alguns de mandatos de setores petistas né, já demarcando apoio a ele e sabia que... nós não apoiávamos, então as tensões vêm por aí e há uma outra tensão que tá... também cresce no conflito, é quando chega o pessoal da Bahia, do CEM, achando que a Caminhada era uma correia de transmissão da Caminhada da Bahia.

Provada também nas urnas, como rememora Oxaguian:

> A Caminhada ganhou um contorno nacional, veio muita gente de outros Estados e a novidade é que quando ela saiu, e o Crivella acabou indo nas bordas, e aí teria gente que foi lá receber ele, né? O Gabeira foi, quase todos foram.... menos... só quem não foi, foi o Eduardo Paes, mas que manda uma carta na época, né? Mas os outros foram... Gabeira foi... já conhecia, militava e todos nós dissemos para todo mundo que não teria fala de candidatos, entenderam... alguns entenderam, outros não... ficaram meio assim, né? O Chico Alencar foi... não sei se nessa época ele era o candidato pelo PSOL, acho que era o candidato pelo PSOL... o PSOL também tinha seu candidato, que era o Chico Alencar, foi, né. Várias matrizes ali e uma briga pra ver quem subia no carro de som. Quando acabou ninguém subindo, houve uma tensão porque isso não ocorreu... só subiu no carro de som as lideranças, né. Do movimento em si, então essa tensão ela estava dada nitidamente porque devido também à experiência que nós tínhamos dessa história partidária de um movimento social, fazia com que a gente criasse, né, uma... um anteparo, né. E o Crivella estava decaindo já, não é. E a Caminhada não sei de fato, deve ter contribuído, porque deu vinte mil pessoas a primeira Caminhada, uma repercussão grande na cidade naquele segundo

turno... não é, o engraçado que como a Caminhada foi antes das eleições, na primeira reunião de avaliação essa tensão ficou muito mais forte, porque setores ligados a parlamentares que tiveram interesse no Crivella no segundo turno... até então não estavam dizendo que ele não ia... todo mundo achava que ele ia, decerto... cria uma tensão porque achava que no espaço da comissão pra definir apoio a algum candidato, né, esse foi o primeiro racha, e aí setores que achavam que a comissão ia ter uma posição que seria diferente, claro que tinha o mandato por trás disso tudo, né? Nós sabemos disso, tanto o racha na comissão depois da avaliação dizendo isso e saíram da comissão, né? Vão se reunir no bar, fala umas coisas... essa informação nós tivemos, mas continuamos muito serenos... dando continuidade ao trabalho... bom veio o segundo turno, o Crivella não foi pro segundo turno que foi, foi o Eduardo Paes e o Gabeira, aí esses setores viram que fizeram a movimentação errada... alguns voltaram pra comissão e outros ficaram pra... outros até admitem que erraram... primeiro que começou quando... a primeira divergência foi pra ampliar pra outras religiões... as pessoas achavam que não, né? Depois essa questão que estava como pano de fundo, a disputa eleitoral e um possível apoio ao Crivella de alguns setores ligados a mandatos que tinham esse tipo de interesse, né? Era essa a tensão visível para todos nós ali... e esses setores então trabalhavam com a ideia de dizer que eu só estava fazendo na Caminhada.

A relação entre os evangélicos pentecostais e o partido político, a princípio sem definições religiosas, foi, também, uma das observações feitas por Oxaguian, ao comentar a aliança política entre o PT e o membro da IURD. Como bem pautado por Jayro Pereira de Jesus, no documento do Projeto Tradição dos Orixás, aos partidos políticos não interessava tomar nenhuma atitude ou ação sobre os casos de intolerância religiosa por parte dos pentecostais às religiões afro-brasileiras, porque "são muitos os votos dos protestantes, um farto curral eleitoral, para nenhum demagogo fisiológico e oportunista menosprezar" (TRADIÇÃO DOS ORIXÁS, 1988, p. 3-4). Quão intensamente está ligado aos seus interesses pessoais e partidários. Diz o sacerdote que

[...] o presidente Lula vinha ao Rio para poder inaugurar a estátua do João Cândido... que a gente conseguiu a do João Cândido... eu fui uma das pessoas que liderei esse processo na marcha dos... acho que era dez anos da comemoração dos... 2000... 2005 foi um... marcha em Brasília e levei ao Lula esse pedido... com a filha dele com o comando da marcha que eu fui lá que teve duas marchas inclusive do movimento negro pedia a anistia do João Cândido... foi concedido a anistia do João Cândido [...] e nós fomos levar a ele um documento solicitando a ele que fosse feito um Plano Nacional de Combate a Intolerância Religiosa e pra surpresa nossa ele nos recebe na Praça 15... nós levamos a Igreja Católica... mandou nos acompanhar o Bispo Augusto... foi a CNBB que articulou a presença desse bispo... não foi a arquidiocese... seria a arquidiocese mas não foi... foi a CNBB que... ainda articula aqui, não tinha muito diálogo aqui... ele era daqui... o Niskier foi como pessoa da Federação... que ele era presidente da Federação Israelita como judeu... se não me engano o Marco Amaral também foi e tinha um muçulmano né? E do candomblé, para atender as três vertentes, nós colocamos Mãe Regina do Bongbose que era mais velha, né... Zezinho da Boa Viagem que representava o Jeje... um Ketu o outro Jeje, Mabejeke Mambojiba representando Angola pra esse diálogo... pra surpresa nossa, quando a gente foi fazer o diálogo com o presidente Lula, quem estava do seu lado junto... o Crivella, e aí na minha fala eu falo sobre ele, lembro de uma atividade que nós fizemos quando ele era candidato a presidente em 1994, quando levamos ele na casa de Yá Nitinha e que o jornal de uma igreja tinha amaldiçoado ele, era um jornal da Igreja Universal, então foi isso o processo da primeira Caminhada.

O fato poderia soar como apenas mais uma das múltiplas alianças entre políticos e religiosos pentecostais; entretanto, ao chamar a atenção pelo fato do presidente Lula estar ao lado do bispo Marcelo Crivella, Oxaguian nos associa à memória as eleições de 1994, quando o ex-presidente petista, na época candidato ao cargo executivo do Brasil, foi duramente hostilizado durante suas caminhadas políticas, por parte da IURD, por ter se reunido com religiosos de matrizes africanas na casa de Yá Nitinha – Yakekerê, da Casa Branca, em Salvador, e Ilê Asé Iyá Nasso Oká, em Miguel Couto.

Lula também foi demonizado, chamado de "diabo barbudo", pela mesma denominação religiosa, em 1989, e acusado pela IURD de ser o representante dos interesses católicos, em especial dos grupos ligados à Teologia da Libertação, ou de ser um ateu convicto, que ao chegar ao poder acabaria com as igrejas no Brasil. Já em 1994, a IURD, através da matéria "Lula apela para o candomblé", publicada na Folha Universal, em 8 de agosto de 1994, acusava-o de envolvimento com o candomblé, após ter visitado a casa de Yá Nitinha, a convite de Oxaguian.

De maneira oportunista, o jornal *Folha Universal* utiliza a mesma foto, publicada pelo Jornal do Brasil, e desfere acusações contra Lula. Dessa maneira, o que o *Jornal do Brasil* interpretou como peregrinação ecumênica do candidato, o jornal da IURD interpretou, para o seu público, como associação demoníaca. O Ecumenismo era algo condenado pelas lideranças iurdianas, e Odenir Laprovita Vieira,[44] membro fundador da IURD, deputado federal na época, chegou a afirmar que o candidato Lula estava "de mãos dadas com o diabo". Os bispos iurdianos, Carlos Rodrigues e Carlos Roberto Silva, também foram enfáticos, colocando-se contrários ao ato ecumênico de Lula. Ambos declararam que o candidato estava do lado errado, pois aquele encontro era uma armadilha diabólica vinda diretamente de Satanás.

O principal argumento usado pelos líderes da IURD contra Lula justifica-se, segundo os dirigentes, pelo medo de serem perseguidos religiosamente. O que para Paul Freston (1993) tinha certa plausibilidade, a partir das perspectivas dos pentecostais. Como observa o autor,

> Os pentecostais têm muitas histórias verídicas ou não do que consideram discriminação por administradores petistas: espaços físicos negados para a realização de evento, cultos ao ar livre proibidos, pastores tratados com animosidade [...]. Contudo embora possa haver, por parte de alguns, um grau de manipulação em função de outros interesses, o fato é que havia um receio genuíno quanto a Lula. (FRESTON, 1993, p. 257)

---

44 Odenir Laprovita Vieira foi um dos primeiros deputados federais da IURD. Exerceu o seu mandato por duas vezes. Primeiro entre os anos de 1991 a 1995, pelo Partido do Movimento Democrático Brasileiro (PMDB), e depois, entre os anos de 1995 a 1999, pelo Partido Progressista (PP), ambos pelo Estado do Rio de Janeiro.

Entretanto, as modificações institucionais na década de 1990 tornaram possíveis as alianças entre o Partido Liberal (PL), reduto dos políticos da IURD, e Lula nas eleições de 2002.

Assim, Lula passa de diabo barbudo para um candidato justo e honesto, quase um representante iurdiano. Em contrapartida, pautas da campanha política consideradas "pautas bomba", como a união civil homoafetiva, o aborto, a descriminalização de drogas, foram retiradas do núcleo das propostas da campanha de Lula.

Assim, o encontro entre Lula e Marcelo Crivella, presenciado por Oxaguian e os demais envolvidos na redação do Plano Nacional de Combate à Intolerância Religiosa, foi um dos sinais de que a luta pela garantia de seus direitos deveria vir por meio de suas organizações, tal como foi feito em épocas anteriores da CEUB, IPELCY e ASSEAF.

2.4 SOBRE A COMISSÃO DE COMBATE À INTOLERÂNCIA RELIGIOSA

Criada em 2008, a Comissão de Combate à Intolerância Religiosa (CCIR) é uma organização sem fins lucrativos que tem o intuito de promover a luta contra a intolerância religiosa em suas mais diversas modalidades no Brasil. O advento da organização se deu após o fatídico episódio ocorrido em uma comunidade da Ilha do Governador, em que pessoas pertencentes à umbanda e ao candomblé foram expulsas do local pelas lideranças locais ligadas ao crime organizado, além de terem os seus barracões queimados, imagens quebradas e sofrerem ameaça de morte, já que esses religiosos não quiseram se converter. Segundo Ana Paula Miranda e Julie Barrozo Goulart,

> A Comissão surgiu então para combater atitudes discriminatórias contra os cultos de matriz afro-brasileira, entendidas como formas de manifestação de "intolerância religiosa", bem como pressionar as autoridades a tomar medidas em relação aos ataques. A primeira atividade da Comissão foi a realização de uma audiência pública na Assembleia Legislativa. No entanto, como os deputados e demais autoridades não compareceram, estando presente apenas um representante do Secretário de Segurança, os religiosos presentes decidiram realizar um protesto na escadaria da Assembleia, de onde saíram em caminhada pelas ruas do Centro da cidade. [...] O que provocou a indignação de candomblecistas e umbandistas, levando-os a organizar uma manifestação pública na Assembleia Legislativa do Estado do Rio de Janeiro (ALERJ). Fátima Damas, presidente da Congregação Espírita Umbandista do Brasil (CEUB), foi uma das principais responsáveis pela criação da Comissão, que se reúne até hoje na sede da CEUB, no bairro do Estácio, na região do Centro. De acordo com um dos membros, a formação se deu com o objetivo de combater o preconceito religioso utilizando os meios

legais para fazer com que fosse cumprida a Constituição no que diz respeito à liberdade de credo. (MIRANDA; GOULART, 2009, p. 3)

Em resposta a tal arbitrariedade, os indivíduos buscaram chamar a atenção das autoridades da capital através de um ato público em frente à Assembleia Legislativa do Estado do Rio de Janeiro (ALERJ), Centro da cidade, local que já foi palco de diversas manifestações e movimentações sociais ao longo da história do país. Em pouco tempo de participação na sociedade brasileira, a CCIR transformou-se em modelo para o resto do país, ajudando a atualizar, junto à Polícia Civil do Rio de Janeiro, o sistema de registro de ocorrências, a partir da Lei 7716/89 (BRASIL, 1989), de autoria de Carlos Alberto Caó,[45] que prevê pena de 1 a 5 anos de reclusão para crimes praticados contra religiosos.

No que concerne à organização desses grupos, lançamos nossa lente interpretativa alicerçada por Edward Thompson (1987), em sua obra *A formação da classe operária*, ao fundamentar-se, em primeiro plano, na negação do conceito de "classe" como uma estrutura estática, predeterminada por conexões entre grupos oprimidos e um poder hegemônico, como se a essência da "classe" tivesse como elementos fundantes pontos inflexíveis, determinados pela dimensão do econômico, além do social.

> A classe acontece quando alguns homens, como resultado de experiências comuns (herdadas ou partilhadas), sentem e articulam a identidade de seus interesses entre si, e contra outros homens cujos interesses diferem (e geralmente se opõem) dos seus [...] A consciência de classe é a forma como essas experiências são tratadas em termos culturais: encarnadas em tradições, sistemas de valo-

---

[45] Carlos Alberto Oliveira dos Santos (1941-2018), conhecido como Caó, advogado e jornalista, foi militante do movimento negro. Filiado ao PDT, foi Deputado Federal pelo Rio de Janeiro (1982, licenciado), Secretário do Trabalho e da Habitação do mesmo Estado no primeiro governo de Leonel Brizola (1983-1987) e reeleito Deputado Federal (1987-1990). Neste segundo mandato, foi membro da Assembleia Constituinte (1987-1988) e apresentou o Projeto de Lei da Câmara n° 52 de 1988, que gerou a Lei n° 7.716 de 5 de janeiro de 1989 (Lei do Crime Racial) que define os crimes resultantes de preconceito de raça ou de cor. Seu nome foi dado à Lei n° 7.437 de 20 de dezembro de 1985 (resultante do Projeto de Lei do Senado n° 9 de 1983, de autoria de Nelson Carneiro), que incluiu, entre as contravenções penais, a prática de atos resultantes de preconceito de raça, cor, sexo ou estado civil (BRASIL, 1983, 1985, 1988b, 1989).

res, ideias e formas institucionais. Se a experiência aparece como determinada, o mesmo não ocorre com a consciência de classe. (THOMPSON, 1987, p. 10)

Tal visão nos garante mais precisão na observação dos processos que constituem as formações de classe, considerando o quanto da experiência de opressão, de articulação tradicional e religiosa e do histórico comum de preconceito e intolerância podem ser conectados aos acontecimentos de violência e de agressão cotidianas, fomentando assim a necessidade de uma resistência organizada, que se traduz em um organismo coletivo em defesa da liberdade religiosa.

Desse modo, a CCIR construiu o Fórum de Diálogo Inter-religioso e elaborou a base do Plano Nacional de Combate à Intolerância Religiosa, tendo apresentado as principais propostas e reivindicações para combater uma das violências mais silenciosas e escamoteadas do país. O plano foi entregue ao então presidente Luiz Inácio Lula da Silva, no dia 20 de novembro de 2008, no Rio de Janeiro. Entretanto, nenhuma medida foi tomada durante e após os 8 anos do governo Lula. Em continuidade à discussão do plano, foi realizado, pela CCIR, em parceria com a Secretaria de Políticas de Promoção da Igualdade Racial (SEPPIR), um evento no dia 3 de abril de 2009, no Rio de Janeiro, que reuniu representantes de diferentes religiões e de vários Estados, incluindo o Rio de Janeiro, São Paulo, Minas Gerais, Bahia e Pará, que levantaram eixos temáticos como norteadores na construção do plano, a saber:

1. Formação da sociedade brasileira;
2. Os marcos legais (legislação nacional e internacional);
3. A informação e o respeito à liberdade de crença;
4. A garantia dos direitos à liberdade de crença (direitos civis, previdenciários, etc.);
5. Justiça e segurança pública (acesso à justiça, proteção e defesa);
6. Educação e cultura religiosa;
7. A contribuição da sociedade civil;
8. O papel do poder executivo;
9. A relação entre a discriminação religiosa e a noção de violência psíquica;

10. A inclusão da defesa da liberdade de crença e/ou religião (com a finalidade de contemplar os ateus);
11. Os meios de comunicação.

Assim, pensando sobre os aspectos apresentados, Ana Miranda e Julie Goulart salientam que a

> Incorporação de representantes da SEPPIR deu ao debate um caráter oficial. Assim, a proposta de construção de um "plano de política nacional de combate à intolerância religiosa" incluiria, entre outras propostas, demandas ao poder público, em especial, à Polícia Civil, ao Ministério Público e ao Poder Judiciário por reconhecimento de direitos e pela criminalização dos ataques e agressões étnicas e raciais. Na ocasião foi apresentada a proposta de uma delegacia especializada em crimes étnicos e raciais, tomando como modelo as delegacias da mulher, com o objetivo de não ser apenas um órgão "que acolha o crime e puna o agressor, mas que também trabalhe no sentido da prevenção e educação", segundo as palavras do Ministro Edson Santos, durante a abertura do Fórum. Para tanto deveria contar com "especialistas" de antropologia, psicologia e serviço social. (MIRANDA; GOULART, 2009, p. 5)

Outras respostas contundentes de trabalho da CCIR foram a distribuição, em todas as delegacias, igrejas, templos, centros e terreiros, do "Guia de luta contra a intolerância religiosa e o racismo", e a união de várias entidades religiosas na Caminhada em Defesa da Liberdade Religiosa que, no ano de 2018, chegou à sua 11ª edição. Em sua primeira edição, em 2008, a Caminhada conseguiu reunir um número significativo de pessoas que, juntas, caminharam em defesa da liberdade religiosa. E, desde então, o número de participantes vem crescendo a cada edição. Assim, a Caminhada vem se consolidando como um evento de luta contra a intolerância religiosa, cujos participantes são convidados a usar roupas brancas ou as roupas características de sua religião, o que possibilita a identificação de vários outros segmentos religiosos e étnicos (MIRANDA; GOULART, 2009).

Segundo dados da própria organização, a CCIR hoje é formada por umbandistas, candomblecistas, espíritas, judeus, católicos, muçulmanos, malês, bahá'ís, evangélicos, hare krishnas, budistas, ciganos, wiccanos, seguidores do Santo Daime, ateus e agnósticos. Também são membros da CCIR o Tribunal de Justiça do Rio de Janeiro, o Ministério Público e a Polícia Civil. A história, hoje escrita pela comissão, rompe com a velha tradição, que pauta as religiões sob o prisma da política, que se estende dos primórdios da colonização no Brasil até os dias atuais. Entretanto, o surgimento de uma nova geração, de luta e de resistência, não se distancia das paixões dos grandes momentos traumáticos e formativos da história das comunidades religiosas afro-brasileiras. Mesmo composta, em sua maioria, por adeptos das religiões de matrizes africanas, a CCIR levanta a bandeira do pluralismo das diversidades religiosas em benefício dos diálogos inter-religiosos. O pluralismo religioso, diz Paula Montero (2006, p. 63), "convencionalmente compreendido como tolerância à diversidade de cultos e como respeito à liberdade de consciência, se constituiu às avessas no Brasil: não foi fundamento do Estado moderno, mas seu produto."

A CCIR desponta no cenário religioso brasileiro como a primeira organização social, composta por religiosos das mais diversas denominações, que busca promover e garantir os direitos da liberdade religiosa. Levando-se em conta que liberdade religiosa é um direito garantido por lei desde a Constituição de 1824, e ratificada na Constituição de 1988. A Constituição Federal, no Artigo 5º, alínea VI, diz que "é inviolável a liberdade de consciência e de crença, sendo assegurado o livre exercício dos cultos religiosos e garantida, na forma da lei, a proteção aos locais de culto e a suas liturgias;" (BRASIL, 1988a).

Contrapondo-se às organizações religiosas que tentam promover um diálogo vertical e dominar, em que sempre há um vencido e um vencedor, a CCIR horizontaliza os diálogos e propõe ações diretas sobre os caminhos a serem percorridos até que todas as religiões, no Brasil, possam ser praticadas livremente, sem o peso do Estado ou das hegemonias cristãs pentecostais e neopentecostais.

CAPÍTULO 3
Quem Caminha e quem Marcha

Neste capítulo abordaremos algumas questões a partir da investigação e da comparação entre os elementos que possibilitaram a 1ª Caminhada contra a Intolerância Religiosa e a Marcha para Jesus. Nosso foco serão as edições que aconteceram a partir do ano de 2008, na cidade do Rio de Janeiro. A escolha dessas edições está intimamente ligada aos fatos que aconteceram nas favelas da cidade, em que adeptos das religiões de matrizes africanas sofreram expulsão de suas comunidades, e que culminaram na criação da CCIR (Comissão de Combate a Intolerância Religiosa); na construção, pela referida entidade, de um plano de combate à intolerância religiosa entregue, no mesmo ano, ao ex-presidente da República, Luís Inácio Lula da Silva; na comoção nacional e internacional; e pela Marcha, no seu quarto ano consecutivo, organizada pela COMERJ sob a administração do pastor Silas Malafaia.

Desta forma, nossas bases para comparação serão: (i) as estruturas da organização de suas bases, pensando ambos os eventos como fatos sociais; (ii) as articulações econômicas, os tipos de doações e investimento para a realização dos eventos, em especial os valores recebidos e incentivo da prefeitura do Rio de Janeiro; e (iii) as articulações políticas, como a construção do Plano Nacional de Combate à Intolerância Religiosa e a promulgação da Lei 12.025 que oficializa o Dia Nacional da Marcha para Jesus bem como a sua instituição no calendário oficial da cidade do Rio de Janeiro, a fim de evidenciar o quão desiguais ainda são os investimentos em políticas e ações a favor da laicidade e de um país mais plural do ponto de vista religioso.

Deste modo, a investigação busca entrever as desconexões sócio-históricas de seus surgimentos a partir de suas bandeiras e as diferenças entre a Caminhada e a Marcha, cotejadas a partir de uma abordagem comparativa (BLOCH, 1998, p. 119-120), e a influência e os interesses dos seus principais atores sociais sobre as lutas contra a opressão religiosa e a defesa da liberdade de culto em âmbito nacional, garantidas, constitucionalmente, desde 1988.

3.1 CAMINHAR SOBRE COPACABANA E MARCHAR SOBRE A AVENIDA PRESIDENTE VARGAS

No dia 21 de setembro de 2008, a cineasta e jornalista Marilia Cioni (2008) enviou para o jornal *Il Manifesto*[46] um artigo com o título: *A Copacabana, il primo corteo contro l'intolleranza religiosa* e o subtítulo: *gli afrobrasiliani difendono la libertà di culto contro l'aggressiva opera di proselitismo delle chiese evangeliche* (Em Copacabana, a primeira caminhada contra a intolerância religiosa: os afro-brasileiros defendem a liberdade de culto contra o trabalho agressivo de proselitismo das igrejas evangélicas). No artigo, Cioni salienta que o ecumenismo característico da cultura brasileira, que não encara as religiões como mutuamente excludentes, sofreu um grande golpe com o crescimento das religiões protestantes evangélicas e, por isso, é cada vez mais difícil, para os adeptos de religiões de matrizes africanas, professar a própria fé com liberdade.

No mesmo dia de veiculação da matéria no jornal italiano, milhares de pessoas, adeptas de várias religiões, vestidas de branco, saíram cedo de suas casas, nos diferentes pontos da cidade do Rio de Janeiro, e de outros estados brasileiros, com um único objetivo: participar da Caminhada em Defesa da Liberdade Religiosa. Grupos religiosos, grupos culturais, simpatizantes e adeptos da causa se reuniram na orla de Copacabana, Zona Sul da cidade, ao som dos mais variados ritmos, cantos, falas e pedidos de respeito e pelo fim da intolerância religiosa no país.

A Caminhada, sem bandeiras políticas e religiosas, era fruto de um movimento espontâneo e inter-religioso em resposta aos inúmeros casos

---

46   Marilia Cioni (2008), "metade italiana, metade brasileira", nasceu e vive na Itália. Deve ter obtido informações sobre a Caminhada em junho de 2008, quando esteve no Brasil para a apresentação do documentário sobre a FEB na Itália "Il Filo Brasiliano", que produziu para o canal de TV *History Channel*. O jornal político *Il Manifesto (quotidiano comunista)*, com sede em Roma (Itália), existe desde 1971. No período de dezembro de 2003 a junho de 2009, era dirigido pelos jornalistas Mariuccia Ciotta e Gabriele Polo, que receberam e publicaram o artigo enviado por Marilia Cioni.

de intolerância religiosa na cidade do Rio de Janeiro. Rememoramos aqui, como evidenciamos no capítulo anterior, que os casos eclodiram após a veiculação, no jornal *Extra*, da série de reportagens "Intolerância religiosa: o tráfico remove até a fé" (CCIR, 2010). Publicada entre os dias 15 e 18 de março de 2008, a série denunciava que os pastores das comunidades de favelas exigiam muito pouco dos bandidos para a conversão: "os bandidos poderiam continuar no crime, entretanto, precisaram expulsar a 'concorrência de seus territórios'". Em outra série de reportagens, "Inimigos de fé", também publicada pelo jornal *Extra*, em janeiro de 2009, é possível comprovar a situação de exclusão e aniquilamento das comunidades de terreiro no Estado do Rio de Janeiro (CCIR, 2010).

Como apresentamos no capítulo anterior, o fatídico episódio aconteceu no Morro do Dendê, na Ilha do Governador, onde era possível ler, segundo o jornal *Extra*, na entrada da favela, a seguinte frase "Se Deus é por nós quem será contra nós". A frase bíblica estava assinada pelo "Bonde do LG", que é uma referência ao chefe do tráfico Fernando Gomes da Silva, também conhecido como Fernandinho LG ou Fernandinho Guarabu. Ainda segundo o referido jornal, no alto do morro havia um grande painel avisando: "Jesus é o dono do lugar". Após a averiguação dos crimes, as entidades federativas da umbanda e do candomblé no Estado do Rio de Janeiro, solicitaram uma audiência de urgência com o secretário de Segurança Pública, José Mariano Beltrame, pedindo providências para garantir o livre exercício do culto religioso nas comunidades às quais pertenciam.

As denúncias de que traficantes convertidos a igrejas independentes estavam proibindo as manifestações da umbanda e do candomblé nas favelas cariocas causaram reações, também, na Câmara dos Vereadores do Rio de Janeiro. E no dia seguinte às denúncias foi criado o Disque Denúncia Intolerância, que ficava disponível 24 horas para registros de casos de discriminação contra adeptos de qualquer religião.

Mesmo após a criação desse serviço e a solicitação de audiência pública, os adeptos das religiões de matrizes africanas se reuniram com diversos líderes, entre eles espíritas, judeus, católicos, muçulmanos, protestantes, wiccanos, etc., para organizar o movimento em defesa da liberdade religiosa. O desdobramento deste evento resultou na primeira projeção de uma Caminhada, que teria um objetivo duplo: expor criticamente a realidade sócio-histórica da intolerância religiosa no país, e a violência de muitas dimensões decorrente da mesma.

Com isso, tornar-se-ia possível a abertura de um espaço neutro em que fosse possível realizar o diálogo entre diferentes grupos religiosos, intelectuais, políticos e agentes midiáticos, atentando para a pluralidade de experiências religiosas presentes no Brasil, e a urgência de um debate aprofundado sobre questões concernentes à laicização do Estado brasileiro e os crimes e truculências cometidas contra grupos minoritários. E foi assim que o tom e as cores da Caminhada foram desenhados dias antes pela CCIR, uma organização inter-religiosa e sem fins lucrativos ligada à defesa dos direitos humanos, criada dias após as manifestações contra os casos de intolerância religiosa que aconteceram nas escadarias da Assembleia Legislativa do Rio de Janeiro (ALERJ). Assim, a multidão vestida de branco caminhou junta sob o *slogan* "Liberdade religiosa. Eu tenho fé".

Antes mesmo daquele episódio de intolerância ganhar repercussão nacional e internacional, no dia 28 de junho do mesmo ano, a Rádio 93 FM, também conhecida com El Shaddai, anunciava, para todo o povo de Deus, que a concentração para a Marcha para Jesus seria na Candelária, a partir das 13h, e seguiria em direção à Praça da Apoteose, onde iria acontecer um grande culto de louvor e adoração a Deus com a presença de Comunidade Internacional da Zona Sul, Marina de Oliveira, Jozyanne, Léa Mendonça, Unção Ágape, Ministério Sarando a Terra Ferida, Soraya Moraes, Toque no Altar, DJ Alpiste, Renascer Praise, Waguinho, Kainon, Melissa, Nívea Silva, Elaine Martins, Marquinhos Menezes e Lilian, Projeto Vida Nova de Irajá, Pérolas, Vida Abundante, Ministério Vem Ó Deus, Raquel Melo e Michele Nascimento.

A Marcha para Jesus, um evento internacional que acontece em várias cidades do Brasil, e que desde 1994 ocorre com a organização do Conselho de Ministros do Estado do Rio (COMERJ), conseguiu reunir, no ano de 2008, uma multidão de evangélicos que juntos marcharam no Centro da cidade entoando louvores e orações, levantando bandeiras e cartazes. Os marchantes percorreram o coração da cidade a partir do *slogan* "O dia para mudar o mundo".

Ao contrário da Caminhada em Defesa da Liberdade Religiosa, que desde 2008 acontece em uma região não central da cidade do Rio de Janeiro, a

Marcha percorre uma trajetória não linear, cuja concentração acontece na Avenida Presidente Vargas. Ao som de vários cantores e bandas *gospel*, os marchantes percorrem a avenida até chegar ao Sambódromo da avenida Marquês de Sapucaí. Do ponto de vista religioso, tanto a Caminhada como a Marcha são eventos sem igual no cenário brasileiro, principalmente quando paramos para refletir que tanto um como o outro conseguem reunir multidões de pessoas que de alguma forma acreditam e têm fé.

Entretanto, sob a ótica da história comparada, ambos os eventos nos fornecem pontos importantíssimos para a compreensão e a ligação dos pontos aos fatos históricos da teia de formação política e social do país e suas congruências sobre os processos de intolerâncias religiosas. Desta forma, será necessário, antes das nossas análises, investigar quais são os elementos que possibilitaram o êxito dos eventos em questão.

3.1.1 O chão histórico por onde caminham os que defendem a liberdade religiosa

O cenário escolhido para a realização de ambos os eventos, a Caminhada e a Marcha, constitui um verdadeiro palimpsesto da história de formação política e social da cidade do Rio de Janeiro. Copacabana, cenário escolhido pelos caminhantes, é conhecida como palco de grandes eventos nacionais e internacionais, como o *réveillon*. No entanto, até meados do século 19, era uma região pouco conhecida e habitada pelos cariocas. A imagem 8 nos mostra como era, no século 19, a região onde, atualmente, acontece a já tradicional Caminhada em Defesa da Liberdade Religiosa.

Imagem 8: Copacabana no século 19 segundo Rugendas.

Fonte: RUGENDAS, Johann Moritz. *Voyage pittoresque dans le Brésil.* Paris: Engelmann & Cie., 1835. (1e division: paysages, p. pos 12, pl. 1).

Segundo Julia O'Donnell (2013), o crescimento e o desenvolvimento da região sul da cidade se deu junto a reformas sociais que acompanharam o crescimento das vias férreas para os transportes coletivos, aliadas às ideias de progresso e ocupação urbana, em função da chegada da família real portuguesa, desencadeando um longo processo de transformações sociopolíticas.

O'Donnell (2013) aponta que Copacabana, que até então era uma região ocupada por pequenos pescadores, permaneceu em relativo anonimato até a década de 1858, abrigando em seu interior apenas a capela de Nossa Senhora de Copacabana que reunia, vez ou outra, romeiros de diversas partes da cidade e da região, que no período caracterizava umas das primeiras atividades religiosas manifestadas e documentadas. De acordo com a autora,

> Uma modesta, porém perene atividade religiosa mobilizava o mesmo trecho final da praia onde, desde o século XVIII, havia notícia

da capela de N. S. de Copacabana, que reunia romeiros de diversas partes da cidade. A Igrejinha, como ficou conhecida a edificação, representava o principal polo de atração local, especialmente no dia 13 de setembro, quando se comemorava a festa da padroeira. Para tais ocasiões, a Igrejinha contava com uma casa para romeiros que, ao lado das choupanas de pescadores e do Forte do Vigia, foi durante muitos anos, uma das poucas edificações existentes no distante areal. (O'DONNELL, 2013, p. 30)

Para além das lentas ocupações em função do desenvolvimento urbano e das pequenas romarias, o desenvolvimento da região de Copacabana se deu em função das ações e investimentos do médico português Figueiredo Magalhães, que viu na região praiana uma possibilidade de obter lucro, construindo ali uma casa para convalescentes.

Conforme O'Donnell,

> O médico português Figueiredo Magalhães foi um dos que viram ali uma boa fonte de lucro. No final da década de 1870, atento às recomendações sanitárias favoráveis aos banhos de mar (que vinham se popularizando na Europa no decorrer do século XIX), não tardou em adquirir uma chácara no morro cortado pela ladeira do Barroso. Construiu, numa parte plana, uma casa destinada ao cuidado dos convalescentes, que se multiplicavam devido às recorrentes epidemias que se alastravam pelas zonas mais populosas da cidade. (O'DONNELL, 2013, p. 34)

Para tornar viável o seu empreendimento, o médico investiu, junto com o seu sócio, José Martins Barroso, em serviços de transportes, destinados a hóspedes e pacientes, e na abertura e pavimentação de duas ruas que, posteriormente, foram doadas ao público, uma delas com o nome de Figueiredo Magalhães (O'DONNELL, 2013).

Toda a opulência simbólica e *status* social da região, e principalmente do bairro de Copacabana, só começou a ser fomentada pela mídia local na década de 1905, após a inauguração do Túnel do Leme, atualmente conhecido como Túnel Novo, e, posteriormente, com a inauguração do hotel

Copacabana Palace, com seus grandes bailes de carnaval. Até a década de 1950, a região sul da cidade era conhecida como símbolo do progresso e do desenvolvimento social (O'DONNELL, 2013).

Imagem 9: Copacabana na década de 1930.

Fonte: Cartão postal da época retratada.

Os jornais publicavam vários anúncios de venda de terrenos na região de Copacabana, fruto da ideia de progresso e de crescimento para o sul da cidade, em detrimento dos subúrbios. O que nos possibilita apontar que, diferente de outras regiões da cidade do Rio de Janeiro, a região sul foi sendo, aos poucos, estrategicamente ocupada pela burguesia carioca.

Assim como outras grandes metrópoles que possuem lugares, ruas, praças ou monumentos que as identificam, tal como a Torre Eiffel, em Paris, e a Avenida Paulista, em São Paulo, Copacabana se apresenta como um desses lugares que, no dizer de Cibele Macêdo e Regina Andrade, contêm "parte significativa da história da cidade em que se localiza e, ao mesmo tempo, exerce influência na formação da subjetividade de quem ali vive" (MACÊDO; ANDRADE, 2016, Resumo).

Imagem 10: Parte final da praia de Copacabana, após a duplicação da avenida Atlântica (realizada na década de 1970).

Fonte: Fotografia produzida e postada no portal *Wikimedia Commons* por Francisco Anzola (2010). Uso autorizado sob a licença *Creative Commons Attribution 2.0 Generic*. Disponível em <https://commons.wikimedia.org/wiki/File:View_from_Hotel_(4589738271).jpg>. Acesso em 15 abr 2019.

Entretanto, antes dos anos de 1950, o palco dos momentos significativos na história cultural e política da cidade do Rio de Janeiro era a Cinelândia, oficialmente denominada Praça Floriano Peixoto.[47] A região é caracterizada, por Cibele Macêdo e Regina Andrade (2016), como um território de sociabilidade, deflagrada, principalmente, "pela construção da Avenida Central e pelo sonho de um espanhol, Francisco Serrador, de construir uma cidade de brinquedo" (MACÊDO; ANDRADE, 2016, p. 5-6). Construída aos pés do Morro do Castelo, a Cinelândia, salientam as autoras, "fez parte da fundação da cidade, por todo seu período colonial,

---

47 O nome da praça homenageia o Marechal Floriano Peixoto (1839-1895), alagoano radicado no Rio de Janeiro desde 1855, que foi o primeiro vice-presidente e o segundo presidente da república do Brasil.

e foi o espaço escolhido pela República para simbolizar os novos tempos de modernização" (MACÊDO; ANDRADE, 2016, p. 7).

Considerada um território aberto e receptível a todos os públicos, a Cinelândia, região do entorno da Praça Floriano Peixoto, no centro da cidade do Rio de Janeiro, é enaltecida pela opulência das construções em seu entorno, como o Teatro Municipal, o Museu Nacional de Belas Artes, o antigo Supremo Tribunal Federal (atualmente Centro Cultural da Justiça Federal) e a Câmara de Vereadores. Dentre outros inúmeros atos públicos na cidade do Rio de Janeiro, a Cinelândia foi o palco das manifestações da Passeata dos Cem Mil, grande manifestação popular organizada pelo movimento estudantil em 26 de junho de 1968, contra a Ditadura Militar no Brasil.

Imagem 11: Praça Floriano Peixoto, com destaque para o palácio Pedro Ernesto (Câmara de Vereadores do Rio de Janeiro), cujas escadarias foram palco de muitas manifestações.

Fonte: Fotografia produzida e postada no portal *Wikimedia Commons* por *Sailko* (2013). Uso autorizado sob a licença *Creative Commons Attribution 3.0 Unported*. Disponível em <https://commons.wikimedia.org/wiki/File:Rio_de_janeiro,_praca_floriano_03.JPG?uselang=it>,. Acesso em 15 abr 2019.

Atualmente, o espaço Cinelândia ainda é comumente o ponto focal para várias manifestações sociais. Entretanto, ao escolherem o espaço de Copacabana como palco para a Caminhada em Defesa da Liberdade Religiosa, a Comissão de Combate à Intolerância Religiosa rompe com os processos de demarcação de espaços simbólicos e retoma uma prática construída pelos religiosos de matrizes africanas na década de 1950, que é a de utilização dos espaços públicos para suas expressões e manifestações religiosas, como, por exemplo, a ocupação das areias da praia de Copacabana para homenagear Iemanjá, ou comemorar a passagem da virada do ano, iniciativas que partiram de Tancredo da Silva Pinto, o Tata Tancredo, e foram popularizadas e disseminadas como cultura popular brasileira.

As ocupações de Copacabana, tanto na década de 1950 como em 2008, por religiosas e religiosos de matrizes africanas, podem ser compreendidas e analisadas como ações contra as hegemonias, uma vez que os espaços dos subúrbios da cidade eram considerados espaços condicionados para a manifestação de suas expressões e práticas religiosas, tal como podemos observar por meio da publicação do jornal *Diário da Noite*[48] que, em 3 de dezembro de 1930 (ano 2, n. 360, 1. ed., p. 5), denunciou e condicionou o subúrbio a "paraísos das macumbas"(DIÁRIO DA NOITE, ano 2, n. 360, 1. ed., p. 5, 1930). Segundo o referido jornal, nos arredores da estação ferroviária de Bento Ribeiro, estava em curso o desenvolvimento de jogos e de macumba, devido ao abandono e ao descaso dos policiais do 23º Distrito Policial. A denúncia, que ganhou meia página do referido jornal, ecoou nas esferas públicas e, três dias após a veiculação da matéria, o delegado Carlos Toledo e o investigador Francisco Palha assumiram a administração da região e iniciaram um processo de "saneamento", que configurou as primeiras décadas do século 20 e que ressoou, principalmente, nos morros e cortiços da cidade do Rio de Janeiro.

Na edição do mesmo jornal, publicada no dia de 20 de janeiro de 1931 (DIÁRIO DA NOITE, ano 3, n. 399, 2. ed., p. 3, 1931), as denúncias sobre o crescimento das práticas de macumbas e de jogos foram direcionadas para a região Central e Leopoldina. Além das denúncias, o jornal trouxe uma matéria intitulada "Os domínios da macumba invadidos pela polícia". Na

---

48   O Diário da Noite, um dos mais importantes jornais do Rio de Janeiro, fazia parte dos Diários Associados, do empresário Assis Chateaubriand, a que também pertenceram ou pertencem, entre outros, os jornais O Jornal, Jornal do Commercio, Estado de Minas e Correio Braziliense, as revistas O Cruzeiro e A Cigarra, a rádio Tupi e as TVs Tupi e Alterosa.

matéria, o jornal dá como positiva a ação realizada pelo delegado do 23º Distrito Policial, Júlio Cesar Tavares, que assumiu o cargo após as denúncias de imprudências e negligências na região. Ainda segundo o referido jornal, o delegado havia prendido o "chefe da macumba", Manoel Rosa, e seus ajudantes de trabalho após uma visita policial realizada na região. Foram autuados sob o Artigo 157 do Decreto nº 847 (BRASIL, 1890), que considerava crime contra a saúde pública a prática de espiritismo e de magia negra, prevendo a prisão de um a seis meses e uma multa de 100$ a 500$000.

Mostrando como uma ação louvável, o jornal *Diário da Noite* nos deixa vestígios históricos importantes para compreendemos que o Centro da cidade do Rio de Janeiro, que até meados do século 20 era a capital do Brasil, era comumente habitado por negros e adeptos das práticas de "macumba". Podemos compreender, além disso, todo o incentivo expansionista, tanto público como privado, rumo à região sul da cidade, bem como toda a opulência construída sobre as narrativas que permeiam o espaço de Copacabana, destoando-a dos subúrbios e das áreas centrais da cidade.

Um dos veículos de comunicação, nos anos de 1920, encarregado de construir e fomentar um imaginário sobre Copacabana, diferente das regiões periféricas e marginalizadas, foi o jornal *Beira Mar* (citado extensamente em O'DONNELL, 2013, capítulos 3 a 6, p. 81-224) que começou a circular em 28 de outubro de 1922, criado por Manoel Nogueira de Sá.

Segundo Julia O'Donnell,

> Ao longo de seus 22 anos e 771 edições, o periódico buscou fazer jus ao programa a que se propusera desde o seu primeiro número: lançar-se como "órgão de defesa dos interesses dos moradores dos bairros de Copacabana, Ipanema e Leme". Articulando três regiões atlânticas em uma única unidade territorial, a "CIL" (sigla para Copacabana-Ipanema-Leme, à qual seria incorporado o Leblon, poucos anos mais tarde). (O'DONNELL, 2013, p. 84)

O'Donnell (2013) salienta que o objetivo do periódico semanal era a publicação da conjectura de uma unidade simbólica, cultural discursiva entre os residentes daquelas praias, atribuindo-lhes, desde o princípio, um nome comum, os "cilenses". A finalidade e o público leitor do *Beira Mar* eram bem diferentes do público leitor do *Diário da Noite*. Destoando completamente da paisagem descrita no jornal *Beira Mar*, os adeptos da Caminhada em Defesa da Liberdade Religiosa rompem com a aura construída do espaço conhecido como "Zona Sul", alargando as fronteiras simbólicas urbanas e redefinindo os espaços da cidade.

3.1.2 O chão histórico por onde marcham os evangélicos

Enquanto a Caminhada tem como pano de fundo a orla de Copacabana, Zona Sul carioca, a Marcha utiliza uma área central da cidade do Rio de Janeiro, a Avenida Presidente Getúlio Vargas. O chão histórico onde aconteceram esses eventos, no ano de 2008, podem ser interpretados como transformações sociais rumo à modernidade do século 20, pois, assim como Copacabana, a Avenida Getúlio Vargas é uma das testemunhas geográficas das intensas modificações e transformações históricas na cidade, um grande palimpsesto social que foi moldado ao longo dos percursos e das transformações espaciais da cidade.

Transformações, em muitos casos, que não deixam rastros visíveis, e que só são possíveis de serem enxergadas se nos debruçarmos sobre as marcas sensíveis deixadas, ou que as atividades de intervenções não foram capazes de apagar. Assim, a avenida foi palco para diversas intervenções espaciais e manifestações políticas e sociais antes mesmo de ser ocupada pela marcha, em 2008.

Redesenhada pelos projetos do arquiteto francês Alfred Hubert Donat Agache, conhecido por ter planejado a urbanização de várias cidades brasileiras como Recife, Porto Alegre e Curitiba, nas décadas de 1940 e 1950, a Avenida Presidente Getúlio Vargas passou por várias intervenções para atender aos anseios e ideias de modernidade que chegaram com força no país em meados do século 20. Aliadas à ideia de reforma urbana, como vimos nos capítulos anteriores, estavam as ideias de higienização social que aos poucos ia cumprindo a aspiração da reforma da cidade do Rio de Janeiro. Por trás de tais aspirações estavam não só a tentativa de promover uma limpeza, desapropriando casas, cortiços, e pequenos estabelecimentos, mas também a limpeza dos curandeiros que por ali viviam e estabeleciam seus laços de sociabilidade. Andréa Borde pontua que

> Na Avenida Presidente Vargas, o longo processo de construção dos lotes e quadras, que sobrevém à abertura das avenidas, representa não apenas a ancoragem da imagem-síntese de grande vazio como a configuração de um tecido urbano heterogêneo e descontínuo resultante do processo de construir onde havia sido destruído (o trecho entre a Igreja da Candelária e a Praça XI) e destruir o que estava edificado (da Praça XI à Cidade Nova), para construir um espaço renovado e próspero. (BORDE, 2016, p. 122)

A autora salienta que, no plano de vista geográfico, a avenida era cercada por quatro lados de observação que apresentam leituras destoantes. O lado norte se caracteriza pela marcante presença da sequência de quatro morros: as "quadras e os lotes dos morros da Conceição e do Pinto (nos extremos leste e oeste) são ocupados por população de mais baixa renda [...] Morro da Providência [...] a primeira 'favela' da cidade [...] Morro do Livramento. O sopé desses morros [...] caracteriza-se pela presença de cortiços" (BORDE, 2016, p. 116). O lado sul se caracteriza pela expansão da malha urbana, com a presença das "centralidades históricas da cidade do Rio de Janeiro (como a Praça XV e o Campo de Santana) [...] e pelas novas espacialidades resultantes da demolição dos morros do Senado (1901), do Castelo (1922) e de Santo Antônio (1954) [...]" (BORDE, 2016, p. 116). Já os lados esquerdo e direito[49] da malha urbana em relação à nova avenida, caracterizados pela autora como "primo rico e primo pobre",[50] são lidos com marcas deixadas ao longo do projeto de reconstrução da cidade, que tinha por objetivo tentar "apagar" as marcas deixadas pelo período colonial e imperial. Assim, o lado esquerdo, "primo rico", é identificado pela região compreendida entre o Cais dos Mineiros e o Campo de Santana, e que corresponde ao denso núcleo urbano original da cidade; o lado direito, "primo pobre", refere-se

---

49 Para um observador postado no início da avenida, que era sua extremidade à beira-mar, e olhando em direção ao fim da mesma via.

50 Borde (2016) explica que o uso dos adjetivos "primo rico, primo pobre", em referência ao programa "Balança, mas não cai", transmitido pela Rádio Nacional, na década de 1950, é uma possibilidade de caracterizar e compreender as visões de mundo distintas da nova cidade. Para a autora, tal adjetivação traz "imagens-síntese [que] traduzem de maneira bastante adequada o contraponto que foi se estabelecendo entre as áreas valorizadas e desvalorizadas dessa avenida." (BORDE, 2016, p. 124).

aos usos considerados impróprios à convivência urbana, como despejo de esgotos, curtumes, atividades portuárias e mercado de escravos.

Sobre os processos de formação urbana, Borde enfatiza que

> O lado esquerdo da Cidade Nova é ocupado, de maneira muito rarefeita, até mesmo por causa dos aterramentos que precisam ser feitos. A ocupação ganha impulso com a chegada dos novos assalariados à cidade, imigrantes e escravos libertos, a partir de 1850. O convívio entre diferentes culturas favorece a formação de redutos culturais, como a Praça Onze, considerada o berço de diversas expressões culturais, como o samba carioca. [...] O lado direito da Cidade Nova, no entanto, registra uma história ligeiramente diferente. Este é o trecho fundador da avenida. É nele que se localiza ainda hoje a Fábrica de Gás, indutora de ocupação da área, e a Estação Central da Estrada de Ferro, ambas criadas pelo barão de Mauá no final dos anos 1850. Em 1893 é demolido o famoso cortiço Cabeça de Porco, localizado aos pés do Morro da Providência. (BORDE, 2016, p. 125)

Após a promoção de limpeza urbana e desapropriações, principalmente no entorno da Praça Onze, que foi demolida para a construção da Avenida Getúlio Vargas, aos poucos o grande espaço vazio foi tomando conta das áreas em torno do qual se organizou a cidade até o início do século 19.

As reformas foram previstas no projeto implementado do Plano de Extensão e Transformação da Cidade, elaborado na gestão do prefeito Henrique Dodsworth (1937-1945) pela Comissão do Plano da Cidade, instituída em 1930, a fim de adequar o Plano de Extensão, Remodelamento e Embelezamento da Cidade do Rio de Janeiro, e tinham por objetivo promover um melhoramento das qualidades de circulação e saneamento da capital federal. A via "pode ser descrita como uma ligação de quatro quilômetros entre dois pontos da Baía de Guanabara, e que se torna real em 1944, após uma longa trajetória de projetos imaginados." (BORDE, 2016, p. 110).

Imagem 12: Centro da cidade do Rio de Janeiro em 1928, antes da abertura da avenida Presidente Vargas.

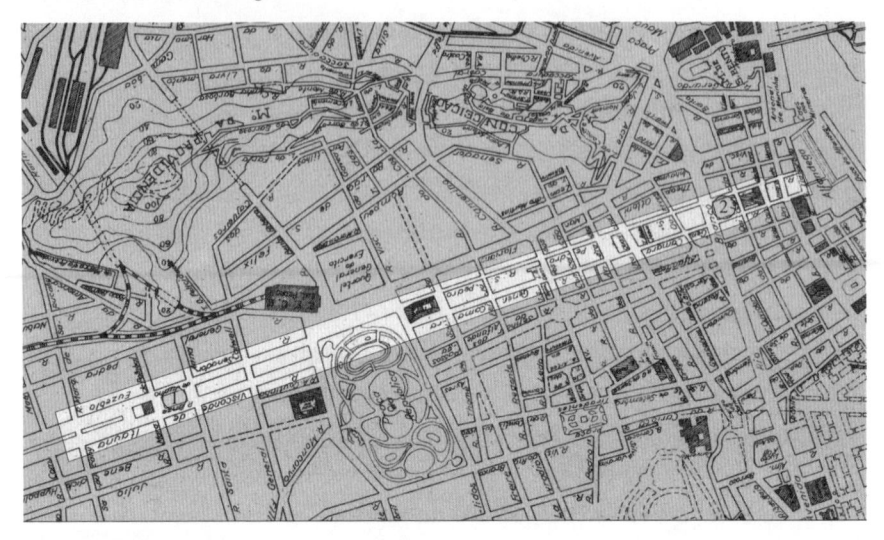

1- Praça Onze de Junho; **2-** Largo da Candelária.
O texto está invertido porque o mapa tinha o norte apontando para o canto inferior direito. A faixa clara indica o local onde foi aberta a avenida Presidente Vargas
Fonte: Planta da Cidade do Rio de Janeiro, publicada pela Prefeitura do Distrito Federal em 1928 (detalhe). Disponível em <https://legacy.lib.utexas.edu/maps/brazil.html>. Acesso em 10 abr. 2019.

Assim, após a eliminação das barreiras, as obras de transformação começaram a se desenvolver em ritmo acelerado, e em três anos a avenida foi inaugurada. Aos poucos, os lados da avenida foram ocupados por edifícios modernos, e se tornou um dos maiores fluxos de bifurcações da cidade, que possibilitou o acesso para vários espaços e também passou a ser palco de manifestações culturais e sociais. Das manifestações culturais, destacamos os desfiles das escolas de samba que, na década de 1940, se apresentavam no local.

Imagem 13: Avenida Presidente Vargas em 2011

Fonte: Fotografia produzida e postada no portal *Wikimedia Commons* por *Andrevruas*, em 2011. Uso autorizado sob a licença *Creative Commons Attribution 3.0 Unported*. Disponível em <https://commons.wikimedia.org/wiki/File:Avenida_Presidente_Vargas,_Rio_de_Janeiro,_Brasil_(2011-02-04).jpg>. 15 abr 2019. (a fotografia teve parte desfocada para omitir marca comercial presente na imagem)

Das manifestações sociais, destacamos a Marcha Contra a Farsa da Abolição, que aconteceu em 11 de maio de 1988, e que foi uma das mais simbólicas manifestações sociais contra o racismo no país (ABREU, 2014). Além de rememorar a "imortalidade" de Zumbi dos Palmares, a "Marcha de 88", como comumente é conhecida, buscou mostrar para a sociedade brasileira que, diferente do que era veiculado, o fim do trabalho escravo no Brasil não possibilitou garantias sociais para as comunidades negras, servindo para fortalecer os acirramentos políticos e sociais fomentados pelo racismo no país.

A marcha, programada para acontecer pacificamente, foi reprimida por militares que cercaram e depredaram os palanques preparados pela Riotur, em frente à Estação Central do Brasil, onde seriam concentradas as manifestações. Mesmo sob as ações da repressão, os manifestantes continuaram e chegaram a ganhar o entorno da Avenida Presidente Vargas.

Imagem 14: Panfleto de divulgação da Marcha Contra a Farsa da Abolição (1988)

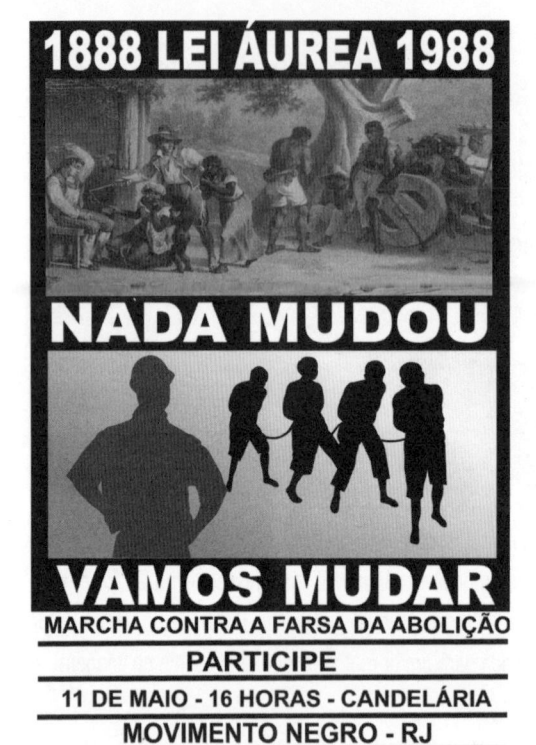

Fonte: Desenho feito a partir de imagens disponíveis na internet. A imagem superior é um detalhe do quadro *Châtiments domestiques* [Castigos domésticos]: RUGENDAS, Johann Moritz. *Voyage pittoresque dans le Brésil*. Paris: Engelmann & Cie., 1835 (4e division, pl. 10). A inferior representa a fotografia usada no original.

Nesse mesmo ano, a Escola de Samba Vila Isabel foi a campeã do carnaval carioca com o samba-enredo "Kizomba, festa da raça", composto por Rodolpho, Jonas e Luís Carlos da Vila, e gravada por Martinho da Vila (1988), de que destacamos os trechos abaixo.

> Valeu Zumbi
> O grito forte dos Palmares
> Que correu terras céus e mares
> Influenciando a Abolição
> [...]
> Sacerdote ergue a taça
> Convocando toda a massa
> [...]
> Esta Kizomba é nossa constituição

> [...]
> Tem a força da Cultura
> Tem a arte e a bravura
> E um bom jogo de cintura
> Faz valer seus ideais
> E a beleza pura dos seus rituais
> [...]
> Nossa sede é nossa sede
> De que o Apartheid se destrua
> (MARTINHO, 2019)

Tanto a marcha quanto a manifestação cultural, por meio da letra do samba-enredo, são grandes exemplos de manifestações sobre as questões raciais que pairavam sobre o país. Assim, como podemos observar, antes mesmo da Avenida Presidente Getúlio Vargas ser o palco para o acontecimento da Marcha para Jesus, em 2008, ela era ocupada por cortiços e "feiticeiros", além de ter sido palco de manifestações culturais e sociais.

O anseio em apresentar o chão de Copacabana e da Avenida Presidente Getúlio Vargas como palimpsestos sociais está vinculado aos processos históricos que ambas as regiões da cidade do Rio de Janeiro apresentam, e o "peso" imaginário que paira sobre elas. Enquanto Copacabana é apresentada como sinônimo de progresso, expansão urbana e modernidade, a Avenida Presidente Vargas é a marca das sucessivas tentativas de invisibilizar as marcas dos processos históricos e das populações que habitaram as regiões centrais da cidade.

Dessa forma, tanto a Caminhada quanto a Marcha trazem, indiretamente, esses processos históricos que, a princípio, não conseguimos enxergar no momento dos eventos. Por essa razão, buscamos apresentar tais reconfigurações que estão no chão histórico de ambos os eventos.

3.2 CAMINHAR ATÉ A CAMINHADA E MARCHAR ATÉ A MARCHA: ORGANIZAÇÕES

Mesmo antes de chegar às ruas, tanto a Caminhada em Defesa da Liberdade Religiosa quanto a Marcha para Jesus já existiam enquanto estruturas virtuais e de mobilização social que carregam em si todas as interfaces históricas de suas construções. Como analisamos nos capítulos anteriores, a Caminhada é fruto de uma organização histórica e orgânica dos adeptos das religiões de matrizes africanas, em diversas frentes de lutas contra a intolerância religiosa na cidade do Rio de Janeiro.

Na década de 1950, o Babá Tancredo da Silva Pinto, sacerdote do culto de Omolokô, foi o grande responsável por agir em defesa das religiões de matrizes africanas por meio da CEUB. Já nos anos 1980, o IPELCY, sob a liderança do professor Jayro de Jesus, foi o grande mentor dos primeiros relatórios sobre os casos de intolerância religiosa, e, também, da construção de enfrentamento político e social contra todas as ações de violências físicas e patrimoniais. Tanto as ações da CEUB como do IPELCY foram extremamente importantes para a gestação da CCIR, dentro da cidade do Rio de Janeiro. Entretanto, o caráter inter-religioso da Comissão lhe confere um caráter global e plural como até então não se tinha visto. Congregando religiosos de várias denominações, a CCIR é, na época da realização deste estudo, uma das poucas organizações nacionais com caráter inter-religioso.

Como já vimos, em 2008, adeptos das religiões de matrizes africanas do morro do Dendê, na ilha do Governador, foram expulsos do local por agressores que se diziam evangélicos. Em resposta a tal arbitrariedade, os indivíduos, sumariamente segregados da comunidade na qual habitavam, buscaram chamar a atenção das autoridades da cidade promovendo um ato em frente à ALERJ, no Centro da cidade, local este que já foi palco de diversas manifestações e movimentações sociais ao longo da história do país. Este ato simbólico marcou o advento da Comissão de Combate à Intolerância Religiosa (CCIR), órgão criado com o intuito de reabrir os debates relativos às problemáticas situadas no campo da violência histórica contra as religiões afro-brasileiras.

Como bem observamos no capitulo anterior, toda a estrutura de organização da CCIR para a realização da 1ª Caminhada, assim como das edições subsequentes, nasceu a partir do acúmulo das várias interfaces de resistências das comunidades e religiosidades negras. Desta forma, a Caminhada foi feita de forma voluntária pelos religiosos e religiosas que compõem a entidade, em sua grande maioria candomblecistas e umbandistas, em parceria com o CEAP (Centro de Articulação de Populações Marginalizadas), o Centro de Integração da Cultura Afro-brasileira (CIAFRO), o Coletivo de Entidades Negras (CEN), o Centro de Tradições Afro-brasileiras (CETRAB) e a Associação Movimento Afro-religioso (IRMAFRO). Dentre as entidades, o CEAP foi, talvez, um dos maiores incentivadores para a realização da Caminhada, que contou também com doações espontâneas dos próprios religiosos para sustentar os gastos com os equipamentos de som, além do custeio das faixas e dos cartazes.

Já a Marcha é um evento internacional e interdenominacional, realizado por diversas denominações evangélicas, que ocorre, anualmente, em milhares de cidades espalhadas pelo mundo. Na cidade do Rio de Janeiro, o evento é organizado e patrocinado, desde o ano de 2004, pela COMERJ e a prefeitura da Cidade do Rio de Janeiro, com o apoio das igrejas evangélicas do Estado do Rio de Janeiro.

Antes de partimos para as análises comparadas sobre as estruturas de organização da marcha, é preciso fazermos uma breve rememoração sobre a construção desse evento e como ele chegou até o Brasil. Mesmo não sendo a Marcha o nosso objeto de estudo, pautá-la sobre as interfaces históricas, principalmente no que tange ao crescimento neopentecostal no país, nos possibilitará compreender o quão grandioso é o projeto "Brasil para Cristo".

O histórico da Marcha para Jesus nos remete a 1987, quando três organizações religiosas inglesas[51] realizaram em conjunto a primeira *March for Jesus* na cidade de Londres. Nos anos 1990, o evento já estava espalhado por mais de 49 cidades do Reino Unido e também havia chegado em Belfast, capital da Irlanda do Norte, reunindo principalmente protestantes e católicos.

---

51 As igrejas organizadoras do movimento foram *Ichthus Christian Fellowship* (Irmandade Cristã do Peixe, numa alusão ao símbolo dos primeiros cristãos), *Youth With a Mission* (Jovens com uma Missão) e *Pioneers Ministries* (Ministérios dos Pioneiros).

A Marcha para Jesus chegou ao Brasil no ano de 1993, através do apóstolo Estevam Hernandes, um dos fundadores da Igreja Renascer em Cristo.[52] Nesse ano, a Marcha Para Jesus foi realizada em mais de 100 cidades em várias regiões do Brasil. Na cidade de São Paulo, uma multidão foi às ruas do Centro da cidade, com destino ao Vale do Anhangabaú, onde aconteceu um *show*. Desde então, o evento foi transferido para algumas regiões da cidade. No ano de 2007, após um termo assinado entre o Ministério Público de São Paulo e o governo do prefeito Gilberto Kassab (DEM), houve uma restrição na realização de eventos na Avenida Paulista.

3.2.1 CCIR: unidade sem políticos

No dia 1º de julho de 2008, o repórter Fernando Molica, por meio do jornal *O Dia*, veiculou a seguinte informação:

> Andar com Fé
>
> A comissão de Combate à Intolerância Religiosa definiu o *slogan* da Caminhada que fará em setembro: "Liberdade Religiosa. Eu tenho fé". Os organizadores querem reunir 50 mil pessoas e já receberam inscrições de 84 terreiros de umbanda e candomblé.

Enquanto a Marcha evidenciou toda a opulência por trás da corporação que a organiza, desde investimento financeiro a midiático, a Caminhada mostrou para a sociedade brasileira o quão potente é a voz dos segmentos marginalizados das culturas e religiosidades de matrizes africanas. Assim, como todas as suas edições posteriores ao ano de 2008, a 1ª Caminhada foi realizada sobre a construção de um movimento orgânico contra hegemonias de grupos minoritários no cenário social e político brasileiro, através da recém criada Comissão de Combate à Intolerância Religiosa.

A repercussão positiva do ato fortaleceu as intenções da CCIR, que passou a intensificar a luta contra a intolerância, tendo como horizonte expor criticamente o problema da imposição de algumas religiões sobre outras, a falta

---

52 A Igreja Cristã Apostólica Renascer em Cristo é uma igreja evangélica neopentecostal. Foi fundada em São Paulo, em 1986, pelo pastor Estevam Hernandes e pela bispa Sônia Hernandes (sua esposa), após o rompimento de ambos com a Igreja Pentecostal da Bíblia, também de São Paulo. A Igreja Renascer possui, desde 1993, uma emissora de TV, a Rede Gospel.

de igualitarismo no tratamento das religiões presentes na sociedade brasileira em um espectro geral, e a necessidade de se formatar vias de interlocução entre diferentes estratos sociais sobre questões relacionadas à pluralidade religiosa e de culto no Brasil. A Caminhada funcionou como o estopim de um problema mais antigo, ou seja, o preconceito e o desrespeito referente aos cultos de matrizes africanas no país. Entretanto, as movimentações de grupos ligados a estas experiências fizeram com que uma demanda notória, tornada subterrânea na memória nacional, viesse à tona para fixar-se como uma questão de importância ímpar. Além destas questões é crucial atentar aos enfoques e aos procedimentos que foram adotados pelas lideranças da Caminhada que se encaminhou para uma direção totalmente oposta à da Marcha.

Após a exitosa Caminhada, a CCIR se tornou um símbolo de luta contra as formas de intolerância religiosa no país, cuja Caminhada passou a ganhar uma edição anual que acontece em todo segundo domingo do mês de setembro. A data ainda não faz parte do calendário comemorativo da cidade e do estado do Rio de Janeiro, mas pontua um momento muito importante dentro da história das comunidades religiosas e culturas afro-brasileiras no país.

Contraponto à data de luta, um ano após os episódios de violências e intolerâncias no Morro do Dendê, a Marcha para Jesus, que é um evento totalmente cristão, passou a ter, por meio da Lei Nº 12.025 de 3 de setembro de 2009, promulgada pelo ex-presidente Luiz Inácio Lula da Silva (BRASIL, 2009), uma data comemorativa para a sua realização nacional. Diz a referida Lei:

> O PRESIDENTE DA REPÚBLICA
> Faço saber que o Congresso Nacional decreta e eu sanciono a seguinte Lei:
> Art. 1º É instituído o Dia Nacional da Marcha para Jesus, a ser comemorado, anualmente, no primeiro sábado subsequente aos 60 (sessenta) dias após o Domingo de Páscoa.[53]
> Art. 2º Esta Lei entra em vigor na data de sua publicação.

---

53 Curiosamente, a comemoração do Dia da Marcha para Jesus, por meio da Lei, passa a acontecer dez dias antes da celebração do Pentecostes, uma das celebrações mais importantes do calendário cristão, onde se comemora a descida do Espírito Santo sobre os apóstolos de Jesus Cristo e sobre Maria, sua mãe. O Pentecostes é celebrado 50 dias depois do domingo de Páscoa e ocorre no sétimo dia depois da celebração da Ascensão de Jesus.

Brasília, 3 de setembro de 2009; 188º da Independência e 121º da República.

A lei é de autoria do ex-deputado federal, prefeito da cidade do Rio de Janeiro a partir de 2017, bispo Marcelo Crivella, sobrinho de um dos líderes da Igreja Universal do Reino de Deus, bispo Edir Macedo. Três anos depois, Samuel Malafaia articulou sua presença também na promulgação da Lei 6.236/2012 que criou a comemoração em nível estadual (ESTADO DO RIO DE JANEIRO, 2012; SANT'ANA, 2017, p. 162-163).

Segundo Raquel Sant'Ana, com a incorporação da data ao calendário carioca, foram garantidos à Marcha:

> Em primeiro lugar, aspectos de apoio geral de estrutura pública. Foi negociada a permissão para a utilização das ruas, a utilização do prédio da Câmara dos Vereadores como base dos bastidores do evento, a atuação de funcionários da CET-Rio para o redirecionamento do trânsito, a presença de guardas municipais, bem como a autorização para a instalação do palco e dos telões. (SANT'ANA, 2017, p. 163)

Sant'Ana enfatiza, a respeito do envolvimento do COMERJ com o cenário político da cidade do Rio de Janeiro, principalmente o que diz respeito a "doações" feitas pela prefeitura para realização da Marcha. Em entrevista concedida a Wilson Tosta, de *O Estado de S.Paulo*, em 13 de julho de 2012, Malafaia contou que o envolvimento entre a prefeitura e o COMERJ

> [...] começou quando Paes ainda era secretário do então prefeito Cesar Maia (DEM) e se fortaleceu a partir da eleição do prefeito. "Quando o Eduardo Paes foi candidato em 2008, estava em uma disputa acirrada com o (Fernando) Gabeira (PV)", disse Malafaia, recordando o segundo turno da eleição. "Observaram que o Gabeira, apesar das suas posições sobre maconha e homossexualismo, tinha um índice enorme entre os evangélicos". Paes, relatou o pastor, o procurou em casa, esperando que voltasse de uma viagem. "O senhor pode decidir essa eleição", teria dito o prefeito. Malafaia contou ter

respondido dois dias depois. Gravou sua participação no horário eleitoral, pedindo votos e, desde então, houve um relacionamento mais estreito. "Falei com ele direto, nesses quatro anos", relata, elogiando a facilidade de acesso ao prefeito. Ele contou que, este ano [2012], Paes o procurou novamente e disse: "Conto com vocês". Na semana passada [em relação a 13 de julho], selaram o acordo. (citado em SANT'ANA, 2017, p. 165)

Do ponto de vista político, a CCIR se mantém, até o final deste estudo, apartidária, e sua única bandeira de luta é a do diálogo inter-religioso. Entretanto, como as proporções interdimensionais e os contornos que a 1ª Caminhada tomou, ser apartidária não eximiu a Comissão de ver sua bandeira ser levantada por futuros candidatos ao cenário político, tipo de oportunismo político comum às vésperas das eleições.

Segundo o jornal *Extra*, de 27 de setembro de 2008, o juiz Sandro Lontra, da 109ª Zona Eleitoral de Macaé (RJ), mandou apreender todo o material eleitoral em que o candidato do PMDB, Riverton Mussi, era acusado de planejar fazer da cidade a capital do petróleo e do candomblé. Segundo o referido jornal, na propaganda, Mussi gastaria 250 milhões de reais na construção de terreiros nos moldes do de Mãe Menininha do Gantois, na Bahia. A campanha era movida por partidários do adversário de Riverton, Sílvio Lopes, candidato pelo PSDB. O juiz pôs no despacho que o crime de veiculação de material discriminatório a religiões afro-brasileiras fere o parágrafo 2º do Artigo 20 da Lei 7716/89, também conhecida como Lei do Crime Racial, que diz:

> Art. 1º Serão punidos, na forma desta Lei, os crimes resultantes [...]
> Art. 20. Praticar, induzir ou incitar a discriminação ou preconceito de raça, cor, etnia, religião ou procedência nacional.
> Pena: reclusão de um a três anos e multa.
> [...]
> § 2º Se qualquer dos crimes previstos no caput é cometido por intermédio dos meios de comunicação social ou publicação de qualquer natureza:
> Pena: reclusão de dois a cinco anos e multa. (BRASIL, 1989)

A lei, que inicialmente foi criada para punir o preconceito racial, foi ampliada para combater todos os tipos de discriminação como crimes inafiançáveis.

Desta forma, o magistrado Lontra compreendeu que, ao associar o candidato do PMDB às religiões de matrizes africanas, de forma involuntária, sem o consentimento dos associados, às vésperas das eleições municipais, o querelado nutria suas ações aproveitando-se de todas as ações de discriminação e de preconceitos de algumas comunidades evangélicas contra as religiões de matrizes africanas. O caso chegou até a CCIR, que passou a acompanhar de perto todos os casos de intolerância religiosa.

Assim, as dicotomias entre a CCIR e o COMERJ ultrapassam desde as suas formações históricas até os aparatos legais aos quais ambas recorrem. Enquanto isso, a CCIR tentava promover uma ação orgânica e espontânea a favor do diálogo inter-religioso, da assistência jurídica às vítimas de intolerância, e da luta para aprovação de um Plano Nacional de Combate à Intolerância Religiosa.

O COMERJ busca estar cada vez mais presente na ocupação de cargos públicos, fomentando a promulgação de leis que podem cessar os direitos à liberdade e bloqueando projetos em defesa dos direitos humanos como, por exemplo, o PLC 122/2006,[54] que incluía a criminalização da homofobia e foi lido por certos setores evangélicos como um risco à liberdade de expressão e à liberdade religiosa.

Sobre as ações eleitoreiras dos pentecostais, Ricardo Mariano salienta que

> O ativismo eleitoral e partidário dos pentecostais, a despeito de suas inclinações sectárias e fundamentalistas e de seu caráter moralista, é um dado da democracia e da cultura política brasileira. Viva e despudoradamente, essa prática tem sido estimulada por candidatos e partidos de todos os quadrantes ideológicos em busca de votos. Apesar disso, muitos crentes se opõem individualmente à manipulação eleitoral dos fiéis e à mistura entre religião e política; não se

---

54 O Projeto de Lei da Câmara 122/2006 propunha a criminalização dos preconceitos motivados pela orientação sexual e pela identidade de gênero, equiparando-os aos demais preconceitos que já são objetos da Lei 7716/89. O projeto foi arquivado ao final da legislatura de 2014, e até o início de 2019 não tinha sido retomado (BRASIL, 2006).

deixam transformar automaticamente em peças de currais eleitorais cegamente obedientes à orientação pastoral. A Congregação Cristã no Brasil e a Igreja Deus é Amor, por exemplo, abrigam 12% dos pentecostais e permanecem apolíticas. Denominações protestantes tradicionais, em geral, também não lançam nem apoiam candidatos oficialmente. Mas esta não é a postura da maioria dos pentecostais e neopentecostais, justamente as vertentes evangélicas que mais crescem no país. (MARIANO, 2012, p. 31)

Mesmo avessa a apoiar e a lançar candidatos, e caminhando sob uma bandeira sem identificação política, inclusive sem representantes no cenário político, não podemos dizer que a ação da CCIR não tem uma ressonância política dentro da sociedade carioca. Como vimos no capítulo anterior, durante 2008, a participação na 1ª Caminhada, em forma de solidariedade às vítimas de intolerância e de debates em torno dos casos, foi um fator muito importante e decisivo para os candidatos, no segundo turno, à prefeitura do Rio de Janeiro.

Durante o primeiro turno, as denúncias feitas pelo pastor Caio Fábio e enfatizadas pelo prefeito Cesar Maia, ligado à coligação que pleiteou a candidatura de Eduardo Paes no segundo turno, de ligação da Igreja Universal do Reino de Deus com o narcotráfico, estremeceram a candidatura do bispo Marcelo Crivella (PRB) à prefeitura do Rio de Janeiro. O pastor Caio Fábio, dissidente da IURD, gravou às vésperas da eleição uma série de vídeos acusando lideranças evangélicas conhecidas das igrejas Renascer em Cristo, Universal do Reino de Deus e Assembleia de Deus Vitória em Cristo, de lavagem de dinheiro e tráfico de drogas, além de doação de mesada em dólares para obter o silêncio de lideranças políticas.

A matéria veio à tona às vésperas da Caminhada, e o jornal *O Globo*, no dia 17 de setembro de 2008, apontava o candidato Marcelo Crivella liderando as pesquisas da eleição municipal. Temendo a concretização do que apontava a matéria, em ter um bispo evangélico pentecostal à frente da prefeitura carioca, as denúncias serviram também para endossar as manifestações em prol da liberdade religiosa e pelo fim da intolerância. Os resultados foram sentidos de imediato no primeiro turno, e o bispo Marcelo Crivella não conseguiu atingir a cota suficiente de votos para ir ao segundo turno das eleições. Faltando dois dias para o segundo turno, marcado para acontecer no dia 26 de outubro, as pesquisas do Ibope e do Datafolha mostraram que ainda era grande o número de eleitores que mudariam de voto. Segundo o Ibope, cerca de 15% dos eleitores afirmaram que sua escolha não era definitiva. Já o Datafolha apontava que apenas 10% dos eleitores admitiam que poderiam mudar de votos no dia da votação. A consulta realizada pelo Datafolha apontava que Eduardo Paes, candidato pelo PMDB, aparecia com 44% dos votos válidos contra 41% de Fernando Gabeira, candidato pelo PV. A soma dos votos nulos, branco e indecisos, segundo o Datafolha, chegava à 15%, e no Ibope chegava a 13%.

Diante das pesquisas, tanto os aliados do candidato Eduardo Paes como os aliados do candidato Fernando Gabeira começaram uma mobilização de ações em busca de votos. Essas ações aconteceram principalmente dentro das comunidades religiosas de matrizes africanas. Assim, no dia 23 de outubro, o jornal *O Globo* veiculou uma matéria, no caderno *País*, que mostrava Jorge Picciani (PMDB), bem como os parlamentares do Partido dos Trabalhadores (PT), participando de uma reunião em um terreiro de candomblé no bairro de Bonsucesso. O ato, que contou com a presença de Babu, do deputado estadual Gilberto Palmares (PT) e do deputado federal Carlos Santana (PT), reuniu cerca de 100 pessoas. Durante o encontro foi assinada uma carta-compromisso com reinvindicações, incluindo a cessão de um espaço para discutir as religiões afro. Assim, enquanto Eduardo Paes buscava apoio junto ao COMERJ, em troca de concessões futuras para o conselho, do outro lado seus aliados políticos e partidários buscavam apoio juntos às comunidades de religiões de matrizes africanas. As ações políticas do candidato do PMDB à prefeitura do Rio de Janeiro, no ano de 2008, que numa hora tendiam a atuar a favor da liberdade e da pluralidade religiosa, e em outro momento tendiam a atuar a favor do conservadorismo evangélico, não foram as únicas que aconteceram às vésperas das eleições.

No dia 31 de outubro de 2008, foi realizado o Fórum de Diálogo Inter--religioso,[55] na cidade do Rio de Janeiro. Organizado pela CCIR, o Fórum

---

55   A Comissão de Combate à Intolerância Religiosa (CCIR) e o Centro de Articulação de Populações Marginalizadas (CEAP) produziram um vídeo com cenas do Fórum que está disponível no canal CEAPRJ no YouTube <https://www.youtube.com/watch?v=Y4WbIutXEWk>.

teve por objetivo ampliar o diálogo com as mais diversas lideranças religiosas, como a comunidade judaica, a Conferência Nacional dos Bispos do Brasil (CNBB), a Sociedade Beneficente Muçulmana, a Igreja Presbiteriana, cristãos de todas as denominações, adeptos das religiões de matrizes africanas, indígenas, hinduístas e ciganos, tendo em vista a construção do Plano Nacional de Combate à Intolerância Religiosa (CCIR, 2010).

Dois meses após a 1ª Caminhada em Defesa da Liberdade Religiosa, no dia 20 de novembro de 2008, a CCIR, representada pelo interlocutor da comissão, o Babalawô Ivanir dos Santos, pela Mãe Beata de Yemanjá, pela Yalorixá Regina do Bongbosê, o Babalorixá Zezinho da Boa Viagem, do candomblé, Fátima Damas, da umbanda, Dom Antônio Duarte, bispo auxiliar da Arquidiocese do Rio de Janeiro, o Pastor Marco Amaral, da Igreja Presbiteriana, e Sérgio Niskier, presidente da Federação Israelita, entregou ao ex-presidente Lula o Plano Nacional de Combate à Intolerância Religiosa e uma carta reivindicando ações concretas e punições por parte do Ministério da Comunicação aos veículos que não acatassem os itens do plano, e que retirasse do ar os programas com conteúdo de intolerância.

O encontro, registrado pelo jornal *O Globo* e publicado no dia seguinte, na página 9 do caderno *País*, aconteceu na cidade do Rio de Janeiro, em uma data muito importante para as comunidades negras no Brasil: 20 de novembro, data em que se comemora o aniversário de morte do líder negro Zumbi dos Palmares, e que foi instituído Dia Nacional de Zumbi e da Consciência Negra pela Lei nº 12.519, de 10 de novembro de 2011, sendo feriado em alguns municípios brasileiros, como Salvador e Rio de Janeiro.

Reunindo-se as lideranças religiosas da CCIR com o então Presidente Lula, no Centro Administrativo do Tribunal de Justiça, foi lida a carta, assinada pela Comissão de Combate à Intolerância Religiosa, pela Federação Israelita do Estado do Rio de Janeiro e pela Conferência Nacional dos Bispos do Brasil. Os principais pontos de reivindicação eram:

- Elaboração de um Plano Nacional de Combate à Intolerância Religiosa em parceria com a sociedade civil organizada;
- Aplicação efetiva da Lei nº 10.639/2003, através da LDB, por todas as escolas do Brasil, com punição àquelas que não se enquadrarem na lei imediatamente;

- Atualização de todas as delegacias do país, através da Secretaria Nacional de Segurança Pública, com a Lei Caó;
- Realização do censo nacional das casas de religiões de matrizes africanas, através das Secretarias Especiais de Inclusão Racial e Direitos Humanos e Ministério de Assistência Social Nacional, em parceria com universidades em cada estado;
- Punição através do Ministério das Comunicações, com a retirada da programação do ar e aplicação de multa, às emissoras de TV e rádio que promovem a intolerância religiosa, mesmo as que comercializarem a veiculação de programas de caráter religioso que façam apologia à intolerância religiosa;
- Proibição de patrocínios e/ou incentivos de estatais a veículos de comunicação que possuem em sua grade programas que divulguem a intolerância religiosa.

A proposta da comissão para o projeto também prevê a aplicação imediata da Lei 10.639, e que a Secretaria Pública oriente as delegacias de todo o país para o cumprimento da Lei do Crime Racial, promulgada em 5 de janeiro de 1989 (durante o governo de José Sarney), que traz nos seus primeiros artigos uma descrição dos tipos de crimes que resvalam sobre a intolerância.

> Art. 1º Serão punidos, na forma desta Lei, os crimes resultantes de discriminação ou preconceito de raça, cor, etnia, religião ou procedência nacional.
> [...]
> Art. 3º Impedir ou obstar o acesso de alguém, devidamente habilitado, a qualquer cargo da Administração Direta ou Indireta, bem como das concessionárias de serviços públicos.
> Art. 4º Negar ou obstar emprego em empresa privada.
> Art. 5º Recusar ou impedir acesso a estabelecimento comercial, negando-se a servir, atender ou receber cliente ou comprador.
> Art. 6º Recusar, negar ou impedir a inscrição ou ingresso de aluno em estabelecimento de ensino público ou privado de qualquer grau.
> Art. 7º Impedir o acesso ou recusar hospedagem em hotel, pensão, estalagem, ou qualquer estabelecimento similar. (BRASIL, 1989)

Curiosamente, a reunião contou com a ilustre participação do senador Marcelo Crivella, eleito pelo PRB-RJ (Partido Republicano Brasileiro)[56], bispo licenciado da Igreja Universal do Reino de Deus, que não tinha nenhum envolvimento com a Comissão de Combate à Intolerância Religiosa. Os membros da Comissão narraram para o jornal *O Globo* que Crivella, que fora vaiado pela plateia presente, assistiu a toda a reunião em silêncio. Isso gerou um grande clima de tensão e constrangimento, pois até então a ideia da reunião era que os membros da CCIR pudessem expor e propor suas reivindicações sem a participação dos representantes dos algozes que veiculam, por meio da mídia televisiva, atos de intolerância e propagação de preconceitos contra as comunidades religiosas negras desde meados do século 20.

A presença da Igreja Universal do Reino de Deus nos meios de comunicação, em especial após a compra da Rede Record de televisão, em 1989, pode ser uma das respostas plausíveis para que o senador, bispo Marcelo Crivella, estivesse presente na reunião entre a CCIR e o presidente Lula. Ressaltamos que em 2009 existiam no Brasil, segundo dados de um estudo do Observatório do Direito à Comunicação (VALENTE, 2009, p. 1), 421 geradoras de televisão aberta, entre comerciais e educativas, e 9.998 retransmissoras do serviço de radiodifusão de sons e imagens. Essas emissoras de TV estavam organizadas em cerca de 33 redes nacionais, entre as quais sete se destacavam: Rede Globo, Rede Record, SBT, Rede Bandeirantes, Rede TV, Rede Pública de TV e CNT. Dessas, apenas a Rede Globo, o SBT e a Rede Pública de TV não transmitiam programas classificados de púlpitos eletrônicos, com a exibição de pastores neopentecostais "exorcizando" fiéis em cultos que ultrajam não só as religiões afros, mas também católicos, judeus e muçulmanos.

Dona de um patrimônio de comunicação que alcança padrões internacionais, como evidenciamos no Capitulo 2, a IURD é uma das maiores emissoras de rádio e de televisão do país, e é por meio de seus programas proselitistas que acontece grande parte dos casos de violências verbais, teletransmitidas nacional e internacionalmente, contra as comunidades religiosas de matrizes africanas e seus adeptos.

---

56 Fundado em 2005 pelo bispo e fundador da Igreja Universal do Reino de Deus, Edir Macedo.

Para Eduardo Refkalefsky,

> A expansão das Igrejas brasileiras no exterior segue as mesmas estratégias ligadas ao seu crescimento dentro do país. O caminho mais visível é aquele que envolve alto investimento midiático e a construção de megatemplos. A Igreja Universal do Reino de Deus, liderada pelo bispo Edir Macedo, é o melhor exemplo. O uso intensivo da mídia – especialmente o rádio e a TV – e a importância dada às instalações físicas demandam grande volume de capital, bem como uma estrutura de comando rigidamente centralizada. Em relação à hierarquia, essas igrejas se definem como "apostólicas", cujo poder está na mão do clero, que foi "escolhido por Deus". (REFKALEFSKY, 2012, p. 33)

Não obstante, a carta entregue ao presidente Lula traz, em um dos seus pontos, pedidos expressos de providências no que concerne às violências televisivas contra os grupos religiosos. Diz a carta que

> [...] Agressões verbais e físicas tornaram-se o "cotidiano" dos religiosos. Os católicos não esquecem as imagens veiculadas em uma emissora de televisão, e redes nacionais, do chute na imagem de Nossa Senhora Aparecida. Os candomblecistas e umbandistas, alvos constantes de ataques, veem seus templos depredados – a cidade do Rio de Janeiro amanheceu, em junho deste ano, estarrecida quando um grupo de evangélicos invadiu o Centro Espírita Cruz de Oxalá, no Bairro do Catete, Zona sul do Rio, e quebrou todas as imagens do templo – seus adeptos achincalhados e humilhados publicamente, assim como seus símbolos sagrados "demonizados" cotidianamente. Isso sem falar nas constantes ameaças através de veículos impressos e virtuais contra judeus, muçulmanos e demais minorias étnicas.

O cerne da carta era mostrar às autoridades públicas como a predicação religiosa vinha assumindo um aspecto tenebroso na cidade do Rio de Janeiro, com a invasão e as depredações de templos religiosos e a expulsão dos sacerdotes de seus locais de práticas de culto. Corroborando com a matéria veiculada pelo jornal *Extra*, a carta também diz que

> O fechamento destes templos é frequentemente promovido por traficantes e milicianos, que se dizem atuar em "nome de Deus". No que se refere ao em debate, a Lei nº 91.612, de 19 de fevereiro de 1998, no artigo que trata de Concessão às Emissoras de TV e Rádio, pois se o Estado brasileiro permita a concessão de TV e Rádio à entidades religiosas que usam da estrutura midiática para propagar os seus proselitismos e veicular intolerâncias, ele, o Estado totalmente conivente com os casos de intolerância quando quem faz dos meios de comunicações uma arma para a disseminação do ódio e preconceito e não faz jus a constituição que prevê a laicidade do Estado.

O presidente se comprometeu a enviar a carta para o Congresso; entretanto, até o momento em que este estudo era realizado, as palavras ditas por Lula, na reunião, ficaram ecoando nas paredes do local onde foram proferidas e ainda não ganharam nenhum contorno significativo para o combate à intolerância religiosa. Algo que nos leva a concluir que a presença do senador e bispo Marcelo Crivella na reunião com os líderes religiosos foi um límpido sinal dos rumos que a política brasileira estava tomando.

3.2.2 Das ações da CCIR

A principal proposta da CCIR é combater a intolerância religiosa, que tem profundas raízes nas ideologias fascistas e antidemocráticas. Dentro dessa proposta, está o argumento central que é a luta pela liberdade e pela pluralidade que, ao contrário da intolerância, é abordada como parte dos princípios da democracia. Tal argumento, utilizado pela CCIR, é uma das estratégias para mobilizar pessoas que não são declaradamente religiosas, mas têm seus ideais voltados para o "direito de acreditar e não acreditar", pois a proposta da comissão não é a de iniciar uma "guerra santa", mas lutar pela possibilidade de se optar por uma crença e não ser desrespeitado ou perseguido por isso.

Assim, a CCIR se caracteriza por buscar construir espaços para dar visibilidade às demandas por reconhecimentos de direitos no que se refere ao campo religioso. Nesse sentido, tem-se buscado uma interlocução com a mídia no sentido de ressaltar a relevância do tema. As estratégias de comunicação utilizadas pela comissão, desde o início da sua fundação, têm por objetivo tornar públicas as questões referentes ao tema da liberdade/intolerância religiosa, particularmente no cenário da cidade do Rio de Janeiro, buscando agregar diferentes atores e instituições sociais como aliados no combate à intolerância.

Um dos aspectos que mais chamou a atenção dentro dos trabalhos realizados pela CCIR foi a relação que a organização estabeleceu com algumas instituições e meios de comunicação, o que fomentou o fortalecimento dos diálogos com diferentes setores da sociedade a respeito do tema da intolerância religiosa. E foi através dos diálogos estabelecidos entre a sua coordenadoria de comunicação e as emissoras de televisão, jornal e rádios, não confessionais, que a CCIR ganhou espaço para veicular diversas matérias sobre a organização da 1ª Caminhada.

Uma questão importante a ser ressaltada nesta relação entre a CCIR e a mídia são os avisos de pauta que eram mandados pela comissão para vários jornalistas, de diferentes empresas de comunicação, sugerindo e estimulando matérias relacionadas aos casos de intolerância religiosa. Algo que nos possibilita compreender que, mesmo não possuindo veículos próprios para comunicação, a CCIR conseguiu, por meios de brechas, assegurar as suas pautas e agendas de lutas. De certa forma essa relação contribuiu para modificar a visão das instituições em relação à comissão e, também, para divulgá-la como um canal receptor e acolhedor das vítimas de denúncias de casos de intolerância. As matérias veiculadas na mídia deram visibilidade à CCIR a partir de três eixos:

- Divulgação da Caminhada como um ato inter-religioso que visa criar espaços onde a manifestação, a liberdade, a diversidade e as pluralidades religiosas possam ser respeitadas;
- Ser reconhecida como uma entidade responsável pela apuração e o encaminhamento das denúncias de intolerância religiosa;
- Tornar públicos os casos de intolerância religiosa cometidos por quaisquer pessoas ou setores que compõem a sociedade brasileira.

Em busca de elementos que pudessem corroborar a fomentação do Plano Nacional de Combate à Intolerância Religiosa, a CCIR começou a reunir amplo material com notícias veiculadas nos meios de comunicação nacional, parceiras da entidade, a respeito dos constantes ataques aos templos, grupos religiosos e seus símbolos. A Tabela 2 descreve o material reunido pela comissão no ano de 2008; dos 24 casos noticiados, 17 são contra os adeptos das religiões de matrizes africanas, 5 são contra católicos e 2 são referentes às ações políticas em prol da tolerância.

Tabela 2: Levantamento de notícias veiculadas nas mídias impressas e online, sobre os casos de intolerâncias religiosas entre março e dezembro de 2008

Data e local	Nome da matéria	Nome do Jornal
16/03/2008-RJ	Fuzis são abençoados em templos nas favelas	Extra
16/03/2008-RJ	O tráfico remove até a fé	Extra
17/03/2008-RJ	Proteção do Estado para rezar	Extra
17/03/2008-RJ	Pastor investigado por ligação com o crime	Extra
02/06/2008-RJ	Evangélicos invadem centro espírita no Catete	O Globo
03/06/2008-RJ	Pastor repudia ato violento de fiéis contra centro espírita	O Globo
03/06/2008-RJ	Umbandista atacados vão cobrar indenização na justiça	O Globo
03/06/2008-RJ	OAB condena invasão do templo religioso no Catete por fanáticos	O Globo Online
06/06/2008-RJ	Central receberá denúncia sobre intolerância religiosa	O Globo Online
07/08/2008-RJ	Pastor é denunciado por discriminar religião de matriz africana	Jornal do Brasil
19/09/2008-RJ	Devotos protestam contra intolerância religiosa na Bahia	O Globo Online
21/09/2008-RJ	Ministro defende punição mais rigorosa para religiosos que preguem a intolerância	O Globo Online
31/10/2008-RJ	Intolerância religiosa é tema de encontro no Rio	O Globo Online

05/11/2008-RJ	Chamar vizinho de macumbeiro dá condenação por intolerância religiosa	O Globo Online
16/11/2008-SP	Aos cem anos, umbanda ainda sofre preconceito	O Estado de São Paulo
21/11/2008-RJ	Lula anuncia Plano Nacional de Combate à Intolerância Religiosa	O Globo Online
24/11/2008-RJ	Intolerância Religiosa tem mesma pena que o crime de racismo	Extra Online
09/12/2008-RJ	Santa retirada de fachada de prédio poderá ser o primeiro inquérito de intolerância religiosa	O Globo Online
09/12/2008-RJ	Moradores acusam síndico de prédio no Rio de denegrir imagem de santa	Folha Online
10/12/2008-RJ	É guerra santa! Síndico retira imagem de prédio e causa revolta	Meia Hora
10/12/2008-RJ	Imagem de santa é achada no lixo	Extra
10/12/2008-RJ	Guerra Santa em briga de vizinhos	O Dia
10/12/2008	Evangélicos agridem candomblecista	O Povo

Dentre os casos veiculados pelas mídias parceiras, destacamos dois que ganharam relevância nacional e que demostram a ação efetiva da CCIR, e que foram acatados como provas dos atos de intolerância religiosa praticados por adeptos das igrejas evangélicas. São eles: "Pastor investigado por ligação com o crime", publicado no jornal *Extra*, e a matéria "Evangélicos invadem centro espírita no Catete", publicada no jornal *O Globo*.

No dia 17 de março de 2008 o jornal *Extra* chamou a atenção da sociedade brasileira ao publicar a matéria que apresenta indícios de ligações de um pastor evangélico com o crime organizado. Segundo o referido jornal, a ligação entre pastores de igrejas independentes e criminosos estava sendo alvo de investigações das Polícias Federal e Civil, por suspeita de lavagem de dinheiro do tráfico de drogas e favorecimentos. No centro das investigações da 96ª Delegacia de Polícia (DP) de Miguel Pereira, RJ, estava o presidente da Igreja Assembleia de Deus dos Últimos Dias, Marcos Pereira da Silva, suspeito de receber pagamentos mensais de diferentes "quadrilhas" para dar proteção a traficantes. Ainda segundo o jornal, de acordo com as investigações, a intenção do pastor seria unificar três facções criminosas do Rio de Janeiro. Em entrevista ao jornal *Extra*, o pastor afirmou que tinha mais de cinco mil pessoas extraídas do mundo do crime, e que assim como ajudava, também recebia ajuda dessas pessoas.

O jornal O Globo publicou, no dia 2 de junho de 2008, a matéria "Evangélicos invadem centro espírita no Catete". O fato foi registrado na Delegacia de Registros do Crime (9ª DP), localizada no bairro do Catete (Rio de Janeiro), com o TCO nº 009-03593/2008. É digno de nota o fato de que a agressão foi registrada através de um Termo Circunstanciado de Ocorrência (TCO), destinado a infrações consideradas de baixo potencial ofensivo, e não um Boletim de Ocorrência (BO), reservado para crimes mais graves.

O crime aconteceu meses depois da veiculação da série do jornal *Extra* "O tráfico remove até a fé", e chamou a atenção pela brutalidade dos atos cometidos pelos invasores. Em depoimento, Celso Atheniense Soares, uma da testemunhas e representante do Centro Espírita Cruz de Oxalá, disse que

> Estava na secretaria do centro quando ouvi o toque da campainha. A sra. Creusa abriu a porta e, neste momento, entraram 4 indivíduos (três homens e 1 mulher: Dominique Sâmara Correia, Afonso Henrique Alves Lobato, Raimundo Nonato Rodrigues Pessoa e Alessandro Braz Cabral dos Santos) perguntando "onde estava o demônio, o Tranca-Rua e a piranha da Iemanjá para proteger vocês agora?", "nós vamos quebrar tudo a mando de Jesus", que entraram no terreiro e começaram a quebrar todas as imagens santas; as pessoas que estavam no local pediram para eles pararem, porém não pararam e ainda disseram que se estas pessoas ficassem na frente, quebrariam elas também, juntos com as imagens porque elas estavam com o demônio.

Temendo que pudesse acontecer algo pior, Celso Soares contou em depoimento que, após a violência patrimonial, os agressores tentaram ir embora, mas não conseguiram abrir a porta e ficaram retidos na escada do centro, falando palavras exaltadas de ordem, fazendo cânticos e batendo palmas dizendo que o demônio estava no centro e que Jesus tinha-os enviado para salvá-los.

A ideia de salvar e a batalha espiritual fazem parte da construção característica dos grupos evangélicos pentecostais. Marcos Alvito nos leva a uma importante reflexão quando explica que

> A visão de mundo compartilhada pelos pentecostais é bastante peculiar. Há uma oposição binária entre o "mundo" e a "igreja". O "mundo" é o espaço do pecado, da violência, do vício da bebida ou da droga, do sofrimento cotidiano, do Mal. Quem governa o "mundo" é o Diabo, uma figura central no culto pentecostal, continuamente evocada para explicar as dificuldades, as agruras e as tragédias vividas pelos fiéis. O Diabo estaria sempre à espreita, tentando desviar o fiel do caminho de Deus, criando-lhe problemas para enfraquecer sua fé. Deus governaria a "igreja", a comunidade de fiéis reunida por um pastor, que os guiaria no caminho reto. (ALVITO, 2012, p. 27)

Após a ocorrência do fato, os invasores foram identificados e, em depoimento, disseram que estavam distribuindo folhetos e pregando a palavra de Deus quando veio a orientação da igreja em relação às imagens católicas. Ao entrarem no centro espírita e se depararem com as imagens católicas na sala, começaram a quebrar tudo, pois entendiam que não era correto, segundo a tradição divina, o uso de imagens. Os agressores, que declaram pertencer à igreja Geração Jesus Cristo, liderada pelo pastor Tupirani, quebraram um total de quinze imagens. No dia 19 de julho de 2009, o pastor Tupirani e o agressor Afonso Henrique, um dos invasores do centro espírita, tiveram as prisões preventivas decretadas. As prisões ocorreram após denúncias da CCIR de que ambos haviam postado vídeos de incitação ao ódio, intolerância religiosa e a desobediência civil.

O caso, que recebeu apoio jurídico da CCIR, foi julgado pelo I Juizado Especial Criminal. Os agressores, que não responderam pelo crime de intolerância e muito menos foram julgados pela Lei do Crime Racial, receberam uma pena transitória oferecida pela promotoria de justiça, concernente ao pagamento de cestas básicas e o cumprimento de horas de trabalho comunitário por quatro meses, e foram enquadrados pelo crime de danos ao patrimônio privado, ameaças, ultraje a culto e impedimento ou perturbação de ato, com base nos artigos 16, 147, 163 e 208 do Código Penal (BRASIL, 1940).

A ação da CCIR junto ao caso deixa evidente um de seus mais nobres comprometimentos, qual seja, receber e encaminhar, juridicamente, através de advogados voluntários, os casos de intolerância religiosa. Todos os casos que chegam até a comissão são considerados como intolerância religiosa e são encaminhados, seja para o registro em uma delegacia, seja para uma ação no Ministério Público (MP), ou ainda para o início de um processo civil por danos morais.

Segundo Ana Miranda e Julie Goulart (2009, p. 15-16), após o ataque ao Centro Espírita Cruz de Oxalá, a CCIR procurou a chefia de polícia, na época representada pelo delegado Gilberto Cruz, que após ouvir as questões apresentadas pela comissão, designou, informalmente, o delegado Henrique Pessôa (2009) para atuar junto à comissão e acompanhar as denúncias de agressão, perseguição, coação ou qualquer ameaça por motivo religioso. Para o delegado Pessôa, primeiramente era preciso buscar e acompanhar os registros dos casos de intolerância, porque isso seria importante até para poder pleitear a construção de uma delegacia especializada:

> Antes de qualquer coisa, devemos permitir que o tema, de tamanha complexidade, seja objeto de conhecimento geral para que, depois, caso a incidência assim determine, venha a ser enfrentada por uma unidade especializada, que surgirá num momento de maturidade institucional para com o tema. (PESSÔA, 2009, p. 244)

A delegacia especializada foi idealizada e também defendida pelo ministro Edson Santos, desde que pudesse contar com especialistas da antropologia, da psicologia e do serviço social, que atuariam para orientar as pessoas, fossem elas vítimas ou agressores, pois, segundo ele, a falta de agentes públicos, qualificados e treinados para acolher as denúncias de racismo, acaba fazendo com que não haja punição para os autores dessa agressão.

A ideia é que os casos deveriam ser enfrentados de modo a contemplar o princípio constitucional que tipifica o racismo como crime inafiançável e imprescritível. Assim, a ação que antes era uma demanda local passaria a ser tratada como um problema nacional e o plano seria discutido por representantes de várias religiões em todos os Estados do país.

Entretanto, um dos maiores desafios da comissão, do ponto de vista jurídico, era que os acusados de agressão pudessem ser enquadrados na Lei do Crime Racial. Para o delegado, que participa da comissão dando orientações jurídicas, a Lei do Crime Racial sofria uma forte resistência entre as autoridades públicas, mesmo sendo um instrumento legal, pois evidencia um dos resquícios de uma relação não resolvida, ou seja, a discriminação racial e o reconhecimento de uma dívida do Estado para com os africanos e afrodescendentes.

Como atesta o parágrafo 14 da Declaração da 3ª Conferência Mundial de Combate ao Racismo, Discriminação Racial, Xenofobia e Intolerâncias Correlatas, ocorrida em 2001, em Durban (África do Sul),

> Reconhecemos que o colonialismo levou ao racismo, discriminação racial, xenofobia e intolerâncias correlatas, e que os Africanos e afrodescendentes, os povos de origem asiática e os povos indígenas foram vítimas do colonialismo e continuam a ser vítimas de suas consequências. [...] Ainda lamentamos que os efeitos e a persistência dessas estruturas e práticas estejam entre os fatores que contribuem para a continuidade das desigualdades sociais e econômicas em muitas partes do mundo ainda hoje. (ONU, 2001, p. 7)

Por isso, grande parte dos casos de intolerância é resolvido em etapas conciliares e transações penais. Segundo Roberto Lima (2003), as autoridades só instauram inquérito quando se convencem de que o fato apresentado é realmente um crime. Nesse sentido, os registros incentivados pela CCIR tornam-se peças fundamentais para a construção dos processos de casos de intolerância religiosa. No entanto, ainda citando Lima, na mesma obra, o registro da ocorrência policial pode depender da "vontade policial, vontade nem sempre exercida em estrita obediência à lei". E essa "boa vontade" é quem guia os quadros estatísticos sobre os casos de intolerância religiosa. Henrique Pessôa afirma que as resistências policiais geram um grande problema na quantificação dos casos e, em muitas ocorrências, as vítimas são convencidas a não registrar os dados:

> Não foram poucos os casos em que, estando na delegacia vítimas de intolerância religiosa, restaram estes simplesmente convencidos pelo plantonista de que aquilo não passava de besteira, que a instituição policial tem tanta coisa mais relevante para tratar que isso não poderia sequer ser registrado! (PESSÔA, 2009, p. 223)

Assim, a ideia de descriminalização das práticas dos cultos de matriz afro-brasileira esbarra no desconhecimento e no preconceito. Segundo as autoras Ana Miranda e Julie Goulart,

> A Comissão surgiu então para combater atitudes discriminatórias contra os cultos de matriz afro-brasileira, entendidas como formas de manifestação de "intolerância religiosa", bem como pressionar às autoridades a tomar medidas em relação aos ataques. (MIRANDA; GOULART, 2009, p. 3)

Historicamente, as religiões de matrizes africanas foram marcadas em seu desenvolvimento muito mais por divergências entre as várias denominações religiosas e entre os diferentes modelos de culto, do que pela aglutinação em torno de entidades coletivas. Instituições que representam uma coletividade de terreiros, sejam de umbanda, sejam de candomblés, têm surgido pela necessidade de defesa e de articulações diante das violências verbais, físicas e patrimoniais.

E não podemos perder de vista que, até a década de 1970, era a polícia que invadia templos e prendia religiosos, já que é utilizada como braço repressor do Estado. Muitos assentamentos e objetos litúrgicos das religiões africanas ainda estão depositados em prédios públicos, como apreensões policiais. Desta forma, os trabalhos desenvolvidos pela CCIR, antes de ser um projeto coletivo e inter-religioso, é uma possibilidade de união entre os adeptos das religiões de matrizes africanas, tendo a Caminhada funcionado como uma estratégia de afirmação das identidades desses grupos religiosos e de demandas por reconhecimento de direitos no espaço público e pelo direito de disputar esse espaço.

Desta forma, podemos analisar que as ações de união em prol de um objetivo comum proporcionaram aos adeptos das religiões de matrizes africanas a fomentação de consciência enquanto grupo marginalizado dentro dos processos políticos e sociais do Estado brasileiro. Esta consciência, herdada ou partilhada, é resultado dos múltiplos processos de violência que esses indivíduos sofreram ao longo da formação histórica do país, passando a se identificar como grupos religiosos oprimidos por um poder hegemônico político-social e religioso cristão. A funcionar aqui como "a forma como essas experiências são tratadas em termos culturais: encarnadas em tradições, sistemas de valores, ideias e formas institucionais. Se a experiência aparece como determinada, o mesmo não ocorre com a consciência de classe" (THOMPSON, 1987, p. 10).

Após concentrarmos nossas análises nas recomposições políticas e sociais que estão por trás da organização dos eventos, vamos nos ater à análise das estruturas financeiras que as fazem.

3.3 COMERJ: UNIDADE PARA A REALIZAÇÃO DA MARCHA PARA JESUS

Em 1998, às vésperas do século 21, sob a organização da Igreja Cristã Apostólica Renascer em Cristo, a Marcha para Jesus começou a ser sediada, também, na cidade do Rio de Janeiro. Como salientamos, a Marcha para Jesus do Rio de Janeiro passou a ser organizada em 2004 pelo Conselho de Ministros do Estado do Rio de Janeiro (COMERJ). Fundado em 1995, o Conselho surgiu com o objetivo de fomentar ações conjuntas, das igrejas evangélicas, no espaço público. Diferente de qualquer organização religiosa católica, o COMERJ é uma unidade denominacional.

Segundo Raquel Sant'Ana (2017), o COMERJ começou como uma reunião de pastores, para o convívio e ajuda mútua e cooperação entre igrejas, e aos poucos foi se tornando uma forma de associativismo[57] que promovia a integração e unidade entre as várias denominações evangélicas. Ainda segundo a referida autora, por volta de 2014, quando foi feita a pesquisa para sua tese, de acordo com o fundador da entidade, Silas Malafaia, o COMERJ reunia mais de oito mil membros e mais de oitocentas denominações cristãs evangélicas (SANT'ANA, 2017, p. 138). É uma característica peculiar do COMERJ, e muito diferente das características da CCIR, que comparativamente não se estrutura como um associativismo religioso e nem tampouco congrega apenas um grupo ou denominação específica religiosa.

A estrutura associativista do COMERJ, ainda no final da década de 1990, é um forte reflexo da virada social, ao modo como os evangélicos se colocaram nos espaços público e comercial. E foi justamente neste período que assistimos ao florescimento da indústria *gospel* e o surgimento da corrida neopentecostal por um público consumidor.

---

57 A história do associativismo no Brasil – seja ela de natureza científica, religiosa, cultural, recreativa, desportiva, profissional, de classe, ou beneficente – nos remete aos meados do século 19, quando era uma obrigação pedir a autorização para a fundação e funcionamento na delegacia mais próxima. Após a autorização, o chefe de polícia ou o encarregado tomariam as providências para que o encontro acontecesse dentro da ordem instituída.

> Nesta esteira de transformação e assimilação cultural, bailes funk, rodas de samba e pagodes de Jesus começam a pipocar e a atrair multidões no Sudeste; festas de forró animam arrasta-pés de Cristo no Nordeste; e canções sertanejas em ode ao Senhor, tocadas no Centro-Oeste, se tornam cada vez mais comuns, principalmente em zonas pobres das cidades. Sucesso que dá lucro: o mercado gospel movimenta cerca de R$ 12 bilhões por ano, sendo 10% apenas com a indústria musical. (MELO, 2012)

Segundo Raquel Sant'Ana (2017, p. 139), a criação da COMERJ se inseriu, justamente, nesse momento de grandes transformações e remodelamentos do mapa religioso brasileiro e na experiência política e democrática no país. Nas palavras da autora citada, o conselho nasceu com o objetivo principal de fomentar um espaço de convivência para os ministros evangélicos do Estado do Rio de Janeiro.

Muito dos membros associados participavam do conselho e de outras organizações interdenominacionais e paraeclesiásticas de forma simultânea sem uma fidelidade específica. Entretanto, o crescimento do COMERJ, sobretudo no cenário político da cidade do Rio de Janeiro, fez com que o conselho começasse a ganhar contornos próprios.

Sobre essa questão, Sant'Ana nos diz que

> O COMERJ não se propunha, portanto, a ser uma associação em moldes coorporativos, o que o desobrigou de uma de série implicações jurídicas, articulando alianças mais fluidas e evitando os desgastes de associações deliberativas, já que concentra as tarefas executivas em uma diretoria que, como veremos, além de seus próprios recursos denominacionais, mobiliza também a influência dos ministros associados. (SANT'ANA, 2017, p. 140)

Desta forma, o COMERJ é um exemplo muito eficaz para pensarmos como o crescimento das articulações entre as igrejas interdenominacionais possibilitou o crescimento de líderes de igrejas locais e uma forte atuação política em redes, principalmente para a organização da Marcha para Jesus. Pois foi sob a organização do COMERJ que a Marcha deixou de ser uma ação individual e denominacional circunscrita aos bairros periféricos da cidade do Rio de Janeiro, e passou a ganhar um contorno de unidade, ganhando dia, horário e local fixos para os seus acontecimentos. Assim, sob a organização do COMERJ, a Marcha se transformou num polo agregador e de inserção na política do Estado.

No ano de 2008, mesmo não contando com todas as redes de comunicações que adquiriu depois, o COMERJ já contava com uma importante estrutura de organização de mídia virtual e impressa para a realização da 10ª Marcha para Jesus. Raquel Sant'Ana afirma que os recursos de arrecadações e investimentos em torno da Marcha, fomentaram uma enorme disputa em torno do registro da marca Marcha para Jesus.

> Embora historicamente tenha feito escolhas visionárias em registros de marcas, como ao registrar a marca gospel em nome da bispa Sônia Hernandes, a Igreja Renascer em Cristo não fechou todas as brechas possíveis no registro da marca *March for Jesus* em nome do Movimento Liberta Brasil ainda em 1994.
>
> No final de 2011, às vésperas da edição em que a Marcha para Jesus do Rio de Janeiro ganhou proporções inéditas e negociou o apoio financeiro da prefeitura da cidade, a Central Gospel registrou a marca "Marcha para Jesus" para aplicações que vão desde eventos e congressos até produtos audiovisuais, promoções e camisetas.
>
> Estava estabelecida a disputa. A Renascer em Cristo prontamente iniciou processo de contestação em que alega que o evento é uma versão local da *March for Jesus* internacional registrada por eles.
>
> Apesar dessa disputa jurídica, a relação entre Malafaia e os Hernandes não foi estremecida. Nenhuma das partes fez declaração pública ou levou a disputa para seus meios de comunicação. Malafaia tem tido espaço privilegiado no palco da Marcha paulista, enquanto a Renascer, além de possuir representante no COMERJ, também garante a participação dos cantores de sua gravadora na Marcha carioca, inclusive do Renascer Praise, grupo liderado pela própria Bispa Sônia Hernandes. A disputa segue até hoje no Instituto Nacional de Propriedade Industrial (INPI) nas mãos dos especialistas encarregados. (SANT'ANA, 2017, p. 143-144)

Do mesmo modo, podemos verificar que o que estava em jogo dentro da disputa jurídica travada pelo COMERJ e pela Igreja Cristão Apostólica Renascer em Cristo, em torno do registro da marca Marcha para Jesus, era o arrecadamento em torno dos produtos que levavam o nome da marca. Assim, a Marcha para Jesus se tornou um dos produtos mais lucrativos. Sobre essa questão, André Ricardo de Souza observa que

> Os empreendimentos econômicos neopentecostais que geram mais lucro se concentram na área de comunicação social, sendo: editoras, gravadoras, produtos audiovisuais, distribuidoras e emissoras televisivas, radiofônicas e marcas oficiais. Há uma espécie de conjunto padrão de empreendimentos comunicativos vinculados a denominação, sendo algumas delas detentoras de redes de emissoras em franca expansão. A mídia eletrônica tem efetivamente um papel destacado no proselitismo religioso. (SOUZA, 2012, p. 9)

Dentre as múltiplas denominações pentecostais que compõem o conselho do COMERJ, a Igreja Assembleia de Deus Vitória em Cristo (ADVEC) possuía o maior número de conselheiros. Desde o ano de 2010, a igreja ficou sob a administração do pastor Silas Malafaia, que era um dos maiores pregadores da Igreja Assembleia de Deus da Penha, Rio de Janeiro, e que, após romper com a Congregação Geral das Assembleias de Deus, assumiu a ADVEC. As dissidências dentro da Igreja Assembleia de Deus apresentam estrutura de organização em que coabitam elementos que possibilitam que os membros da igreja possam ter vozes e decisões internas.

Desta forma, os dissidentes, uma vez filiados, após se desvincularem da Assembleia de origem, podem criar autonomias e construir as suas próprias sedes religiosas, carregando a denominação da igreja matriz. Assim, ao romper com a Congregação Geral das Assembleias de Deus, o Pastor Silas Malafaia pôde assumir a ADVEC e estabeleceu uma das maiores estruturas de mídia, incluindo a editora e a gravadora Central Gospel.

Raquel Sant' Ana enfatiza que

> Ao ser elencado como uma das pessoas mais ricas do país pela revista Forbes, Malafaia argumentou que o patrimônio pertencia à igreja

e às empresas ligadas a ela, detalhando o rendimento da Central Gospel que seria próximo a 43 milhões anuais. O patrimônio da igreja, incluídos os rendimentos das empresas associadas a ela e à Associação Vitória em Cristo, giraria em torno dos 300 milhões de reais. (SANT'ANA, 2017, p. 143)

Comparada com a Caminhada em Defesa da Liberdade Religiosa, a Marcha para Jesus possui uma estrutura de apoio parlamentar que extravasa e não se resume apenas ao dia da realização do evento. Percorrendo o mesmo caminho da Igreja Universal do Reino de Deus (IURD), a ADVEC vem construindo estratégias de indicações de candidatos. Uma nítida estratégia de ocupação de cargos e espaços públicos.

Ricardo Mariano destaca que

Em 2005, Edir Macedo, fundador da Igreja Universal do Reino de Deus, criou um partido político, o PRB, pelo qual reelegeu em 2010 o senador Marcelo Crivella, bispo licenciado da Universal e seu sobrinho, desde março deste ano titular do Ministério da Pesca. (MARIANO, 2012, p. 31)

Segundo o autor, cerca de mais da metade dos deputados pentecostais é composta de pastores gospel, parentes de líderes de igrejas, televangelistas e donos de emissoras de rádio e TV. E para serem eleitos, esses candidatos dependem fortemente do apoio eleitoral de pastores e líderes denominacionais. Para Mariano (2012), essas dependências acentuam e reforçam o caráter corporativista e moralista de seus mandatos e seu compromisso de atuarem a favor das igrejas cristãs.

Mesmo não assumindo um mandato no cenário político, o líder da ADVEC possui no parlamento representantes que foram eleitos sobre a marca da Marcha para Jesus, como o deputado Samuel Malafaia, irmão de Silas Malafaia, o maior apoio político desde que assumiu o cargo de deputado estadual. O deputado foi eleito em 2010 (pelo PMDB), 2014 (pelo PSD) e 2018 (pelo DEM), para os mandatos de 2011-2015, 2015-2019 e 2019-2023, o que significa uma provável permanência no cargo legislativo por pelo menos 12 anos ininterruptos.

Raquel Sant'Ana (2017) aponta que, com o apoio de organizações religiosas de peso do Estado e da cidade do Rio de Janeiro, como a Convenção Nacional das Assembleias de Deus no Brasil (CONAMAD), mais conhecida como Ministério de Madureira, do Conselho Interdenominacional de Ministros Evangélicos do Brasil (CIMEB) e da Comunidade Evangélica em Nova Iguaçu (CEIZS), a COMERJ consegue, indiretamente, reunir apoio político e para operações dentro do Estado. Algo que vai totalmente na contramão do modelo de configuração social dentro da Comissão de Combate à Intolerância Religiosa.

Segundo Sant'Ana (2017, p. 150-152), para além das articulações políticas em rede, o COMERJ também se ocupa dos seguintes eventos: Café dos Ministros (que, segundo um pastor, "é só *networking*"), espaços de formação para os ministros (como congressos) e da Rádio 93 FM – El Shaddai, que traz pautas definidas e defendidas pelo COMERJ. Desta forma, como aponta Alice Melo, aos poucos

> A cultura gospel também conquista seu espaço na institucionalização da fé com uma mãozinha da política. Em janeiro deste ano, por exemplo, foi sancionada pela Presidência da República a lei que reconhece a música gospel como manifestação cultural, permitindo que este tipo de produto se beneficie da Lei Rouanet, de incentivo fiscal à cultura. (MELO, 2012, p. 15)

A rádio *gospel* El Shaddai foi fundada em 1992 pelo deputado pelo PDS Arolde de Oliveira,[58] que, antes de seguir carreira política, foi oficial do Exército durante a ditadura militar e ganhou um notável destaque quando foi nomeado para ser o gestor da divisão de cargos na área de comunicação junto ao Conselho Nacional de Telecomunicações (SANT'ANA, 2017, p. 152).

Eduardo Refkalefsky, ao fazer uma análises das *performances* evangélicas nos meios de comunicação bem como o seu crescimento, observa que

---

58 De acordo com informações dadas em seu próprio site (http://www.aroldedeoliveira.com.br/), Arolde de Oliveira foi deputado federal pelo Rio de Janeiro por nove mandatos consecutivos, de 1983 a 2018, quando então foi eleito senador para cumprir um mandato de oito anos.

Se igreja fosse um produto da balança comercial, o Brasil estaria com superávit. Nas últimas décadas, foi invertida a tendência histórica, iniciada com a colonização, de receber mais missionários do que enviá-los para o exterior. Agora são os nossos evangelizadores que conquistam o mundo. (REFKALESFKY, 2012, p. 32)

Não obstante, como observa Raquel Sant'Ana (2017), o apoio da El Shaddai à Marcha possibilita uma grande divulgação dentro e entre as comunidades evangélicas, tal é a participação de vários artistas da MK Music, hoje umas da gravadoras mais bem-sucedidas no mundo *gospel* e parceira da rádio. Com tamanho aparato de investimento, a Marcha para Jesus, guiada pelas pautas da COMERJ, se tornou um evento capaz de reunir uma ampla comunidade evangélica interdenominacional. Toda a estrutura organizacional faz da marca um dos maiores símbolos de investimento da indústria cultural *gospel* (CUNHA, 2007), através das influências dos líderes evangélicos locais, demonstrando a hegemonia das igrejas pentecostais e neopentecostais nos meios de comunicação, algo que lhes possibilita uma maior abrangência e difusão de suas mensagens religiosas.

3.3.1 As estruturas de poder que fazem a Caminhada e a Marcha

A ideia de construir um evento público inter-religioso voltado para as manifestações e as integrações em proveito da construção do respeito e da tolerância no país é em si um contraponto ao evento Marcha para Jesus, que tem por finalidade afirmar uma identidade religiosa, a cristã, em detrimento de outras, as não cristãs. Entretanto, as ações voluntárias que levaram a Caminhada e a Marcha, ambas no ano de 2008, para os diferentes espaços urbanos da cidade do Rio de Janeiro, não evidenciam, totalmente, as estruturas hegemônicas e contra-hegemônicas que as constroem enquanto eventos sociais.

Para além das representações e das leituras sociais sobre os eventos estudados, os aparatos e os investimentos políticos e financeiros são as grandes estruturas e superestruturas para as suas realizações. Deste modo, para tentarmos compreender os processos que estão por trás das ações para a construção da Caminhada e da Marcha, precisamos compreender, por meio dos conceitos de hegemonia e contra-hegemonia, desenvolvidos por Antonio Gramsci, como os jogos políticos e econômicos de consenso e dissenso atravessam e condicionam esses eventos, simbolicamente nos meios de comunicação, interferindo na conformação do imaginário social e nas disputas de sentido e de poder na contemporaneidade.

Em primeiro lugar, precisamos compreender que a hegemonia, tal como analisa Gramsci, supõe a captação do consenso e da liderança cultural e político-ideológica de uma classe ou bloco de classes sobre as outras. Podendo congregar, assim, bases econômicas, pois a hegemonia tem a ver com entrechoques de percepções, juízos de valor e princípios entre sujeitos da ação política. Ou seja, todos os processos históricos analisados são bases constituintes para a compreensão da organização e o fomento da hegemonia que, segundo Gramsci (2002), é obtida e consolidada em embates que comportam não apenas questões vinculadas à estrutura econômica e à organização política, pois envolvem também, no plano ético-cultural, a expressão de saberes, práticas, modos de representação e modelos de autoridade que querem legitimar-se e universalizar-se (MORAES, 2010).

Deste modo, a hegemonia da Marcha, conforme apresentada e desenhada nos itens anteriores, não deve ser entendida nos limites de uma coibição pura e simples, pois inclui a direção cultural e o consentimento social a um universo de convicções, normas morais e regras de conduta, assim como a destruição e a superação de outras crenças e sentimentos diante do mundo (GRAMSCI, 2002, p. 65). Gramsci afirma que a constituição de uma hegemonia é um processo historicamente longo, que ocupa os diversos espaços da superestrutura ideológico-cultural, pois as forças hegemônicas nem sempre são as mesmas. Assim, ao analisarmos os processos de longa duração da construção de um "espírito histórico cristão", podemos perceber a fomentação de uma ideia hegemônica de modelo de ética, moral e conduta, atrelada à história do cristianismo cristão e à ideia de salvação por meio das batalhas espirituais. Tal apego mnemônico cristão torna a Marcha um evento constante com bases seguras para suas afirmações enquanto ação salvífica e não passível de questionamentos.

Gramsci (2011) aponta que a crise da hegemonia se instaura quando a Igreja, representante da hegemonia civil, se entrelaça ao Estado, provocando a laicidade. Para o referido autor, os conflitos entre a sociedade civil laica e o Estado acontecem justamente no momento em que a "Igreja se torna

Estado", ou seja, quando o Estado delega funções administrativas a um determinado segmento religioso. Afirma o autor que

> [...] no interior da sociedade, aquilo que Croce define como "conflito perpétuo entre Igreja e Estado", no qual a Igreja é tomada como representante da sociedade civil em seu conjunto (embora dela seja apenas um elemento cada vez menos importante) e o Estado como representante de toda tentativa de cristalizar permanentemente um determinado estágio de desenvolvimento, uma determinada situação. Neste sentido, a própria Igreja pode se tornar Estado e o conflito pode se manifestar entre sociedade civil e laica e laicização e Estado-Igreja quando a Igreja se torna uma parte integrante do Estado, da sociedade política monopolizada por um determinado grupo privilegiado, quando incorpora a Igreja para melhor defender seu monopólio com o apoio daquela área de sociedade civil representada pela Igreja. (GRAMSCI, 2011, p. 292-293)

Com intuitos completamente díspares da proposta da Caminhada, a Marcha, como se pode verificar, tem em seu cerne a proposta de tentar promover um evento evangelizador no país. Momento esse em que, principalmente, os grupos religiosos de matrizes africanas, começaram a contrapor todos os processos de cerceamentos das suas liberdades religiosas e a denunciar as séries de ações e atos de violências físicas, psicológicas e patrimoniais, a fim de construírem uma nova ordem intelectual e moral, isto é, "um novo tipo de sociedade e, consequentemente, a exigência de elaborar os conceitos mais universais, as mais refinadas e decisivas armas ideológicas" (GRAMSCI, 1999, p. 225), voltados para o respeito, a liberdade, a pluralidade e a tolerância. Gramsci, ao pontuar as ações dos grupos hegemônicos, afirma que

> O critério metodológico sobre o qual se deve basear a análise é o seguinte: a supremacia de um grupo social se manifesta de dois modos, como "domínio" e como "direção intelectual e moral". Um grupo social domina os grupos adversários, que visa a "liquidar" ou a submeter inclusive com a força armada, e dirige os grupos

afins e aliados. Um grupo social pode e, aliás, deve ser dirigente já antes de conquistar o poder governamental (esta é uma das condições principais para a própria conquista do poder); depois, quando exerce o poder e mesmo se mantém fortemente nas mãos, torna-se dominante, mas deve continuar a ser também dirigente. (GRAMSCI, 2011, p. 290)

É sob as tramas históricas da formação política e social do país que os grupos cristãos evangélicos, pentecostais e neopentecostais, que outrora eram tidos como passivos e apolíticos, como analisamos no segundo capítulo, conseguiram se reconstruir dentro do aparelho histórico hegemônico que lhes dá legitimidade.

Para Dênis de Moraes (2010), ao analisarmos os embates pela hegemonia, a partir da perspectiva gramsciana, podemos distinguir duas esferas no interior das superestruturas. A primeira é representada pela sociedade política, que é o conjunto de mecanismos através dos quais a classe dominante detém o monopólio legal da repressão e da violência, e que se identifica com os aparelhos de coerção sob controle dos grupos burocráticos unidos às forças armadas e policiais e à aplicação das leis, tal como evidenciamos no capitulo anterior. Nas palavras de Gramsci, a sociedade política é o

> [...] aparelho de coerção estatal que assegura "legalmente" a disciplina dos grupos que não "consentem", nem ativa nem passivamente, mas que é constituído para toda a sociedade, na previsão dos momentos de crise no comando e na direção. (GRAMSCI, 2000, p. 21)

De acordo com o autor, as funções exercidas pela sociedade civil e pela sociedade política se diferenciam dentro da estrutura de organização da vida cotidiana e, mais especificamente, na reprodução das relações de poder. Assim, na sociedade civil, os grupos sociais, aqui identificados como evangélicos e não evangélicos, procuram ganhar aliados para seus projetos através da direção e do consenso. Já na sociedade política, os grupos impõem uma dominação fundada na coerção. O autor explica que

A supremacia de um grupo social se manifesta de dois modos, como domínio e como direção intelectual e moral. Um grupo social é dominante dos grupos adversários que tende a liquidar ou a submeter também mediante a força armada; e é dirigente dos grupos afins ou aliados. (GRAMSCI, 2002, p. 30)

Para Moraes (2010, p. 58), "a sociedade civil engloba as ideologias que circulam pelo real histórico buscando fixar a sua potência, isto é, firmar a sua capacidade de condensar e expressar concepções de mundo com vistas à sua realização histórica". Portanto, enquanto a sociedade política tem seus portadores materiais nas instâncias coercitivas do Estado, na sociedade civil atuam os aparelhos particulares de hegemonia, isto é, organismos relativamente independentes em face do Estado em sentido rigoroso, que desejam somar consensos e anuência em torno de suas proposições (MORAES, 2010). Onde os agentes da hegemonia, os partidos políticos, os sindicatos, as associações, os movimentos sociais, a escola e a igreja, portadores materiais das ideologias, buscam consolidar, de forma direta ou indireta, apoios na sociedade civil, seja para manter a dominação, seja para contrariar seus pressupostos.

Em contraposição ao poderio religioso dos grupos evangélicos nos meios políticos e sociais, todas as ações e os recursos dos grupos não evangélicos, contra-hegemônicos, são mobilizados a fim de construir uma nova hegemonia modificando a dinâmica da atuação política. Entre estes interesses estão os grupos religiosos subalternizados que com elas se solidarizam e se aliam no enfrentamento das classes dominantes e dirigentes (MORAES, p. 2010).

Gramsci (1999, p. 314-315) define as ações contra-hegemônicas como "instrumentos para criar uma nova forma ético-política", cujo alicerce de sustentação é o de denunciar e tentar reverter as condições de marginalização e de exclusão impostas a amplos estratos sociais. Para Moraes, "a contra-hegemonia institui o contraditório e a tensão no que até então parecia uníssono e estável" (MORAES, 2010, p. 73), o que nos faz refletir e identificar a Caminhada como uma ação contra-hegemônica em relação à Marcha, uma vez que conseguimos identificar e evidenciar os meandros históricos que pairam sobre a construção da Caminhada como um ato inter-religioso. Sendo assim, a Caminhada não é construção monolítica, mas sim o resultado das medições de forças entre blocos de classes em dado contexto histórico, podendo ser reelaborada, revertida e modificada, em um longo processo de lutas, contestações e vitórias cumulativas (GRAMSCI. 1999; MORAES, 2010).

Dênis de Moraes (2010) pontua que a visibilidade pública de enfoques ideológicos que contribuam para a reorganização de repertórios é um dos desafios centrais para o pensamento contra-hegemônico, pois consiste em alargar as variáveis de identificação e de coesão, com vistas à alteração gradual e permanente das relações sociais e de poder. Por essa razão, segundo o autor, são fundamentais para as campanhas, mobilizações e pressões sociais por legislações que detenham a forte concentração do setor nas mãos de um reduzido número de corporações multimídias e formação, pois cabe às políticas públicas estabelecer mecanismos consistentes de descentralização dos sistemas (MORAES, 2010).

Moraes (2010) ressalta que o conceito de hegemonia pode ser compreendido, por conseguinte, ao analisarmos a junção entre as ações da hegemonia social e a política dos grupos religiosos evangélicos, evidenciados não só por suas ações. Assim, para vislumbrarmos as questões em torno da hegemonia exercida pela Marcha, basta observarmos a tabela 3, em que são apresentados os valores dos repasses feitos pela prefeitura do Rio de Janeiro para a realização dos eventos.

A discrepância entre os valores repassados para a realização para Marcha, em relação à Caminhada, chega a 34,8% no ano de 2012; 70,1% em 2014 e 86,7% no ano de 2015. Assim, podemos observar, por meio das comparações, que existe uma desigualdade, por parte do poder público, em fomentar ações que possam promover os diálogos inter-religiosos, o que não condiz com um Estado que se quer laico.

Tabela 3: Repasses feitos pela prefeitura do município do Rio de Janeiro para a realização da Caminhada em Defesa da Liberdade Religiosa e da Marcha para Jesus (2008-2017)

Caminhada em Defesa da Liberdade Religiosa		Marcha para Jesus	
Ano	Valor	Ano	Valor
2008	*	2008	**
2009	**	2009	**
2010	**	2010	**
2011	**	2011	**
2012	R$ 865.481,00***	2012	R$ 2.480.000,00***
2013	**	2013	R$ 1.600.000,00
2014	R$ 200.000,00	2014	R$ 2.485.000,00***
2015	R$ 200.000,00	2015	R$ 2.320.500,00***
2016	*	2016	**
2017	*	2017	**

Nota: * Não recebeu repasse.
** Houve repasse de verbas públicas mas não fomos capazes de levantar a quantia repassada.
*** Todos os valores repassados vieram da Riotur.
FONTE: *Site* do Diário Oficial do Município do Rio de Janeiro (http://doweb.rio.rj.gov.br/).

CONCLUSÃO

Ao longo desse trabalho, buscamos realizar nossas análises a partir da perspectiva metodológica da História Comparada, dentro do campo da História das Religiões. Acredito, dessa forma, que esse trabalho não está de todo terminado e que, possivelmente, ele abre uma possibilidade de desdobramentos futuros para outras análises e aprofundamentos. Por essa razão, tentei buscar referências em fontes arquivísticas, teses e dissertações acadêmicas que pudessem fomentar o seu desenvolvimento.

E foi num desses vários processos que fui apresentado à obra *A era dos direitos*, de Norberto Bobbio (2004), sobre a qual quero fazer uma breve colocação. O autor buscou traçar explicações a respeito dos conceitos de tolerância, intolerância e discriminação religiosa que podem ser interpretados como antônimos, entre tolerância e intolerância, ou sinônimos, no caso de intolerância e discriminação religiosa, por isso, são passíveis de múltiplos sentidos e interpretações. Bobbio analisa que o significado histórico da noção predominante de tolerância se refere ao problema da convivência, provocada principalmente após a ruptura entre cristãos católicos e o cisma protestante. A tolerância, assim, nasce, no século 16, como uma tentativa de convivência pacífica entre as denominações religiosas cristãs dentro dos recém-formados Estados modernos.

No mesmo esteio, o autor aponta que a intolerância se baseia na certeza de se possuir a verdade absoluta, seja do ponto de vista religioso ou social, caracterizada por procedimentos de exclusão e de perseguição. Já a discriminação religiosa pode ser entendida e interpretada como um tratamento desigual, que pode ser ocasionado ou proporcionado pelo preconceito racial, de gênero, classe social, ou religião.

Podemos perceber um bom exemplo para tal análise, ao entendermos que o Estado brasileiro, ao conceder permissão para a presença de crucifixos e Bíblias em prédios e repartições públicas, e não para atabaques ou símbolos sagrados das religiões de matrizes africanas, configura uma discriminação religiosa, pois se baseia no consentimento de tratamento desigual a um grupo religioso em detrimento dos demais, colocando em xeque a laicidade do Estado.

Quando uma pessoa é vítima de violência psicológica, patrimonial e/ou física por causa da sua escolha religiosa, isso se configura como intolerância. Aqui podemos exemplificar o caso da menina Kaylane, de apenas de 11 anos de idade, que foi vítima de intolerância religiosa, em 14 de junho de 2015, e apedrejada após sair de um culto candomblecista (SANTOS, 2016, p. 58-59). Esse fatídico episódio de intolerância religiosa não é exclusivo dentro da história das perseguições sobre as minorias religiosas no Brasil. Entretanto, mesmo diante destas configurações, precisamos ressaltar que entre tolerância, intolerância e discriminação religiosa estão a liberdade religiosa e o sentimento religioso. E é possível, dentro das nossas liberdades, tolerar uma religião e ao mesmo tempo discriminá-la, mas é possível também, dentro das nossas liberdades, combater a intolerância e ao mesmo tempo sentir-se "no direito" de não querer conviver com os outros que professem crenças diferentes, pois somos frutos das configurações sociais e históricas.

E historicamente, no caso das religiões de matrizes africanas, a violência simbólica as estigmatiza e as desqualifica, fomentando perseguições e tentativas de cerceamento à liberdade religiosa, que vêm crescendo a cada dia em nosso país. É por essa razão que no desenvolvimento dos três capítulos dessa pesquisa buscamos reconstruir os processos das construções sociais no Brasil, ressaltando os múltiplos processos de resistências.

Assim, no primeiro capitulo, procurei fazer um mergulho sobre as reconstituições das formações da sociedade brasileira que, em certa medida, foi abastecida pela intensa relação entre o poder temporal, o Estado, e o poder espiritual da Igreja Católica. O objetivo foi apresentar como as relações entre os poderes constituídos são negociadas em razão de uma hegemonia que possa manter esses dois grupos no centro da ordem social, política e econômica.

A necessidade para tal investida se mostrou a partir do momento em que pude compreender que os processos de resistências religiosas contra a intolerância, na contemporaneidade, são frutos dos múltiplos processos que marcam, principalmente, a década de 1950, com Tancredo da Silva Pinto e a construção do CEUB, e a década de 1980, com Jayro Pereira de Jesus e a construção do IPELCY, instituições que buscavam, acima de tudo, promover e garantir a liberdade religiosa e inter-religiosa.

No segundo capítulo, após ter traçado os processos históricos, busquei evidenciar os múltiplos processos de resistência dos grupos religiosos de matrizes africanas, da década de 1990 até o ano de 2008 com o advento da Comissão de Combate à Intolerância Religiosa (CCIR), que passou a congregar vários grupos de organizações religiosas, a fim de construir um ambiente possível para a construção do respeito, da tolerância e fomentar a liberdade religiosa.

Para realizar os anseios propostos para o segundo capitulo, busquei analisar também, em amplo debate, entrevistas realizadas com três sacerdotes de religiões distintas, que participaram dos processos de construção da 1ª Caminhada em Defesa da Liberdade Religiosa. A ideia foi possibilitar ao leitor enxergar, por meio das narrativas dos nossos entrevistados, as múltiplas polaridades que compõem a luta pela liberdade religiosa no país e os processos de solidariedade entre os grupos que formam a CCIR.

No terceiro e último capítulo, busquei estabelecer comparações diretas e indiretas entre a construção da Caminhada, organizada pela CCIR, e a Marcha, ambas realizadas no ano de 2008. Para a construção desse capitulo foi de fundamental importância a pesquisa realizada por Raquel Sant'Ana, doutora em Antropologia Social pelo Museu Nacional da Universidade Federal do Rio de Janeiro. O trabalho da referida autora, intitulado *A nação cujo deus é o senhor: a imaginação de uma coletividade "evangélica" a partir da Marcha para Jesus*, buscou fazer uma análise antropológica sobre a construção dessa, evidenciando os bastidores e os agentes que a fazem acontecer.

Após a leitura da tese, nos foi possível estabelecer as questões que buscaríamos pontuar dentro do nosso trabalho de comparação, os quais foram organização social, política e econômica. Tais objetivos, acredito, de certa forma, foram alcançados. Assim, espero ter conseguido alcançar a aspiração que começou a ser desenhada ao longo do meu processo formativo, e que esse possa ser apenas o inicio da continuidade que se renova a cada sopro das nossas resistências.

REFERÊNCIAS

ABREU, Alzira Alves de, et al (coord.). **Dicionário histórico biográfico brasileiro pós 1930**. – 2. ed. – Rio de Janeiro: FGV, 2001.

ABREU, Rodrigo Bueno de. A marcha contra a farsa da abolição na transição democrática (1988). ANPUH-RIO. Encontro Regional de História, 16., 28 jul.-1º ago. 2014, Rio de Janeiro. **Anais...** Rio de Janeiro: Anpuh-Rio, 2014.

ACCIOLI, Nilma Teixeira. **Das casas de dar fortuna ao Omolokô**: experiências religiosas de matrizes africanas no Rio de Janeiro: 1870-1940. Tese de Doutorado em História Comparada – Instituto de História, Universidade Federal do Rio de Janeiro. Rio de Janeiro, 2015.

ALBUQUERQUE, Wlamyra R. de. **O jogo da dissimulação**: abolição e cidadania negra no Brasil. São Paulo: Companhia das Letras, 2009.

ALVITO, Marcos. Pentecostais ajudam na inserção social dos mais pobres, mas criam uma guerra espiritual: fora da igreja só existe o Diabo. **Revista de História da Biblioteca Nacional**, Rio de Janeiro, a. 8, n. 87, dez. 2012.

ASSMANN, Hugo. **A igreja eletrônica e seu impacto na América Latina**. Petrópolis: Vozes, 1986.

AUGÉ, Marc. **A guerra dos sonhos: exercícios de etnoficção**. Tradução de Maria Lúcia Pereira. Campinas: Papirus, 1998.

AVANCINI, Elsa Gonçalves. O sagrado na tradição africana e os cultos afro-brasileiros. In: CARNEIRO, Luiz Carlos da Cunha; SILVA, Gilberto Ferreira da; SANTOS, José Antônio dos (org.). **RS negro: cartografias sobre a produção do conhecimento**. – 2. ed. rev. e ampl. – Porto Alegre: EDIPUCRS, 2010. p. 134-147.

ÁVILA, Cíntia Aguiar de. **Na interface entre religião e política**: origem e práticas da Congregação em Defesa das Religiões Afro-brasileiras (CEDRAB/RS). Dissertação de Mestrado em Antropologia Social. Porto Alegre: UFRGS, 2009.

AZEVEDO, Celia Maria Marinho de. **Onda negra, medo branco**: o negro no imaginário das elites – século XIX. Rio de Janeiro: Paz e Terra, 1987.

BÂ, Amadou Hampâté. A tradição viva. In: KI-ZERBO, Joseph (ed.). **História geral da África I**: metodologia e pré-história da África. – 2. ed. rev. – Brasília: UNESCO, 2010. p. 167-212.

BANDEIRA, Marina. **A Igreja Católica na virada da questão social**: anotações para uma história da Igreja no Brasil. Rio de Janeiro: Vozes, 2000.

BAPTISTA, Saulo. **Pentecostais e neopentecostais na política brasileira**: um estudo sobre cultura política, Estado e atores coletivos religiosos no Brasil. São Paulo: Annablume; São Bernardo do Campo: Instituto Metodista Izabela Hendrix, 2009.

BARBOSA, Pedro et al (compil.); ALMEIDA, Candido Mendes de (org. ed. br.). **Codigo Philippino**: ordenações e leis do Reino de Portugal recopiladas por mandado d'el rei D. Filipe I. – 14. ed. – Rio de Janeiro: Instituto Philomatico, 1870. Disponível em: <http://www.ci.uc.pt/ihti/proj/filipinas/ni.htm>. Acesso em 28 mar. 2019.

BARROS, José D'Assunção. **História comparada**. Petrópolis: Vozes, 2014.

BAUMAN, Zygmunt. **Modernidade e ambivalência**. Tradução de Marcos Penchel. Rio de Janeiro: Jorge Zahar, 1999.

BELLOTTI, K. K. **Delas é o Reino dos Céus**. São Paulo: Annablume/Fapesp, 2010.

BIRMAN, Patrícia. **O que é umbanda**. São Paulo: Brasiliense, 1983.

BLANCARTE, Roberto. Retos y perspectivas de la laicidad mexicana. In: BLANCARTE, Roberto (compil.). **Laicidad y valores en un Estado democrático.** Ciudad de México: Colegio de México, 2000. p. 117-140.

BLOCH, M. Para uma história comparada das sociedades europeias. In: BLOCH, M. **História e historiadores**. Tradução de Telma Costa. Lisboa-PT: Teorema, 1998. p. 119-150.

BOBBIO, Norberto. **A era dos direitos**. Tradução de Carlos Nelson Coutinho. – 2. ed. – Rio de Janeiro: Elsevier, 2004.

BONFIM, Marisa Santos. **Egressos da Funabem**: sua reintegração na sociedade. Dissertação de Mestrado em Educação, FGV-IESAE. Rio de Janeiro: Fundação Getúlio Vargas, 1987.

BORDE, Andréa de Lacerda Pessôa. Avenida Presidente Vargas: narrativas históricas. **Revista do Arquivo Geral da Cidade do Rio de Janeiro**, n. 10, p. 109-132, 2016.

BORGES, Célia Maia. **Escravos e libertos nas irmandades do Rosário**: devoção e solidariedade em Minas Gerais – Séculos XVIII e XIX. Juiz de Fora: UFJF, 2005.

BOSCHI, Caio César. **Os leigos e o poder**: irmandades leigas e políticas colonizadoras em Minas Gerais. São Paulo: Ática, 1986.

BRASIL. **Constituição da República dos Estados Unidos do Brasil**. Rio de Janeiro, 1891. (Disponível em <https://www2.camara.leg.br/legin/fed/consti/1824-1899/constituicao-35081-24-fevereiro-1891-532699-publicacaooriginal-15017-pl.html>)

BRASIL. **Constituição da República dos Estados Unidos do Brasil**. Rio de Janeiro, 1934a. (Disponível em <http://www.planalto.gov.br/ccivil_03/Constituicao/Constituicao34.htm>)

BRASIL. **Constituição da República Federativa do Brasil**. Brasília, 1967. (Disponível em <http://www.planalto.gov.br/ccivil_03/Constituicao/Constituicao67.htm>)

BRASIL. **Constituição da República Federativa do Brasil**. Brasília, 1988a. (Disponível em <http://www.planalto.gov.br/ccivil_03/Constituicao/Constituicao.htm>)

BRASIL. **Constituição dos Estados Unidos do Brasil**. Rio de Janeiro, 1946. (Disponível em <http://www.planalto.gov.br/ccivil_03/Constituicao/Constituicao46.htm>)

BRASIL. **Decreto nº 847, de 11 de outubro de 1890**: Promulga o Código Penal dos Estados Unidos do Brazil. Rio de Janeiro, 1890. (Disponível em <http://www.planalto.gov.br/ccivil_03/decreto/1851-1899/D847.htm>)

BRASIL. Decreto nº 24.531, de 2 de Julho de 1934: aprova novo Regulamento para os serviços da Polícia Civil do Distrito Federal. **Diário Oficial da União**, Rio de Janeiro, Seção 1, Página 13417, 6 jul. 1934b.

BRASIL. **Decreto-Lei nº 2.848, de 7 de dezembro de 1940: Código Penal**. Rio de Janeiro, 1940. (Disponível em <http://www.planalto.gov.br/ccivil_03/decreto-lei/Del2848compilado.htm>)

BRASIL. **Decreto-Lei nº 3.688, de 3 de outubro de 1941**: Leis das Contravenções Penais. Rio de Janeiro, 1941. (Disponível em <https://www2.camara.leg.br/legin/fed/declei/1940-1949/decreto-lei-3688-3-outubro-1941-413573-publicacaooriginal-1-pe.html>)

BRASIL. **Lei nº 7.437, de 20 de dezembro de 1985 (Lei Caó)**: inclui entre as contravenções penais a prática de atos resultantes de preconceito de raça, cor, sexo ou estado civil. Detalhes da norma. Brasília, 1985. (Disponível em <https://legis.senado.leg.br/legislacao/DetalhaSigen.action?id=549313>)

BRASIL. **Lei nº 7.716, de 5 de janeiro de 1989 (Lei do Crime Racial)**: define os crimes resultantes de preconceito de raça ou de cor. Detalhes da norma. Brasília, 1989. (Disponível em <https://legis.senado.leg.br/norma/549592>).

BRASIL. **Lei nº 12.025, de 3 de setembro de 2009**: institui o Dia Nacional da Marcha para Jesus. Detalhes da norma. Brasília, 2009. (Disponível em <https://www2.camara.leg.br/legin/fed/lei/2009/lei-12025-3-setembro-2009-591017-norma-pl.html>)

BRASIL. **Projeto de Lei do Senado nº 9, de 1983**: inclui entre as contravenções penais a prática de atos resultantes de preconceito de raça, cor, sexo ou estado civil. Brasília, 1983. (Disponível em <https://www25.senado.leg.br/web/atividade/materias/-/materia/24048>)

BRASIL. **Projeto de Lei da Câmara nº 52, de 1988**: define os crimes resultantes de preconceito de raça ou de cor. Brasília, 1988b. (Disponível em <https://www25.senado.leg.br/web/atividade/materias/-/materia/20583>)

BRASIL. **Projeto de Lei da Câmara nº 1053, de 1972**: dispõe sobre o exercício dos cultos religiosos. Informações de tramitação. Brasília, 1972. (Disponível em <https://www.camara.leg.br/proposicoesWeb/fichadetramitacao?idProposicao=186579>)

BRASIL. **Projeto de Lei da Câmara nº 122, de 2006**: Altera a Lei nº 7.716, [...] para definir os crimes resultantes de discriminação ou preconceito de gênero, sexo, orientação sexual e identidade de gênero. Brasília, 2006. (Informações disponíveis em <https://www25.senado.leg.br/web/atividade/materias/-/materia/79604>)

BROWN, Diana. Uma história da umbanda no Rio. In: BROWN, Diana et al. **Umbanda e política**. Rio de Janeiro: ISER/Marco Zero, 1985. p. 9-42. (Cadernos do ISER, n. 18)

BROWN, Diana. **Umbanda: religion and politics in urban Brazil**. New York-US: Columbia University Press, 1994.

BURITY, Joanildo A.; MACHADO, M. D. C. **Os votos de Deus**: evangélicos, política e eleições no Brasil. Recife: Fundação Joaquim Nabuco/Massangana, 2005.

CABRAL, M. S. A. **Pensar nagô**. Petrópolis: Vozes, 2017.

CCIR. **Relatório de casos assistidos e monitorados pela Comissão de Combate à Intolerância Religiosa no Estado do Rio de Janeiro e no Brasil**. Rio de Janeiro: CCIR, [2010]. (disponível em <https://ipfer.com.br/wp-content/uploads/2010/01/RELATORIO-1.pdf>)

CEAP. [**Documentos diversos**]. Acervo do Centro de Articulação de Populações Marginalizadas. Consulta direta ao material na sede da instituição.

CÉSAR, Elben M. Lenz. **História da evangelização do Brasil**. Viçosa: Ultimato, 2000.

CEUB. **Zélio de Moraes e o Caboclo das Sete Encruzilhadas**. Disponível em: <http://www.ceubrio.com.br/downloads/zelio.de.moraes.e.o.caboclo.das.sete.encruzilhadas.pdf>. Acesso em: 7 maio 2016.

CEUB. [**Documentos diversos**]. Acervo do CEUB. Consulta direta ao material na sede da instituição.

CHAUÍ, Marilena. **Conformismo e resistência**: aspectos da cultura popular no Brasil. – 5. ed. – São Paulo: Brasiliense, 1993.

CIONI, Marilia. A Copacabana, il primo corteo contro l'intolleranza religiosa: gli afrobrasiliani difendono la libertà di culto contro l'aggressiva opera di proselitismo delle chiese evangeliche. **Il Manifesto**, Roma-IT, 21 set. 2008. (Publicação atestada em: <https://archiviopubblico.ilmanifesto.it/>, busca pelo termo "copacabana". Artigo disponível na íntegra, em italiano, em: <http://www.arcoiris.tv/lettere/author/Associazione%20Sacerdoti%20Lavoratori%20Sposati/>. Dados sobre a autora disponíveis em: <http://mariliacioni.blogspot.com/>, <https://cobrafumando.wordpress.com/2008/09/19/trajetoria-da-feb-e-recontada-por-diretora-italo-brasileira/>)

CORREA, Norton Figueiredo. **Sob o signo da ameaça**: conflito, poder e feitiço nas religiões afro-brasileiras. Tese de doutorado em Ciências Sociais. São Paulo: PUC-SP, 1998.

CORTEN, André. **Os pobres e o Espírito Santo**: o pentecostalismo no Brasil. Petrópolis: Vozes, 1996.

CUNHA, Magali do Nascimento. **A explosão gospel**: um olhar das ciências humanas sobre o cenário evangélico no Brasil. Rio de Janeiro: Mauad, 2007.

CUNHA JÚNIOR, Henrique. Movimento de consciência negra na década de 1970. **Educação em Debate**, Fortaleza, a. 25, v. 2, n. 46, p. 47-54, 2003.

DAVIDSON, N. S. **A contra-reforma**. Tradução Walter Lellis Siqueira. São Paulo: Martins Fontes, 1991.

DEL PRIORE, Mary; VENÂNCIO, Renato. **Uma breve história do Brasil**. São Paulo: Planeta do Brasil, 2010.

DEUS, Lucas Obalera de. **Por uma perspectiva afrorreligiosa**: estratégias de enfrentamento ao racismo religioso. Rio de Janeiro: Fundação Heinrich Böll, 2019.

DIÁRIO DA NOITE. Rio de Janeiro: Diários Associados, 1929-1964. Jornal com duas edições diárias, à tarde e à noite.

DIMENSTEIN, Gilberto. **A guerra dos meninos**. São Paulo: Brasiliense, 1990.

DU BOIS, W. E. B. **The souls of black folk**. New York: Bantam, 1989.

ESTADO DA GUANABARA. **Decreto-Lei nº 112, de 12 de agosto de 1969**: fixa normas de proteção contra ruído. Rio de Janeiro, 1969. (Disponível em: <https://www.ibama.gov.br/sophia/cnia/legislacao/HTM-ANTIGOS/112-69.HTM>)

ESTADO DO RIO DE JANEIRO. **Lei nº 126, de 10 de maio de 1977**: dispõe sobre a proteção contra a poluição sonora, estendendo, a todo o Estado do Rio de Janeiro, o disposto no Decreto-Lei nº 112, de 12 de agosto de 1969, do ex-Estado da Guanabara, com as modificações que menciona. Rio de Janeiro, 1977. (Disponível em <https://gov-rj.jusbrasil.com.br/legislacao/214196/lei-126-77>)

ESTADO DO RIO DE JANEIRO. **Lei nº 6263, de 7 de maio de 2012**: inclui no calendário oficial do Estado do Rio de Janeiro a "Marcha para Jesus", a sr comemorada no segundo sábado do mês de junho. Rio de Janeiro, 2012. (Disponível em <http://alerjln1.alerj.rj.gov.br/contlei.nsf/f25edae7e64db53b032564fe005262ef/558e926cc421f13f832579f80072f8ca?OpenDocument&Highlight=0,marcha,para,jesus>)

EXTERMÍNIO de crianças e adolescentes no Brasil. **Revista CEAP**, Rio de Janeiro, 1989.

FANON, Frantz. **Pele negra, máscaras brancas**. Tradução de Renato da Silveira. Salvador: EDUFBA, 2008.

FERREIRA, Heloisa Souza. Imprensa negra no Brasil do século XIX (resenha do livro de Ana Flávia Magalhães Pinto). **INTERthesis**, Florianópolis, v. 8, n. 1, p. 242-247, jan./jul. 2011.

FERRETTI, Sergio F. **Querebentã de Zomadônu**: etnografia da Casa das Minas do Maranhão. Dissertação de mestrado em Antropologia, Programa de Ciências Sociais da Universidade Federal do Rio Grande do Norte, 1983. – 3. ed. – Rio de Janeiro: Pallas, 2009.

FOLHA MULHER (boletim do Projeto Sofia: mulher, teologia e cidadania). Rio de Janeiro: ISER, 1991-. publicação mensal (?).

FOLHA UNIVERSAL. Rio de Janeiro: Igreja Universal do Reino de Deus, 1992-. jornal semanal.

FONSECA, A. B. Estado e ensino religioso no Brasil. **Comciência**, online, Dossiê n. 56, jul. 2004. (Disponível em <http://www.comciencia.br/> – Dossiês)

FONSECA, Alexandre Brasil. **Relações e privilégios**: estado, secularização e diversidade religiosa no Brasil. Rio de Janeiro: Novos Diálogos, 2011.

FRESTON, Paul Charles. Breve histórico do pentecostalismo brasileiro. In: ANTONIAZZI, Alberto et al. **Nem anjos nem demônios**: interpretações sociológicas do pentecostalismo. Petrópolis: Vozes, 1994.

FRESTON, Paul Charles. **Protestantes e política no Brasil**: da Constituinte ao impeachment. Tese (Doutorado em Sociologia) – IFCH, Unicamp. Campinas, 1993.

GAZETA DE NOTÍCIAS. Rio de Janeiro, 1875-1980. jornal diário.

GINO, Mariana. Cultura popular e catolicismo popular: usos e configurações sobre um estudo de caso na Minas setecentista. In: OLIVEIRA, Camila A. B. et al (org.). **Dimensões do poder na história**. Ouro Preto: EDUFOP, 2013. (Anais do 18º Encontro Regional da ANPUH-MG, 24-27 jul. 2012.)

GINZBURG, C. **Mitos, emblemas e sinais**. Tradução de Federico Carotti. São Paulo: Companhia das Letras, 1989.

GINZBURG, C. **O queijo e os vermes**: o cotidiano e as ideias de um moleiro perseguido pela Inquisição. Tradução de Maria Betânia Amoroso. São Paulo: Companhia das Letras, 2006.

GIUMBELLI, Emerson. **A presença da Igreja Universal do Reino de Deus no espaço público brasileiro**: "liberdade religiosa" fora do lugar?

Artigo apresentado XXVI Conferencia sociedade Internacional de Sociologia das Religiões. Ixtapan de la Sal, México, 20-24 agosto 2001.

GIUMBELLI, Emerson. Presença na recusa: a África dos pioneiros umbandistas. **Esboços**, Florianópolis, v. 17, n. 23, p. 107-117, 2010.

GIUMBELLI, Emerson. O "baixo espiritismo" e a história dos cultos mediúnicos. **Horizontes Antropológicos**, Porto Alegre, a. 9, n. 19, p. 247-281, jul. 2003.

GIUMBELLI, Emerson. **O fim da religião**: dilemas da liberdade religiosa no Brasil e na França. São Paulo: Attar, 2002.

GIUMBELLI, Emerson. Um projeto de cristianismo hegemônico. In: SILVA, V. G. (org.). **Intolerância religiosa**: impactos do neopentecostalismo no campo religioso afro-brasileiro. São Paulo: EDUSP, 2007. p. 149-169.

GOMES, Flávio dos Santos. **Mocambos e quilombos**: uma história do campesinato negro no Brasil. São Paulo: Claro Enigma, 2015.

GOMES, Flávio. A demografia atlântica dos africanos no Rio de Janeiro, séculos XVII, XVIII e XIX: algumas configurações a partir dos registros eclesiásticos. **História, Ciências, Saúde – Manguinhos**, Rio de Janeiro, v. 19, supl. 1, p.81-106, dez. 2012.

GORDON, Lewis R. Prefácio. In: FANON, Frantz. **Pele negra, máscaras brancas**. Tradução de Renato da Silveira. Salvador: EDUFBA, 2008. p. 11-17.

GRAMSCI, Antonio. **Cadernos do cárcere**: v. 1 – introdução ao estudo da filosofia: a filosofia de Benedetto Croce. Ed. e trad. de Carlos N. Coutinho. Rio de Janeiro: Civilização Brasileira, 1999.

GRAMSCI, Antonio. **Cadernos do cárcere**: v. 3 – Maquiavel: notas sobre o estado e a política. Rio de Janeiro: Civilização Brasileira, 2000.

GRAMSCI, Antonio. **Cadernos do cárcere**: v. 6 – literatura, folclore, gramática. Rio de Janeiro: Civilização Brasileira, 2002.

GRAMSCI, Antonio. **Escritos escolhidos: 1916-1935**. Organização de Carlos Nelson Coutinho. Rio de Janeiro: Civilização Brasileira, 2011.

GRAMSCI, Antonio. **Os intelectuais e a organização da cultura**. Tradução de Carlos Nelson Coutinho. Rio de Janeiro: Civilização Brasileira, 1979.

HOBSBAWM, Eric J. **Sobre história**. Tradução de Cid Knipel Moreira. São Paulo: Companhia das Letras, 2013.

HOBSBAWM, Eric J.; RANGER, Terence (org.). **A invenção das tradições**. Tradução de Celina Cardim Cavalcante. Rio de Janeiro: Paz e Terra, 1984.

HÖFFNER, Joseph. **Colonização e evangelho**: ética da colonização espanhola no Século de Ouro. Tradução de José Wisniewisk Filho. – 2. ed. – Rio de Janeiro: Presença, 1977.

IPELCY. **Atas e relatórios**. Acervo pessoal de Jayro Pereira de Jesus. Documentos guardados no Acervo do CEAP.

JENSEN, Tina Gudrun. Discursos sobre as religiões afro-brasileiras: da desafricanização para a reafricanização. Traduzido por Maria Filomena Mecabô. **Revista de Estudos da Religião**, São Paulo, v. 1, n. 1, p. 1-21, 2001.

JORNAL de umbanda. Rio de Janeiro: União Espiritista de Umbanda, [?-?]. bimestral. O exemplar consultado, de outubro de 1982, estava, na época da realização da pesquisa, entre os documentos arquivados pela CEUB.

KANTOR, Iris. Entradas episcopais na capitania das Minas Gerais (1743 e 1748): a transgressão formalizada. In: KANTOR, Iris; JANCSÓ, István (org.). **Festa**: cultura e sociabilidade na América Portuguesa. Vol 3. São Paulo: Hucitec/EDUSP/Fapesp/Imprensa Oficial, 2001. p. 169-182.

LE GOFF, Jacques. **História e memória**. Tradução de Bernardo Leitão et al. Campinas: Unicamp, 1996.

LENHARO, Alcir. **Sacralização da política**. – 2. ed. – Campinas: Papirus, 1986.

LEWGOY, Bernardo. A transnacionalização do espiritismo kardecista brasileiro: uma discussão inicial. **Religião e Sociedade**, Rio de Janeiro, v. 28, n.1, p. 84-104, jul. 2008.

LIMA, Roberto Kant de. Parte 1: a problemática – a administração da violência cotidiana no Brasil: a experiência dos juizados especiais criminais. In: AMORIM, Maria Stella de; LIMA, Roberto Kant de; BURGOS, Marcelo Baumann (org.). **Juizados especiais criminais**: sistemas judiciais e sociedade no Brasil. Niterói: Intertexto, 2003. v. 1, p. 19-52.

LOPES, Carlos. A pirâmide invertida: historiografia africana feita por africanos. In: Colóquio Construção e Ensino da História da África, 7-9 de junho de 1994, Lisboa-PT. **Actas**... Lisboa: Ministério da Educação, 1995. p. 21-29.

LOPES, Nei. A presença africana na música popular brasileira. **Revista Espaço Acadêmico**, Maringá, n. 50, jun. 2005.

LÖWY, Michael. Por um marxismo crítico. Tradução de José Corrêa Leite. **Lutas Sociais**, São Paulo, n. 3, p. 21-30, 1997.

MACÊDO, Cibele Mariano; ANDRADE, Regina Glória Nunes. Cinelândia: território de expressão de culturas urbanas e processos de subjetivação. In: INTERCOM. Congresso Brasileiro de Ciências da Comunicação, 39., São Paulo, ECA-USP, 5-9 set. 2016. **Anais...** São Paulo: Intercom, 2016. (edição digital disponível em: <http://portalintercom.org.br/anais/nacional2016/>)

MACEDO, Edir. **Orixás, caboclos e guias, deuses ou demônios?** Rio de Janeiro: Universal, 1997.

MACHADO, Maria das Dores Campos. **Carismáticos e pentecostais**: adesão religiosa e seus efeitos na esfera familiar. Campinas: Autores Associados/Anpocs, 1996.

MAFRA, Clara. **Os evangélicos**. Rio de Janeiro: Jorge Zahar, 2001.

MAGGIE, Yvonne. **O medo do feitiço**: relações entre a magia e o poder no Brasil. Rio de Janeiro: Arquivo Nacional, 1992.

MAINWARING, Scott. **Igreja católica e política no Brasil** (1916-1985). Tradução de Heloisa Braz de Oliveira Prieto. São Paulo: Brasiliense, 1989.

MARIANO, Ricardo. **Análise sociológica do crescimento pentecostal no Brasil**. Tese de Doutorado em Sociologia, USP, São Paulo, 2001.

MARIANO, Ricardo. Deus é voto. **Revista de História da Biblioteca Nacional**, Rio de Janeiro, a. 8, n. 87, dez. 2012.

MARIANO, Ricardo. **Neopentecostais: sociologia do novo pentecostalismo no Brasil**. São Paulo: Loyola, 1999.

MARIANO, Ricardo. Pentecostais em ação: a demonização dos cultos afrobrasileiros. In: SILVA, Vagner Gonçalves da (org.) **Intolerância religiosa**: impactos do neopentecostalismo no campo religioso afro-brasileiro. São Paulo: EDUSP, 2007. p. 119-148.

MATOS, Alderi Souza de. O movimento pentecostal: reflexões a propósito do seu centenário. **Fides Reformata**, São Paulo, v. 11, n. 2, p. 23-55, 2006.

MELO, Alice. No ritmo de Jesus. **Revista de História da Biblioteca Nacional**, Rio de Janeiro, a. 8, n. 87, dez. 2012.

MENDES, Andrea Luciane Rodrigues. **Vestidos de realeza**: contribuições centro-africanas no candomblé de Joãozinho da Goméia (1937-1967). Dissertação de Mestrado, Universidade Estadual de Campinas. Campinas, 2012.

MENDONÇA, Antônio Gouvêa; VELASQUES FILHO, Prócoro. **Introdução ao protestantismo no Brasil**. São Paulo: Loyola, 2002.

MIGUEL, Sinuê Neckel. O Espiritismo frente à Igreja Católica em disputa por espaço na Era Vargas. **Esboços**, Florianópolis, v. 17, n. 24, p. 203-226, dez. 2010.

MINAYO, Maria Cecília de Souza. A violência na adolescência: um problema de Saúde Pública. **Cadernos de Saúde Pública**, Rio de Janeiro, v. 6, n. 3, p. 278-292, jul./set. 1990.

MIRANDA, Ana Paula; GOULART, Julie Barrozo. Combate à intolerância ou defesa da liberdade religiosa: paradigmas em conflito na construção de uma política pública de enfrentamento ao crime de discriminação étnico-racial-religiosa. In: ANPOCS. Encontro Anual da Associação Nacional de Pós-graduação e Pesquisa em Ciências Sociais, 33., 2009, Caxambu. **Anais**... São Paulo: ANPOCS, 2009.

MONTERO, Paula. O campo religioso, secularismo e a esfera pública no Brasil. **Boletim CEDES**, Rio de Janeiro, out.-dez. 2011. (disponível em <http://www.cis.puc-rio.br/cis/cedes/>)

MONTERO, Paula. Religião, pluralismo e esfera pública no Brasil. **Novos Estudos CEBRAP,** São Paulo, n. 74, p. 47-66, mar. 2006.

MONTERO, Paula. Secularização e espaço público: a reinvenção do pluralismo religioso no Brasil. **Etnográfica**, Lisboa-PT, v. 13, n. 1, p. 7-16, 2009.

MONTES, Maria Lucia. As figuras do sagrado: entre o público e o privado. In: NOVAIS, Fernando A. (coord.); SCHWARCZ, Lilia M. (org.). **História da vida privada no Brasil**: 4- contrastes da intimidade contemporânea. São Paulo: Companhia das Letras, 1998, p. 63-170.

MORAES, Dênis de. Comunicação, hegemonia e contra-hegemonia: a contribuição teórica de Gramsci. **Revista Debates**, Porto Alegre, v.4, n.1, p. 54-77, jan.-jun. 2010.

MOREIRA, J. de O.; SALUM, M. J. G.; OLIVEIRA, R. T. (org.). **Estatuto da criança e do adolescente**: refletindo sobre sujeitos, direitos e responsabilidades. Brasília: Conselho Federal de Psicologia, 2016.

MUDIMBE, Valentin Yves. **A invenção de África**: gnose, filosofia e a ordem do conhecimento. Tradução de Ana Medeiros. Mangualde-PT: Pedago; Luanda-AO: Mulemba, 2013.

NUNES, Jorge Cesar Pereira. O pai da umbanda. **Revista de História da Biblioteca Nacional**, Rio de Janeiro, a. 4, n. 39, 2 dez. 2008.

O CRUZEIRO. Rio de Janeiro: Diários Associados, 1928-1975. revista semanal.

O DIA. Rio de Janeiro: O Dia, 1951-. jornal diário. (também publicado em formato digital em <https://odia.ig.com.br/>)

O FLUMINENSE. Niterói: O Fluminense, 1878-. jornal diário. (também publicado em formato digital em <http://www.ofluminense.com.br/ >)

O'DONNELL, Julia. **A invenção de Copacabana**: culturas urbanas e estilos de vida no Rio de Janeiro (1890-1940). Rio de Janeiro: Zahar, 2013.

OBIECHINA, Emmanuel. **Culture, tradition and society in the West African novel**. Cambridge-UK: Cambridge University Press, 1978.

ONU. Conferência mundial de combate ao racismo, discriminação racial, xenofobia e intolerâncias correlatas, 3., Durban, 2001. **Declaração e programa de ação**. Durban-ZA: ONU, 2001. (o documento na íntegra, em inglês, pode ser obtido em <https://www.un.org/WCAR/durban.pdf>)

ORO, Ari Pedro. Neopentecostais e afro-brasileiros: quem vencerá esta guerra? **Debates do NER**, Porto Alegre, a. 1, n. 1, p. 10-36, 1997.

ORO, Ari Pedro. O "neopentecostalismo macumbeiro". **Revista USP**, São Paulo, n. 68, p. 319-332, dez.-fev. 2005-2006.

ORO, Ari Pedro. Religião, laicidade e cidadania no Rio Grande do Sul. In: ANPOCS. Encontro Anual, 31., Caxambu-MG, 22-26 out. 2007: Seminário temático 27. **Anais**... (Disponível em <https://www.anpocs.com/index.php/papers-31-encontro/st-7/st27-2/3065-aripedrooro-religiao/file>)

ORO, Ari Pedro; BEM, Daniel F. A discriminação contra as religiões afrobrasileiras: ontem e hoje. **Ciências e Letras**, Porto Alegre, n. 44, p. 301-318, jul.-dez. 2008.

PALAVRA da FUNABEM, A. **Psicologia, Ciência e Profissão**, Brasília, v. 8, n. 1, p. 6-7, 1988.

PERLMAN, Janice E. Marginalidade: do mito à realidade nas favelas do Rio de Janeiro. **Rio Estudos**, Rio de Janeiro, n. 102, maio 2003. (disponível no Armazém de Dados da Prefeitura do Rio de Janeiro, <http://www.data.rio/datasets/3abb8c80af894d1ca3932447d2dcba69>)

PERLMAN, Janice E. **O mito da marginalidade**: favelas e políticas no Rio de Janeiro. Tradução de Waldívia Marchiori Portinho. Rio de Janeiro: Paz e Terra, 1977.

PESSÔA, Henrique. A atuação cidadã da Polícia Civil do Estado do Rio de Janeiro no combate à intolerância religiosa. In: SANTOS, Ivanir dos; ESTEVES FILHO, Astrogildo (org.). **Intolerância religiosa x democracia**. Rio de Janeiro: CEAP, 2009.

PIERUCCI, Antonio Flavio; PRANDI, Reginaldo. **A realidade social das religiões no Brasil**. São Paulo: Hucitec, 1996.

POLLAK, Michael. Memória, esquecimento, silêncio. Tradução de Dora Rocha Flauman. **Estudos Históricos**, Rio de Janeiro, v. 2, n. 3, p. 3-15, 1989.

PRANDI, Reginaldo. As religiões afro-brasileiras e seus seguidores. **Civitas – Revista de Ciências Sociais**, Porto Alegre, v. 3, n. 1, p. 15-33, jun. 2003.

QUIJANO, Aníbal. Colonialidade do poder, eurocentrismo e América Latina. In: LANDER, Edgardo (org). **A colonialidade do saber**: eurocentrismo e ciências sociais: perspectivas latino-americanas. Buenos Aires: Colección Sur Sur CLACSO, 2005. p.117-142.

RAFAEL, Ulisses Neves. **Xangô rezando baixo**: um estudo da perseguição dos terreiros de Alagoas em 1912. Tese de doutorado, Pós-graduação em Sociologia e Antropologia, Universidade Federal do Rio de Janeiro, 2004.

REFKALEFSKY, Eduardo. Jeitinho evangelizador. **Revista de História da Biblioteca Nacional**, Rio de Janeiro, a. 8, n. 87, dez. 2012.

REIS, João José. Bahia de todas as Áfricas. **Revista de História da Biblioteca Nacional**, Rio de Janeiro, a. 1, n. 6, p. 24-30, dez. 2005.

RIBEIRO, Boanerges. **Protestantismo no Brasil monárquico (1822-1888)**: aspectos culturais da aceitação do protestantismo no Brasil. São Paulo: Pioneira, 1973.

RIVAS, Maria Elise. **Mito de origem uma revisão do ethus umbandista no discurso histórico**. Trabalho de Conclusão de Curso, Faculdade de Teologia Umbandista. São Paulo: FTU, 2008.

ROBBINS, John W. **Evangelicalismo, movimento carismático e retorno a Roma**. Tradução de Anamim Lopes da Silva. [Online:] Monergismo, maio 2005. Disponível em: <http://www.monergismo.com/textos/pentecostalismo/pente_roma_robbins.htm>. Acesso em 30 mar. 2019. (Original: Evangelicalism, the Charismatic Movement, and the Race Back to Rome. The Trinity Review, Unicoi-US, Nov./Dec. 1986. Disponível em <http://www.trinityfoundation.org/PDF/The%20Trinity%20Review%200053a%20EvangelicalismtheCharismaticMovement.pdf>)

RODOLPHO; JONAS; VILA, Luís Carlos da. Kizomba, festa da raça. Intérprete: Martinho da Vila. In: VILA, Martinho da. **Festa da raça**. Lado B, faixa 1. Rio de Janeiro: CBS, 1988. 1 disco vinil 12" LP.

SÀLÁMI, Adesiná Síkírù [Babá King] Ifá: o orixá do destino. **Revista Ifá**, São Paulo, n. 1, p. 5, jan. 2011. (uma edição especial do Oduduwa Templo dos Orixás)

SAMPAIO, Gabriela dos Reis. **A história do feiticeiro Juca Rosa**: culturas e relações sociais no Rio de Janeiro Imperial. Tese (doutorado) – Universidade Estadual de Campinas, Instituto de Filosofia e Ciências Humanas. Campinas: Unicamp, 2000.

SANT'ANA, Raquel. **A nação cujo Deus é o Senhor**: a imaginação de uma coletividade evangélica a partir da Marcha para Jesus. Tese (Doutorado em Antropologia Social) – Museu Nacional, Universidade Federal do Rio de Janeiro. Rio de Janeiro: UFRJ, 2017.

SANTOS, Babalawô Ivanir dos et al (org.). **Intolerância religiosa no Brasil**: relatório e balanço = Religious intolerance in Brazil: report account. Rio de Janeiro: Klíne/ CEAP, 2016. edição bilíngue.

SANTOS, Ivanir dos; SEMOG, Éle. Apresentação. In: SANTOS, Ivanir dos; ESTEVES FILHO, Astrogildo (org.). **Intolerância religiosa x democracia**. Rio de Janeiro: CEAP, 2009.

SANTOS, Juana Elbein dos. **Os nàgó e a morte**: pàde, àsèsè e o culto Égun na Bahia. Traduzido pela Universidade Federal da Bahia. – 14. ed. – Petrópolis: Vozes, 2012.

SARAMAGO, José. O fator Deus. **Folha de S. Paulo**, São Paulo, Caderno especial, 19 set. 2001. (Disponível em <https://www1.folha.uol.com.br/fsp/especial/fj1909200128.htm>).

SCHWARCZ, Lilia. **O espetáculo das raças**: cientistas, instituições e questão racial no Brasil (1870-1930). São Paulo: Companhia das Letras, 1993.

SCHRITZMEYER, Ana Lúcia Pastore. **Sortilégio de saberes**: curandeiros e juízes nos tribunais brasileiros (1900-1900). São Paulo: IBCCrim, 2004.

SCOTT, James C. **A dominação e a arte da resistência**: discursos ocultos. Tradução de Pedro Serras Pereira. Lisboa-PT: Letra Livre, 2013.

SCOTT, James C. Exploração normal, resistência normal. **Revista Brasileira de Ciência Política**, Brasília, n. 5, p. 217-243, jan.-jul. 2011.

SHARPE, Jim. A história vista de baixo. In: BURKE, Peter (org.). **A escrita da história**: novas perspectivas. Tradução de Magda Lopes. São Paulo: EDUSP, 1992.

SILVA, Vagner Gonçalves da. Prefácio ou notícias de uma guerra nada particular: os ataques neopentecostais às religiões afro-brasileiras e aos símbolos da herança africana no Brasil. In: SILVA, V. G. da (org.). **Intolerância religiosa**: impactos do neopentecostalismo no campo religioso afro-brasileiro. São Paulo: EDUSP, 2007. p. 9-28.

SILVEIRA, Renato da. Do calundu ao candomblé. **Revista de História da Biblioteca Nacional**, Rio de Janeiro, a. 1, n. 6, p. 18-23, dez. 2005.

SKIDMORE, Thomas E. **Preto no branco**: raça e nacionalidade no pensamento brasileiro (1870-1930). Tradução de Donaldson M. Garschagen. – 1. ed. – São Paulo: Companhia das Letras, 2012.

SOUSA, Neusa Santos. **Torna-se negr**o: as vicissitudes da identidade do negro brasileiro em ascensão social. Rio de Janeiro: Graal, 1983.

SOUZA, André Ricardo de. A concorrência neopentecostal. In: ABA. Reunião Brasileira de Antropologia, 28., 2-5 jul. 2012, São Paulo. **Caderno de Resumos**... São Paulo: ABA, 2012. v. 1.

SOUZA, Laura de Mello e. Revisitando o calundu. In: GORENSTEIN, Lina; CARNEIRO, Maria L. Tucci (org.). **Ensaios sobre a intolerância**: inquisição, marranismo e anti-semitismo. São Paulo: Humanitas, 2002. p. 293-317.

TACCA, Fernando de. Candomblé – imagens do sagrado. **Campos – Revista de Antropologia Social**, Curitiba, a. 3, v. 3, p. 147-164, 2003.

TEIXEIRA, Faustino. Diálogo inter-religioso: o desafio da acolhida da diferença. **Perspectiva Teológica**, Belo Horizonte, a. 34, n. 93, p. 155-177, maio-ago. 2002.

THOMPSON, Edward P. **A formação da classe operária inglesa**: v. 1: a árvore da liberdade. Tradução de Denise Bottmann. Rio de Janeiro: Paz e Terra, 1987.

THOMPSON, Edward P. **A miséria da teoria**: ou um planetário de erros. Tradução de Waltensir Dutra. Rio de Janeiro: Zahar, 1981.

TRADIÇÃO DOS ORIXÁS. **Dossiê guerra santa fabricada**. Rio de Janeiro: Núcleo Oju Obá, 1988.

TRINDADE, Adriana de Albuquerque. **O estilo político da bica d'água**: o chaguismo na Guanabara 1969-1974. Rio de Janeiro: Fundação Getúlio Vargas, 2000. (Texto Cpdoc n. 37)

ÚLTIMA HORA. Rio de Janeiro: Última Hora, 1951-1991. jornal diário. (o Fundo Última Hora, parte do acervo do Arquivo Público do Estado de São Paulo, está disponível em <http://www.arquivoestado.sp.gov.br/uhdigital/>)

VALENTE, Jonas C. L. (coord.). **Produção regional na TV aberta brasileira**: um estudo em 11 capitais brasileiras. [online:] Observatório do Direito à Comunicação, 2009. (disponível em <http://intervozes.org.br/wp-content/uploads/2009/03/producaoregionaltvabertaok1.pdf>)

VANSINA, Jan. A tradição oral e sua metodologia. In: KI-ZERBO, Joseph (ed.). **História geral da África I**: Metodologia e pré-história da África. – 2. ed. rev. – Brasília: UNESCO, 2010. p. 139-166.

VERGER, Pierre Fatumbi. **Orixás**: deuses iorubás na África e no mundo. Salvador: Corrupio, 1981.

VIEIRA, Sofia Lerche. A educação nas constituições brasileiras: texto e contexto. **Revista Brasileira de Estudos Pedagógicos**, Brasília, v. 88, n. 219, p. 291-309, maio-ago. 2007.

WAGNER, Peter. **Por que crescem os pentecostais?** Tradução de Wanda Assumpção. São Paulo: Vida, 1987.

APÊNDICE
Entrevistas

APÊNDICE 1
Entrevista com Jayro Pereira de Jesus

Entrevista Código: 001-JP-MST2015/2016-BR-RJ
Data da entrevista: 7/01/2016
Entrevistado: Jayro Pereira de Jesus
Local: xxxx
Entrevistador: Prof. Babalawô Ivanir dos Santos

Jayro: Meu nome é Jayro Pereira de Jesus, nasci no dia 12 de maio de 1950 na Ilha de Itaparica na Bahia. É uma ilha fantástica, eu sempre tenho contado. Lá a gente apanhava do pai e da mãe, mas tinha um outro elemento pedagógico que era os Eguns. No meu tempo, o culto ao Eguns era muito, tanto na Ilha como do outro lado do continente em algum lugar, depois acabaram e hoje tem apenas dois em Itaparica. A gente era educada no conhecimento do Babá-Egum ou um Aparaká e aquilo era um modo muito grande que não permitia a desobediência. Na Ilha de Itaparica, eu sempre fui uma pessoa que gostou de estudar. Mas uma coisa que eu falo pouco, é que na minha infância, minha família tinha uma relação imediata com as religiões afro, uma relação tímida com as Yalorixás da região, meio amedrontada, de uma perseguição não tão explícita. A gente já tinha uma iniciação. Eu me lembro que, antes de eu ser batizado, toda a minha família passava pelo Terreiro.

E foi depois da admissão no ginásio que eu mais atenciosamente participei de uma missa do padroeiro da cidade, que era Santo Amaro. Porque antes o município, que hoje chama-se Jiribatuba, dividia a Ilha em dois municípios, Itaparica e Vera Cruz. Eu nasci no Munícipio de Itaparica. E onde eu nasci tem uma igreja do século 17, que é uma igreja que está em um lugar muito alto do povoado, era uma igreja que tinha um farol que ficava no alto, mas construída no século 17 e a partir dali eu fui... e tinha um povoado que tinha duas igrejas evangélicas, uma batista e outra presbiteriana e tinha Terreiros de Candomblé, ali não tinha luz, eu tinha parentes lá, meu nome Jayro foi dado por uma pessoa evangélica por parte do meu pai, gente que era da outra igreja. Então eu me via pequeno, minhas irmãs e muita gente da comunidade sendo levado para várias igrejas, ou ia para a batista ou ia para a presbiteriana. E a gente ia porque lá tinha as coisas organizadas, tinha trabalhos com crianças. Eu me lembro que no momento de silêncio em que parava o órgão, o piano da igreja, a gente ouvia na calada da noite, entre 21h e 22h, os tambores do outro lado e, isso foi uma coisa que orientou legal. E eu não ouvia nenhuma fala do tipo "está tocando não sei o quê!" Porque todo mundo era parente e ninguém se via com o direito de criticar a fé do outro, isto foi um dado importante para mim. Mas eu vim para a festa do padroeiro, Santo Amaro, e pela primeira vez, eu prestando atenção naquilo tudo.

Quantos anos você tinha na época?
Jayro: Eu tinha mais ou menos uns 12 anos. Aquilo me chamou muito a atenção, naquele negócio do padre com um capuz, uma coisa que arrastava no chão, muito incenso. Achei aquilo maravilhoso, ali mesmo eu falei com o padre. Na época era o padre Belopédico, era um padre italiano. Ele era superior dos padres vocacionados e eu falei: "Eu quero ir!"; "Eu quero ser isto que o senhor é!" Ele olhou para minha cara e riu. Eu conversei um pouco com ele, Ali, ele disse: "Quero conhecer a sua família, seu pai, sua mãe." Mas meu pai estava viajando, não estava ali. Corri para casa, falei com minha mãe. Ela, meio reticente, disse: "Fique à vontade... tome a direção que você quiser!" Ele veio comigo e ficou na cidade por alguns dias. Eu fui para a cidade, para o centro do município de Itaparica, que tem uma igreja grande, é uma cidade muito antiga construída entre os séculos 16, 17 e 18. Fiquei um tempo com os padres na cidade de Itaparica. Como eu ia fazer o ginásio, eles me mandaram para Jacuí, uma cidade que fica a 3h de ônibus, fui para lá para fazer o seminário que estava abrindo. Na época eu só tinha feito o normal na minha cidade, não tinha outros cursos. Lá eu tive um outro encantamento, conheci os monges cistercienses, uma ordem fundada por [Robert de Molesme] no século 11 (1098), ele discordou da rigidez da ordem de São Bento, saiu e fundou os Cistercienses. Esta ordem situa-se entre a França e a Alemanha no século 11.

Na época eu ainda não tinha a primeira comunhão, eu não era crismado, e o padre, diretor do seminário, disse que eu tinha que passar por todos os rituais católicos, e virou o meu padrinho de crisma, mas eu, nesse período os monges passaram ali e eu gostei das roupas, do capuz. Tudo isto me impressionou, e eu fui conversar com eles! Disseram que eu tinha que conversar com o meu superior, eu disse: "Não tem problema!" No começo ele, o superior, recusou um pouco, aí veio as férias, aí eu disse: "eu quero ir lá", para Mundo Novo Jequitibá, porque o povoado do mosteiro ficava em Jequitibá, que ficava no município de Mundo Novo, que ficava no interior da Bahia. Eu disse: "Quero passar as férias lá", mas era mentira, já era uma estratégia de ficar por lá; ele me deu dinheiro e disse: "pode ir tranquilo", e mandou uma carta me recomendando, porque isto era de praxe na igreja. Eu depois comuniquei para ele que tinha optado, conversando com o Abade Dom Antônio Moser, e conversando... aí fiz filiação no mosteiro e fiquei por lá; fiz noviciado e depois de dois anos fui postulante e depois noviço; era uma casa imensa, de apartamento, no mosteiro específico que tinha escrito "clausura papal" e ninguém podia entrar, principalmente mulher não podia entrar. No interior da Bahia. E eu fiquei, para mim estava ótimo. Passando o 2º grau eu vi todo mundo viajar, éramos onze e só tinha de negro, eu e um outro que também deixou de ser e virou juiz. Minha ocupação no mosteiro – no trabalho de 3h – era na biblioteca do mosteiro, uma biblioteca importante, naquela época existiam mais de 80 mil volumes dentro da biblioteca, tudo que chegava eu tinha que ler, catalogar, etc. E um dia eu muito alegre, muito contente, fui ler um livro da própria Igreja Católica falando sobre o baixo número de padres negros dentro da igreja e vi o título, fui ler o capítulo, que tinha um artigo, mas antes eu vi todo mundo viajar menos eu e o Clodoaldo. Nesse dia da leitura parece que minha cabeça abriu e eu disse: "Isto é racismo", aí saí da biblioteca e bati na porta do abade (bati com muita raiva). Foi bem complicada a minha ação, e ele louco, sem saber o que tinha acontecido, e eu disse: "Acabei de ver no texto por que vocês não me mandaram para a Europa!" E eu queria ir para Roma, para estudar nos melhores Colégios de Teologia, no que formou Leonardo Boff e este povo todo, e eu queria ir para este lugar e os outros viajaram. Aí eu disse: "quero ir embora, hoje, agora!" E eu fui. Ele me deu dinheiro para ir embora e eu fui embora. Mas primeiro eu fiquei umas duas semanas com medo de ir em casa, porque para pobres e negros pobres, mesmo que ele não conhecesse como funciona um mosteiro, e o mosteiro é diferente dos padres seculares, ele achava que ia ter dinheiro pra resolver o problema da família. Eu fiquei na rua, comia e dormia nas ruas de Salvador (que naquela época não era o que é hoje, tinha tranquilidade); eu dormia perto da central dos correios, na cidade baixa, nem sei se hoje ainda existe este correio, era um correio grande. Depois voltei para casa, mas também resolvi me apresentar na Arquidiocese de Salvador. Na época o Cardeal de Salvador era pessoa de que a Bahia gostava muito, Dom Avelar Brandão Vilela. Aí eu fui conversar com ele e encontrei um monte de gente doida, com crise existencial, querendo desistir. Eu entrei no grupo, ele recebeu a gente e eu disse: "Eu quero ir para o Amazonas!" Ele era muito tranquilo, era da paz, um senhor homem. Ele ia ouvindo e separando as pessoas. Aí chegou a minha vez, éramos eu e uma freira negra que também queria desistir de tudo. Ela era de uma ordem que tinha um convento perto da casa onde morava o Rodrigo petista, que eu conheci primeiro do que o Caetano. Ah, em Nazaré! Em Nazaré que era o convento dessa freira. Ele nos chamou e disse: "eu vou mandar vocês para o Amazonas, mas aqui na Bahia mesmo!" A gente estranhou. Eu fui para um lugar chamado Santiago do Iguape, fui dar aulas lá, fazia nove ou dez anos que não tinha Oxaguian por lá. O Cardeal ligou para a prefeitura de Cachoeira, a gente tinha parentes do meu pai em Cachoeira, e disse: "estou mandando duas pessoas para vocês contratarem para ir para Santiago do Iguape!" Santiago do Iguape, hoje – que eu não sabia, nunca tinha visto tanto negro na minha frente – , era um antigo quilombo, era um lugar onde mais tinha pé de dendezeiro da Bahia, porque lá tinha a fábrica 'O Palma' que fazia dendê, hoje fechou. Você indo de Santo Amaro para Cachoeira, você passa em frente a ela. Ali eu fiquei por dois anos, tive um problema sério e depois eu vou descobrir que já estava escrito no caderninho pessoal da minha mãe. Minha mãe tinha levado o pessoal lá no Terreiro, tinha um jogo que dizia um bocado de coisa sobre a minha vida, e eu não conhecia, minha mãe não me mostrou, porque eu tinha saído para o mundo. Um dia eu e a irmã viemos da escola, e era um lugar que a gente gostava, porque o povo tão grato estava dando tudo para a gente, coco, gamam e siri-mangue. Um dia a gente chegou e encontrou um monte de siri-mangue, aí eu saí para comprar azeite de dendê, tomate, leite de coco para fazer um escaldado de siri-mangue. Eu comi este siri... muito gostoso. Quando foi de noite eu acordei inchado, vomitando, com diarreia, com tudo. Fiquei apavorado fui me olhar no espelho e me vi cheio de calombo no rosto, o telefone era difícil, mas a gente conseguiu falar com a minha mãe. Minha mãe tinha um convênio, ela era funcionária pública no Instituto Biológico na Pituba.

Falamos com ela e ela disse: "vocês têm que arrumar um carro para trazer vocês aqui!". Aí arrumaram uma Kombi que demorou quase 3 horas, hoje é muito rápido.

Me levaram direto para o Hospital Espanhol, eu estava internado quando trouxeram o tal caderninho dizendo que eu não podia comer crustáceos. Eu sai do hospital depois que ela (minha mãe) mandou um pessoal do terreiro [Ilê] Axé Opó Afonjá, eles fizeram um ebó em mim dentro do hospital, daí assinaram um termo, eu estava entubado porque eu tive edema de glote, eu ia morrer, e me levaram para o terreiro e eu me tratei por mais de 20 e tantos dias tomando banho de ajebó [quiabo]; bebia e tomava banho, mas eu ainda não tinha desistido da Igreja Católica. Não voltei mais para lá pra dar aula, fui falar com o cardeal e ele me apresentou ao padre Matom, que era um padre francês que trabalhava com coisas de jovens, e ele tinha muito dinheiro da cooperação internacional (JOC e JUC), ele me contratou e fui dar aulas pela Igreja Católica numa escola que depois se transformou no centro cultural São José, onde eu dei aula, inclusive para os meninos do grupo "bebê a bordo", que barbarizavam Salvador. Me lembro que a última vez que eu estive lá eu ia conversar com um deles. Eles foram mortos pela polícia travestida à paisana com um negócio de vender picolé, com as armas todas ali dentro, todos foram assassinados no Curuzu. Eu trabalhei ali por dois anos ou três anos, eu passei a ter relação bem melhor com o candomblé, minha mãe me orientava e eu tinha um negócio que era um empecilho para a minha vida. Meu pai, que já faleceu, ele era do Terreiro dos Eguns em Amoreira, uma vez levou a gente lá e meu pai se referindo ao assentamento de Exu como diabo e aquilo me intrigou, me incomodou, porque eu [não] sabia responder, mas disse que um dia se vida eu tiver eu vou descobrir esta história, e isto era um empecilho. Minha mãe morreu, era iniciada de Oxum, que era um negócio que até certo ponto a gente tinha vergonha de dizer isto, e entre esta história do meu pai chamando Exu de diabo, foi que mobiliza; e quando eu descobri a leitura no mosteiro, que eu falei com o Abade que queria sair, isto retornou na minha cabeça, e depois com o problema do siri-mangue, isto pirou a minha cabeça. Porque as pessoas que eu conhecia de candomblé contavam com uma vida muito sofrida e eu não queria aquilo para mim. Eu via minha mãe falar um bocado de coisas, quando ela deixou de ir [no terreiro] morreu sem nada e com muita dificuldade. E aí quem me salvou foi [o livro] "Os nagôs e a morte", eu me envolvi no Axé Opó Afonjá, com [um] bocado de gente que hoje tem Terreiro, eu sabia e fiquei sabendo da vida de todo mundo de Obabiry e estava encruado nas relações de senso comum, eu me envolvi ali, eu conheci a Juana, o mestre Didi.[59] Depois conheci uma pessoa, o Marcos Aurélio Luz, aí eu fui tomando consciência disso, participei de muitas palestras da Juana e do Mestre Didi, e fui me conscientizando. E fiz uma adesão complementar, eu falo complementar mesmo. Quando eu decido entrar para o candomblé, com alguma consciência, inclusive consciência que ia de encontro com os iniciados, gente do candomblé. Eu tinha, não sei se está vivo, um irmão de criação que me elegeu "escravo pequeno"[60] da casa. Eu, desconfiado, viajei para o Rio, aí ele foi fazer uma obrigação de uma pessoa, eu percebi que ele tinha uma postura muito autoritária a ponto de agredir as pessoas, um dia eu cheguei em casa e ele estava agredindo uma menina. A menina veio para o meu lado e logo se explicou dizendo "ele é um pai de santo", e eu falei: "eu não sou e não quero ser igual a você". Saí e fiquei um tempo sem frequentar terreiro, não por falta de fé. Eu fiquei procurando uma pessoa que pudesse me deixar aqui no Rio, e no começo eu conheci o ILÉ AJURU, que me reordenou, porque se eu continuasse com a mesma cabeça de antes eu já estava morto: escapei das drogas, escapei de um bocado de coisas, eles fizeram um resgate significativo. E o trabalho que a gente fez ali na Estrada do Aço, na construção. O Diogo, que era baiano, disse: "Rapaz, venha ganhar dinheiro", aí eu fui para lá trabalhar. Tinha um posto de saúde, mas era complicado porque era uma ferrovia onde morria muita gente, a torto e a direito, com a construção de viaduto, porque lá tem dinamite ali dentro, que depois vai com água; e quando eles se esqueciam e metiam a britadeira, explodia tudo, era muita morte. E fui

---

59 Juana Elbein dos Santos, autora do livro *Os nagô e a morte* e esposa do Mestre Didi, Deoscóredes Maximiliano dos Santos, que foi um escritor, artista plástico, e sacerdote afro-brasileiro.

60 Iniciado no candomblé: yaô.

trabalhar ali e ganhava um dinheiro razoável naquela época. Aí eu comecei a escrever uma coisa maluca, fiz até um curso, a Academia de Imprensa Barbosa Lima Sobrinho e eu comecei a fazer um jornal "O Afro", não sei se alguém tem este jornal por aí, era um jornal estante, horrível, que eu tenho até vergonha de falar, eu escrevia a matéria. E eu conhecia a Yeda Pessoa de Barros, conheci o trabalho dela de mestrado, ela estava fazendo o mestrado na UFBA, que é sobre as línguas faladas nos terreiros, e aquilo eu ligava para ela e pedia para ela me autorizar a publicar as coisas. Ela tão chateada dizia: "Publica!" E foi aí que, com esse jornal, depois eu conheci o grupo afro "20 de novembro" e conheci em um tempo bastante complicado, porque tem um pessoal que tinha radicalidades que eu não compreendia.

Você se lembra deste grupo?
Jayro: Me lembro do Jorge Damião, do Aroldo, do Jorge Ferreira, que está aqui [RJ], da Denise, que foi namorada do Aroldo, e tinha outras pessoas ali. Então a gente pintava no largo da Fluminense, pintava mesmo, fazia coisas… horríveis, da gente ser morto logo em seguida. Eu morava em Santa Rita, e às vezes acabava tarde e eu tinha que ir de ônibus, e várias vezes, com um pouco de cachaça na cabeça, eu ia a pé e passava por um lugar que era um lugar de extermínio na Baixada Fluminense. Uma vez eu me joguei ribanceira abaixo porque ouvi uma gritaria lá na frente e alguma coisa parecendo tiro. Eu me joguei lá embaixo, esperei acalmar para depois sair dali, era um lugar chamado lixão. Então, a partir do grupo, mas eu desconfiava de uma coisa ali que era a palavra identidade. A gente do movimento negro, ali, adotou esta palavra e falava e dizia e eu sempre entendi que [era] o racismo, primeiro porque falar sobre religião para eles era complicado, o Jorge era paciente, os outros vinham em cima de mim detonando, o Aroldo, ele vinha em cima de mim: "este negócio não!" O Jorge Ferreira um dia foi na casa que a gente tinha comprado, um sítio, para fazer um terreiro, e disse: "Acabou, acabou, com violência não se resolve." Ele foi conhecer a casa escondido porque, se fosse publicitado, era uma violência do pessoal ali, mas o Jorge não, o Jorge era o cara que na saída do lugar onde a gente fazia a foto era um lugar com tranquilidade. E ele estava toda hora presente, ele sempre teve uma compreensão diferente, mas isto da identidade eu não entendia e dizia "Oxente? Que negócio é este de identidade que o movimento preto

faz?" E eu comecei a dizer que o racismo era a negação de um complexo existencial não era só por que era preto na cor da pele. E quando a gente dizia isto a gente era banalizado, diziam que a gente estava inventando coisas etc. e tal. E foi legal porque, com a articulação dos negros do Sudeste em que fui, foi um bom negócio que ajudou muita gente, viajou bastante.

E o IPELCY?
Jayro: Ah, está!! O IPELCY, foi quando eu saí e fiz um corte com a minha Casa e com o cara que dizia que eu era escravo pequeno da casa. Eu criei o IPELCY, que foi antes de 1980, que é o Instituto de Pesquisas e Estudos da Língua e Cultura Yorubá (IPELCY). A gente criou e organizou, eu e conhecidos nigerianos, Mike Kayode e outro que morava no trevo de Irajá, e sugeriu que a gente criasse um curso de língua e cultura yorubá na Baixada. Eu articulei, então fizemos uma matéria para o jornal Última Hora, que foi uma matéria grande, prestigiosa, com os dois, comigo no jornal. Aí apareceu a Gelza, apareceu um bocado de gente para fazer a inscrição e do grupo todo que vinha do trabalho nas sextas para fazer uma fala mais política e tal, a Gelza pareceu ser ali do grupo a que entendeu quando a gente falava as coisas, o que eu dizia sem leitura ela ia, corria atrás, comprava e como todo mundo sabe se tornou uma peça fundamental no processo, eu acho que o trabalho que eu, que a gente fez, sem ela seria difícil, seria complicado. Ela era uma pessoa política, completa, que estudava ferrenhamente e que a decisão que a gente tomava era fundamentalmente analisada por ela. O Chico lembrou outro dia desta história, a gente fazia parcerias com o Frei Davi, e encontrei em ABPN em Florianópolis há quatro anos atrás, e quando eu o vi era um negócio de movimento social. Nós íamos dividir a mesma mesa, eu disse: "agora vamos ter que fazer as pazes, aqui". Nesta matéria estávamos o Oxaguian, Leonardo Boff, eu e Frei Davi falando sobre coisas da enculturação nas missas da Igreja Católica e dos negros etc.

Isto foi no Jornal O Dia?
Jayro: Não, isto foi na Folha de São Paulo, saiu uma matéria enorme porque Mônica que fez a matéria. Então o IPELCY, neste curso, veio muita gente de terreiro porque queria falar a língua yorubá como os nigerianos. Um fazia arquitetura e o outro medicina na Gama Filho, o Mike Kayode tinha uma

relação com uma menina que era muito amiga minha. Eu sempre tive problemas com nigerianos porque vem para cá, descobre a religião e se mete a pai de santo para ganhar dinheiro. Esses dois eram pessoas politizadas sobre questões raciais no Brasil e a gente ficou bastante amigo. E eles davam cursos e me ajudavam a fazer a discussão política, e eu discutia com os alunos do curso. A questão do papel dos terreiros, fizemos algumas reuniões, mas não muito direcionadas, tinha um ou outro que dizia: "vai lá conversar com minha mãe". Parece que o primeiro encontro estadual do movimento negro do Rio de Janeiro foi em Nova Iguaçu, no Centro de Formação de Líderes Organizados. Estava todo mundo envolvido lá, Oxaguian dos Santos, o Januário, o Amarildo, com a dinâmica e a metodologia do encontro, fomos divididos em grupos específicos para enriquecer a discussão e ficamos no mesmo grupo, eu, a Suzeti e a Denise, no grupo de religião. Nós três nos entendemos muito bem, elas tiveram uma contribuição efetiva e foram muito importantes. E a gente discutindo os métodos, a gente discordava, a gente decidiu ir visitar os terreiros. Alguém do curso deu para a gente uma relação com o nome e o local dos Terreiros, na maioria das vezes a gente não ligava, a gente baixava nos Terreiros, chegava e invadia os Terreiros, era uma confusão de aceito – não aceito, na maioria das vezes a gente convencia e... a pauta era intolerância religiosa, era o surgimento das igrejas neopentecostais. Neste primeiro período a gente se apoderou de um livro, que a Tânia e o Carlos...

Quem é Tânia?
Jayro: Tânia Moreira Sales,[61] promotora que eu descobri na Casa da Mãe Nana.[62] Quando eu vi, no jornal, Ekedi Tânia, eu me perguntei: "quem é esta mulher falando? É muito verdadeira. Como é que ela não é da gente! E está falando isto" aí eu dei atrás dela.

Que jornal era este?
Jayro: Jornal o Dia, e quem fez as matérias foi o Carlos Nobre, aí eu descobri ela e depois ela integrou no Movimento a questão do extermínio. Nesse mo-

---

61   Seu nome correto é Tânia Sales Moreira.

62   Mãe Meninazinha, matriarca do Terreiro Ilê Omolu Oxum. Aberto em Nova Iguaçu em 1968. Hoje localizado em São de João de Meriti.

mento a ASSEAF [Associação dos ex – alunos da Funabem] foi fundamental. A ASSEAF apoiou a Tânia, dava subsídio e a defendia, aí a gente ia visitar os Terreiros e a primeira casa, quando eu era pai pequeno, que fui, foi a Casa da Mãe Nana e lá só tinha a nata do candomblé da Baixada, eu peguei o contato desse pessoal (Palmira Joaquim, Nelson de Ossain...) tinha muita gente. E teve um negócio: hoje eu tenho uma discussão mais civilizatória do oráculo, na época eu não tinha. A gente foi na Casa da Mãe Nana, sem ela saber, num sábado, era ela que a gente tinha decidido que ia dar o aval através do jogo – oráculo. Aí a gente sentou todo mundo no chão, ela entrou no quarto do jogo, que era um lugar muito grande, era em São João do Meriti, em São Mateus, onde hoje ainda é o terreiro dela, aí a gente sentou e falamos do projeto, a gente viu que ela era sensível ao movimento. Chegou lá, tinha feijoada, tinha esperado a gente. Ela foi jogar e foi uma das primeiras vezes que eu vi uma assertividade do oráculo, tudo o que está acontecendo hoje ela previu, ela ficou umas duas horas jogando e dizendo o que ia acontecer, e a gente saiu dali fortalecido porque a gente não esperava que uma mulher simples e calada fosse dizer tanta coisa para a gente, a gente ficou impressionado com a fala da Mãe Nana depois disso. Foi aí que a conheci e falei, e nós descobrimos que temos um parentesco distante com os meus parentes de Cachoeira, por parte de pai... "Vocês saiam daqui e vão lá na Casa de Mãe Beata" e disse também que qualquer problema "me liguem para eu conversar com as autoridades", foi assim que a gente fez! Participou desse processo. A gente começou a fazer os encontros, depois o Oxaguian começou a participar, que eram os vários conteúdos de abordagem no encontro sobre saúde, etc... hoje tem gente que faz saúde, mas não diz de onde surgiu, a gente discutia tudo, a gente, depois, quando conhecemos o Oxaguian, o Oxaguian disse "Não, venha para cá" porque a gente não tinha lugar.

E o Dossiê,[63] como ele surgiu?
Jayro: Ah o Dossiê, eu conheci um livro que se chama "Por que cresce o neopentecostalismo", que é um livro em inglês, americano, traduzido, eu comprei e falei com a Tânia, depois falei com o Carlos Nobre. A Tânia leu o livro, e o livro dizia o seguinte: que o neopentecostalismo nas Américas

---

63 "Dossiê guerra santa fabricada", discutido na seção 2.2.2.

e no Brasil ia crescer porque era um orientação da FBA contra as CEBs (Comunidades Eclesiais de Base). Aí conhecemos o livro da Nelsa Itioka, "Baixo espiritismo", fruto da tese dela na USP, e depois conhecemos "Orixás, caboclos e guias, deuses ou demônios?" escrito pelo Bispo Edir Macedo (1997). Juntamos eu, Tânia e Carlos Nobre, fomos ler lá na CEAF com o Oxaguian. Ah, sim! Com a Vanda e a Helena Teodoro que era secretária (não me lembro onde). E a Vanda apoiou tudo o que a gente fazia. E tinha Edinaldo e a Paula. A Vanda era uma apoiadora incondicional.

Você se lembra quem estava na prefeitura naquela época?
Jayro: Na época era o Marcelo Alencar, que uma vez queria, através da Vanda, que a gente fosse fazer um circuito na serra da Tijuca, porque o pessoal de candomblé vai lá cortar e não sei o quê... A gente fez uma enorme confusão, que os jornais todos deram em cima, "racista e não sei o quê", teve alguém que foi sem a nossa orientação, ele recuou. A Helena Teodoro e a Vanda ganharam forças no grupo. Depois da entrada da Vanda no grupo, o negócio ficou exponencial.

Teve algum conflito na prefeitura neste período? Por que parecia que este período era do Saturnino Braga? João Resende era o vice-prefeito?
Jayro: Teve sim, um conflito por causa desse departamento em que a Helena e a Vanda trabalhavam. A Helena estava para ser demitida, e não foi porque ela tinha respaldado a nossa luta e de gente do Terreiro, etc. e tal. Eu me fortaleci, nós nos fortalecemos com a Helena, por conta da Juana e do Didi com a criação do CENARAB,[64] mas houve sim um conflito.

Parece que é um conflito que teve e vocês foram procurar o CEAP, que na época era o ASSEAF?
Jayro: A gente procurou Oxaguian no CEAP e ele deu para a gente uma sala e foi um lugar de aglutinação, onde pessoas iam, porque ligavam para casa, para o telefone. Comi, depois fomos para o CEAF e lá tinha toda uma estrutura, mais tranquila. Inclusive eu vou dizer que este tal Nunes, Átila Nunes, nos aprontou uma incrível, porque a gente recebeu a ligação, a gente

---

64 Centro Nacional de Africanidade e Resistência Afro-Brasileira (Belo Horizonte, MG).

foi muito idiota em não averiguar que era a Rede Globo que queria fazer uma entrevista sobre o material, que não era a elaboração total do Dossiê, mas era a relação, escrita por mim e pela Tânia e pelo Carlos Nobre, e a gente entregou, mandou um dia antes, era num sábado.

E como nasceu o Dossiê? A mãe Palmira é uma das assinantes contra a igreja ou não?
Jayro: Não, o dossiê era uma coisa construída por nós três com ajuda do pessoal do CEAF, o Luiz Cláudio, esse pessoal todo. Então o que a gente fez, com base nas leituras, a gente fez uma interpretação dos três livros, o dossiê tem umas 256 páginas, com um texto de umas 50 páginas, um texto teórico construído por mim, pela Tânia e pelo Carlos Nobre e o pessoal que ajudou na CEAF, e como anexo eram matérias dos jornais, de coisas da gente e coisas da imprensa que davam conta sobre os casos de intolerância. Aliás, naquele tempo, quem pautava a imprensa sobre os casos de intolerância era a gente lá no CEAF, não era coisa que eles descobriam e iam pautar, a gente quem enviava, isto precisava ser dito. Levar o Dossiê pronto: junto com Mãe Beta e Mãe Nana e o Adailton, fomos a Brasília para entregar e o Wilson que era do MNU, que era da procuradoria, articulou a audiência, aí era a audiência com o Aristides. Quando chegamos lá, quem nos atendeu foi o subprocurador Cláudio.

O Dossiê foi entregue a eles? Você se lembra quando foi isto?
Jayro: Foi em 80 e não sei quando, foi depois de 80, no dia que caiu um avião no Amazonas que matou todo mundo.[65] Quem vinha no avião era Gil, Caetano, Gal e Bethânia. [Voltando ao Dossiê] Falamos com o Ministério Público Federal e na hora eles abriram o processo, porque hoje se encontra o número, mas não as peças, as peças porque o processo foi distribuído pelos estados, então hoje só existe o número. Dali, nós saímos e falamos

---

65   Segundo Lucas de Deus (2019), o dossiê foi entregue em 1989. O entrevistado deve estar falando do acidente ocorrido em setembro de 1989, quando o Boeing 737-200 que fazia o voo Varig 254, Belém-São Paulo, errou a rota após sair da escala em Marabá (Pará) e fez um pouso forçado no meio da mata em Mato Grosso. A aeronave ficou destruída e, entre passageiros e tripulantes, 12 pessoas morreram e 42 ficaram feridas. Talvez a fala de Jayro esteja truncada, pois as pessoas citadas não estavam nesse voo. (Jornal do Brasil, ano 99, n. 152, 1. Cad., p. 1-5, 7 set. 1989 <http://memoria.bn.br/pdf/030015/per030015_1989_00152.pdf>)

com Dom Aloísio Sinésio, que era do ecumenismo CNBB, conversamos cerca de uma hora e meia com os bispos e ele disse que entendia que aquilo não era só a favor das religiões afro e [da luta contra o] racismo, mas também da Igreja, que apresentava elementos conceituais importantes. A Tânia não pôde ir a Brasília. Depois a Graça Santos, que tem um negócio de cabelo afro em Brasília, articulou uma matéria com o jornal Brasiliense, saiu até no jornal Correio do Brasil, uma matéria enorme com uma foto da Mãe Beata e da Mãe Meninazinha, e com a gente de adereço na matéria, então o jornal ficou famoso em Brasília, nós voltamos para articular com os terreiros. Claro que eu ouvi muita loucura, que eu era submetido, que mesmo que eu não tinha ideia de poder e nem nada. Eu tinha uma vicinalidade nas coisas que a gente fazia, então as brigas que houveram, eu só tinha paciência com a Geiza porque ela tinha uma família evangélica, então quando eu percebia que tinha coisa, por questões de moralidade, eu reagia, mas nunca a agredi. Ela é uma pessoa que eu respeito e respeitava mesmo ela não estando aqui no Aiyê. Mas tinha conflitos, quando eu reagia, ela na sua sabedoria, no seu resquício religioso, reagia, falava. Porque eu também tinha interesse em desconstruir a Geiza, mas faltou habilidade, tinha uma impetuosidade muito grande, mas a gente sabe hoje de cabeça mudada que muita gente depois entrou para o Terreiro, talvez por conta desse trabalho que a gente fazia, que era não militante, simplesmente que era no projeto e que hoje tomaram algumas coisas. Eu acho que tem uma coisa, olha a gente não racionalizava, parou para pensar... e não foi por falta de alguém dizer. Tinha uma coisa estética dos encontros, que aquilo me inebriava, os Terreiros se apresentavam para receber a gente. O João, fotógrafo, tem mais de duas mil fotos do encontro, e tinha muita coisa, ele adorava a feijoada do encontro. A feijoada era o pagamento do João.

E o CENARAB?
Jayro: O CENARAB surgiu depois, foi encontro em São Paulo quando a Erundina[66] ganhou a prefeitura em São Paulo, foi durante o encontro que o senhor estava organizando.

---

66 Luiza Erundina de Sousa, foi eleita a primeira prefeita de São Paulo e representando um partido de esquerda, o PT, em 1988.

O primeiro ENEN![67]

Jayro: É, e que dali tinha muita gente financiando, ia sair uma proposta de central única dos movimentos negros. E ali foi um movimento interessante porque a gente reuniu muita gente do Brasil inteiro de religião, que gostava do nosso discurso, porque eu, a gente, fazia uma discussão de extermínio negro e terreiros. E dizíamos que não era para estar dissociado e que os militantes tinham que entender isto. E a gente enfrentava naquela época os militantes marxistas, eu me lembro uma vez que eu disse em uma reunião: "Olha, vocês precisam entender a dinâmica de Exu, não esquecer de Marx, mas pensar na revolução sob outros critérios!" O CENARAB é fruto desse encontro, o Brasil inteiro se reunia para criar o CENARAB, se o criou, eu digo que hoje ele está refém de Minas Gerais, mas é outra atividade que se perdeu no tempo. Eu me lembro que, na articulação de negros e negras, eu conheci a Jerusa e o Nogueira, e eu propus na assembleia do CENARAB que o segundo encontro fosse em Florianópolis, onde eu estava morando. Conseguimos um dinheiro através do ENEN, um dinheiro pelo [...] que conhecia a partir da ASSEAF e depois CEAP. Eles deram o dinheiro e disseram "oh, não tem dinheiro para pagar avião, só tem para pagar ônibus", e daqui do Rio até lá eram 25 horas de viagem. Quando o Lula ganhou, a gente juntou com a CONEN[68] e foi criado o CENARAB que era o braço religioso da CONEN. Nós fizemos um projeto de seminários regionais nas cinco regiões do país, no Norte foi em Belém do Pará, no Nordeste foi em Natal, no Sudeste foi no Rio de Janeiro, no Centro-Oeste foi em Brasília e no Sul [...].

Como era a articulação com o pessoal do movimento negro nesse período, principalmente no Rio de Janeiro? Como era o trabalho sobre intolerância religiosa?

Jayro: Nós sempre enfrentamos questões de gente dali do grupo do Movimento Negro que não entendia o terreiro como um lugar complexo e parceiro na luta contra o racismo, contra a intolerância religiosa. Isto era evidente porque tínhamos vários embates por conta disto, nos encontrá-

---

67 Encontro Nacional de Entidades Negras.
68 Coordenação Nacional de Entidades Negras

vamos e essas pessoas não apareciam. E um, e apenas uma vez, veio, o Yedo. Em um encontro ele dizia que os Terreiros são espaços culturais, mas culturais nesta visão ocidental. Eu achava que eles pensavam que os terreiros eram inferiores e lá era um lugar erudito, era popular, era o que a gente percebia, tinha pessoas que a gente alicerçava a partir dos terreiros.

E os partidos políticos?
Jayro: Dos partidos políticos tinha gente do PDT! Mas do PT a gente não teve nenhum apoio, e a gente tinha gente do PT, como o Jorge, que era da religião, que era da equipe da Seppir.

O filho de Nitinha?
Jayro: Sim, aquele lá que ia para os encontros, mas com autonomia e não como partido político. Teve um negócio que eu vou falar porque acho que isto tem que ficar documentado e registrado. Porque naquele encontro a gente propôs de política pública e tudo o que hoje está acontecendo. A gente escreveu um texto falando sobre a relação da religião com o meio ambiente e usou um texto, dali a pouco a gente viu este texto ser escrito inclusive por gente da universidade, que virou doutor na Rural, a gente viu este texto publicado com autorias de duas pessoas que era o pessoal do PF e do DS com discussão qualificada sobre cultura negra.

Qual a perspectiva que você vê hoje sobre a questão da intolerância?
Jayro: Tudo só saiu da minha racionalidade depois das lutas, eu fiquei muito abalado e deixei faz 15 anos. A gente vivia muitas questões da conjuntura do Rio, e muita coisa aconteceu por questões com bebidas e acabava em briga e discussão. Quando eu sumi, eu fui para Brasília mobilizar a marcha de 1995. Era a marcha que já vinha sendo construída há um ano. Eu ficava mal com aquela discussão, eu já estive à beira de abandonar o candomblé e me tornar um evangélico, já pensou o perigo que seria se eu fosse um neopentecostal? Eu estive à beira de fazer isto, e eu refiz os meus estudos, fui estudar com os luteranos em São Leopoldo, o que me fez passar no mestrado lá foi o texto que escrevi sobre os pianos e os tambores. Como isto me educou para lutar contra a intolerância religiosa, me embrenhei em muita coisa. Não queria que a fé fosse imposta pela violência, mas sim

aprendizado, meninos e meninas não podem ser educados sob a violência. Aí eu me embrenhei a estudar cultura tradicional banto. Se hoje eu ainda estou no candomblé é porque eu aprendi e me converti de teologia [cristã] em teologia africana, isto é o que me alicerça hoje, e aí, com um pouco mais de filosofia africana, eu meti o pau no Platão, plagiador. Porque a primeira pessoa que usa essa palavra "teologia" é o Platão na "República", segundo muitos filósofos que dizem que ele criou a "República" de um plágio que ele fez dos egípcios. Um pastor, professor do curso de Ciência da Religião em Juiz de Fora, escreve em um livro organizado pelo professor Faustino Teixeira. É o último capítulo, que diz que a teologia é usada de forma proposital para desqualificar as outras teologias. Eu me embrenhei nisto e ganhei muita briga. Eu sempre entendi que a sobrevivência do candomblé no Brasil é fruto da violência no Atlântico, a sobrevivência das diversas nações, porque reuni valores que sintetizam, ali, tudo. Olha, iniciação não é ser escravo do pai ou da mãe de santo. Se você não entende o que a iniciação é, é um processo de cosmologização. Ligado ao todo. Hoje eu vejo que as lideranças religiosas têm que lutar na política, mas têm que lutar pelo conhecimento, que é essencial para suprir estas lacunas contra o racismo e a intolerância religiosa.

APÊNDICE 2
Entrevista com Oxaguian

Entrevista Código: 002-BIS-DOC/2016-BR-RJ
Data da entrevista: 7/11/2016
Entrevistado: Oxaguian
Entrevistadora: Valquíria Velasques
Local: Instituto de Filosofia e Ciências Sociais/ Universidade Federal do Rio de Janeiro (IFCS/UFRJ)

Oxaguian, quais foram os bastidores de articulações até culminar na Caminhada, os acontecimentos anteriores?
Oxaguian: [Em] 2008, em março, saiu uma série de matérias no jornal Extra sobre religiões de matriz africana e uma delas falava sobre traficantes que se diziam evangélicos e que expulsavam da Ilha do Governador... ahm... os religiosos de matriz africana Umbanda e Candomblé. O jornal Extra, assinado pela Clarissa Monteagudo... a jornalista. Isso houve uma reunião no CEUB na semana da repercussão dessa matéria e parece que 'tava chamada pelo CEUB pela Fátima Damas. Tinham algumas lideranças que só o Jorge Matoso pode dizer, porque eu não estava nessa reunião, e aí começaram a discutir uma reação a essa matéria, não a matéria em si, a essa ação dos traficantes não é? E eu li a matéria. Li a matéria. Não fui a essa primeira reunião, mas depois... por alguns deputados... que parece um de seus assessores estava na reunião, eles tentaram organizar então uma audiência pública... na Assembleia legislativa em março... ainda no mês de março... pra falar sobre o tema, convocando o secretário de segurança... algumas autoridades ali... o chefe de polícia ... militar e civil... ministério público, né? Para discutir esse assunto... fora que eu fui contactado para poder acompanhar esse trabalho e essa audiência pública... no dia da audiência pública... tem que achar na Assembleia essa audiência pública... a data que é em março... no dia dessa audiência pública... eu não sei se é em março... é a partir de março... março ou abril por aí.

Mas da audiência... tem a audiência pública... Nesse mesmo dia nós fomos encontrar com o presidente da Assembleia Jorge Picciani na Primeiro de Março. numa... num escritório que ele tinha ali perto da Primeiro de Março... uma rua ali perto... falar com ele sobre a nossa preocupação... ele recebeu e a ideia era chamar as autoridades... ele disse que faria e tal... e à noite então teve um ato... várias lideranças religiosas foram... o deputado Carlos Minc... o deputado Átila Nunes... Jorge Babu... era um deputado na época... uma pessoa próxima também da religião... com outros deputados, não é? Tentando fazer essa audiência, e aí eu articulei, eles estavam presentes, foi aonde eu articulei com as lideranças religiosas que estavam presentes que, se não aparecesse o secretário de segurança, que era o que interessava, acho que era o Mariano Beltrame, nenhuma autoridade de peso, não adiantava fazer audiência mesmo assim. É claro que uma audiência pública, além de fato ela gera um discurso, uma retórica, é um discurso pra sociedade, os meios de comunicação, né. E nós dizíamos que não, então, se não aparecesse ninguém, nós nos retiraríamos da Assembleia. Teve muita tensão... os deputados contrários, porque achavam que mesmo assim tinha que fazer a audiência, né? Eu articulei com o pessoal que não, que aquilo era um desrespeito, e acabamos tirando todos os religiosos para fora da Assembleia e fizemos um ato na escadaria da Assembleia denunciando esse descaso, mais uma vez, né? E que de fato não havia um empenho do Estado em atuar nesse caso, em investigar o caso, né? Punir o responsável.... E aí teve várias falas... pessoas contrariadas na Assembleia; estava o Negro Gum nesse ato, estavam também a Dolores, o Marcelo Monteiro e a Fátima Damas, que era uma figura de muita importância! E estavam outras lideranças que não me vêm agora na memória... mas tinha outros ali, o interesse que todos da Umbanda e do Candomblé, não é? E aí os assessores dos deputados na tensão lá fora, né? Quando acabaram, fizeram o discurso lá fora e aí, na hora, eu fiz a proposta que, já que não nos ouviam, só iam nos ouvir se a gente fosse pra rua... que nós fizéssemos então uma caminhada em Copacabana pela liberdade religiosa... aí foi aprovado em quem estava na escadaria... marcamos a reunião no CEUB e foi a partir da ideia de fazer a Caminhada que se deu o contorno da Comissão de Combate à Intolerância Religiosa, né! Que acabou tendo reuniões semanais, não é. Para discutir a organização da Caminhada nesse período, você tinha pessoas como seu

Marcelo Alexandre, que era ligado ao CEM que fazia a Caminhada em Salvador... que achava que a Caminhada do Rio era uma continuidade da Caminhada de Salvador. A Caminhada de lá era uma Caminhada de axé... povo de axé... aqui era pela liberdade religiosa [...]

O senhor pode explicar um pouco mais sobre essas questões entre as Caminhadas do Rio de Janeiro e de Salvador?
Oxaguian: Veja bem... tem diferença... Quando você fala pela liberdade religiosa, você pode ganhar outros setores da sociedade, que você envolve a questão da democracia, da participação, da liberdade em si. Quando você faz só de povo de axé, tu tá chamando só o pessoal que abriu candomblé na Bahia, inclusive isso nem é muito a umbanda, né? O que acaba sendo mais restritivo no ponto de vista de você atrair a sociedade, mobilizar os setores. No caso do Rio de Janeiro, não seria a primeira tensão que houve na definição. Primeiro, ao longo da Caminhada, acabou passando pela liberdade religiosa, e vários setores, lideranças médias importantes que atuavam nessa área, estavam na Caminhada, nesse processo inicial de organização, né? Muitos religiosos, pessoas que são religiosas, são ligadas ao partido político, ligadas a mandatos, né... e que obviamente cada discussão tinha uma tensão muito clara. Era difícil organizar esse processo. Mas era importante. E aí o povo do CEAP, a maior parte da religião, entrou firme também. E acabou que, depois de algumas tensões, algumas pessoas, nós, é... liderando o processo com outras lideranças, né? E começamos então a pensar, organizar. Naquela época o CEAP tinha uma sustentação maior, inclusive financeira; e como a ideia partiu, nós que começamos então a articular e trabalhar as condições da Caminhada. E coincidiu que nesse período, acho que foi no mês de maio ou junho... acho que foi maio... ou junho... calhou de uma igreja... os jovens de uma igreja Geração de Cristo... eles são daqui da Providência, eles vão ao Catete, na casa Cruz de Oxalá... ali na Bento Lisboa, no Catete... um dia à tarde... invadem a casa, e quebram, à luz do dia, as imagens sagradas desse local, e isso tem uma repercussão enorme porque, como a gente já estava trabalhando a Caminhada, articulando com alguns setores de imprensa, né? A Clarissa Monteagudo, que era do Extra, dando um apoio bom com as outras pessoas, e o fato de ser liberdade você amplia... então, isso deu uma repercussão muito grande

acabou mais ainda e... tornando a proposta da Caminhada mais pública, né? E começou, foram presos... levados para a delegacia para responder, e nesse mesmo período nós começamos a fazer uma peregrinação com algumas autoridades. Fomos falar com o chefe de polícia, da época, fomos falar... não antes do chefe de polícia... fomos falar com o secretário de segurança, que aí acabou fazendo uma portaria. Sobre a questão dos registros na delegacia, porque não tinha muito... a coisa meia... Ele nos recebeu... fomos falar no Ministério Público. Fomos falar com a polícia civil, né? E começou, mas paralelo a isso estávamos em cenário de pré-convenção dos partidos políticos para escolher seus candidatos a prefeito... então, era natural também que este... essa tensão dos candidatos a prefeito, algumas forças políticas tinham militantes religiosos ligados a essas forças, também interferisse na condição do debate... nas tensões que existiam nos bastidores da comissão, né? Aí estava a Inês de Iansã, o Renato de Obaluayê, e já nesse processo que também já estava no interior, que uma liderança muito importante. Que faz o festival de cantigas, né? Uma amiga de Oyá, não é? Eh... e... essas tensões vão tendo mês pelo menos, tinha uma unidade, né?

E como foi definido o dia da Caminhada?
Oxaguian: Foi feito uma consulta a Ifá, nosso oráculo sagrado, e diz que é o terceiro domingo de setembro. Naquele ano caiu no dia 21 de setembro, aí o processo, pedimos autorização cá... pedimos autorização para lá... toda semana uma discussão, aí outros casos vão acontecendo, vão chegando até a Comissão. Vai dando alguns encaminhamentos. Até que, eu não lembro o mês, mas o Afro Reggae faz uma atividade, um prêmio Ori, não... era Ori Axé que eles chamavam... no teatro municipal... eu cheguei atrasado, como convidado pra entrar, e encontro com o Coronel Ubiratan! E fiz um convite, que na verdade era muito mais um pedido, a ele. Se ele podia ajudar na Caminhada, ser a pessoa responsável pela parte de infraestrutura, e ele tinha sido exonerado, tinha saído da polícia... Negro e tinha sido exonerado, tinha saído da polícia. Eu achava que para um diálogo institucional, numa tensão tão grande dessa junto à prefeitura e tal, era bom ter alguém que viesse dessa área de segurança; ainda disse bem isso, né? E que conferia também uma respeitabilidade junto aos órgãos públicos na negociação, né? Claro, o grande debate no interior da comissão era manter a independência

da Comissão das influências dos partidos, né? E os partidos a partir de suas... nem os partidos... os mandatos, na verdade. Dos deputados, por exemplo, criou-se uma tensão logo de cara com o mandato do... Átila Nunes [...]

Quais tensões, Oxaguian?
Oxaguian: Porque ele que se dizia o representante da Umbanda, que eles achavam que essa representação tinha que ser dos parlamentares e o que nós defendíamos era que não... que fosse das lideranças religiosas, e que os mandatos deveriam ter uma postura diferente, deveriam na verdade fortalecer a Caminhada e fortalecer a Comissão e não ao contrário, então essa era a tensão o tempo todo. Essa era a tensão o tempo todo, embora que ninguém explicitava, né? Mas isso nós percebíamos, e aí veio a definição do processo das candidaturas... aí ficou Crivella... se eu não me engano o... o... porque tinha o Molon... se eu não me engano, tem que verificar isso, lembrar 2008, mas teve um candidato, era o Gabeira, que saiu pelo PV com o apoio do PSDB, e parece que o Eduardo Paes também, esses eram os principais candidatos, e o processo eleitoral, as pesquisas eleitorais diziam que o Crivella ganharia no primeiro turno. E o Marcelo Crivella é ligado à Igreja Universal. Obviamente este cenário jogava ainda mais combustão nas tensões, e aí começa todo o processo de mobilização. Eu convido na época o Eduardo e o Paulo, como são adeptos da religião, que fizessem, pudessem criar a imagem do cartaz da Caminhada. A imagem escolhida foi uma figa, que na época causou muita polêmica, na época. Aí todo mundo queria brigar por causa da figa, que representava o preto velho. Mas era polêmica pra fora, mas na verdade a grande maioria absoluta que estava até esse momento na comissão, no processo de organização, era da umbanda e o candomblé, e era essa a ideia do pessoal! Então sai o cartaz, começa a mobilização, começa a ganhar contorno nacional, ainda mais depois do que aconteceu no Cruz de Oxalá, né. Na agressão que aconteceu, que isso teve repercussão no país como um [todo], o que jogou um ingrediente na disputa eleitoral. E nós começamos a fazer algumas reuniões e plenária de mobilização. E eu chamo a atenção: por que é que não tinha nenhum recurso público, nenhum recurso público? Como era, o que tinha era os recursos, era o apoio do CEAP, que a partir das suas relações, das suas ações, acabou servindo de base para apoio da primeira Caminhada.

Mas mesmo assim existiu vários acordos inclusive com alguns mandatos, alguns parlamentares que acabaram ajudando com condução, ajudando a mobilizar e tal, nós, todos queriam na verdade o controle da Caminhada. E tinha com eles também os candidatos a vereadores, e a tensão que vinha por parte do Átila Nunes, era porque seu filho era candidato a vereador, né? Ele achava que o movimento tinha que ser atrelado pra esse dividendo eleitoral, e nós na época achávamos que não.

Aí foi, mobilizamos pessoas de outros estados, entrou na internet chamando e tal, até que... num dado momento, um pouco antes da Caminhada, um mês e pouco antes, eu consegui aprovar primeiro na Comissão, que nós deveríamos convocar outras reuniões, outras religiões para estar juntos! Aquele foi o primeiro racha mesmo, na Comissão, que abre, um setor temeroso que dizia que "não", que a Caminhada tinha que ser das religiões de matriz africana, justamente devido ao desenho de Salvador, até setores próximos a esses setores de Salvador, e nós dizíamos que não... nós comunicamos com a sociedade, e era importante que outros segmentos entrassem, e aí foi onde eu procurei o Sérgio Niskier que era o presidente da federação israelita, o pastor presbiteriano Marcos Amaral, representantes dos muçulmanos... ainda teve isso, e eu fui convencendo essa galera que era importante tá [estar] no processo, e tínhamos uma dificuldade de diálogo com a Igreja Católica, que nesse momento muito difícil, não é? Eu não lembro se o Dom Orani já tinha entrado ou se era o Dom... o outro... mais difícil, não lembro bem, não... não... ainda era o outro bispo[69]... até que a partir do... do Obertal, que trabalhava no CEAP conosco, articulava, e do Geraldo Rosque, que foi do pastorado negro, que tinha sido padre em Mesquita. Era um ex-padre, ele tinha uma articulação com os padres do teatro negro, ele fez uma conversa com o São Benedito, da paróquia de Juiz de Fora, que na época era presidente do Instituto Marian, e um dos grandes articuladores da CNBB. Ele articulou com os bispos e diáconos negros. O meu encontro com São Benedito foi muito inusitado. Ele ia viajar, acho que para Brasília, e passava pelo Rio para pegar o avião. Aí eu fui com o Obertal, um dia de manhã cedinho, encontrar com São

---

69 Na época, o arcebispo do Rio de Janeiro era Dom Eusébio Scheid (2001-2009), que foi seguido por Dom Orani Tempesta (a partir de 2009).

Benedito, antes dele embarcar pra Brasília. Fizemos uma conversa com o padre e falamos da importância de a Igreja Católica estar presente na Caminhada. Aí o padre disse que responderia em breve, então ele articulou pela CNBB. E vieram representantes da direção católica pela CNBB. E ainda mais nesse período dessa ampliação, dessa articulação, muita tensão, eles fizeram conta, achavam que essas religiões iam tomar campo da Caminhada... iam ser donos da Caminhada. Insegurança na verdade política e da idade que [eram] naturais desse processo. E aí os setores dos partidos políticos, dos mandatos na verdade, não dos partidos, dos mandatos, começaram a divulgar nas entrelinhas, nos bastidores, que a Caminhada era para me fortalecer, pra que eu saísse candidato depois da Caminhada. Então era essa uma tensão. Como eu tinha uma trajetória militante também de movimento social, que tinha sido partidário, até então estava filiado ao partido dos trabalhadores e tinha sido candidato algumas vezes, então essa tensão era muito latente. As pessoas achavam que eu seria candidato e que usava aquilo para ser candidato. Passaram a dizer isso como fonte de divisão e de ganhar apoio político. Até que o Ubiratan, numa conversa comigo, então, me falou: "eu vou te levar num lugar para ver se a gente consegue um apoio de mídia, mais apoio de mídia!" Porque, engraçado que naquele momento nós não tínhamos assessoria de imprensa. Nós tínhamos a galera que estava articulada fazendo algumas coisas, mas não tínhamos uma assessoria. A que tinha era do CEAP, que acabava segurando e prestando assessoria para a Comissão. Eu lembro que quem estava lá na época era Roseane. Mas era essa galera que ia para lá ajudar. Mas muita gente vem voluntariamente dando força. Não tinha uma assessoria organizada, era do CEAP mesmo, que também não tinha uma assessoria, mas o Paulo era o cara de comunicação... o Janjão era o cara de comunicação, e aí eu vou ter uma conversa na TV Globo... um pouco antes. Com Luis Erlanger [jornalista], sobre a Caminhada e tal, e ele dizia que a plataforma dele era defender as liberdades e a Caminhada batia com a história deles, e aí ele acerta de que faz uma chamada e acertou de fazer algumas matérias prévias no RJ sobre a Caminhada. Claro que também tinha no pano de fundo disso a disputa eleitoral. Tanto que o Crivella, quando a Caminhada vai ganhando projeção, e também os outros candidatos vão batendo nele, começa a descer um pouco. E aí passou a ser uma expectativa na questão da Caminhada, se ele ia ou não à Caminhada, isso também acabou sofrendo também o debate da imprensa no meio político, como ele era uma pessoa de um segmento conhecido publicamente pela sua intolerância e era o candidato que podia ganhar no primeiro turno, isso acabou virando também uma expectativa. Claro, e seus adversários passaram a usar contra ele isso. Eu lembro que eu encontrei com ele um mês antes da Caminhada no aeroporto de São Paulo. Conversei com ele e disse sobre a Caminhada. Primeiro, ele falou se podia botar umas kombizinhas... botar uns pastores na Caminhada... eu digo que claro... é pela liberdade religiosa... "é pela liberdade religiosa Oxaguian?", indagou ele, e eu respondi "É! Pode botar todo mundo." Depois ele me perguntou pela data, aí eu respondi que seria no dia 21 de setembro. Era 15 dias antes da eleição. Aí ele disse: "não vai macular minha eleição não, Oxaguian? Minha candidatura?", e eu respondi: " aí é um problema seu, se sua religião macula minha religião né?" Durante o ano todo você está preocupado se uma Caminhada é feita com esse propósito né? Mas o interessante é que após esse encontro, na primeira propaganda eleitoral transmitida pela televisão, ele já sai dizendo que ele não é intolerante. De fato, ele comeu a isca. Na realidade ele já saía, ele dizia, é isto, já no programa eleitoral chamava mais atenção ainda pra história da Caminhada, então a Caminhada acabou ganhando crescimento a partir daí. E na época a gente conseguiu na Globo algumas matérias, alguns jornais, alguns informes de jornais. O Extra fez alguma matéria sobre intolerância, assim também como o jornal O Dia e o jornal O Povo. Os jornais falavam sobre isso, as rádios também. Era inédita a primeira Caminhada no Rio de Janeiro com essa expressão, porque tinha tido uma outra antes em 2004 se não me engano... 2002 se não me engano... por aí... teve uma caminhada em Copacabana... foi uma concentração, uma coisa muito pequena, mas essa ganhava até pela conjuntura política que acabava potencializando, porque você tinha um candidato forte nessa história... e aí até bom porque o RJ, um dia antes da Caminhada ela fez um programa e eu levei os outros religiosos de outras religiões juntos, para dizer que a Caminhada era ampla, e chegam a fazer até um quadro infográfico sobre a orla, sobre a Caminhada e a orla, isso um dia anterior e no dia também, um sábado anterior, então isso ganhou um contorno para a Caminhada, para todo mundo, além da chamada que fizeram da Caminhada. Foi aí então que a Caminhada ganhou um contorno para a sociedade do Rio de Janeiro, e as tensões estavam todas ali colocadas, porque os candidatos que iam falar na Caminhada, os deputados, e nós aprovamos na Comissão, quinze dias antes, que nenhum político falaria. Aí que a tensão aumentou. Só falariam lideranças religiosas, aí a tensão aumentou. Obviamente a ideia não era evitar a palavra dos partidos, como tentaram dizer, é antipartidário... não era isso! A questão é que tinha de ser um movimento diferente... tinha que ser as lideranças políticas que se colocassem. E os políticos apoiassem, e não servir de palanque só para fala dos parlamentares. O espaço da rua nesse momento era um espaço nosso, e tinha uma coisa que eu não tinha percebido nesses debates todos, que era uma tensão que tinha, um setor do PT, que o Crivella já era um grande aliado do PT anteriormente... do Lula, presidente Lula na época, era o presidente da República, é... tinha setores do PT que, embora tinha candidatos, mas alguns subterraneamente já apoiavam o Crivella e achavam que ele mesmo ia, quando ele mesmo começou a cair, todo mundo começou achar que ele cairia, mas que era nome certo no segundo turno; então esta tensão tinha a ver também com o segundo turno... já alguns aliados... alguns de mandatos de setores petistas, né, já demarcando apoio a ele, e sabia que... nós não apoiávamos; então as tensões vêm por aí; e há uma outra tensão que tá... também cresce no conflito: é quando chega o pessoal da Bahia, do CEM, achando que a Caminhada era uma correia de transmissão da Caminhada da Bahia. Isso liberado pelo Alexandre e o Marcos Resende, que vinha o pessoal da Casa Oxumarê. O pessoal de fato era organizado na Bahia, só que um ano antes eu tinha ido à Bahia, na Caminhada de Salvador, e na época, quando eu fui, eles ganharam notoriedade no Fantástico e no Jornal Nacional[70] como uma contribuição nossa mas eles achavam que aqui era base deles; o Rio tem uma configuração diferente, mais política, até... na Bahia, a identidade era uma coisa muito forte, importante... o Rio é uma cidade cosmopolita. Mais aberta nesse sentido. E obviamente com uma cara diferente da Caminhada; então isso criou uma tensão... não a Rosiane, já estava, é, ela já estava, porque um outro fato importante foi que uma jornalista que eu conhecia,

---

70 Ambos programas da TV Globo.

ela estava no final da história, estava sim... que eu conhecia chamada Rosiane Rodrigues, tinha tido naquele momento a perda da guarda do seu filho numa ação na justiça, uma briga de guarda entre ela e o pai da criança, a assistente social, né? Foi na... foi fazer uma visita na casa de... e encontrou objetos de assentamento de santo, e nesses objetos de assentamento fez um laudo pra o Ministério Público dizendo que aquela criança não podia ficar naquele local insalubre e tal, e que devido ao que tinha de objeto religioso influenciaria negativamente a criança, e o Ministério Público aceitou essa história... fez uma denúncia ao Ministério e o... a juíza tirou a guarda... ela veio me procurar pra saber como podia ajudar, ela acabou entrando voluntariamente pra dar força à Caminhada; então a Rosiane teve um papel importante porque era uma jornalista profissional, tinha sido assessora da Benedita da Silva... já tinha sido assessora, estava muito movida pessoalmente pelo fato que aconteceu; e óbvio que o fato ajudou muito nessa pré-estratégia com a imprensa, né? Não com a Globo... a Globo... na verdade, quem guiava essa conversa é o... na verdade o... Ubiratan que tinha sido comandante da polícia, mas a Rosiane vai ter um papel importante é na estratégia na imprensa, né? Que ela já sabia fazer isso, né? E ela de fato vai dar... vai se juntar a parte de nossa articulação, da articulação dela, do Ubiratan... de algumas pessoas, né, e a Caminhada vai de fato ganhar esse contorno... então, essa tensão por parte de pessoas ligadas a mandatos eleitorais, né? Mandatos parlamentares de deputados e de candidatos a vereadores que tinham certos interesses na Caminhada por causa das eleições municipais, que tinham seus candidatos e algumas lideranças que tentavam... pessoas de outros Estados, né? A Caminhada ganhou um contorno nacional, veio muita gente de outros Estados e a novidade é que, quando ela sai, o Crivella acabou indo nas bordas, e aí teria gente que foi lá receber ele, né? O Gabeira foi, quase todos foram.... menos, só quem não foi, foi o Eduardo Paes, mas que manda uma carta na época, né? Mas os outros foi... Gabeira foi... já conhecia, militava e todos... nós dissemos para todo mundo que não teria fala de candidatos, entenderam... alguns entenderam, outros não... ficaram meio assim, né? O Chico Alencar foi... não sei se nessa época ele era o candidato pelo PSOL, acho que era o candidato pelo PSOL... o PSOL também tinha seu candidato, que era o Chico Alencar, foi, né? Várias matrizes ali e uma briga pra ver quem subia no carro de som, quando acabou ninguém subindo, houve uma tensão porque isso não ocorreu... só subiu no carro de som as lideranças, né? Do movimento em si; então essa tensão, ela estava dada nitidamente porque devido também da experiência que nós tínhamos dessa história partidária, de um movimento social, fazia com que a gente criasse, né, uma... um anteparo, né? E o Crivella estava decaindo já, não é? E a Caminhada, não sei de fato, deve ter contribuído, porque deu 20 mil pessoas, a primeira Caminhada, uma repercussão grande na cidade naquele segundo turno... não, e o engraçado é que, como a Caminhada foi antes das eleições, na primeira reunião de avaliação essa tensão fico muito mais forte, porque setores ligados a parlamentares que tiveram interesse no Crivella no segundo turno... até então não estava dizendo que ele não ia... todo mundo achava que ele ia decerto... cria uma tensão porque achava que no espaço da comissão [era] pra definir apoio a algum candidato, né, esse foi o primeiro racha, e aí setores que achavam que a comissão ia ter uma posição que seria diferente, claro que tinha o mandato por trás disso tudo, né? Nós sabemos disso, tanto o racha na comissão depois da avaliação dizendo isso, e saíram da comissão, né? Vão se reunir no bar, falam umas coisas... essa informação nós tivemos, mas continuamos muito serenos... dando continuidade, né, ao trabalho... bom, veio o segundo turno, o Crivella não foi pro segundo turno, quem foi, foi o Eduardo Paes e o Gabeira, aí esses setores viram que fizeram a movimentação errada... alguns voltaram pra comissão e outros ficaram pra... outros até admitem que erraram... primeiro que começou quando... a primeira divergência foi pra ampliar pra outras religiões... as pessoas achavam que não, né? Depois essa questão que estava como pano de fundo, a disputa eleitoral e um possível apoio ao Crivella de alguns setores ligados a mandatos que tinham esse tipo de interesse, né? Era essa a tensão visível para todos nós ali... e esses setores então trabalhavam com a ideia de dizer que eu só estava fazendo na Caminhada... organizando, né? Com assessores nossos, que eu queria ser candidato a deputado; então essa foi a tensão mais forte da primeira Caminhada... mas nesse mesmo período o Edson Santos era Ministro, né? Ainda não apoia a Caminhada, mas nesse primeiro ano não tive apoio oficial nenhum... nenhum apoio político de nenhum setor público quando... mas ele teve um conversa comigo, pela repercussão da Caminhada, o presidente Lula vinha ao Rio para poder inaugurar a estátua do João Cândido... que a gente conseguiu a do João Cândido... eu fui uma das pessoas que liderei esse processo na marcha dos... acho que era dez anos da comemoração dos... dois mil... 2005 foi um... marcha em Brasília e levei ao Lula esse pedido... com a filha dele com o comando da marcha que eu fui lá, que teve duas marchas, inclusive do movimento negro pedia a anistia do João Cândido... foi concedida a anistia do João Cândido... foi inaugurada então a estátua, então antes de [...] ele foi receber a comissão... a comissão... que é aquela foto que tem colocado... e nós fomos levar a ele um documento solicitando a ele que fosse feito um plano nacional de combate à intolerância religiosa, e pra surpresa nossa ele nos recebe na praça Quinze... nós levamos a Igreja Católica... mandou nos acompanhar o Bispo Augusto... foi a CNBB que articulou a presença desse Bispo... não foi a arquidiocese... seria a arquidiocese, mas não foi... foi a CNBB que... ainda articula, aqui não tinha muito diálogo aqui... ele era daqui... o Niskier foi como pessoa da Federação... que ele era presidente da Federação Israelita como judeu... se não me engano, o Marco Amaral também foi e tinha um muçulmano, né? E do candomblé, para atender as três vertentes, nós colocamos Mãe Regina do Bongbose que era mais velha, né... Zezinho da Boa Viagem que representava o Jeje... um Ketu o outro Jeje, Mabejeke Mambojiba representando Angola pra esse diálogo... pra surpresa nossa, quando a gente foi fazer o diálogo com o presidente Lula, quem estava do seu lado junto... o Crivella, e aí na minha fala eu falo sobre ele, lembro de uma atividade que nós fizemos quando ele era candidato a presidente em 1994, quando levamos ele na casa de Yá Nitinha e que o jornal de uma igreja tinha amaldiçoado ele, era um jornal da Igreja Universal, então foi isso o processo da primeira Caminhada....

APÊNDICE 3
Entrevista com São Benedito

Entrevista Código: 002-PG-DOC/2016-BR-RJ
Data da entrevista: 16/12/2016
Entrevistado: São Benedito
Entrevistadora: Valquíria C. Velasques
Local da entrevista: Paróquia de Paula Lima (Juiz de Fora/ MG)

Como o senhor tomou conhecimento da Caminhada pela Liberdade Religiosa em 2008? Teve alguma proibição ou deliberação da CNBB?
São Benedito: Bom, eu acho que o ponto de referência para a Caminhada de 2008, foi o contato que o Oxaguian [fez]. Nessa época eu estava atuando na pastoral afro-brasileira da CNBB, eu era do conselho deliberativo lá daquela instituição. Então ele fez o contato, e nós repassamos esta necessidade dos outros organismos da CNBB para fazerem contato com os bispos do Rio de Janeiro para esse evento. Na verdade, veja, o nosso encontro se deu no aeroporto Tom Jobim do Rio de Janeiro, às cinco e pouca da manhã, quando eu estava indo para Brasília, saí daqui de Juiz de Fora, indo para Brasília, ele me repassou a ideia, no qual nós achamos muito interessante, e por isso nós resolvemos apoiar a ideia, e repassar isso para outras pessoas. Na verdade, eu fui para o aeroporto. As dificuldades maiores eram levar outras pessoas compreenderem o que era e significava uma Caminhada nesse sentido, que reúne religiões diferentes, cultos diferentes e numa perspectiva de combater a intolerância religiosa. Então nós conseguimos fazer contato com a pastoral afro-brasileira e conseguimos trazer o Pe. Macieiro, um padre jesuíta que trabalhava nessa área, passou a fazer parte conosco. Antes da Caminhada havia uma dificuldade em compreender se a Caminhada tinha uma dimensão religiosa ou política, uma vez que tinha pessoas na CNBB que pontuavam que a Caminhada era eminentemente política. Essas pessoas faziam parte de outros setores internos e por isso nós não entramos em debate sobre isso, e passamos a pontuar que a "Ca-

minhada que estava se desenhando era eminentemente religiosa e é por isso que nós vamos. E vamos convocar as pessoas que querem participar." A dificuldade do Rio de Janeiro de se abrir para essa dinâmica era muito grande, não havia uma abertura da igreja do Rio de Janeiro. Mas nós nos organizamos aqui junto ao nosso grupo aqui, o Axé Criança e o Axé Mulher, colocamos em uma van e fomos. Não tem como não ser também um ato político, uma vez que você consegue reunir líderes religiosos negros numa manhã no Rio de Janeiro, de várias denominações religiosas, já é um ato/fato político, mas esse fato político foi extremamente religioso. Todo mundo que falou, cantou, rezou dentro suas tradições através dessa dinâmica que através do diálogo é possível construir uma realidade totalmente nova diferenciada, através do diálogo é "Conversando a gente se entende". Essa foi a frase daquela Caminhada: que a gente constrói uma sociedade de irmãos, de iguais, cada um respeitando a sua religião. A religião nunca foi, nunca será e nem poderá ser elemento, um motivo de separação entre as pessoas, desses casos de intolerância religiosa: ela denota que essas pessoas não têm consciência do que é religião, porque se a religião está voltada para fazer a ligação do ser humano com o transcendente, o nome que ele vai dar para Deus não tem relevância. A relevância é que essa pessoa está buscando o transcendente e, quando ele busca esse transcendente, ele está buscado fazer essa harmonia entre sua vida e Deus. O interessante nessa Caminhada foi que eu encontrei vários paroquianos meus, porque antes de vir para Juiz de Fora eu fui da Paróquia de Niterói. E eu perguntei como eles ficaram sabendo sobre a Caminhada. A minha surpresa foi que eles deixaram a Igreja Católica e agora estavam vivendo na Umbanda. Eles disseram que tiveram um desentendimento com a Paróquia de lá. Foi muito interessante ver todos lá com suas roupas, colares, dançando e cantando juntos. Foi muito boa a Caminhada.

Como o senhor analisa os acontecimentos antes da Caminhada, no Morro do Dendê, que vêm acompanhados pelo forte crescimento dos segmentos cristãos pentecostais e neopentecostais, e a grande estigmatização das religiões de matrizes africanas?
São Benedito: Existe todo um processo de dizer que as religiões de matrizes africanas são do demônio. Acho que vai demorar uns cinco ou seis séculos

para acabar essa estigmatização. A verdade é que os grupos cristãos neopentecostais polarizam esse tipo de situação, acredito que parte deles são originários dessas religiões, e uma vez convertidos, eles passam a atuar de outra forma. Quando eu trabalhei em Niterói, eu vi vários grupos que vieram da umbanda ou do espiritismo kardecista para a igreja católica. Eles eram extremamente fechados, e tudo aquilo que podia remeter às suas antigas identidades gerava uma situação muito desagradável. Tudo aquilo que eles viam que podia tocar nesse assunto, eles rejeitavam. Isso foi uma experiência que presenciei na paróquia quanto realizamos, na paróquia, um missa afro, eles prepararam uma caminhada e missa. De repente um menino, filho de umas catequistas, apareceu naquela missa com as vestes de Omulu. Não sei de quem foi a ideia, mas ele chegou, e quando chegou não queriam deixar ele passar, dizendo que era do demônio. Eu intervim e disse que ele ia passar. Teve uma grande confusão e foram falar com o bispo. A identidade religiosa, quando negada, a pessoas se sente atacada, quando ela vê aquilo que era dela e ela não pode mais participar. Aí acontece a repulsão. E é isso que acontece com os pentecostais que tentam anular todas as representações daquela religião de que um dia participaram. Aí tentam aniquilar, exterminar ou jogar pedra, como aconteceu no Rio. A identidade dele e ele precisa acabar. São atos agressivos que a princípio pode não ser uma coisa pensada, a princípio pode ser. Mas a doutrinação que eles receberam nessas igrejas pentecostais leva a ter essa atitude inconsequente, impensada. Então eles vão no impulso dessas coisas, eles não têm uma sistematização, umas teorias teológicas dessas coisas, agindo sempre na emoção. Depois caem em si, que estão sendo explorados por esses segmentos e acabam, voltam para o seu ninho da identidade, esses lugares onde a pessoa faz suas primeiras experiências com o transcendente e se sente bem. Isso é algo que acontece tanto nas religiões de matrizes africanas como no catolicismo. Eles então nesse ramo pentecostal experimentam, veem que não é aquilo e voltam. Percebem que tudo aquilo é uma máscara, não vai levá-los em lugar nenhum. É preciso ser feita uma leitura psicossociológica desse fenômeno que hoje agrega principalmente um número de pessoas que estão envolvidas com tráficos etc. Depois da Caminhada nós passamos essa representação para a arquidiocese do Rio de Janeiro, mas com a chegada do Dom Orani essa abertura para o diálogo ficou mais fácil, então eu acho que a Caminhada já se incorporou no calendário da arquidiocese do Rio de Janeiro.

APÊNDICE 4
Entrevista com o Apóstolo Paulo

Entrevista Código: 004 – RMA-DOC/2016-BR-RJ
Data da entrevista: 20 /12/2016
Entrevistado: Apóstolo Paulo.
Local: Igreja Presbiteriana de Jacarepaguá
Entrevistadoras: Mariana Gino e Valquíria Velasques

Apóstolo Paulo, como o senhor conheceu o Babalawô Ivanir dos Santos e como chegou até a Caminhada?
Apóstolo Paulo: Vocês me direcionam, viu, Valquíria e Mariana, para que eu não pareça prolixo. Porque sua pergunta me permite acabar sendo evasivo, tá. Se quiser me direcionar, fica à vontade. Na verdade eu conheci o Oxaguian nos idos de 2000, em torno disso. Eu na época era muito próximo à Benedita da Silva, governadora do Estado. E num evento que eu promovi, foi a primeira vez, me lembro perfeitamente, foi a primeira vez que eu vi Oxaguian. Acho que era idos de 2002, acho que é isso. O Lula começou em 2003, foi em 2002, isso mesmo, nesse evento que a Bené estava concorrendo à eleição do governo. E eu fiz um evento em Copacabana. E o Oxaguian me cumprimentou ali. E a gente se aproximou, enfim, mas não construímos nada mais profundo, mas quando foi em novembro de 2008... Na verdade eu tinha, tenho um casal aqui, a Tarcisa e Mário, são muito amigos dele, históricos. Quando chega em maio de 2008, o Mário e a Tarcisa me convidam pra Caminhada a convite do Oxaguian. A experiência que eu tinha com ele era positiva, pra mim não foi nada fácil aceitar esse convite. Eu não tinha nenhuma aproximação com as denominações do segmento de matriz africana, nenhuma. E eu relutei bastante, mas o Oxaguian foi muito sedutor, coisa e tal, me ligou e eu acabei topando. Mas eu confesso também que se eu tivesse ideia do que ia encontrar eu, certamente, não iria, porque eu julguei que era uma coisa pública, mas não na dimensão. Eu não me envolvi tanto, mas eu fui. E te confesso que foi um susto enorme. Era, sei lá, vinte mil pessoas, eu estava na verdade, eu sempre

costumo dizer que eu estava na verdade num grande terreiro de umbanda a céu aberto, ao ar livre, e eu era o único evangélico ali, e pior, eu era um pastor. Se bem que isso foi um processo de desconstrução de desafios internos e externos, sociais e teológicos pra mim. Então eu costumo dizer que eu não escolhi isso, de fato fui trazido. Eu sempre deixo claro pra Oxaguian, eu sempre que estou numa roda digo que eu não sou um ser político fantástico, estratégico, decidido não. Foi tudo uma coincidência, de fato foi tudo uma coincidência. Tudo bem que depois eu passei a fazer escolhas e que foram revelando o ser, um ser que eu fui construindo, mas tudo começou numa coincidência, porque se eu tivesse clareza o meu acovardamento venceria, certamente, ele teria vencido. Então foi assim que eu cheguei naquele dia lá, se não me engano 18 de setembro de 2008.

O senhor tinha conhecimento antes de qual era o motivo da Caminhada?
Apóstolo Paulo: Sim, sim. Na verdade, esses aspectos que motivaram a Caminhada sempre foram fórum das minhas lutas de vida. É absurdo você ler as pessoas pela cor, ler as pessoas pela opção sexual, pelo Estado onde nasceram, seja lá pelo que for, né. Isso é a coisa mais básica de uma sociedade livre e a coisa mais básica do cristianismo, né. Não precisa ter conhecimento teológico, nem prática religiosa tão aprofundada pra você perceber que a figura central da nossa fé, que é Cristo, Ele, não diria dialogou, mas conviveu de forma respeitosa, amorosa, pacífica com todas as pessoas. Ao contrário, Ele [desafiou] o *status* religioso predominante. Na época ele bateu de frente e por isso foi crucificado, porque Ele levantava a bandeira nesse nível. Exatamente nesse nível, os periféricos, os invisíveis, essa gente era sempre o atrativo principal, não exclusivo, mas principal. Ele chegava a dizer pros líderes religiosos, os caras tirando a maior marra das meretrizes, Ele diz que "elas entrarão no reino dos céus antes de vocês". Veja, ele diz que os caras entrarão no reino do céu também, mas Ele diz que as meretrizes entrarão antes, né. Então eu sempre defendi essas... não é uma coisa virtuosa. É uma coerência cristã defender essas teses. De fato isso me motivou a ir à Caminhada, mas volto a dizer que se de fato eu soubesse que aquela manifestação [ia] ser de uma fé só, apesar do diálogo ser plural, mas era de uma fé só. Depois eu fui entender no decorrer da Caminhada, desculpa o pleonasmo, mas depois eu

fui entender que quem apanha e sente a dor e sabe muito bem, né. Quem bate esquece, mas quem apanha nunca esquece. E não podia ser diferente, né. São as religiões de matriz africana que apanham, então a Caminhada é justo que seja deles, é justo que ainda hoje seja provocada por eles, construída por eles. Porque são eles que dão conta, sofrendo. Acho absolutamente legítimo.

Se o senhor pudesse falar um pouco mais sobre esse espanto, porque eu achei interessante...?
Apóstolo Paulo: É, mas esse espanto não é institucional, né. Ele não é institucional. Ele é subjetivo. Ninguém saberá entender o que eu disser, nem suas laudas por maior habilidades [com] que elas sejam escritas, se não for evangélico, ninguém saberá entender o que eu estou dizendo. Porque simplesmente não passa pela declaração racional, perceptível das letras. É uma subjetividade, é desde sempre, né. E esse desde sempre pode ser desde a criança que acaba de sair do ventre de uma mãe evangélica qualquer, ou desde o homem ou a mulher que adultos se convertem, na adolescência ou não. É como essa religião é demonizada. Como a construção é absolutamente subjetiva. Como tudo que tem a ver com Umbanda e Candomblé diz não à vida. Diz não ao Deus iluminado, luminoso, amoroso que nós tanto gostamos de pensar em ter. Então, quando eu me vejo no seio desse negócio... Eu me lembro que a Mônica Sanches, acho que foi a Mônica Sanches, eu era um evangélico, então, sem que eu quisesse eu virei um atrativo naquele dia. A mídia toda me descobriu. Acho que foi a Mônica Sanches, não importa, ele me fez uma pergunta (risos) e eu perguntei pra ela se iria pro ar. Ela disse: daqui a pouco no RJTV. Ela me perguntou: "como o senhor se sente?" E eu tendo que responder essa pergunta, colocando a EPB toda nas minhas costas, os evangélicos todos soprando nos meu ouvidos: você é evangélico, ou seja... E tinha eu ali, né. Para além do papel que eu desenvolvo, tinha eu ali, o ser. Eu não me lembro de ter respondido uma pergunta tão difícil pra mim. Eu não me lembro. Os demônios todos dançavam na minha cabeça e eu estava vendo aquela gente que eu descobri que era de carne e osso, que era gente como eu.

O senhor nunca tinha tido uma experiência assim?
Apóstolo Paulo: Pior que eu tinha, mas de um lugar muito confortável que não era ter que representar ninguém, não era ter que falar de ninguém. Era

minha experiência singular, não publicável. Na minha infância eu nasço em Colégio, que é um bairro do subúrbio aqui do Rio de Janeiro, da Leopoldina. E eu moro aqui, aqui tem um terreno que era do sr. Manoel, aqui tem um terreno que era do sr. Raimundo e aqui tem um Centro de Umbanda, ou seja, vinte metros da minha casa, trinta metros. E a vovó Nascimento era a rezadeira de todos nós, todos os pobres da cidade, da rua. Você sabe que se hoje pobre tem dificuldade de ir ao médico, imagina em sessenta, não existia médico. E muitas vezes a vovó, caxumba, sarampo, a vovó Nascimento era nossa médica, né. Ela ia e ouvia e, dependendo do nosso estado de saúde, ela ia na nossa casa, fazia reza, com seu charuto, com suas ervas, fazia todo aquele ritual, como a exemplo dos centros, esse era um ponto. E tinha outro ponto que era a avó dos meus melhores amigos, de quem eu tenho amizade até hoje. A Jaíra é minha amiga até hoje, ela era neta da vovó Nascimento. Só que a vovó Nascimento era uma figura pavorosa pra mim, absolutamente pavorosa. Está no Centro, aquelas imagens, um negócio muito aterrorizador e eu era criança. Eu disse que aqui tinha um terreno, esse terreno virou uma igreja, uma igreja presbiteriana, ali onde eu comecei a conhecer o evangelho. Então desde criança eu fui criado nessa dança, né. Do Evangelho com a Umbanda e desde criança a gente saía atrás das procissões que a vovó fazia, o leitão que se matava e a criançada comia, essa coisa bem cultural. Então, eu não era um virgem de Ipanema, de família branca protestante desde o berço, não era. Pra você ver o grau de sedimentação que se constrói. Só que, a partir do dia da Caminhada, eu me reencontrei com essa história. Foi um negócio emocionante pra mim. Eu me reencontrei com a minha história. Eu vi naquele dia, e por isso a confusão mental pra eu responder àquela mulher, porque eu estava sendo desafiado a enfrentar essa história que despertou. Então hoje, é, eu vejo essa gente como gente que sou eu. Eu faço esforço pra entender o que os protestantes dizem sobre eles. Hoje eu faço esforço.

O senhor diz até as pessoas ligadas à própria denominação neopentecostal, ou tradicional?
Apóstolo Paulo: Todos. A diferença dos protestantes veja só, nós somos mais éticos que os pentecostais. Deixa eu reformular. Vamos lá, os protestantes somos históricos e os pentecostais não são históricos, são igrejas nascidas no século 20. Nós somos históricos, nascidos no século

16, coisa e tal. E somos mais, eu diria, esteticamente, mais acadêmicos. Nós não dizemos, mas a diferença é que nós sentimos tanto quanto os pentecostais. Eu não posso falar do lugar do católico romano, mas não é difícil imaginar que a experiência dele seja muito diferente da construção evangélica protestante. Eu suponho que a posição da igreja romana seja de aproximação e compreensão, de querer entender. Na construção evangélica é de aniquilar. Então, se precisa entender a quem a gente vai aniquilar. Entende? Qualquer coisa que venha de lá, tudo deve ser rechaçado e se possível suprimida, aniquilada. O Silas Malafaia fala sério, ele fala sério. Não é só um projeto político, não é só um projeto ambicioso, é um projeto ideológico, primitivamente ideológico. Ele não sabe ser outra coisa, não é uma opção, não é uma opção. É amedrontador porque ele é coerente. Não é uma opção, é ser. Eu sou isso.

Aí que há outro choque também, porque as perspectivas da modernidade de múltiplas identidades assumidas para pessoas, quem vai analisar isso sem uma experiência religiosa, vai olhar de uma outra forma. Ele está falando isso apenas para "convencer aquela pessoa" que está ali naquela situação e não vê dessa forma. Querendo ou não, essa identidade assumida de querer aniquilar o outro é uma identidade. A gente não pode desvincular ela de todo esse sistema de informação.
Apóstolo Paulo: Bom, isso pra mim é muito emocionante falar, sabia? É perturbador, emocionante, é cansativo, desesperançador, mas cansativo. Eu me distanciei da comissão, né. E o Oxaguian insiste em ficar lembrando de mim. Minha contribuição, eu confesso, eu admito, acabou se tornando importante para o processo. Hoje tem outros pastores evangélicos. Fico muito feliz por isso. Eu sou muito convicto com a ideia político-partidária. Eu sou muito convicto de apropriação do que deve ser de todos. E a comissão cresceu de tal forma, ela foi abrindo as asas de tal forma que ela acabou recebendo uma participação política importante, né. Eu preferi me afastar e não gerar nenhum dissabor, mas também não vejo como ser diferente. Ela necessariamente tem também que criar um diálogo com uma postura sedimentada mais politicamente. Ela cresceu de tal forma, e eu sou muito infantil nesse sentido, vejo que é necessário, mas me recuso a participar, né. Mas pra mim é sempre muito doloroso esse tema, porque

eu me sinto um pouco patético de me emocionar, uma atitude romântica, afinal tenho 55 anos, mas eu tenho um sonho ainda muito vivo dentro de mim e me faz lamentar muito essas diferenças, essas tolices, mas elas estão aí, estão aí os evangélicos. Os evangélicos, eles não são fáceis, não. É... experiências como a minha não são raras. Isso me causa muita tristeza, não são fáceis e o Silas Malafaia... Engraçado, o Trump[71] ele parece a ponta de lança do que está aí há algumas décadas. O Silas Malafaia, o discurso dele é fascista, é anticristão, mas ele foi construído, ele não está sozinho. Ele foi construído, foram dando a ele todo esse espaço. Hoje ele tem uma estrutura de desembargador, de juízes que estão alinhados com ele. Quando ele chama a justiça de safada, quando ele chama a Polícia Federal de safada e quando ele chama a Rede Globo, é porque ele tem desembargadores atrás dele alinhados, tem capital estrangeiro. O fundamentalismo na América do Sul e no Brasil é Silas Malafaia. Então, está se construindo de verdade no Brasil uma estrutura fundamentalista mesmo. O Crivella não é uma coincidência, e vamos nos preparar para que daqui a pouco haja mais asa, até que Deus tenha misericórdia e possa, enfim, salvar um pouco mais o seu mundo, um pedaço do seu mundo que é o Brasil. Porque é o que estamos precisando, o fundamentalismo está avançando mesmo. O Garotinho era visto como um palhacinho, que também é um fundamentalista, um fundamentalismo alegre, um fundamentalismo de pileque, mas eles todos vão se encontrar em algum momento. A filha dele[72] já está no governo do Crivella, eles vão se encontrar todos em algum momento. Hoje o Silas briga com o bispo, né. Eles são fontes. O que o Silas deseja, ele também quer, mas em algum momento eles vão se encontrar e vão se entender. Se a gente se unir, o que a gente pode. Hoje os evangélicos elegem.

Com a bendita esquerda, que desde meus 20 anos eu nunca vi ela unida, e a única vez que ela se aproximou um pouco, ela ganhou o governo com o PT e PDT. Foi a única vez que ela se uniu aqui no Rio. Se as lideranças evangélicas se unirem, elas ganham a presidência no Brasil. É que felizmente

---

71 Donald Trump é um grande empresário do setor imobiliário, que foi eleito presidente dos Estados Unidos, pelo Partido Republicano, em 2016.

72 A deputada federal eleita Clarissa Garotinho (PROS) foi nomeada Secretária de Desenvolvimento, Emprego e Inovação do Rio de Janeiro quando Marcelo Crivella assumiu a prefeitura em janeiro de 2017, mas foi exonerada no início de 2018.

eles estão brigando entre eles. O Bolsonaro[73] é hoje a face mais da vanguarda do fundamentalismo ligado à igreja do Silas, que ainda rivaliza com o partido do bispo, mas que podem se dar as mãos para um projeto maior.

É um diálogo complementar, querendo ou não. Acabou que o senhor respondeu a próxima pergunta, que era se o senhor continuava fazendo alguma coisa pós Caminhada.
Apóstolo Paulo: Na verdade eu sou provocado de vez em quando, normalmente essas provocações partem do Oxaguian, porque ele é uma fonte de procura e ele indica meu nome, então de mim eu não tenho feito nada. Aqui na comunidade, tem dois anos que a gente não faz, mas a gente sempre marca o Dia da Consciência Negra, uma semana de discussão coisa e tal. A comunidade tem uma coisa bem viva e bem legal, né. Mas não. O Oxaguian que às vezes me indica para uma mesa, entrevista, mas eu estou sossegado.

A participação do senhor dentro da comunidade foi positiva?
Apóstolo Paulo: Eu estou aqui há 21 anos, né. Se a gente fala de 2008, já se fala de oito anos, então eu já estava há uma década aqui. Eu tenho uma história, não surgi há oito anos. Eu tenho uma linha de vida, minha linha de vida é muito clara. Então a Caminhada, volto a dizer, embora eu não tenha escolhido, ela não é uma batalha da minha história, [mas] ela se alinha à minha história. Eu nunca iria numa Caminhada promovida por umbandistas, mas uma vez indo, ela se alinha à minha história. Eu trabalhei com o Arns.[74] Minha tese de mestrado, eu provava a graça de Deus junto às prostitutas. Essa foi a minha tese de mestrado. Então, a coisa da contracultura é uma coisa [com] que eu já me identifico há muitos anos, né. Então, dentro da minha comunidade, não houve nenhum susto, pelo contrário, quando eu fui na Caminhada, eu fui com um grupo de jovens. Fora da igreja, sim. Vocês não estavam lá, não acompanharam, eu não gosto de fazer propaganda disso, mas eu sofri bastante.

---

73   Jair Bolsonaro, militar da reserva, foi eleito presidente da república para o mandato 2019-2022.
74   Possivelmente Dom Paulo Evaristo Arns (1921-2016), frade franciscano, arcebispo de São Paulo, que sempre atuou junto às comunidades periféricas e pela defesa dos direitos humanos.

O senhor acha possível manter esse diálogo inter-religioso entre as religiões de matriz africana e os protestantes?
Apóstolo Paulo: É... Se eu acho possível... Você pode reformular sua pergunta pra não ficar reduzida a minha resposta?

Se o senhor acha possível, porque querendo ou não, o fato, o evento, ele foi provocado por um não diálogo que aconteceu no morro do Dendê com um grupo de ialorixás e babalaorixás que foram expulsos pelo tráfico, por traficantes que se diziam convertidos, mas aí no caso era a linha pentescostal e neopentecostal.
Apóstolo Paulo: Se diziam não, eles estavam convencidos. É que vocês não sendo evangélicas... Eu fiz o meu mestrado, eu li muito, mas nem os pesquisadores conseguem descrever o horizonte evangélico. Nem os pesquisadores. O Joaquim Levy era o que era mais de vanguarda, né, na literatura à época. Meu mestrado foi em dois mil e pouco já não me lembro. Enfim, e a gente discutiu um montão de erro de avaliação de pesquisa, um montão. Quando você fala assim, a Luz Marina... Depende. Dentro da pergunta, a Luz Marina nem evangélica é. Ela é luterana, não. Anglicana. A Luz Marina foi minha colega de... conheço a Luz há muitos anos. Então, uma pessoa maravilhosa e a Caminhada ganha muito ela estando onde está, né. Tem uma caminhada enorme, ela morou na Alemanha, na Europa, enfim, mas dependendo da pergunta, o corte, ela não representa nada se você quer público e força política. Porque você sabe, a verdade é: em questão da força política, nada, entende. Mas se você quer uma colocação política acadêmica, ela representa tudo. Não, absolutamente. A Conic, ela... as igrejas históricas não aceitam participar de estudos de diálogo inter-religioso entre elas. Não aceitam. Aonde há Igreja Romana, a Igreja Protestante histórica não aceita tomar assento e fazer diálogo inter-religioso. A não ser na nossa pátria anglicana e luterana que para nós, vou tirar o nós, que para os protestantes, eu não estou nem falando dos pentecostais, os pentecostais, então. Eles demonizam a gente. Eles demonizam a gente, protestantes históricos. Eles demonizam a gente, os históricos, tá. Estou me referindo entre os históricos. Os históricos não sentam onde está Roma. Até hoje, se eu convidar um padre, e já o fiz, duas vezes eu fui denunciado

e corro o risco de ser cassado. Eu estou em 2016, tá. Eu estou falando os históricos presbiterianos, batistas e metodistas. Por isso que quando eu falo, eu quero dar compreensão a vocês, a Luz Marina, intelectualmente, escreveu um texto belíssimo que eu vi na TV, no Globosat, um texto lindíssimo, mas a Luz Marina... e é importante ela estar aí, ela dá a sensação, a sociedade que ela representa, né, mas politicamente, quando você quer uma expressão política numérica, não, não há representação nenhuma, absolutamente nenhuma. A não ser os anglicanos e luteranos. Aqui no Rio, então, igreja luterana nem sei onde tem, tem uma na Linha Vermelha. Esse evangélico é Igreja pentecostal e neopentecostal. Os presbiterianos, que nós somos, não chegamos a um milhão no Brasil hoje. Isso, da última vez que calculei, dava zero vírgula zero dois, vinte três, vinte quatro por cento [0,02%, 0,023%, 0,024%]. A Igreja presbiteriana, na estatística do IBGE, ela saiu um risco. Ela nem expressou numericamente, ela saiu um risco. Isso foi... Os batistas aparecem com três por cento, quatro por cento, os assembleianos discordaram porque o IBGE os considerou com 20 milhões, eles brigaram, não aceitam os 20 milhões, eles dizem que são muito mais e devem ser mesmo. E toda essa massa que você considera evangélico são as igrejas pentecostais e neopentecostais, Assembleia. Esse estrato que nem eu tenho... eu recebo gente aqui das igrejas mais variadas e está havendo um cansaço nesse processo. Isso já está sendo medido: é o êxodo de volta pras igrejas históricas. Eu, o último caso... é coisa de adoecimento, como sou profissional da saúde também me ajuda bastante. É caso de adoecimento mental mesmo, e de um desajuste social muito comum. Muito comum eles terem desajustes bastante desequilibradores e de comportamento, históricos, desajustados. Desde o homem que bate na mulher em nome de Deus, né. Até a outra que passa para a faculdade, o pastor diz: "Qual é curso?" Ela responde: "Psicologia." O pastor diz: "Esse curso é do demônio." Ela não sonhava em passar, mas passa e não vai fazer a matrícula porque o pastor diz que não. Até o pai que sabe que o filho é *gay*, mas finge não saber e ao mesmo tempo pede minha ajuda para exorcizar, porque o filho está sob o controle de um demônio. Porque o pastor o disse, ao mesmo tempo o pastor publicou que o filho dele era *gay* pra igreja orar. Enfim, são casos, são apenas os últimos que me chegaram. São casos excessivos desse horizonte enorme que está espalhado pelo Brasil todo, que somam esses milhões de mentes que a gente chama de evangélico. O que vai sair desse estrato não se tem ideia. Agora, a ironia é que eu... nos Estados Unidos nasceu, na década de noventa, uma coisa que se chamou de redução de danos, que era o tratamento aos dependentes químicos. Quando se então quando a Corte, a área jurídica começou a autorizar intervenção à revelia, e eles chamaram isso, então, ação pra prevenir danos. Era melhor se internar à revelia do que um tratamento mais democrático, mais convencional. Curiosamente, essas igrejas pentecostais, que eu estou aqui classificando como um celeiro produtor de desequilíbrio, elas funcionam também como regulador social, belíssimo regulador social. Esse lugar é de amparo das mulheres, por exemplo. As mulheres encontram saídas para os seus tantos dramas nesse sistema que minimamente as transparecem, as valorizam, as ajudam nas questões sociais, educacionais mais básicas, e mesmo os homens, quando atingidos por esse sistema, eles diminuem seus danos, né. Reduzem seus danos a si mesmos, ou ao sistema familiar. Então, as igrejas evangélicas, talvez não é uma afirmação, seria uma leviandade eu afirmar, mas talvez hoje, no fenômeno social, seja o organismo mais regulador desses absurdos todos. Talvez o tráfico de drogas e o consumo de drogas e o desabrochar de tantos danos sociais fossem mais intensos nesses segmentos tão pobres e onde o Estado não aparece. Talvez seja correto afirmar que, apesar de parecer contraditório, que bom que elas existam, né. Nós históricos, não. Nós somos igrejas definitivamente classe média. O populacho nos assusta. É, nos assusta. Aqui a gente tem um projeto social. A gente tem um diálogo com 120 crianças. Sexta, sábado foi o fechamento do ano. Senão aqui estaria cheio de crianças. Essa sala aqui estaria uma barulheira, mas isso é muito raro. Igreja presbiteriana você não tem pobre, você não tem. É uma igreja classe média, porque o nosso discurso é um discurso que privilegia a formação escolar, nosso discurso todo... a Igreja Batista é através da música e nós, muito fortemente, através do ensino, e isso vai qualificando o público da classe média. Eu cheguei aqui, pra você ter ideia, Mariana e Valquíria, há vinte anos atrás, a igreja tinha cinco carros, tinha um homem que era formado, ele era pesquisador da UERJ, não está mais aqui, ele andava com carro novo e outros quatro carros velhos. O sexto carro era o meu, não estou botando nessa matemática. E essa igreja, há 20 anos atrás, era predominantemente classe média baixa, pobre e classe média baixa. Hoje deve ter dez por cento de pobres. E hoje eu tenho assim, um incontável, praticamente todos estudam o terceiro grau, doutores, mestres, enfim. Então a gente aposta muito fortemente na formação acadêmica, na liberdade através do evangelho se realiza, o principal braço pra nós é a influência do sujeito na sociedade, e a formação dele pra gente é fundamental. A gente continua a dialogar com pobres, mas a gente os seduz sempre pra essa compreensão, entendeu. Então, os pobres que aqui existiam eles foram sendo estimulados ao crescimento. E as igrejas históricas, normalmente, elas não entram em contato com as classes mais baixas socialmente, não têm produto muito claro para eles. Por isso a igreja histórica é acusada como um *status* de espaço mais ocioso. A UNESCO fez essa avaliação e concluiu que os espaços das igrejas são ociosos porque a gente não usa esse espaço para o diálogo social. Não é comum, na Igreja Católica é mais comum.

Mas as Igrejas Pentecostais e Neopentecostais estão assumindo?
Apóstolo Paulo: Sim.

POSFÁCIO

> *"Ninguém nasce odiando outra pessoa pela cor de sua pele, ou por sua origem, ou sua religião. Para odiar, as pessoas precisam aprender, e se elas aprendem a odiar, podem ser ensinadas a amar, pois o amor chega mais naturalmente ao coração humano do que o seu oposto. A bondade humana é uma chama que pode ser oculta, jamais extinta"*
> **Long Walk to Freedom, Nelson Mandela (1995).**

Provavelmente você já deve ter lido ou escutado esta citação do ex-presidente da África do Sul, Nelson Mandela. Acredito que, se nos últimos anos tenha participado de alguma palestra, curso ou minicurso ministrado por mim, também tenha lido ou escutado tal citação. A citação acima, que "resume" boa parte das lutas de Nelson Mandela contra o racistas e o *apartheid* na África do Sul, tornou um das maiores epígrafes internacionais contra todas as formas de preconceitos.

Pois ao pontuar que "Ninguém nasce odiando outra pessoa pela cor de sua pele, ou por sua origem, ou sua religião", e que "Para odiar, as pessoas precisam aprender", Mandela nos traz para dentro dos debates das construções sociais e imagéticas sobre o outro, que estão intimamente atrelados à ideia de poder. E talvez, esta seja a citação que melhor resume o teor deste trabalho, a construção do outro ligado à ideia de poder. Poder este que é expressado pelo viés intelectual, político, religioso, histórico e social.

Decerto, sabemos que nascemos identificados e diferenciados biologicamente através dos órgãos genitais. E que ao longo dessa "evolução", enquanto pessoa, consumimos e somos levados a consumir construções diversas. Vejamos, construções diversas e não construções em prol da diversidade! Em resumo, somos "educados", desde a primeira infância, sobre construções diversas através das redes sociais que atravessamos cotidianamente.

E são esses atravessamentos, forjados dentro das nossas redes sociais e conectados à ideia de poder, que nos conduzem para a construção da nossa identidade e da identidade do outro que vêm perdurando ao longo dos tempos. E é justamente sobre estas construções do outro e sobre o outro que venho pesquisando, pois são essas construções que fomentam a intolerância religiosa.

A minha tese, carinhosamente resumida pela frase "MARCHAR NÃO É CAMINHAR", e a que agora vocês estão tendo acesso na versão livro impresso, foi concluída no intervalo entre janeiro e fevereiro de 2018, e defendida no dia 25 maio do mesmo ano, data em que comemoramos o Dia da África. Confesso que, naquele 25 de maio, um misto de sensações passava pela minha cabeça e me levava para dentro das minhas memórias, me fazendo refletir e recordar das lutas cotidianas que travamos ao longo dos últimos anos contra o racismo e a intolerância religiosa no Brasil.

Naquele momento, defendi as minhas pesquisas e ideias, compiladas em tese acadêmica e agora em livro, diante de um números significante de amigos, parentes, companheiros de lutas e, é claro, da banca intelectual. Banca esta à qual humildemente agradeço mais uma vez, e que com grande maestria e erudições acadêmicas me fizeram olhar para o meu trabalho como um grande desafio desde o início dessa jornada, em agosto de 2015.

Então fui instigado a sistematizar, pelos vieses metodológicos acadêmicos, os processos das construções da intolerância religiosa no Brasil, mas pela ótica dos adeptos das religiões de matrizes africanas, grupos religiosos que foram sistematicamente perseguidos, ameaçados e obrigado a "camuflar" as suas práticas religiosas em nome de uma identidade religiosa preponderante.

Obviamente, ao assumir este desafio me arrisquei não apenas pelas complexidades das questões, mas também porque desde o início desta empreitada acadêmica eu sabia que jamais conseguiria dar conta de analisar e sistematizar todos os casos de intolerância religiosa no Brasil, pois eles ainda estão acontecendo. E diferente das análises sobre os casos de racismo, os casos de intolerância religiosa, até então, não tinham se tornado objeto de pesquisa acadêmica pela ótica dos agredidos.

Sim, me faço parte dos grupos agredidos não só pelo fato de ser um sacerdote de religiões de matriz africana, mas por compreender que quanto um ato criminoso acontece contra uma pessoa em decorrência de sua religião ou religiosidade, todos NÓS, cidadão brasileiros somos agredidos.

Confesso que, por um certo tempo, antes de voltar para "o mundo acadêmico", eu já buscava tentar entender e compreender os processos históricos das construções da intolerância religiosa no Brasil. Por isso, existe um grande elo de ligação entre o Prólogo e o Posfácio da minha obra. Acredito que algumas pontas ainda precisam ser costuradas após aquele dia 25 de maio de 2018.

E o maior deles, que aqui identifico como risco assumido desde a minha entrada no Programa de Pós-graduação em História Comparada, é o de saber que jamais conseguiremos analisar todos os casos de intolerância religiosa, pois enquanto escrevo estas palavras, centenas de outros casos estão acontecendo a todo momento.

Talvez, este seja um dos maiores riscos, pois os capítulos que precedem este posfácio, constituem uma, possível, primeira resposta ao desafio de se tentar buscar compreender os processos históricos da intolerância religiosa na sociedade brasileira e que ainda endossam as relações cotidianas na contemporaneidade. Capítulos esses que buscaram destrinchar, descrever e analisar tais históricos desde a gênese da formação da sociedade brasileira, mas que não consegue, em sua essência, analisar os casos de intolerância religiosa que ainda hoje acontecem.

Sabendo de tal risco, a convite da editora Pallas fui instigado, mais uma vez, a fazer uma brevíssima análise sobre os casos de intolerância religiosa contar os adepto das religiões de matrizes africanas que ainda acontecem e os desafios postos frente ao mapa de análises traçado no desenvolvimentos dos capítulos desta obra. Daí então, veio a possibilidade de escrever o Posfácio, que apresentarei em brevíssimas linhas como pontos de continuidades, nunca como fechamento.

Pois o meu maior anseio é fomentar aberturas para que novos trabalhos possam surgir, uma vez que a proposta da minha pesquisa foi analisar os processos das construções do racismo e da intolerância religiosa, tento como pano de fundo a gênese da formação da sociedade brasileira, até o culminar da primeira Caminhada em Defesa da Liberdade Religiosa, em 2008, ponderando comparativamente com Marcha para Jesus, também de 2008.

E, bem diferente do que me propus fazer no prólogo, acredito que este posfácio se pretende ser mais impessoal, mas não descarto a possibilidade de estar conectado às minhas experiências descritas. Pois seja como for, confesso que jamais havia sonhado um destino tão audacioso para os meus trabalhos.

A INTOLERÂNCIA RELIGIOSA DE TODOS OS DIAS

Às vésperas do meu sexagésimo quinto aniversário, fui surpreendido pelo convite de escrever um posfácio do meu primeiro livro. Sim, meu primeiro livro. Durante muitos anos me dediquei a fortalecer e incentivar publicações de pessoas que estão envolvidas e engajadas com as lutas antirracismo, contra a marginalidade social e contra a intolerância religiosa.

Confesso que eu não tinha noção do que fazer como as minhas palavras e ideias escritas – tese – após a defesa. Obviamente, o desejo de vê-la publicada em formato de livro impresso passou por algumas vezes pela minha cabeça e se encontrou com milhares de outras ideias que eu já gestava há alguns anos.

Por essa, dentre outras tantas razões, a presente obra representa para mim um certo amadurecimento e abertura para a compreensão das experiências que me cercaram e as que ainda me cercam, e que ao longo destes anos foram moldando as minhas identidades e me ajudaram a construir a minha ideia sobre as perspectivas políticas e sociais hoje.

Diante do crescimento dos casos de intolerância religiosa, dentro do presente cenário político e social brasileiro, realidade que não nos favorece em nada, um certo desejo teimoso de prosseguir na luta cotidiana pesquisando, analisando, escrevendo e denunciando todos esse fatos permanece aceso todos os dias. A intolerância religiosa é real, ameaçadora e cotidiana para boa parte dos grupos religiosos marginalizados. E no momento em que me arrisco a escrever essas linhas, vários casos de intolerância religiosa estão acontecendo dentro e fora do Brasil.

Percebo que nos últimos anos tivemos um grande e significativo interesse pelo tema, intolerância religiosa, dentro do campo das ciências sociais. Como também percebo que vem crescendo a presença e o interesse de religiosos e religiosas de matrizes africanas nos cursos de graduação e pós-graduação. Algo que vem alimentando mudanças nas metodologias e epistemologias de análises sobre suas práticas religiosas, fortalecendo assim as estratégias de resistência e luta pela liberdade religiosa.

Bom, não quero aqui fazer das minhas palavras escritas uma leitura exaustiva, mas preciso rememorar, que tal como escrevi no prólogo, não posso me furtar de pontuar a minha trajetória enquanto defensor dos direitos humanos, militante do movimentos negro e sacerdote religioso, pois eu vim e sou desses múltiplos lugares, que durante boa parte da nossa história sofreram tentativas de silenciamento. Pois foi através destas experiências que tornou-se possível perceber e compreender os danos que o racismo e a intolerância religiosa provocaram e ainda vêm provocando na nossa sociedade brasileira.

Obviamente, que não posso me furtar de pontuar a importância da acadêmica brasileira neste processo. Mesmo ainda regida sobre os processos colonizadores, e sem o mínimo ou pouca tradição, até então, em promover debates e pesquisas voltadas para os protagonismos negros e das comunidades religiosa de matrizes africanas, o espaço acadêmico ainda é um espaço de reflexões, construções, desconstruções e reconstruções, a fim de promover um espaço possível de renascimento etnológico.

Como bem sabemos, durante muitas décadas, as comunidades negras e nossas religiões, que têm suas matrizes na África negra subsaariana, ficaram confinadas à objetificação de pesquisas no campo das ciências, ou quando muito como substrato estatístico para pesquisas para bancos de dados. Sair dessa marginalidade social, à qual foram condicionadas, e promover um estudo voltado para as resistências das religiões de matrizes africanas, enquanto sujeitos históricos, foi, e ainda é, um dos maiores desafios para a academia brasileira.

Mesmo trabalhando no campo da educação, há mais de 30 anos, até então eu não tinha escrito nada, sobre os vieses acadêmicos, analisando os processos históricos da intolerância religiosa. Como também, durante as minhas pesquisas, não encontrei trabalhos e pesquisas que evidenciassem as resistências das religiões de matrizes africanas frente ao crescimento da intolerância religiosa e a lutas deste seguimento religioso por suas liberdades de crenças e culto.

E foi dando palestras, curso, minicurso, fazendo pesquisas e acompanhando diversos casos de intolerância religiosa que foram denunciados à

Comissão de Combate à Intolerância Religiosa (CCIR), que fui amadurecendo as ideias sobre o tema. E foi justamente durante o inicio desses processos de análises e pesquisas que o "Caso Kaylane"[75], aconteceu e diversos outros casos começaram a eclodir e ganhar voz nos meios de comunicação.

No dia 14 de junho de 2015, Kaylane Campos, que na época tinha 11 anos, foi agredida com uma pedrada quando saía de uma festa de candomblé no subúrbio da cidade do Rio de Janeiro. O "Caso Kaylane", tal como ficou conhecido, não é único dentro da história das perseguições a adeptos das religiões de matrizes africanas. Um breve panorama histórico sobre a História Mundial nos permite enxergar que a intolerância ainda é um dos maiores desafios para a construção da coexistência pacífica em várias partes do mundo.

De fato, o "Caso Kaylane" trouxe uma serie de questionamentos sobre o ímpeto da intolerância religiosa e os seus extremos. E foi justamente após este caso que me arrisquei a propor e coordenar o primeiro relatório sobre intolerância religiosa no Brasil. Publicado em 2016 pelo Centro de Articulação de Populações Marginalizadas (CEAP) em parceria com a editora Kliné, a obra buscou fazer análises quantitativas e qualitativas sobre os dados estatísticos que evidenciaram o crescimento da intolerância religiosa no país, com dados de análises consolidados em dez diferentes fontes de pesquisa.

E foi através das análises e interpretações destes dados que concluímos que o grupo que mais sofre intolerância religiosa no Brasil é de fato o dos adeptos das religiões de matrizes africanas. Apesar de parecer algo "dado" uma brevíssima análise sobre a formação social do Brasil e o como a sociedade brasileira opera pela ótica da ideia da "democracia racial", se fez necessário para o entendimento e compreensão de que a intolerância religiosa e o racismo têm as suas bases de fundamentação muito próximas.

Veja bem, entretanto preciso pontuar que, ao meu ver e entendimento, intolerância religiosa e racismo são ações criminosas diferentes e, por mais que tenham as mesmas raízes, elas precisam ser pontuadas e compreendidas em suas fundamentações.

---

75 Fonte: http://g1.globo.com/rio-de-janeiro/noticia/2015/06/menina-vitima-de-intolerancia-religiosa-diz-que-vai-ser-dificil-esquecer-pedrada.html (acessado em 20 de julho de 2019)

Tanto por trás das ações de intolerância como de racismo estão em seu centro a ideia de superioridade x inferioridade e as construções sobre a identidade do outro. Entretanto, ao pontuarmos "racismo religioso", aqui racismo tal como é identificado no Brasil, com base na cor da pele, estamos pontuando que existe uma identidade religiosa ligada à cor da pele das pessoas. E ao fazer tal identificação, estamos, possivelmente, limando a possibilidade de escolha e criando um condicionamento religioso com base na cor da pele das pessoas.

Decerto, não podemos deixar de pontuar que, por durante muito tempo, as práticas dos homens e mulheres negros, que chegaram no Brasil na condição de escravos, eram vistas e tidas como "religiões negras". Entretanto essa identificação estava relacionada à identidade que o outro, cristão colonizador, atribuía à prática religiosa diferente de suas crenças e liturgias. Entretanto, tal identificação não eximia, como não exime, a participação e iniciação religiosa de pessoas não negras à religiões de matrizes africanas.

Daí então, compreendo que "racismo religioso" não tem uma estabilidade ontológica de interpretações sobre os casos de agressões físicas, psicológicas e patrimoniais motivadas pelo ódio religioso. De fato, é óbvio que a intolerância religiosa contra adeptos das matrizes africanas está intimamente ligada ao racismo científico, que ainda perdura no imaginário social coletivo brasileiro.

Porém, nos debates sobre as questões raciais no Brasil o racismo não poder ser apenas o único vetor de identificação das caso de ódio religioso. E ainda sou tentado a analisar e dizer que a intolerância religiosa contra as religiões de matrizes africanas tem a ver com a cultura que ela representa e que está ligada às africanidades que nos apresentam uma identidade religiosa destoante da religiosidade vigente, a cristã. Assim, no Brasil, ao pontuarmos e analisarmos as ações de ódio religioso pelo viés da ideia do racismo religioso, precisaríamos conectar tais análises à ideia de racismo cultura.

E sobre essa identidade religiosa destoante, precisamos compreender que na África o indivíduo existe em sua totalidade religiosa, ou seja, não é possível separar o ser social do ser religioso. Passamos a entender, também, que durante os períodos das diásporas, forçadas, dos negros africanos estes indivíduos aportaram na América trajando suas religiosidades, pois o mundo em que viviam não era/é construídos a partir de uma visão cartesiana em que é possível separar indivíduo religioso e indivíduo social.

A INTOLERÂNCIA RELIGIOSA COMO UM FENÔMENO SOCIAL

Destarte, precisamos pautar que a intolerância religiosa é um fenômeno social. Fenômeno, aqui entendido não como algo que ocorre em determinado período histórico. A intolerância é um fenômeno na medida em que pode dar explicações e análises para casos de violência religiosa no campo das relações humanas. E precisamos pautar que a intolerância religiosa, assim como o racismo, não é um fenômeno social que acontece exclusivamente no Brasil. Mas é em solo brasileiro que ela vem a cada dia se transformando em uma questão endêmica no nosso país.

Ora! Como bem sabemos, mesmo garantida por lei, a liberdade religiosa não é uma realidade para todas as religiões em solo brasileiro. Para tal averiguação basta deitar nossos olhos sobre dados e sobre os casos de intolerância religiosa. Aqui quero ressaltar alguns.

Candomblé e Umbanda não são religiões ?

No dia 16 de maio de 2014, o juiz federal Eugenio Rosa de Araújo, da 17ª Vara Federal do Rio, afirmou em uma sentença que "as manifestações religiosas afro-brasileiras não se constituem em religiões"[76]. Fazendo a menção à umbanda e ao candomblé, o magistrado afirmou que estas práticas "não contêm os traços necessários de uma religião" por não terem um texto-base (como a Bíblia ou o Corão), uma estrutura hierárquica nem "um Deus a ser venerado".

Ora, por trás de tal afirmação, está toda uma construção sobre a legitimidade das práticas religiosas de matrizes africanas, validadas por uma tradição escrita. Construções essas que estão intimamente ligadas às construções hegelianas sobre a preponderância da escrita, em um suporte físico, como validade das prática políticas, sociais, e culturais.

---

[76] Fonte: https://brasil.estadao.com.br/noticias/geral,juiz-diz-que-umbanda-e-candomble-nao-sao-religioes,1167765

Em seu livro, *Lecciones sobre la Filosofia de la Historia Universal*, ao fazer a comparação entre a evolução histórica das sociedades europeias em face das africanas, Hegel dividiu e qualificou a África em três partes distintas, a setentrional espanhola, o Egito e a África meridional, ou "propriamente dita", aquela que fica ao sul do deserto do Saara, descrita como quase desconhecida.

Na interpretação hegeliana, a África subsaariana, ou África Negra, é em si exótica. Primitiva, dominada pelo caos geográfico e impenetrável, o que a faz sem autonomia para construir suas próprias histórias, por viverem seus habitantes em estado de completa selvageria.

Tal ideia, contribui para a construção do imaginário social de que as culturas africanas, negras subsaarianas, não possuíam nenhum tipo de escrita e que, por isso, são passíveis de dominação. Ora, estamos falando de sociedades que têm suas tradições e práticas culturais construídas sobre a pedagogia oral. Práticas essas que foram perpetuadas no Brasil pelos descendentes dos homens e mulheres negras que aqui chegaram na condição de escravos. E é essa pedagogia que é a base da liturgia das comunidades religiosas de matrizes africanas.

Precisamos compreender que não podemos pautar e nem medir o grau de superioridade ou inferioridade de uma religião sob a ótica das suas liturgias e ritos. Primeiro, por que existe uma grande diversidade e pluralidade religiosa em solo brasileiro que não necessariamente se "enquadra" aos padrões religiosos vigentes. E mesmo sendo regida por um código canônico escrito, existe no interior dessas religiões, neste caso candomblé e umbanda, uma "filosofia" de vida e manifestações culturais que estão profundamente enraizadas na gênese social brasileira.

Sobre o Abate Religioso

No que concerne à liberdade de culto, um dos nossos grandes desafios é a defesa e garantia da Liturgia do Abate Religioso, que no dia 9 de agosto de 2018 veio a ser julgado pelo Supremo Tribunal Federal – STF, sobre o Recurso Extraordinário (RE) 494601 que foi interposto pelo Ministério Público (MP) do estado do Rio Grande do Sul contra decisão do Tribunal de Justiça (TJ) gaúcho que declarou a constitucionalidade da Lei estadual 12.131/04. Tal norma, acrescentada ao Código Estadual de Proteção de

Animais gaúcho, possibilita o "abate" de animais destinados à alimentação humana dentro dos cultos religiosos de matrizes africanas.

A Liturgia do Abate Religioso é uma prática milenar presente em tradições africanas e outras. Ao nos debruçamos sobre as histórias religiosas de outros povos, poderemos perceber que a relação entre a cerimônia do culto e a fauna e flora integra o mundo físico e espiritual. E no caso das religiões de matrizes africanas, estamos falando de práticas religiosas que estão diretamente ligadas, também, à cultura alimentar de um grupo específico que em solo brasileiro reproduziu e rememorou as práticas religiosas tradicionais dos grupos negros africanos que chegaram no país na condição de escravos.

E com um olhar mais apurado e menos intolerante, vamos perceber que a prática alimentar religiosa circunscrita dentro de um "nicho" religioso é também verificável entre os muçulmanos (o halal) e judeus (o kosher) . E do ponto de vista linguístico até o uso da palavra "abate", para qualificar a nossa prática religiosa, pode demonstrar um certo desconhecimento e preconceito sobre as práticas litúrgicas.

Pois nós não "matamos" animais por uma razão simples, há toda uma ritualística religiosa, um envolvimento dentro das cerimônias religiosas para que aconteça a sacralização do animal e o seu preparo para o consumo após a cerimônia litúrgica.

E entendemos que as práticas ritualistas das religiões de matrizes africanas estão em perfeita sintonia, harmonia com a natureza para a manutenção das energias que fortalecem o nosso sagrado e constituem a nossa identidade religiosa enquanto grupo. Por isso, precisamos entender que uma ação como essa desrespeito não apenas a religiosos e religiosas de matrizes africanas, pode vir a ser uma grande ameaça para a construção da liberdade de culto e de liturgia religiosa e o nosso direito em ser religião no Brasil.

E a liberdade religiosa, em sua totalidade, precisa ser uma pauta da sociedade civil, pois respeito à constitucionalidade do Estado Laico. O abate religioso é um preceito litúrgico protegido pela liberdade de culto e precisa ser respeitado para que possamos juntos construir bases possíveis para o fortalecimento da tolerância, da pluralidade e diversidade religiosa.

O Caso Kleber Lucas

No dia 22 de novembro de 2017, a Comissão de Combate à Intolerância Religiosa (CCIR) realizou no terreiro de candomblé Kwe Cejá Gbé, de Nação Djeje Mahin, localizado em Duque de Caxias – na Baixada Fluminense –, um encontro para a entrega da doação de R$ 11 mil para a reconstrução do templo religioso, que tem como líder a Yalorixá Conceição d`Lissá, e foi alvo de sucessivos atos de intolerância religiosa.

O ato de solidariedade foi o resultado dos esforços coletivos da Igreja Cristã de Ipanema, que é presidida pelo Pastor Edson Fernando, e o Conselho de Igrejas Cristãs do Estado do Rio de Janeiro (CONIC-Rio), presidido pela pastora luterana Lusmarina Campos Garcia. Por trás da ação estava o puro e simples desejo de tentar reparar os danos provocados pelos atos de intolerância religiosa que aconteceram em 2014, quanto um incêndio criminoso atingiu e destruiu boa parte das estruturas do templo religioso.

Durante o encontro, além da presença de várias lideranças religiosas, representantes do ato de doação, também esteve presente o pastor e cantor Kleber Lucas, da Igreja Batista Soul, que se solidarizou com o caso e quis estar presente para marcar o encontro como uma abertura para o diálogo inter-religioso.

Entretanto, a participação do pastor Kleber Lucas em um ato inter-religioso, no templo de religiões de matrizes africanas, para a entrega da doação foi interpretada, por parte de alguns grupos religiosos, como um ato de desrespeito à "comunidade evangélica". E o sacerdote da Igreja Soul passou a sofrer uma serie de agressões com tons racistas, veiculadas nas redes sociais. Daí, de "adorador" – expressão evangélica dada a cantores gospel – o pastor Kleber Lucas passou a ser tratado por "endemoniado" e "preto safado".

O caso eclesiástico da Igreja Soul pode ser analisado de diversas formas. Mas aqui, quero evidenciar que o caso não pode ser lido apenas pela ótica do racismo. Precisamos tentar enxergar que os processos das construções religiosas no Brasil, entre "boa" e "má" religião, são reflexões tanto do racismo quanto da intolerância religiosa.

E é justamente no centro das relações de poder que o preconceito aflora e toma forma e expressões. E nos é perceptível que nos últimos anos a sociedade brasileira tem deixado a "cordialidade" de lado e assumido uma identidade intolerante e racista. Não podemos deixar de pontuar que ambos são frutos dos discursos totalitários e de ódio que vêm a cada dia tomando corpo e vozes na sociedade brasileira.

Macumba Transmitida pela Tv

Após se arrastar por longos quinze anos a luta judicial entre religiosos de matrizes africanas, representados pelo advogado Dr. Hédio Silva, e a TV Record, foi assinado um acordo entre as partes, no dia 30 de janeiro de 2019, no Tribunal Regional Federal da 3ª Região (TRF3), onde a referida emissora terá de dar direito de resposta, em quatro programas de televisão com duração de 20 minutos, sobre as religiões afro-brasileiras – como umbanda e candomblé[77].

A ação contra a emissora, de autoria do Ministério Público Federal, junto ao Instituto Nacional de Tradição e Cultura Afro-Brasileira (Itecab) e ao Centro de Estudos das Relações de Trabalho e da Desigualdade (Ceert), foi instaurada em 2004, contra a emissora, após os ataques às religiões de matriz africana foram exibidos nos quadros "Mistérios" e "Sessão de Descarrego", transmitidos pelas TVs Record e Record News, que veiculam programas da Igreja Universal do Reino de Deus.

Como apontamos neste trabalho, nas ultimas décadas a demonização das religiões de matriz africana, através dos meios de comunicação, de tornou constante, sistemática, e vem contribuindo para o fortalecimento beligerante da intolerância religiosa. A vitória que tivemos no MPF serve como um importante instrumento de fortalecimento da tolerância religiosa na democracia brasileira e alicerce das nossas lutas cotidianas contra a intolerância religiosa

O Crescimento da Intolerância Religiosa

O Relatório sobre os casos de Intolerância Religiosa no Brasil, publicado em 2016, pelo Centro de Articulação de Populações Marginalizadas em parceria com o Laboratório de História das Experiências Religiosas da

---

77 A série "A Voz das Religiões Afro" foi lançada em julho de 2019. Tem quatro capítulos, programados para exibição às terças-feiras, às 2h30 da madrugada. A previsão é que a série seja repetida nos meses de julho, agosto e setembro.

Universidade Federal do Rio de Janeiro (LHER/UFRJ) e com a editora Klíne, ainda é um atual instrumento de pesquisas quantitativas acerca dos casos de intolerância religiosa no nosso país. Mesmo se limitando às balizas temporais de pesquisa, o Relatório nos trouxe evidências numéricas sobre o grupo religioso que mais sofre intolerância no país, que serviram de argumentos para denuncias a agencias de direitos humanos, em âmbito nacional e internacional, sobre o desrespeito e descaso diante dos casos sistemáticos de violência contra as religiões de matrizes africanas.

Em 2015, ano em que começamos a pesquisar e trabalhar para a viabilização do Relatório, os principais questionamentos eram, e ainda são, sobre as estratégias que precisaríamos construir para frear os ataques e atos de intolerância, principalmente em um cenário, o Estado do Rio de Janeiro, onde o poder paralelo começava a atuar proibindo o funcionamentos dos templos religiosos de matrizes africanas dentro das comunidades de favela. Quando muito, o poder paralelo, que se identificava com "traficantes evangélicos", obrigava o fechamento das casas religiosas, algo que já vinha acontecendo neste cenário antes mesmo dos casos de intolerância religiosa que aconteceram no ano de 2008 no Morro do Dendê.

No Relatório de 2016, que entre abril de 2012 e agosto de 2015 registrou 1014 casos de intolerância religiosa, registrados pelo Centro de Promoção da Liberdade Religiosa & Direitos Humanos (CEPLIR), 71% dos casos são contra adeptos das religiões afro-brasileiras; 8% dos casos são contra evangélicos, 4% são casos católicos, 4% são casos judeus. Três anos depois, em apenas 6 meses do ano de 2019, em um espaço temporal completamente diferente, de acordo com a secretaria estadual de Direitos Humanos, tivemos um aumento de 51% de casos de intolerância religiosa contra adeptos das religiões de matrizes africanas.

Como podemos constatar, tivemos, infelizmente, um crescimento significativo dos casos de intolerância religiosa no Brasil, principalmente na cidade do Rio de Janeiro. Assim, os dados nos revelam uma nefasta realidade que assola todas as minorias religiosas representativas no Brasil, que durante muito anos usou o *slogan* " Somos todos iguais" e é lido no exterior como "o país das igualdades". Igualdades essas, que esbarram nas fronteiras da intolerância e do racismo.

Quando o poder público se recusa a compreender que não existe uma "democracia racial" em nosso país, se recusa a entender que as relações sociais e políticas no nosso país são demarcadas pela cor da pele e se recusa a enxergar e compreender que a intolerância religiosa, principalmente contra as religiões de matrizes africanas, é real, assustadora e mata, esse poder público está corroborando a desigualdade.

Tivemos avanços significativos, como a construção da Delegacia de Crimes Raciais e Delitos de Intolerância (Decradi), criada na cidade do Rio de Janeiro sobre a Lei 5931/11, que tem como objetivo combater os crimes de racismo e homofobia, preconceito e intolerância. Mas ainda precisamos investir e instrumentalizar, com uma pedagogia descolonizadora, voltada para as diversidades e pluralidade, os agentes de segurança pública para que possam, de forma isonômica, colher informações sobre tais crimes sem estar munidos de preconceito.

Acredito que, assim como o racismo, a intolerância religiosa não é um "problema" que precisa ser pensado apenas pelas vítimas dos crimes. A intolerância religiosa é uma questão social, política, econômica e religiosa e precisa ser debatida em todas as esferas desses poderes.

A história pode ser feita e reescrita mas, obviamente, sempre haverá silenciamentos. Os ataques às religiões de matrizes africanas são calculadoramente agressivos e permitidos pelo poder publico. É certo que muitas narrativas no meio jornalístico, principalmente o literário e científico, ajudaram a fabricar a imagem distorcida das religiões de matrizes africanas e fortalecer a "guerra religiosa". Mas ainda acredito que o conhecimento e a informação sobre as diversidade religiosas brasileiras podem contribuir para a construção da tolerância.

AS PONTAS

Esse trabalho jamais estará fechado. Acredito que o maior desafio, para todos e todas nós, não é apenas construir uma sociedade mais tolerante. Mas sim, compreender que as pontas soltas que nos conectam fortalecem cotidianamente os processos de invisibilidade e sistematização do racismo e da intolerância. Espero ter possibilitado a abertura de outras janelas.

Este livro foi impresso em agosto de 2019,
na Gráfica Assahí, em São Paulo.
As famílias tipográficas utilizadas são a Warnock Pro e a PF Din.
O papel de miolo é o pólen 80g/m² e o de capa é o cartão 250g/m².